高等院校旅游学科21世纪规划教材

休闲活动策划与管理（第三版）

刘嘉龙　胡坚强　温燕　苏永华　编著

上海人民出版社　格致出版社

作者简介

刘嘉龙，浙江旅游职业学院副教授、高级经济师，并在浙江大学亚太休闲教育研究中心、浙江旅游科学研究院、浙江旅游发展研究中心等处兼职。著有《休闲概论》《会展策划与管理》《国民休闲与旅游创新》等，发表论文 100 多篇，参与多项省部级以上课题研究。

胡坚强，浙江树人大学教授。

温燕，浙江旅游职业学院讲师。

苏永华，杭州科技职业技术学院副教授。

内容提要

本教材应用最新休闲活动研究成果，分析休闲活动的运行规律，从多维视角审视休闲活动的发展趋势，阐述了旅游休闲活动、文化休闲活动、演出活动、运动休闲活动、娱乐休闲活动、节日庆典活动和赛事活动的策划原理和方法。本教材还强调休闲活动策划案例教学，编制休闲活动实训项目方案，使课堂教学与社会实践相结合。

目录

第一章 休闲活动总论

学习要点

通过本章内容学习，主要了解休闲活动的内涵、分类、意义和作用，休闲活动组织的基本要求等。

基本概念

休闲、休闲娱乐、休闲活动、旅游休闲、文化休闲、运动休闲、娱乐休闲、养生休闲、节事旅游、休闲组织

先导案例：国际背夫人比赛

距芬兰首都赫尔辛基 550 公里的松卡耶维镇是人口不足 6000 人的小镇，但每年 7 月份在这里举行的“国际背夫人锦标赛”却使这个小镇名扬世界。

“国际背夫人”比赛规则如下：

① 跑道长度 135.5 米，其中一段为沙路，一段为草地，还有一段在柏油路上进行，在最短时间内跑完赛程者为获胜者，但如果“夫人”不慎掉在地上，则要加罚 15 秒；

② 跑道上设有两道木障碍物和一道水障碍物；

③ 男子所背的女性必须年满 17 周岁，体重 45 公斤以上，可以是自己的夫人，

也可以是临时找来的搭档。

类似项目趣味性很强,观赏性、娱乐性兼备,男女老少皆宜,是现代运动休闲大力提倡和推广的项目。

休闲活动方便组织,省事、省钱、省力,男女老少皆宜,是值得大力提倡的娱乐项目。事实上很多运动休闲项目的比赛规则并不像正式体育比赛项目那样严格,只要大家有兴趣、觉得好玩,都可以临时制定规则,方便大家参与。就像朋友聚会打牌,有温州打法、杭州打法一样,只要大家认同某种游戏规则或者临时约定某种游戏规则,就可以开心玩起来了——只要大家玩得开心、玩得高兴、玩得尽兴就行!

资料来源:金旅雅途网 http://www.yahour.com。

第一节　休闲活动概述

从先导案例我们可以初步认识到休闲活动趣味性、随意性、娱乐性的本质,休闲活动策划就是快乐活动策划、幸福生活策划,策划组织者所从事的就是“快乐天使”、“幸福使者”的工作。随着人民生活的不断改善,象征品质生活的休闲活动正越来越受到社会各阶层的关注。

一、活动

1.“活动”一词的汉语解释

汉语“活动”一词包括三层含义:①运动,动摇、不稳定,灵活、不固定;②指钻营、说情、行贿;③为达到某种目的而采取的行动(《现代汉语词典》,商务印书馆,2005 年)。

2.“休闲活动”的汉语解释

休闲活动所指的“活动”,显然是指“为达到某种目的而采取的行动”。本教材所指的“休闲活动”,是专指那些在休闲时间进行的,内容积极、健康、进步的,有一定社会意义、能给人带来快乐和幸福感的活动,是围绕预定目标和为达到预期效果而采取的快乐行动。

3. 人类活动主要类型

人类有组织的活动一般分两种类型:一类是常规活动,如周而复始、连续不断的日常运作;另一类是非常规活动,如非常规举行的活动,特征是临时性、一次性,而且有清晰的起始期限。其中非常规举行的娱乐性活动,就属于本书休闲活动策划的范畴,在策划实务中我们又可以称之为"休闲活动项目策划"。

二、事件

1. 事件研究

"事件"源自于英文单词"event",国外关于"事件管理"的研究汗牛充栋,相比之下,中文含义下所说的"事件"多见于节事活动策划,相当于我们常说的"节日"。这是中国人与外国人对"事件"一词认知上的差别。毫无疑问,在我国,节日(节事)活动大多是休闲活动,但是休闲活动并不完全等同于节日(节事)活动,休闲活动的含义要比节日(节事)活动的含义广得多。

关于"事件"的含义,《现代汉语词典》的释义是"历史上或社会上发生的不平常的大事情"。可见,"事件"与"活动"两者之间的中文含义是有差别的。而策划实务中,"event"往往包含两层含义,一是带有名词含义的"事件",如提到 F1、世界杯,其侧重点是事件本身;二是带有动词含义的"活动",如对事件的描述,重点在运作和管理,重大事件可以称为"大型活动"。因此"事件"多指事件本身,重点在结果;"活动"多指采取的行动,重点在过程,而过程策划正是活动策划的主要特征。

2. 事件管理

随着"节事"概念的引入,我国业内人士也出现了"事件"、"事件旅游"、"事件管理"、"事件营销"、"节事旅游"方面的研究,提出了一些与"事件"相关的概念,如"重大事件"、"特殊事件"、"标志性事件"、"事件旅游研究"、"事件管理研究"等。如有学者将美国盖茨(Getz, 1997)教授提出的"事件"定义为短时间内发生的一系列活动项目的总和以及发生时间内环境、设施管理和人员的独特组合。

本教材中,为了避免在概念使用上引起混乱,除非特别提到相关的"事件",一般均使用"活动"的含义。从项目管理的角度,活动管理属于项目管理,休闲活动策划与管理必须按照项目策划与管理的运作要求展开,所以,从管理的计划、组织、领导、控制职能来说,一个休闲活动就是一个休闲活动项目。

三、休闲活动

1. 休闲的含义

所谓休闲是指在闲暇时间个体或团体自愿从事各项与谋生无关的非报酬性的自由活动时间的总称。休闲有四个含义:第一,它是一种自由选择;第二,它是一种自在心境;第三,它是一种自我教化;第四,它是一种生活方式和生命存在状态。

本教材所指的休闲,是指进步、积极、健康的休闲,是符合公序良俗的休闲,具有正向的功能,并为社会道德和伦理标准所倡导。

2. 休闲活动的含义

休闲活动是指在休闲时间内从事自己感兴趣的有意义的活动。通过参加休闲活动,可以给人带来明显的幸福与快乐感觉(即愉悦感)。对成人而言,休闲活动是指在商店、工厂或办公室以外,能依自己的意愿做自己喜欢的业余活动;对学生来说,就是上学、做功课、帮忙做家务后做自己感兴趣的课外活动。简言之,休闲活动就是根据自己的意愿,喜欢做什么就做什么的活动的总称。

3. 休闲活动的形式

休闲活动多为趣味性、娱乐性、参与性活动,由群众自发组织、自主参与、自娱自乐。本章先导案例就是一项趣味运动,主要表现为省事、省钱、省力,男女老少皆宜,是值得大力提倡的休闲活动项目。我国也有许多传统的趣味运动项目,如拔河、斗牛、斗鸡、斗蟋蟀、舞狮、舞龙等体现中华民俗文化的休闲活动不胜枚举。休闲活动项目方便组织,只要大家觉得好玩就可以兴高采烈地“玩”起来。

第二节　休闲活动分类

休闲活动,我们可以理解为人类在自由时间所自主选择的各种兴趣性活动。这里所说的“自由时间、自主选择”是在客观条件许可的范围内选择自己喜欢或愿意从事的活动。在休闲活动过程中,可以获得自在的心境,并同时实现自我教化,达到健康身心、丰富生活、提升创意的效果。任何被动的、功利性的、受限制的休闲，都不是真正意义上的休闲。选择科学的休闲方式，遵循健康的生活态度，可以为现代人类指明生活方向，明确生命的意义，从而对个体的全面发展产生积极影响。

休闲活动分类，主要是指按照休闲方式的各种特征对活动形态进行分类。人类生活的丰富多样性决定了休闲活动的丰富多样性。随着现代科学技术的迅速发展，休闲活动还实现了许多人类以前无法想象的梦想境界，如太空旅游、海底观光等。

一、按休闲活动的方式分类

从一般意义上讲，休闲活动是完成社会必要劳动时间之外的活动，是人的生命状态的一种存在形式。而对于人的生命意义来说，它是一种精神态度，是使自己沉浸在“整个创造过程中”的一种机会和能力，它对于“人之所以成为人”有着十分重要的价值，并在人类社会进步的历史中始终扮演着重要的角色。例如瓦特发明蒸汽机，就是他在休闲的时候从开水瓶塞弹出现象中得到启发的。现代休闲生活证明，美好的休闲环境、氛围与创意、创业之间存在着十分密切的联系，遍布杭州的十大文化创意园区都是娱乐王国、休闲天堂、创意乐园！

李仲广、卢昌崇从休闲活动的方式角度对休闲活动做了细致的分类：

(1) 创造活动：发明、写作、作画/书法、作曲/作词、园艺、制作木工/手工/模型/陶艺/雕塑、服装服饰设计等；

(2) 搜集活动：收集/收藏古物、签名、钱币、枪支模型、昆虫、装饰品、艺术品等；

(3) 教育活动：动物研究、书籍研究、旅游、天文活动、语言研究等；

(4) 竞争性运动和游戏：体育竞赛、击剑、各种球类比赛、猜字谜、下象棋、竞争性网游等；

(5) 非竞争性运动和游戏：骑马、舞蹈、演戏、骑脚踏车、划船、露营、钓鱼、徒步旅行、唱歌、观看比赛、网游等；

(6) 观赏活动：观看芭蕾舞、电影电视、歌剧戏剧、音乐会等；

(7) 社会团体活动：领导露营，辅助育婴室和运动场所活动，参加歌咏组织、社团组织、学生联谊、合唱团、青年会、管弦乐队等。

休闲活动的规模、范围和内容，决定了休闲活动的策划难度、广度和深度，同时也关系到休闲活动人力、财力、物力的投入程度。

二、按照休闲活动的性质分类

1. 积极性休闲

积极性休闲是有益于人民群众身心健康的、活泼多样的、非公务性的物质文化活动。主要有娱乐、健身、交际、益智等活动,通过这些活动可以达到培养情趣和美感、陶冶情操、增强体质、沟通思想、让渡情感、彼此增强了解和增进友谊的目的。

2. 消极性休闲

消极性休闲是害人又害己的自我放纵、蓄意破坏、违法犯罪的活动,如黄、赌、毒等不健康、不文明甚至犯罪的活动。消极性休闲格调庸俗、生活颓废、消耗生命,是我们要坚决抛弃的。

三、按照休闲活动的业态分类

1. 旅游休闲

我国著名的经济学家、哲学家、中国休闲研究的创始人于光远先生曾经对旅游休闲下过一个定义,他说,旅游是一种现代人的生活方式,它的特点是异地性、享乐性和休闲性。根据这一定义,我们认为"旅游休闲"就是去异地观光、娱乐、购物、度假,等等;根据旅游休闲的特征,我们可以策划自助游、自驾游、深度游、民俗游等各种旅游休闲活动。

2. 文化休闲

彰显中国传统文化和休闲风情,将休闲与人格修养、审美情趣、陶冶性情等紧密地联系在一起,以"琴、棋、书、画"和诗词、歌舞、游艺、鉴赏、观赏等文化艺术形式为主要载体,开展丰富多彩的"文化休闲",可以展现积极向上、文明健康的生活方式,促进人的全面发展。根据文化休闲的特征,我们可以策划书画比赛、联欢晚会、灯谜竞猜、诗歌朗诵等各种文化休闲活动。

3. 运动休闲

工业社会和后工业社会创造出了巨大的物质财富和精神财富,运动休闲是人们为了满足自我完善、自我发展和自我实现的需要,积极主动地追求和享受健身活动乐趣的一种现代体育[欧美学者称之为“轻体育”(light physical training)或者“轻松体育”、“快活体育”行为方式]。运动休闲是相对于传统体育运动而言的，具有自主性、娱乐性、积极性、创造性、新奇性和冒险性等特点。

一般来说，运动休闲是人们在节假日、早晚空余时间、工间午休及其他闲暇时间里，为了丰富业余生活，增进健康，调节精神而进行的放松身心的各类室内户外活动。运动休闲的普及与推广主要依赖于社会经济的发展水平、人们闲暇时间的日益增多、大众生活观念的进一步改变。随着信息时代的到来，科技将人类从繁复劳动中解放出来，使人们休闲时间增多，工作时间减少，运动休闲更加蓬勃兴起。根据运动休闲的特征，我们可以策划太极、瑜伽、健美操、集体舞比赛等。

4. 娱乐休闲

娱乐休闲是指在工作之余闲暇时间的各种消遣活动，如看电影、看戏、听音乐、逛公园、下棋、打扑克牌等。凡是可以放松心情，让人感觉轻松愉快的活动，都可以称为娱乐休闲活动。娱乐休闲与运动休闲的区别，主要是前者注重内心感受和精神世界的充实(修性怡情为主)，后者则重视外部体验和物质世界的感悟(强身健体为主)，当然，在现实生活中运动休闲与娱乐休闲的界限并不明显。根据娱乐休闲的特征，我们可以策划游戏、对弈、牌技等各种娱乐休闲活动。

5. 养生休闲

养生休闲是指利用休闲来恢复身体疲劳、精神快乐的身心健康调节活动，既养生又养心，包括人们在闲暇时间里放松、调整、健康、健美、益智、延年等各类活动。养生休闲是以养生为目的的休闲，包括地点选择、内容安排、节奏快慢以及饮食、健身、娱乐等诸多方面互相配合，促使休闲参与者尽量保持身体各机能的平衡，以确保心理和生理的健康。养生休闲活动适合各种年龄层次的人参与，而不仅仅局限于中老年人参与。养生休闲既是一种休闲类型，又可以融合到其他各种休闲活动中去——关键看这种休闲的动机是否回归到自己的身心内部，休闲活动中有没有融入养生方面的内容，是否对身体产生有益的作用。

四、按休闲活动的属性分类

1. 传统节日活动

传统节日活动是对历史文化的追溯和纪念，也是对民族传统文化的继承和弘扬。从传统节日的发展历史又可以分为古代传统型活动和近代纪念型活动。重阳节登山、端午节赛龙舟、元宵节逛花灯、城隍庙会,西方的圣诞节、复活节、狂欢节等都属于古代传统型旅游节庆活动。近代纪念型活动如各国国庆节、国际劳动节、儿童节、妇女节、美国纽约的玫瑰花节、奥尔良的圣女贞德节等节日活动。

2. 现代庆典活动

(1) 与生产劳动紧密联系的节庆活动

如深圳的荔枝节,菲律宾的捕鱼节、水牛节,阿尔及利亚的番茄节,摩洛哥的献羊节,意大利丰迪市的黄瓜节,新墨西哥州哈奇城的辣椒节,德国慕尼黑的啤酒节等。

(2) 与生活紧密联系的节庆活动

如上海旅游风筝会,大连国际服装节,会理国际石榴节,现代生活中的浦东牛排节、西餐饮食文化节,杭州休闲购物节,千岛湖秀水节,蒙古族的那达慕大会等。

3. 单位文娱活动

以机关、学校、企事业单位自发组织的文化、体育活动。例如诗歌朗诵、趣味运动会、新年联欢会、客户联谊会等。

五、按休闲活动的内容分类

1. 体育运动

体育运动超越社会、种族、语言的界限,成为世界人民沟通的桥梁,也提供了大量就业机会。世界杯足球赛、美国 NBA 比赛、法国网球公开赛、美国职业棒球联盟明星赛等体育运动,影响已经远远超过比赛本身,而成为现代人们重要的休闲娱乐活动。如今,体育活动不仅数量越来越多,并且规模越来越大,大型国际体育活动不仅有人数众多的运动员、教练员参加,而且有不少的随队工作人员、记者以及大量的“啦啦队队员”和观众参加。举办大型体育活动,对自然旅游资源缺乏的国家或地区来说,可以吸引更多游客;对具有较好旅游接待条件和设施的国家或地区来说,可以最大限度地利用现有条件设施。

2. 娱乐活动

在现代英语中,带有“娱乐”意思的词汇大致有 recreation、entertainment、enjoyment、amusement 等,其中 recreation 侧重于消遣,entertainment 侧重于宴请、招待,enjoyment 侧重于快乐,而 amusement 侧重于逗乐。由此可见,“娱乐”一

词在现代英语中所涵盖的意思是有所侧重的。在现代汉语中，娱乐所包含的意思非常广泛，凡是能让人在“休闲”过程中感到轻松有趣、快乐幸福的一切现象和活动都可以统称为娱乐，习惯上又称“休闲娱乐”。

娱乐不但是人类在改造自然、改造自身生活的进程中用以调节节奏、获得休息的手段，同时也是人类对未来人生的思考和准备。娱乐活动中所呈现的益智性、健身性、美育性、技艺性、交际性等，是现代人纷纷对娱乐活动抱以非凡热情的原因之一。

娱乐业是指提供娱乐活动的相关行业和业态的统称，包括娱乐场所和娱乐业务，以及娱乐场所为顾客组织娱乐活动，提供的娱乐服务的总和。娱乐业的分类：按娱乐内容来分，娱乐业可分为康体娱乐业（体育馆、游泳馆、健身房、保龄球场、高尔夫球场等）、文化娱乐业（电影院、剧院、音乐厅、博物馆、图书馆、书吧、书店等）、休闲娱乐业（酒吧、茶吧、歌舞厅、娱乐城、网吧、主题公园等）三大类。可见，把娱乐业仅仅等同于夜总会、KTV，甚至把娱乐业看作色情业、博彩业等，是非常片面的。

3. 文艺演出

近年来各类文化娱乐型的活动如雨后春笋，比如有着“上海城市名片”之称的超级多媒体梦幻剧《ERA——时空之旅》，投入数千万巨资，由国际级大师团队打造，这台国际级大戏在短短3个月演出收入达1000多万元。美国三大电视网之一的全国广播公司为它制作了专题节目，制作人罗宾说：“《时空之旅》，是中国乃至亚洲最好的舞台剧目之一。”在杭州，《宋城千古情》和《西湖印象》演出，作为杭州旅游的“金名片”也都取得了巨大成功。杭州西湖国际博览会、国际动漫节开幕式演出活动等，大大丰富了广大市民和国内外旅游者的休闲生活。

案例1.1：科技与艺术的完美结合

“一阵轻柔的民族音乐在耳边响起，舞台前原本不透明的玻璃幕墙变得透明起来，从中渐渐透出微弱的光线，光影中一名少女舞动着婀娜的身躯从舞台下升起……”一出以中华文化为底蕴，以传统杂技精华为主体，全面利用现代先进技术的大型演出就此拉开序幕。

在时光的梦幻时空里，由世界著名的艺术编导黛布拉·布朗导演的中国传统杂技节目，结合现代表演艺术理念，给观众演绎出一幕幕惊险、魔幻、激情、时尚的剧目。

《ERA——时空之旅》以音乐剧的形式，融歌剧、现场电声、民乐演奏、原创歌曲、现代舞剧、杂技、武术等综合艺术元素,配以多媒体轨迹影像仪、特大水幕、巨型玻璃镜墙、冲天而起的人体大炮等高科技手段,创造出一种全新的艺术表演形式。

《ERA——时空之旅》颠覆传统艺术表演理念,场面宏大、气势磅礴、神奇魔幻、清新洋溢,是一台适合中外各阶层观众观赏的,老少皆宜、雅俗共赏的剧目。观众不仅能看到中国古代文明的结晶,又能体验都市时尚和江南水乡风情,置身于时空交错的意境中遥想昨天、今天和未来。

随着多媒体技术的日臻完美,加之先进科学管理手段的成熟运用,传统文化艺术得以实现与现代文化艺术的融合,前者可以借助现代高科技手段焕发出新的生命光彩。这一切在《ERA——时空之旅》中体现得淋漓尽致。

资料来源:《上海科技报》,2006 年 3 月 21 日。

4. 商场促销活动

商场促销活动的目的是挖掘潜在的客户,获得更多消费者的青睐,使自己的产品体现出与众不同的特色。例如杭州银泰百货"满就送"活动屡试不爽,成为商场促销的有力手段。商场营销与促销活动往往结合周年庆或传统法定假日展开,媒体关注,社会瞩目,顾客云集,业绩倍增,商场经营活动取得了巨大成功!

5. 会议和展览活动

据世界权威的国际会议组织——国际会议协会(ICCA)统计,每年在世界各地举办的参加国超过 4 个、参会外宾超过 50 人的各种国际会议已达 40 万次以上;此外,据不完全统计,世界上每年还要定期举行 4000 多个大型展览会。全世界每年仅用于会议的开支就达 2800 亿美元。还有占会展市场绝大部分的公司小型会议和展示活动,为改善和提高企业的经营提供了沟通和商业交流的机会。逛展会、听演讲越来越成为市民的休闲消遣活动之一。

6. 节日庆祝活动

节日庆祝活动源于对生活的热爱,尤其是传统节日,不仅有着悠久的历史,也是一个民族或国家的历史文化长期积淀凝聚的结晶。它的起源和发展是一个逐渐形成,潜移默化,慢慢渗入到社会生活的过程。人们通过各种方式举行各种庆祝活动怀念先人,藉以寄托自己的思念,表达自己对朋友、亲人的美好祝愿。

7. 家庭活动

包括家庭舞会、家庭宴会、婚礼、野外旅行等形式,新年、圣诞节等也是家庭成员聚集的好时机，家庭活动成为休闲娱乐活动的重要形式。

8. 公益活动

公益活动是以志愿者和“义工”形式自愿参加、助人为乐的一种休闲活动，是锻炼爱心、提升品格、完善自我的重要方式和途径，在欧美发达国家十分普遍和流行。只要有爱心，就可以在公益活动中得到满足和快乐。

六、按休闲活动的组织分类

发达国家休闲活动的组织者，主要包括营利性组织、非营利性组织和公益性组织三大门类体系。结合我国假日制度调整和旅游休闲事业实际，政府部门要鼓励营利性组织的发展，更要支持各类非营利性组织和公益性休闲项目的发展。

1. 休闲活动组织的性质

(1) 营利性组织

由私人或企业(股东)投资的私营或民营休闲设施及企业，以利益最大化为准则，市场高度敏感，资本优化配置，在顺应休闲时尚、紧跟时代潮流方面具有较大的灵活性，是满足人们多样化休闲需求的主体。主要包括旅游设施(旅游景区、旅游饭店、俱乐部会所)、休闲产品(玩具、游戏器材、运动设备、书籍出版、车辆制造与销售)及文化娱乐活动(协会组织、体育比赛、文艺演出或康体健身活动)等。

(2) 非营利性组织

由政府直接领导、拨款或资助的非营利性休闲设施和企业，享有一定的经营自主权，仅向休闲者收取成本费用，包括城市公园、公共绿地、青少年宫、博物馆、图书馆、文化中心等。一些国家级的休闲设施，如国家博物馆、公共运动场地、旅游咨询中心等实行免费服务。

(3) 公益性组织

由慈善组织或协会机构等创办的公益性休闲设施和企业，依靠社会各方面的捐助，以基金会或托管委员会的形式进行经营管理。作为公益性质的非营利性民间组织，如儿童福利院、孤儿院、养老院、救助站、残疾人活动中心、血液中心、庙宇、教堂等，主要利用相对脆弱的休闲环境及设施，关注人类自身基本的休闲需要，其目标是借鉴私营部门的管理经验和措施，服务社区，满足多数人的休闲需求。

2. 休闲活动组织的形式

与以上相关组织相对应,休闲活动可以分为政府性、企业性和民间性休闲活动。

(1) 政府性活动

政府出面组织的公益性节庆活动为政府性休闲活动,其目的是丰富市民的业余生活,是打造和谐社会的重要途径。如“五一”国际劳动节联欢活动等。

(2) 企业性活动

企业组织的商业休闲活动,具有显著的商业性特征,往往与商品促销活动结合在一起,目的是为了营利。如某超市周年庆活动、商场“满就送”活动、中国红酒博览会、景区游乐园的游乐活动等。

(3) 民间性活动

民间自发组织的自娱自乐的休闲活动,如我国傣族的泼水节、彝族的火把节、西溪五常的龙舟节、法国的狂跳暴饮节以及英国伦敦诺丁山狂欢节等。一些传统的民间性活动越来越与旅游活动结合在一起,例如原生态的傣族泼水节、彝族火把节经过策划包装、改造提升后成为重要的景区活动。

休闲活动还可以进行其他分类,如按涉及内容的多少分类,休闲活动可分为单一性主题活动和综合性活动两类:单一性主题活动是指活动内容和形式单一的休闲活动,如瑞士伯尔尼的洋葱节、法国香槟节、新加坡食品节等;综合性活动是指活动内容和形式综合广泛的休闲活动,如杭州西湖国际博览会、北京国际旅游节等。按休闲活动的参与程度,休闲活动可以分为三大类:一是亲身参与型活动,如西班牙番茄节、傣族泼水节等;二是观赏型活动,如文艺表演、体育赛事等;三是混合型活动,既可亲身参与,也可欣赏,如西班牙奔牛节、巴西狂欢节。

第三节 休闲活动内容

一、休闲活动的范围

1. 休闲活动的表现

活动的表现形式多种多样:小到一个家庭的生日宴会,大到一个国家的国庆大典，更有多个国家和地区参与的奥运会、世界博览会等这样的特大型活动。凡是能给参与者带来欢乐和愉悦的活动，我们都可以称之为“休闲活动”，如为家人举行生日派对的家庭活动、增强集体归属感的单位活动、促进群体之间友谊的联谊联欢活动、具有参与性的趣味游戏活动、激情体验的娱乐活动以及节庆活动（节日活动）、景区活动（体验活动）、营销活动（促销活动）、大型活动（大型演出和体育赛事）等。

2. 休闲活动的外延

休闲活动包括各种节日活动、会展活动、文化娱乐活动和体育赛事等为核心吸引力的娱乐性活动，休闲活动的本质体现为自由随意、兴之所至的活动。我国休闲活动与节事旅游关系十分密切。在现代旅游和地区经济发展进程中，节庆活动和旅游结合形成的节事旅游已经成为一种专项旅游产品，世界各国纷纷将节事活动作为发展旅游业和振兴旅游经济的重要方式，而节庆或节事活动实质上就是娱乐活动，就是我们平常所说的“玩”。与常规旅游活动相比，它具有更强大的生命力和社会经济效益。旅游目的地往往把节事活动作为旅游营销的重要手段，并把它作为提高国家、地区或城市知名度，保护传统文化的有力手段。

二、休闲活动的要求

1. 活动目的

举办休闲活动的主要目的是为了庆祝、教育、娱乐、促销、推广。对于旅游业来说，休闲活动可以提高举办地的知名度，树立举办地的良好形象，促进当地旅游业的发展并以此带动经济的发展。

2. 活动主题

休闲活动的主题内容往往从休闲的本质属性出发，紧密联系地方特色和文化传统，经过精心策划、宣传和组织，满足参与者体验性、娱乐性的要求，实现组织者商业性或公益性的目标。

3. 活动形式

休闲活动一般通过旅游活动、娱乐活动、文体活动、广场活动等形式表现出来，内容轻松有趣，围绕主题展开，环环相扣，活动的形式活泼、有亲和力。

4. 活动功能

休闲活动兼具娱乐功能和联谊功能，人们通过参加休闲活动分享快乐、增进友谊、促进交流。休闲活动是社会活动的重要载体，对构建和谐社会、协调发展具有重大意义。

第四节　休闲活动意义

一、休闲活动的特点

1. 文化性

休闲活动的核心是文化。文化是休闲的灵魂，是当地人文历史和民俗传统的高度概括和总结，通过文化的创造、交流和融合逐渐形成各具地方特色的休闲传统。具有独特地方文化的休闲活动不仅为当地居民提供丰富多彩的休闲生活，同时作为旅游目的地对外地旅游者也具有很强的吸引力。

2. 地方性

休闲活动带有明显的地方气息，随着旅游的发展，有些已成为反映旅游地形象的指代物。如广州的广交会是其在国际市场推广广州形象的重要节事，而每年一度与中国传统佳节春节相连的广州花会，则更体现了花城广州的地方特色；深圳已经举办了十余届的荔枝节被“中国国际高新技术成果交易会”(高交会)取代，成为深圳的标志性节事。少数民族节日的独特地方色彩更为浓厚，例如，泼水节总是与傣族姑娘的美丽形象联系在一起，而那达慕大会也总代表着蒙古族男人的粗犷和彪悍。

3. 短期性

对于某项休闲活动来说，都有季节和时间的限制，都在事先计划好的时段内进行。当然，休闲活动的时间不是随意而定的，往往要根据当地的气候、旅游淡旺季、交通情况、主题的现状等条件，作出详尽而切实可行的计划，以吸引不同的目标观众。

4. 参与性

随着旅游业的发展，旅游者越来越注重参与当地的休闲活动，旅游节事就是这样一种参与性很强的旅游休闲活动。众多节事组织者想方设法拉近与消费者的距离，如上海国际服装文化节为充分显现国际大都市海纳百川的恢弘气势，以“发展经济，繁荣市场，美化世界，美丽自己”为宗旨，不仅使众多的服装企业、服装品牌能通过这一平台脱颖而出，造就更多的中国时装设计大师，而且注重市民和企业的参与，在淮海中路沿线相继演出了16台缤纷多姿的时装秀。在上海广场T形舞台搭建与建筑风范相辉映，夜间灯光变幻，拓展了周边商家的商务空间，精心布局，巧妙地构筑了社区广场文化联动效应，为市民休假增添了高品位的文化娱乐套餐，同时又为探索社会文化活动的市场运作寻求到一个较为理想的结合点。

5. 多样性

休闲活动的主题、形式、内容表现为多样性特点。活动形式可以有音乐舞蹈、服装展示、画展、土特产品展销、体育竞技、杂技表演、狂欢踩街等各种形式，涉及政治、经济、文化、体育、商业等多方面。如上海国际服装文化节以“创造与未来——时尚就在你身边”为主题，涵盖了展览展示、品牌发布、设计大赛、学术论坛、模特大赛、商业联销等八大类25项活动，通过亮点项目、常设项目和亲民项目的设置，由高到低搭建起一个“时尚金字塔”，让广大市民各取所需。

二、休闲活动的作用

1. 休闲活动对休闲者个人方面的作用

（1）增进身心健康

现代社会竞争激烈，往往容易导致身体上的疲劳和精神上的烦闷。借助休闲活动，不仅可以舒活筋骨，运动身体；还可以调节情绪，满足心理上的需求，如好奇心、成就感、自我肯定等。

（2）密切人际关系

约上三五好友品茗清谈，既可交换经验，增长见闻，又可排除孤寂。还有些休闲活动，是要与人合作完成的，如下棋、打球、郊游等，在与他人相处的过程中，可以学习别人的长处，培养忍耐、谅解、领导等能力，更可交到不少志同道合的朋友。有些休闲活动，如绘画、书法等，通过彼此观摩、学习，往往可以取得更大的成就。

（3）拓展生活空间

参加休闲活动，特别是自己感兴趣的活动，不仅可以消除工作上的疏离感，更能使生活多彩多姿，扩大胸襟，体验生命的真谛。

(4) 养成良好习惯

很多休闲活动,需要各种工具材料,例如插花、烹调等。活动时,为了节省材料与时间,常养成节俭及物归原处等美德,活动后要清理环境,收拾工具,以保持环境整洁,这些良好习惯皆可在休闲活动中予以培养。

(5) 培养创造能力

休闲活动是自己选择的,兴趣浓厚、喜欢的事情最容易激发创意,培养创造能力,世界上有许多发明创造都是在休闲中完成的。有时为了达到某种理想结果,往往废寝忘食、全力以赴,无形中培养了坚韧不拔的精神。

2. 休闲活动对休闲团体方面的作用

(1) 家人或团体共同参与的休闲活动,可以缩短与家人或团体之间的距离,建立家庭或团体中的亲情与友爱,增加家人或团体成员之间交流的机会。

(2) 休闲活动使人们因接触而相互了解,无形中提高了社会意识,促使社会更加和谐、团结、友爱。

(3) 青少年在休闲时间从事休闲活动,可以减少犯罪倾向,预防青少年犯罪行为的产生。

(4) 休闲活动中,可以学习到许多生活准则、社会规则、价值判断和行为规范等,因此能帮助个人社会化,达到寓教于乐的目的。

案例点评

1. 先导案例:国际背夫人比赛

作为发源于北欧国家的一项休闲活动,活动组织极具趣味性和娱乐性。由于该项活动的游戏特征,背夫人比赛大有向各个国家和地区扩散和传播的趋势。杭州就仿照国际背夫人比赛而开展了类似的活动。以游戏娱乐为目的的休闲活动方便组织,老少皆宜,但是也必须有基本的规则,没有规则那就不是“游戏”而是“儿戏”,这些规则可以事先制定也可以临时制定,但是一旦形成比赛规则就必须人人遵守、“童叟无欺”。

2. 案例 1.1:科技与艺术的完美结合

主要是说明现代科技在休闲活动中的运用,尤其是文化休闲、运动休闲、娱乐休闲等领域,现代声光电技术的运用可以为休闲活动增添许多神秘、可乐之处,这方面在杂技、魔术、演出等休闲活动中表现更加突出。通过该案例，主要是告诉我们在条件允许的情况下，在休闲活动现场要尽可能运用现代科技，例如动画、卡通、激光烟花、音乐喷泉等，可以实现科技与艺术完美的结合。

思考练习

一、名词解释

1. 休闲

2. 休闲活动

3. 积极性休闲

4. 公益活动

5. 非营利性组织

二、填空题

1. 休闲活动一般是指那些在休闲时间进行的，内容________、________、________，有一定的社会意义、能给人带来__________的活动，是围绕预定目标和为达到预期效果而采取的________。

2. 旅游是一种______的生活方式，它的特点是______、______和______。我们认为________就是去异地观光、娱乐、购物、度假等。

3. 彰显中国传统文化和休闲风情，将休闲与________、________、________等紧密地联系在一起，以“琴、棋、书、画”和诗词、歌舞、游艺、鉴赏、观赏等文学艺术形式为_______，开展丰富多彩的“文化休闲”，可以体现________、________、________、________的生活方式，促进人的全面发展。

4. 利用休闲来恢复身体疲劳、精神快乐的身心健康调节活动，既________又________。

5. 按休闲活动的内容，我们可以把休闲活动分为体育运动、________、文艺演出、商场市场营销和促销活动、__________、节日庆祝活动、________、公益活动等。

6. 休闲活动具有显著的______、______、______本质特征。

7. 休闲活动项目管理也必须遵循________、________、________、________的管理职能。

三、选择题(单选题)

1. 以下不属于康体娱乐业的是(　　)。

A. 游泳馆　　B. 健身房　　C. 高尔夫球场　　D. 茶吧

2. 以下不属于休闲活动特点的是(　　)。

A. 文化性　　B. 长期性　　C. 地方性　　D. 参与性

3. 以下不属于综合性节庆的是(　　)。

A. 杭州乐园万圣节　　B. 上海世博会

C. 杭州西湖国际博览会　　D. 北京国际旅游节

4. 巴西狂欢节体现了休闲活动的(　　)特点。

A. 文化性　　B. 地方性　　C. 参与性　　D. 多样性

5. 以下对休闲解释错误的是(　　)。

A. 它是一种自由选择

B. 它是一种自我教化

C. 它是一种生活方式和生命存在状态

D. 它是一种自我发展

6. 营利性休闲设施及企业一般由私人或企业(股东)投资,是以(　　)为准则的。

A. 经济效益最大化　　B. 社会效益最大化

C. 环境效益最大化　　D. 综合效益最大化

7. 某地举办元宵灯谜竞猜活动,这类休闲活动属于(　　)项目。

A. 文化休闲　　B. 娱乐休闲　　C. 养生休闲　　D. 旅游休闲

8. 汉语语境下的“休闲娱乐”,一般对应于英语的(　　)含义。

A. entertainment　　B. enjoyment

C. amusement　　D. recreation

9. 按照娱乐业的分类,杭州南山路酒吧一条街属于(　　)。

A. 康体娱乐业　　B. 文化娱乐业

C. 休闲娱乐业　　D. 观光娱乐业

10. 某休闲活动项目策划充分体现了当地地方特色和文化传统,观众印象深刻。这一表现手法体现了(　　)。

A. 活动目的清楚　　B. 活动主题准确

C. 活动形式生动　　D. 活动功能强大

四、判断题

1. 休闲活动是社会必要劳动时间内的活动，是人的生命状态的一种存在形式。(　　)

2. 按照休闲的业态，我们可以把休闲活动分为体育休闲、文化休闲、运动休闲、娱乐休闲等。(　　)

3. 运动休闲是人们为了满足自我完善、自我发展和自我实现的需要，积极主动地追求和享受健身活动乐趣的一种现代体育。(　　)

4. 娱乐休闲与运动休闲的区别，主要是前者注重内心感受和精神世界的充实(修性怡情为主)，后者则重视外部体验和物质世界的感悟(强身健体为主)。(　　)

5. 我国的重阳节登山、端午节赛龙舟、元宵节逛花灯，西方的圣诞节、复活节、狂欢节等都属于古代传统型旅游节庆活动。(　　)

6. 休闲活动策划就是快乐活动策划、幸福生活策划。(　　)

7. 休闲活动项目组织困难，必须大家觉得好玩才可以举办。(　　)

8. 休闲活动与旅游关系十分密切，节事与旅游的结合被称为"旅游节事"。(　　)

9. 休闲活动的核心是文化，文化是休闲的灵魂，也是休闲旅游的关键要素。(　　)

10. 休闲活动没有季节和时间的限制，可以随时随地长期举办。(　　)

五、简答题

1. 简述运动休闲与娱乐休闲的联系和差别。

2. 简述休闲活动对休闲团体方面的作用。

六、案例分析

根据先导案例，分析国际背夫人比赛规则的合理性，并结合本地区历史文化和风土人情的实际情况，确定适合本地区家庭成员参加的类似比赛，并设计更加科学合理的比赛规则或流程。

实训项目

按照休闲活动内容分类，策划一项以班级为单位的休闲活动。

第二章

休闲活动策划

学习要点

本章主要介绍休闲活动策划的理念、原则、原理、方法、程序和内容。理念主要解决观念和概念的问题;原则主要解决标准和准则的问题;原理主要解决理论和依据的问题;方法主要解决途径和手段的问题;程序主要解决步骤和流程的问题;内容主要解决活动的基本要素问题。

基本概念

策划、休闲活动策划、策划的系统说、策划的和谐理念、策划的人本理念、策划的动感理念、策划的 5W2H1F 原则、脑力激荡法、过程决策程序图法、系统分析法、主体内容策划、辅助活动策划

先导案例:杭州乐园嬉水狂欢节——"冲关我最棒"

"冲关我最棒"是杭州乐园嬉水狂欢节期间最吸引游客的一项参与性活动,由浙江卫视与杭州乐园联手打造。"冲关我最棒"赛道与玩法主要采用了双人与团体合作赛制的双赛道方案,以区别于湖南卫视"智勇大冲关"游戏节目。清凉的水上游戏、耳目一新的关卡设计、千奇百怪的参与选手、充满激情的现场播报,吸引了许多敢于挑战自我、冲关探险的男女勇士参加,每晚沙滩倾情演出还将现场评选出海

盗女王……

"冲关我最棒"活动于每年的八九月份在杭州乐园嬉水狂欢节期间激情上演。活动主题是:嬉水狂欢节,冲关我最棒。主要项目包括大型水上闯关类项目,别具一格的赛道设置,无与伦比的场景搭建,刺激性、挑战性、参与性、趣味性、娱乐性、观赏性的完美结合。参加对象主要以游客为主,也可以委托旅行社组织喜欢冒险的社会各类人士自愿报名参加。参加活动的游客或选手,可以在杭州乐园畅玩双环过山车、超级海盗船、UFO、自由落体、激流勇进、极速大风车、勇敢者转盘等20余项超级游乐项目,体验长三角最大水公园造浪池、沙滩、假山、树木咖啡吧的浪漫和乐趣。

"冲关我最棒"参赛人员需年满18周岁(现场出示身份证或有效证件),身体健康(现场进行身体检查),提前3天预约统计、分组安排和人流控制,所有参赛选手进行编号注册与健康检查。为保障游客安全,活动为每位参赛选手购买意外保险,并签订相关协议,防止不必要的纠纷。所有参赛选手必须到规定区域内候场准备参加比赛。滑道撞冰山、摇摆鱼骨排、摆锤跑步机、抱抱大圆木、无敌冲浪板、飞锁梅花桩、海啸大坡道为比赛项目,包括由单人赛和双人反超赛组成的团队冲关PK大挑战,所有比赛结束后现场统计各团队积分,积分最多的为冠军。

第一节　休闲活动策划概述

从先导案例我们可以看到休闲活动的游戏、娱乐特征,休闲活动多是自愿参加而非专业组织,比赛的是潜能而非技能。尽管有活动规则,但并不是一项正式的体育比赛。从其活动的性质来看,这些群体性、参与性的休闲活动我们一般归类为"趣味运动"项目,即通过运动来放松身心、发现潜能、实现自我。说到底,休闲活动是丰富业余生活的活动,休闲活动策划主要表现在设计一份比较完善的活动策划方案上。

游戏是人类的天性,休闲与工作(学习)相辅相成,娱乐更是现代人们不可或缺的休闲生活。休闲作为一种生命存在的状态伴随着人的一生,每个人都会经历或参加很多休闲活动,每天都有很多休闲活动发生在我们周围。重视休闲活动策划,让现代人们的业余生活变得更加丰富多彩,对休闲服务与场所管理的提供者来说十分重要。休闲活动必须经过事先周密计划,才能达到预期的收获快乐的效果。策划是办好休闲活动前不可缺少的基本工作,也是学习本课程需要掌握的最为重要的基础知识之一。

一、策划的含义

古语说“凡事预则立,不预则废”,又说“未雨绸缪”,讲的就是要进行预先计划、事先谋划的意思。这种“预先计划、事先谋划”就是策划。中国古代军事策划非常注重“运筹于帷幄之中,决胜于千里之外”,可见“预先计划、事先谋划”的重要性。

1. 策划的起源

策划就是围绕创意灵感进行一系列的资源整合,并把整合到的资源通过一种机制组合成一个载体,然后释放出这些资源的能量,以最终实现或超越最初的创意灵感。

策划一词最早出现在《后汉书·隗嚣传》中“是以功名终申,策画复得”之句。其中“画”与“划”相通互代,“策画”即“策划”,意思是计划、打算。“策”最主要的意思是指计谋,如:决策、献策、下策、束手无策。“划”指设计,如工作计划、筹划、谋划,意思为处置、安排。策划在日本称做“企画”,到了我国台湾地区称做“企划”,在英语国家则统称“plan”。

我国最早的策划多用在军事谋略方面,例如被西方国家社会精英人士奉为商战经典的《孙子兵法》。但是中国古代策划也有用在商业领域的,例如,早在1000多年前,唐代韦坚就成功策划了我国历史上最早的博览会。唐朝天宝年间,陕郡太守、水陆转运史韦坚,开漕渠引渭水至长安,造广运潭于宫场外,广集各地漕舟,载地方特产相互交流,并供皇帝观览。据《旧唐书·韦坚传》记载,韦坚为准备这次博览会,召集东京、汴京等地的小斜底船两三百只,置于广运潭侧。这次盛况空前的商品博览会,荟萃了各地名牌产品,如广陵的铜器和海味、丹阳的纱缎、会稽的绛纱、南海的玳瑁和珍珠、豫章的茶具、宣城的宣纸、始安的翡翠和蛇胆……可谓琳琅满目,应有尽有。这次博览会极大地促进了商品交流,带动了经济发展。丁渭重建汴梁皇宫则被称为古代工程策划的典范。

案例2.1:丁渭重建汴梁皇宫策划

北宋真宗年间,宰相丁渭受命修复被焚毁的汴梁皇宫。施工面临着三大难题:取土、运输建筑材料以及处理废料。三个问题都要耗费大量的人力、物力和时间。于是,丁渭经过系统考虑,精心策划,制定出一个综合考虑取土、运料和处理废料三方面问题的施工方案。首先,丁渭让工匠们把宫室附近四通八达的道路挖开取土,很方便地运到工地。节省了远道取土所需要的大量人力和运力。挖开道路取土后,形成了一条条沟渠堑壕。丁渭下令掘开汴河,引水入沟堑之中,成为临时性的一条条小运河。这样,满载着建筑材料的竹筏、木排及各种船只沿汴水进入临时运河,直达宫门。在材料运完后,再堵塞汴河决口,将废弃瓦砾、施工残土填回到挖开的沟堑中。等到废料清理干净以后,沟堑又恢复成四通八达的道路。丁渭这个施工方案,省时、省工、省钱,共计节省施工费用数以亿万计。丁渭抓住取土、运料和处理废物三个主要环节,统筹兼顾,巧妙策划,顺利地完成施工任务,收到了"一举而三役济"的效果(见《梦溪笔谈·补笔谈》),至今还为人们所称颂。

资料来源:根据刘保孚主编的《策划实务全书》(经济日报出版社1995年版)相关内容编写。

2. 策划的含义

策划(strategy plan)是指人们为了达成某种特定的目标,借助一定的科学方法和艺术,为决策、计划而构思、设计、制作策划方案的过程。策划在《辞源》一书中作"策书、筹谋、计划、谋略"解,在英语中近似"strategy"加"plan"(战略、策略)。《孙子兵法》云:"凡战者,以正和,以奇胜。""正"就是艰苦奋斗,"奇"就是锐意创新。这里的"奇"就是策划,"奇"上面一个"大"字底下一个"可"字,"大"就是要超出常人的想象,"可"就是要在常人的情理之中。所以,策划就是想到常人想不到的地方,说出来的道理又能让常人理解。

简单说来,策划就是策略、谋划,是为了达到一定的目标,在调查、分析有关材料的基础上,遵循一定的程序,对未来某项工作或事件事先进行系统、全面地构思、谋划,制订和选择合理可行的执行方案,并根据目标要求和环境变化对方案进行修改、调整的一种创造性的社会活动过程。

3. 策划的"程序"说

策划是一种程序,本质上是一种运用脑力的理性思维行为。策划是针对未来要发生的事情作出当前的决策,即:找出事物的因果关系,衡量或者度量未来可采取的途径,作为目前决策的依据。根据策划内容的不同,可以分为企业策划、社会策划、军事策划和活动策划等。企业策划可以细分为品牌策划、形象策划、营销策划等;活动策划可以细分为社会活动策划、企业活动策划、家庭活动策划、营销活动策划、会展活动策划、休闲活动策划等。例如赞助商赞助某项活动,也必须按照主办方赞助程序来进行,并接受主办方的资格审查和合约管理(如图 2.1)。

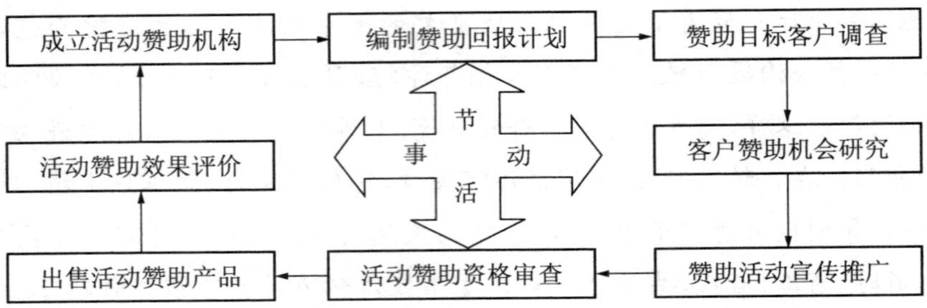

图 2.1 主办方接受赞助程序图

4. 策划的"管理"说

管理的基本职能,是指计划、组织、领导、控制,其中领导职能又可以分解为指挥和用人。在管理的四项或五项职能中,策划贯穿管理活动始终。策划是以科学方法对信息进行处理,对所有资源进行整合,最后实现效益优化的一种管理职能。例如节庆活动就是由各个管理部门运用管理职能共同配合完成的(如图 2.2)。

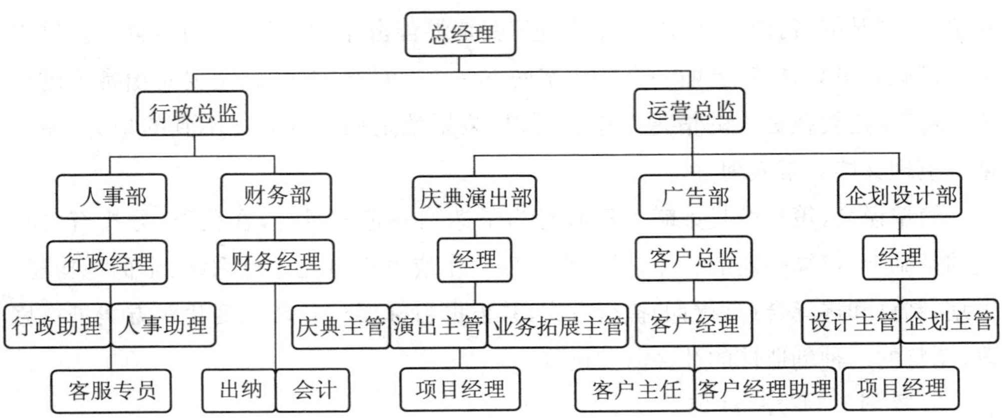

图 2.2 节庆活动管理示意图

5. 策划的"系统"说

根据《中华大词典》词义解释，系统是指同类事物按一定的关系组成的整体，如组织系统、循环系统等。按照"系统"的观点，就是要把决策的事物作为一个整体来研究，从系统论出发，对事物进行系统研究、整合研究。基本步骤是：首先确定目标，然后通过市场调查、环境分析，形成基本创意，拟订方案，最后进行评价筛选、方案选优，并在实施过程中不断进行反馈和修整。例如演出活动就是由演出场所、演职人员、灯光音响、道具服饰等紧密围绕主题展开的一项系统工程（如图 2.3）。

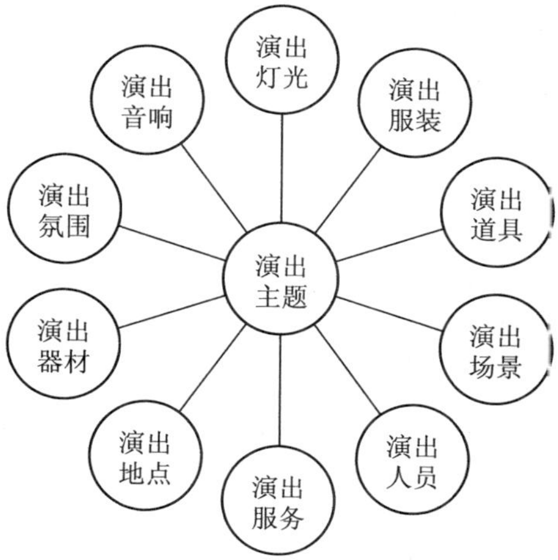

图 2.3　演出活动系统思维

二、策划、规划和计划的联系与区别

1. 策划

策划是根据现实的情况和信息进行系统谋划，具有明确的目的性、选择性和灵活性，如会议策划、展览策划、活动策划、营销策划等。

2. 规划

规划多针对比较全面而长远的发展，通常与全国或者特定地区的社会、经济、文化等发展相关，可以分为产业规划、区域规划等，如文化产业发展规划、休闲产业发展规划、城市发展规划、旅游区域规划等。

3. 计划

计划根据《现代汉语词典》的解释，计划是指工作或行动以前预先拟定的具体内容和步骤，做计划就是要制订行动的组织实施方案，如五年计划、三年计划、年度计划、月度计划、进度计划等。

4. 策划、规划、计划之间的关系

策划、规划和计划既有联系又有区别。策划、规划和计划都是对未来事情的预先安排或筹划，规划主要解决做什么的问题，策划主要解决怎么做的问题，而计划则主要解决什么时候做什么的问题。策划重创意、规划重选择、计划重内容,策划、规划、计划三者之间是从宏观、中观、微观不断深化、细化的过程(如表 2.1)。

表 2.1　策划、规划、计划三者之间的联系与区别

	定　义	重　点	特征	举　例
策划	根据现实情况和信息系统谋划,目的性、选择性和灵活性明确	对未来事情预先策划,重点是解决怎么做的问题	谋略性	会议策划、展览策划、活动策划、营销策划……
规划	全面而长远的发展,与全国或者特定地区社会经济发展相关	对未来事情预先规划,重点解决做什么的问题	战略性	文化产业发展规划、休闲产业发展规划、城市发展规划、旅游区域规划……
计划	行动前预先拟定具体行动内容,做计划是制定组织行动实施方案	对未来事情预先计划,重点解决什么时候做什么的问题	策略性	五年计划、三年计划、年度计划、月度计划、进度计划……

第二节　休闲活动策划理念

休闲活动策划,是指以一定的资源条件和社会需要为基础,以娱乐身心和丰富业余生活为目的,对休闲活动的主题、内容、形式进行事先分析研究,并作出谋划和决策的一个理性的思维过程。

一、策划理念与表现

1. 策划理念

策划理念,就是策划过程中所要追求的"理性的念头"、"抽象的信念"。休闲活动策划理念,就是休闲活动策划过程中所要追求的理想目标和思考方向,是指导我们进行休闲活动策划的指针、纲领和理论基础。休闲活动策划理念是整个休闲活动的灵魂,也是决定休闲活动高雅、通俗、庸俗、恶搞的基础。休闲活动理念的形成,一方面,基于休闲活动策划者对休闲文化的深刻理解,对当地历史文脉的准确把握;另一方面,基于休闲活动策划者对现实生活和休闲文化发展趋势的准确判断。休闲活动策划理念最终表现在对休闲活动的价值追求和目的上。

2. 休闲活动策划理念

休闲活动策划理念贯穿于休闲活动主题、形式、内容等全过程，也贯穿于休闲活动的组织、实施和善后工作，体现在休闲活动策划的主题选择、模式选择、组织设计、内容编排、效果评估等各个环节。休闲活动策划理念按照一定的规则把各种“念头”、“想法”、“创意”、“点子”等有机地组合起来，理念就是休闲活动策划的纲，“纲举目张”，策划理念因而使休闲活动成为浑然一体的项目。

二、休闲活动策划的基本理念

1. 和谐的理念

（1）和谐与和谐社会

和谐一般理解为和睦、谐调，就是相处融洽友爱、相互配合得当、行动协调一致。现在我们说打造和谐社会，包括五个层面的含义：一是个人自身的和谐；二是人与人之间的和谐；三是社会各系统、各阶层之间的和谐；四是个人、社会与自然之间的和谐；五是整个国家与外部世界的和谐。在上述五层含义中，最重要的应是人与人之间的和谐相处。这是因为，个人自身的和谐只有在集体和社会中才能实现；社会各系统、各阶层之间的和谐必须以个人之间的和谐为基础，并通过这种和谐体现出来；个人和社会与自然之间的和谐是人与人之间和谐的特殊表现；国家与外部世界之间的和谐首先有赖于社会整体的和谐，而社会整体的和谐又离不开人与人之间的和谐。因此，实现人与人之间的和谐相处应当成为构建社会主义和谐社会的工作重心。

（2）休闲活动中和谐理念

和谐的理念体现在休闲活动策划上，就是要体现自由、幸福、快乐的休闲本质，尤其是表现在休闲活动的社会性方面，“独乐乐不如众乐乐”，在活动设计上必须体现和衷共济、团队合作、群策群力等人文精神。

中国传统文化提倡“天人合一”、“和为贵”，本质上就是和谐。我国正致力于和谐社会建设，反映品质生活的休闲活动应该成为体现地方文化、风土人情、人与自然和谐相处、人与人和谐相处的重要载体。从休闲活动的本意来说，要求大家在一起玩，本身就存在和谐的含义。大型活动、节庆活动、赛事活动、文体活动等多种形式的休闲活动，完全是为社会公众服务的参与性活动，许多休闲活动的对象就是群体本身,活动提供幸福与快乐供人们分享,使大家团结一致,培养一种群体的自豪感。可见,休闲活动强调了个人与群体、个人与自然、群体与自然的和谐关系。

(3) 休闲活动的和谐目标

和谐是一切休闲活动追求的目标。休闲活动策划和谐理念,包括休闲活动主题的和谐、内容的和谐、形式的和谐、过程的和谐等。主题的和谐是指活动主题要与当地文化传统和地域特色相协调,活动主题要与当今时代潮流和消费趋势相和谐。内容与形式的和谐是指活动内容安排和表现形式上要与活动主题相呼应,倡导一种团体合作、积极健康的生活方式。过程的和谐是指活动策划中合理计划,统筹安排,达到活动举办过程的顺畅和无事故,未雨绸缪,对活动危机进行事先防范和控制。

2. 人本的理念

(1) "人本"与人性

"人本"就是"以人为本",人本的理念首先基于人性的假设。按《辞海》解释,人性是指人们所具有的正常的感情和理性,人性是人类社会最主要、最本质的特征。休闲活动策划主要是为了丰富人们的业余生活,因此,活动本身的自由、快乐、幸福成为我们策划的最基本诉求。例如 2008 年北京奥运会主题口号"同一个世界、同一个梦想",就体现了"天地之性,人为贵"的人性关怀与广泛参与性。

(2) 休闲活动中的人性关怀

休闲活动的目的要体现对人性的关怀。人是活动举办过程中最活跃的因素。围绕"人"来进行策划,按照"人"的特长和能力来安排休闲活动,并在休闲活动过程中注重人性化设计,这样的休闲活动策划就是一个好的策划。休闲活动的形式和内容安排,要以提高人尤其是普通人的参与性为目标。

3. 动感的理念

(1) "动感"与时尚

动感,是指在原本静态的项目中,引入鲜活的、互动的、动态的主观感受,是生命活力、活泼健康、幸福快乐的真实体现。动感是以人的主观感觉为主导的,是"互动的感觉"和"快乐的感觉"。引入"动感",是运用"动态"对静态景观进行创新的有效手段。

"动感"一词体现时尚,当今社会我们都生活在动感世界里,它生动体现了现代生活节奏。"动感"是相对于"静态"而言的,对于一个景区来说,动态的是人文是艺术，静态的是景观是景点，动静结合缺一不可，构成了旅游景区最美丽的风景。休闲活动主要是做动感艺术，现代社会从“动感地带”，到“脉动”饮料，再到“动漫世界”……“动感”生活让我们的世界更加丰富多彩！“动感”成为突破“静态”事物的主要力量。尤其在创意产业，动漫、动画……似乎一切都在向“动感”方向发展。

（2）休闲活动的动感设计

休闲游憩方式和旅游景观设计，也在“动感”理念下找到了突破的方向：“动感艺术游憩模式”与“动感艺术景观设计”成为旅游创新手法，越来越受景观设计爱好者青睐，无论是中央电视台的春节联欢晚会，还是景区的各种民俗活动，旅游与娱乐产品不断推陈出新，其中大多与动感艺术有不解之缘。让旅游景观动起来，可以为旅游文化找到更好的表现载体，也是主题公园和旅游景区生命和活力的象征。休闲与娱乐的结合就是“动感游乐”，即在休闲活动项目中引入动感，例如互动游戏、互动娱乐。在旅游项目中最能表现动感的旅游项目是游乐园娱乐型项目，在游乐园中动感形态的游乐项目非常多，而且在不断发展。无论是机械型游乐项目、电子游戏项目，还是民俗活动、文化艺术、街舞表演、马戏杂技魔术等，都深受游客的欢迎。游乐场是年轻人的天下，是动感游乐项目最多的地方，动感游乐最强烈的效果来自于海盗船和过山车的尖叫，还有街舞狂欢的快乐场面。

（3）休闲活动动感艺术

动感艺术，是指在动感中表现出来的独特艺术，是相对于静态中展示的艺术形式而言的，作为休闲活动的最高境界一直受到业界的推崇。动态的艺术形式非常多，而且仍在不断创新发展。休闲活动策划与管理所讲的动感艺术，不是指文学艺术中的戏剧、电影、电视等传统的表演艺术，也不是强调艺术的动态形式，而是强调艺术中观众与表演者的互动，强调运动过程本身的艺术，强调观众主观上参与运动的艺术感受。把动感艺术的理念运用于传统的静态艺术中，就形成了静态艺术的创新与突破。比如在旅游项目设计过程中，引入动感艺术设计的理念，可以很好地实现旅游项目中游憩方式创新与艺术景观设计之间的整合，形成一种“动感艺术游憩”的全新乐趣。杭州宋城景区最吸引人的不是城门、城楼、城墙等静态景观，而是王员外家三小姐抛绣球、宋城千古情、宋城火把节等动感艺术。尽管王员外家三小姐每年要抛绣球招夫婿 1000 多次，但游客进入宋城对这项民俗活动还是趋之若鹜——大家都知道王员外家三小姐招女婿是假的，接到王员外家三小姐绣球的也只有一位，但仍然很乐意参与，因为通过参与大家分享了快乐。宋城景区还以宋城千古情为核心产品，打造“宋城演艺”股份上市，这个例子说明作为“动感”艺术的演艺产业是可以做大做强的。

第三节　休闲活动策划原理

一、原理与策划原理

原理，是指自然科学和社会科学中具有普遍意义的基本规律。原理是在大量观察、实践的基础上，经过归纳、概括、演绎而得出的，是来源于实践又高于实践的经验总结。原理作为一种理论，既能指导实践，又必须经受实践的检验。

策划原理，是指策划原理与方法具有普遍意义的基本规律。策划的方法有点、线、面、体四个维度，我们所说的“点子”“创意”“策划”“整合”基本上代表策划原理与方法点、线、面、体等四个方面的维度，大家普遍认知的出“点子”，只是点式策划的一种形态而已，我们更需要创意(线型)、策划(平面)和整合(立体)，即把好的点子、创意连贯起来进行思考，最后进行系统、整合研究。

二、休闲活动策划基础知识

休闲活动无处不在，休闲活动需要点子策划、创意策划、整合策划。

1. 点子策划

点子策划就是“点”式策划，就是把策划的要义集中在某一点上，抓住事物的本质和关键。点子是策划人思想的火花和思维的结晶。点子就像贵妇佩戴的项链上最耀眼、最名贵的钻石，夺人眼球，熠熠生辉。

(1) 点子的含义

① 点子的名称源自一种乐器

点子是土家族、布依族的一种敲击乐器，流行于湖北、贵州、湖南、广西等省区。用响铜制作，形似小锣，锣面平坦无脐，锣面直径 9.5—10.5 厘米、锣边宽 2.3—3 厘米，锣边钻有 3 个小孔，用细绳系于带有三条腿的圆形竹圈中，锣面悬空朝上，竹圈接有长柄，柄长37厘米。演奏时，左手持竹圈长柄或将点子置于桌面上，右手执头部弯曲的竹片敲击，发音清脆明亮。点子是佛教和道教的重要法器之一，常用于宗教仪式、传统节日或婚丧喜庆等场合，是吹打乐合奏或为孝歌伴奏的乐器。它经常与冬子锣、溜子锣、棋子鼓和钹等乐器一起演奏。

② 点子是知识与智慧的结晶

我们把对某事物进行改造或实施的各种计谋、策略、方法、经验、创意、信息等称为点子。在现实生活中，许多人常常灵机一动就会产生许多点子。

我们所说的点子，就是指经过思维产生的解决问题的主意和办法。企业要销售产品实现利润，如何销售产品是关键。为了解决这个问题，企业策划部员工绞尽脑汁出谋划策，这个为销售产品而出谋划策的内容就是点子。同样，企业为了满足市场的需求，需要改进自身的产品，如何改进自身的产品是企业的问题。为了解决这个问题，企业产品开发部的员工集思广益提出了产品的改进方案，这个产品改进方案的内容也是点子。它们共同之处在于都是为了解决某一个问题而通过思维产生的主意和办法。

(2) 点子的分类

按照点子内容的属性，可以分为：策划类、发明创新类和信息概念类。

按照点子商业的属性，可以分为：售卖点子、免费点子；商业点子、公益点子；生活点子、学习点子等。其中售卖点子是指：点子是可以售卖的商业点子，得付出一定报酬给创造者才告知实施步骤。免费点子是指：点子创造者公开点子的实施步骤以供使用者参考、借鉴，也可以是点子创造者认为商业价值不大或点子不够完善的点子，免费供大家分享。

(3) 点子的作用

① 点子共享

包括把自己的点子贡献出来或共享他人的点子。许多人希望在点子平台向他人传播点子的同时希望得到他人的点子，以共同提高自己的职业技能。

② 提升名望

点子的卖方通常想让其他人把他当做拥有有价值的知识和经验、并且乐于与他人共享的人。这种名望是无形的，但却可以提高卖方在行业内的知名度。例如王志刚就以点子准在现实和虚拟世界里享有一定的话语权。

③ 表现自己

每个人都有不同程度的表现欲，并且希望能拥有更多的观众。一个交易活跃的点子市场可以让点子的卖方充分表现自己,而在现实生活中往往很难有这种机会。

④ 获得回报

所有的卖方都希望点子的交易能获得回报,只不过,这种回报不一定体现为现金收入,也有可能是为了获得认同和赞赏,或者期望职位的提升和获得更多的朋友。

2. 创意策划

创意策划就是把点子策划(包括各种各样的点子)连贯起来的思索,把各种好点子、金点子、“歪”点子等串成贵妇脖子上的“项链”,让人有一个完美的观感或体验。

(1) 创意的含义

创意就是具有新颖性和创造性的想法,是在传统思维和常规思考基础上的奇思与妙想、创新与发展,属于智能(而非体能)潜能拓展(超水平发挥)和对历史文化底蕴中休闲活动本质属性的准确把握和升华。好的创意是思想库、智囊团的巨大能量释放,是对事物感性认识和理性思考与社会实践相结合的结果。创意是创造性的系统工程,是立足现实、影响未来的过程。

(2) 产生创意的途径

有这样一则寓言:上帝为人间制造了一个怪结,被称为“高尔丁”死结,并许下承诺:谁能解开奇异的“高尔丁”死结,谁就将成为亚洲王。所有试图解开这个怪结的人都失败了,最后轮到亚历山大,他说:“我要创建我自己的解法规则。”他抽出宝剑,一剑将“高尔丁”死结劈为两半。于是他就成了亚洲王。

这个寓言深入浅出地道出了“创意”二字的真谛。也许,创意本身就是个怪结,没有人能把它解开,它也没有一个真正意义上的解释和定义。但可以肯定的是,创意绝不是一般意义上的模仿、重复、循规蹈矩、似曾相识,大多数人都能想到的绝不是好的创意,实际上根本就谈不上创意。好的创意必须是新奇的、惊人的、震撼的、实效的,“物以稀为贵”是事物不变的通则。死结就意味着根本无法解开,既然上帝跟我们开了个玩笑,那么,就必须采取超乎寻常的非凡手段。亚历山大给了我们一个很好的启示,今天的创意人是否也应思考,他用剑劈,我们为什么不能用火烧呢?

(3) 创意飘忽不定需要随时捕捉

创意是一缕若有似无的轻烟,随时随地都会出现,能将其撷取,再将其深思熟虑后加以延伸，即可说成功了一半。在日常生活中对工作或其他事情，突如神来一笔的看法或意见，可能是在公车上，可能是在浴室里，亦有可能是在半梦半醒之间，但大部分是转瞬即逝，再用力地思考，即使抓破了脑袋却再也想不出刚才的念头！如能为创意常发生的时间、地点做好准备，则捕捉创意成功的几率就比别人高出许多。一个好的策划人必须随时随地留意创意并记录创意。

有些人在床边放了笔和纸以便随时记录在恍惚入睡前或起床时半清醒状况所突然出现的创意，也许你可在自己的口袋，甚至浴室里准备纸笔，可能两三个月都用不着，但一有机会用上了，带给你的效益功能也许会超乎想象。尝试改变既有模式，与儿童的对话常会引人发噱，因为童言童语的回答常会超出我们设定的答案范畴，也可以说是另一种创意表现。同理，若是我们依循固定模式处理事情，以前无啥创意，相信以后出现创意的机会也不会太多。

人有五觉（听觉、视觉、嗅觉、味觉、触觉），为何不试着感觉，自己在何种状况下接受刺激比较容易得到创意。也许在一个舒适的环境，柔柔的音乐声中，加上一杯香醇咖啡，利用各种香味的刺激引导自身的七情六欲，乃至神经、生理系统，达到健康舒爽的目的，或多或少也运用了刺激的原理，更有利于展现创意。

（4）激发创意潜能的途径

① 身心放松

紧绷的生理状态不易接收到随兴而至的创意，因此适度的放松是有必要的，目前较流行的坐禅打坐、闭目冥想、运动健身、休闲旅游等都是很好的方式。

② 不要设限

谨记一点，世上没有不可能的事。六十年前谁也没有想到阿姆斯特朗能登上月球会嫦娥，所以凡事不要先预设立场，这个不可能或那个状况不会发生。如果凡事依循固定模式，预先设定立场与做法，虽不敢说创意绝对不会出现，但是其出现的几率的确会降低。

③ 勇于创新

浸满液体的海绵，要再吸收一滴水也相当困难。如能时时将自己视为干燥的海绵去吸收大量的资讯，撷取别人的长处以外来的刺激为自身学养奠基，自然会比其他人有更多发挥创意的机会，亦代表了你比别人有更多成功的机会。

总之，点子是思想的火花，是思维的高度抽象化；创意则是点子的具体化，是点子的形象化；只有可以具体化、形象化的点子，才可以叫创意。

3. 整合策划

整合策划就是把点子、创意、内容、形式等进行系统思维、立体思考,从点、线、面策划,上升到平面立体"复合"的策划,事无巨细,面面俱到。点子是想法,创意是思路,策划则主要针对整合而言,指的是方案策划、文案编制。整合策划的标志是必须形成详尽的策划书(方案)。

三、休闲活动策划原则

1. 系统运作原则

系统化的策划过程包括:调查研究、目标定位、理念设计、资源整合、运作切入、形象塑造、文化底蕴、政治糅合。还有实战操作、过程监理、微调修整、总结提高等。

2. 联合作战原则

策划要破译复杂社会现象的密码,就需要多学科的结合,形成新的方法,找到认识问题的最佳切入点。多"兵种"协同作战的战术运作是策划成功的保证。

3. 创新开放原则

不管是企业还是个人,策划最主要的是为自己定位,即找出自己的优势。要做到人无我有,人有我先,人先我变,人变我奇,人奇我特……突出自己的优势,才能以最小的投入,取得最大的收获。首先是要大胆设想,然后是小心求证。求证是对客观规律的深刻把握和认识,使主观愿望和客观实际有机结合起来。策划要变传统的量入为出为量出为入,变封闭性思维为开放性思维,凡是可以为我所用的资源都可以大胆发掘,尽量为我所用,将单线思维变为复合性思维。

4. 审时度势原则

精确的市场定位是成功策划的核心。对社会大趋势的精妙把握是策划能否定位准确的前提。策划要讲究审时度势,太超前不会被市场接受,太滞后又没有效益,与市场同步又没有新意,不能很快引爆市场。适度超前是策划的精妙之处。策划要防止左倾,即冒险主义;同时要防止右倾,即机会主义。

5. 战略至上原则

策划最讲究的是战略,把战略和战术完美结合可以无往不胜。解放战争时期,毛泽东同志把握的就是战略问题,各野战军首长主要是把握战术问题。在战略方向没有确定之前,任何战术都无所谓好坏。正如英国一句谚语所说:对于一艘盲目航行的船来说，任何方向的风都是逆风。

6. 5W2H1F 原则

预先确定为什么做(Why)——该项工作的目的？

做什么(What)——工作是什么？

何时做(When)——工作的时间期限？

何地做(Where)——工作的地点在哪里？

谁来做(Who)——工作的责任者是谁？

如何做(How)——完成工作所使用的方法和程序？

花多少(How much)——完成工作需要花费多少人力、财力、物力(包括隐性资源)？

为谁做(For whom)——工作的服务和汇报对象是谁？

5W2H1F 明确了，策划也就基本上完成了。

四、休闲活动策划原理

1. 点式效应原理

以点带面，抓住最吸引参与者的某个兴奋点，带动整个活动的展开。这在商业竞争中运用最多，如突出某一产品的优惠价格来吸引消费人群，以带动别的商品销售，实际上可能只是某几件商品或某个柜台打折而不是全部商品打折。与点式效应原理相对应的就是面式效应原理，用在商场那就是全场优惠(打折)的概念。

2. 偏好效应原理

社会节奏很快，工作压力很大，这个时候如果有人提议出去 HAPPY 一下肯定会得到大家的响应，例如春游、秋游、郊游、远足……现代商业竞争也非常普遍，大家都在不断地迎合消费者的需求，投其所好，引进一些别人没有的产品、设施、技术等，来达到自己鹤立鸡群、与众不同的效果。

3. 全局效应原理

活动效果是指活动本身产生的效应，活动效益指的是活动过程中所得到的好处。在休闲活动策划过程中，大多数情况下活动效果与活动效益并不完全一致，在休闲活动策划中必须坚持效果优先、兼顾效益的原理，做到活动效果与活动效益的完美结合。

4. 联动效应原理

追求活动的联动效应，强调活动的配合和呼应，运用活动产生的整体效果，在活动过程中产生联动影响。主题活动、辅助活动、配套活动、外围活动、热场活动之间各有亮点，高潮迭起，不断激发参与者的兴趣和热情。休闲娱乐场所此起彼伏的欢叫声本身就是一道风景，也是休闲活动策划联动效应的真实写照。

5. 互动效应原理

互动效应是指休闲活动过程中通过互动来最大限度地发扬自由、幸福、快乐的精神以及由此带来的休闲活动的良好效果和反应，是实现休闲活动目的和体现活动主题的动态过程，一项成功的活动策划必然是互动良好的、让人回味无穷的过程。互动效应就像活动的"气场"或"磁场"，所有参与者的情趣和热烈的气氛都可以通过互动环节调动起来。这里所说的互动，包括主持人与主持人的互动、主持人与观众的互动、观众与观众的互动、台上与台下的互动、场内与场外的互动、现实场景与虚拟世界的互动等。任何一项休闲活动，只要能互动起来就是成功的保障。

6. 轰动效应原理

大型活动、节庆活动、赛事活动等社会公众参与性活动，更要重视轰动效应原理，通过媒体焦点放大让社会认同、公众认知，产生轰动性效应，包括在休闲活动策划与组织实施过程中的广告策略、媒体组合策略、市场推广与整合营销策略的运用等。利用新闻媒体的传播作用可以极大地扩大活动的轰动效应。休闲活动策划要善于运用轰动效应原理，借助广告、媒体、网络、人脉关系、社会机构、行业团体、国际组织等各种载体，扩大活动的社会影响，提升活动的知名度和美誉度。

7. 乘数效应原理

又叫"倍数效应原理"。所谓"乘数效应"是指一个变量的变化以乘数加速度方式引起最终量的增加。乘数效应是制定宏观政策要考虑的因素，例如一个货币政策或者税收政策的出台所引起的乘数加速度变化就是乘数效应。休闲活动策划引入乘数效应原理，主要是从活动初级界限到最后期望的效果之间，从活动不为社会公众认知到社会公众蜂拥参加之间有着不容忽视的乘数效应，活动策划者事先应当考虑到这种"乘数效应"。

例如，"杭州乐园 200 万寻宝活动"事先估计每天入园 1 万人，但是活动开展后人数最高的一天达到 8 万人，导致游客拥挤、设施损坏——说明活动策划中对乘数效应原理的重要性估计不足。乘数效应原理在制订企业促销计划、奖励政策、优惠活动、展会礼品发放等方面也有极大的参考价值。

8. 心理效应原理

休闲活动是值得回忆的美好的事情，要让人津津乐道，回味无穷，必须运用美好心理效应原理，在休闲活动过程中尽量减少或避免不愉快的事情发生。人们从泸沽湖旅游回来，摩梭人家里近距离的体验活动，包括泸沽湖的美景、摩梭姑娘小伙的舞蹈、烈火熊熊的篝火晚会……给人留下了美好而深刻的印象。可见，美好心理现象是需要精心培养和呵护的，比如旅游休闲活动应该是美好的，但是如果在旅游购物环节被宰，游客就会对旅游休闲活动的美好心理大打折扣。

心理效应原理的具体运用主要表现在以下几方面。

（1）印象加深心理

主要通过广告宣传、新闻报道等，让现实参与者和潜在参与者不断加深印象，广告或新闻播出的次数越多，受众对该事件的印象就会越深刻。这一原理尤其适合于活动营销与推广。

（2）潜移默化心理

有时候休闲消费行为并不是发生在本人，而是发生在周围人群或特定人群，因为好奇心或者下意识，时间长了也会慢慢受到影响，我们称之为“潜意识的觉醒”，从而产生自觉或不自觉的消费行为。

（3）叛逆减压心理

现代人生活压力很大，尤其是年轻人学习、就业压力很大，需要通过休闲活动进行释放和减压。尽管有些事物可能引起人们的反感而让人不舒服，但是如果休闲活动项目本身具有一定的叛逆性，并且还在人们尤其是年轻人忍受的限度之内，那么叛逆心理运用得当也可以扩大活动的知名度和影响力。如2008年杭州西湖国际博览会期间有一项活动叫“小丑嘉年华”，利用各类小丑形象大做特做广告，就取得了很好的效果。

（4）品牌铸造心理

休闲活动消费的产品或服务，同样具有品牌心理特征，休闲活动策划要善于打造品牌的不朽传奇。人们在休闲消费时并不完全是因为产品或服务的特性、价格、质量等，而仅仅是因为对该品牌的信任和崇拜，品牌其实是一种消费心理的长期积淀和认同。巴西狂欢节、西班牙奔牛节、德国慕尼黑啤酒节等都是经过几十年甚至几百年的长期积累，世界各国的游客会不远万里前去体验，都说明品牌心理的重要性。休闲活动策划也需要“铸造品牌”、“百年老店”，力争把休闲活动打造成为当地或一个地区甚至全国性、国际性盛事。

品牌铸造、品牌认知、品牌消费的一般过程:品牌宣传—品牌影响—品牌形成—品牌认知—品牌意识—品牌映象—品牌购买—品牌消费—品牌忠诚。

(5) 色彩缤纷心理

五彩缤纷的色彩是烘托休闲活动场所的重要载体。休闲活动本身属于“注意力经济”,色彩缤纷的世界具有吸引注意力的功能,了解色彩的一些特点并自觉运用到活动策划中非常重要。

色彩由暖色调至冷色调的顺序一般为:红—橙—黄—灰—紫—白—绿—蓝—黑。白色一般为中性色调,以白色调为界,前面的为暖色调,后面的为冷色调。冷色调的亮度越高越偏暖,暖色调的亮度越高越偏冷。不同的色彩可以使人产生不同的心理感受:红色、橙色、黄色为暖色,象征着太阳、火焰、热烈。绿色、蓝色、黑色为冷色,象征着森林、大海、蓝天。灰色、紫色、白色为中间色,象征着建筑、彩霞、白云。红色和明亮的黄色调成的橙色给人活泼、愉快、兴奋的感受。青色、青绿色、青紫色让人感到安静、沉稳、踏实。色彩还可以使人有距离上的心理感觉。暖色为前进色,有膨胀、亲近、依偎的感觉,色彩明亮——前进!冷色为后退色,镇静、收缩、遥远的感觉,色彩暗——后退!暖色感觉柔和、柔软,冷色给人坚实、强硬,中性则为过渡色。

(6) 消费差异心理

消费人群情感、知觉、文化和素质等的不同,休闲消费也存在不同的心理差异,休闲活动策划要善于分析不同人群的消费特征,通过分析顾客心理进行市场细分,找出自己的消费人群,开展针对性、有效性策划才会取得好的效果。要不断营造活动新意和亮点,激发参与者的好奇心和参与欲,有效分散消费者的注意力而达到自己的目的。

9. 名人效应原理

韩国前总统金大中在金融风暴后,亲自为韩国做广告;美国前总统克林顿在访华期间前往桂林着实领略了美不胜收的桂林山水,赞不绝口,以至于推迟了其他预先安排的计划,而在此后的数月里,桂林旅游强势不减,这正是借名人之势营销策略的最好证明。篮球巨人姚明到了临安太湖源拍结婚写真集,结果太湖源旅游一下子火了。运用名人效应当然要根据活动性质和项目特色邀请合适的名人来做宣传。例如一个公益性活动可以邀请那些有爱心的亲善大使(名人)来做宣传,而名人参加公益活动本身也是公益活动,名人不仅不收取出场费用,可能还有捐赠捐款仪式等。

第四节　休闲活动策划方法

“工欲善其事，必先利其器。”如果说休闲活动策划的理念和原则事关活动性质和方向，那么休闲活动策划的原理和方法就是要对休闲活动的内容和形式进行一系列的推演，休闲活动的策划程序和步骤则是把按照策划原理与方法推演出来的形式和内容进一步落到实处。

一、休闲活动创意思维训练

创意无极限，创意无过错，对策划人而言最难能可贵的就是源源不断的创意。如果策划人无创意，就像作家没有才思，画家没有泉涌，诗人没有激情一样，“江郎才尽”，策划人的职业生涯也就终止了。因此，如何捕捉创意并激发创意潜能，是策划人自古以来苦苦探索的奥秘。

1. 脑力激荡法

脑力激荡法（又称“头脑风暴法”）是最为人所熟悉的创意思维策略，该方法是由奥斯本（Osborn）于 1937 年所倡导，此法强调集体思考的方法，着重互相激发思考，鼓励参加者于指定时间内构想出大量的意念，并从中引发新颖的构思。脑力激荡法虽然主要以团体方式进行，但个人思考问题和探索解决方法时，也可运用此法激发思考。该法的基本原理是：只专心提出构想而不加以评价；不局限思考的空间，给予欣赏不予否定，鼓励想出越多主意越好。运用脑力激荡法的精神或原则，可以在团体中激发参加者的创意。

2. 三三两两讨论法

此法可归纳为每两人或三人自由组合，在 3 分钟时限内，就讨论的主题互相交流意见及分享。3 分钟后再回到团体中做汇报交流，如此反复几次即可形成真知灼见的创意。

3. 六六讨论法

六六讨论法是以脑力激荡法为基础的团体式讨论法。方法是将团体分为 6 人一组,只进行 6 分钟的小组讨论,每人 1 分钟。然后再回到大团体中分享并做最终的评估。

4. 心智图法

这是一种刺激思维并帮助整合思想与信息的思考方法,也可说是一种观念图像化的思考策略。此法主要采用图志式的概念,以线条、图形、符号、颜色、文字、数字等各样方式,将意念和信息快速地以上述各种方式摘要下来,成为一幅心智图。结构上,具备开放性及系统性的特点,让使用者能自由地激发扩散性思维,发挥联想力,又能有层次地将各类想法组织起来,以刺激大脑作出各方面的反应,从而得以发挥全脑思考的多元化功能。

5. 曼荼罗法

曼荼罗法是一种有助扩散性思维的思考策略,利用一幅像九宫格的图,将主题写在中央,然后把由主题所引发的各种想法或联想写在其余的 8 个圈内,此法也可配合"六何法"从多方面进行思考。

6. 逆向思考法

这是相对于顺向思维法的一种创意训练方法,通过逆向思考可获得创造性构想,如能充分加以运用,创造性就可加倍提高(如图 2.4)。

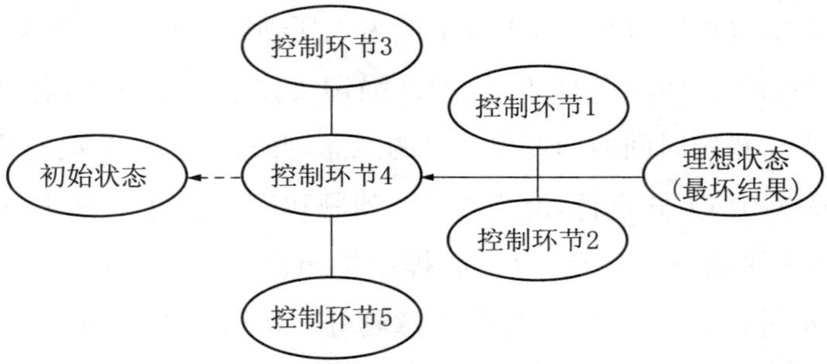

图 2.4 逆向思考法示意图

7. 分合法

戈登(Gordon)于 1961 年在《分合法:创造能力的发展》(*Synectics: the Development of Creativity*)一书中指出了一套团体问题解决的方法。此法主要是将原不相同亦无关联的元素加以整合,产生新的意念/面貌。分合法利用模拟与隐喻的作用,协助思考者分析问题以产生各种不同的观点。一个好的创意设计就可以借助以下步骤和内容进行分合思考(如表 2.2)。

表 2.2　创意设计分合法示意图

步　骤	内　　　容
集中目标	深刻领会对象问题的真正目的,明确相关定义
广泛思考	自由联想,提出多种解决问题的方案和路径
搜索相似点	抽出解决问题方案和路径的关键词进行联想,延伸发展方案
系统化研究	把可实现目标的方案系统化展开,并尽可能运用到活动中去
具体化提炼	设想方案具体化,把功能提升与解决问题联系起来,解决具体问题
制定模式方案	确定优选方案的细节问题,确定目标功能,提升最有价值的方案

8. 属性列举法

这是由克劳福德(Crawford)于 1954 年提出的一种著名的创意思维策略。此法强调使用者在创造的过程中观察和分析事物或问题的特性或属性,然后针对每项特性提出改良或改变的构想。例如项目活动 SWOT 分析模型,可以把优势、劣势、机会、威胁进行属性列举,最后决策是否举办、如何举办本次活动(如图 2.5)。

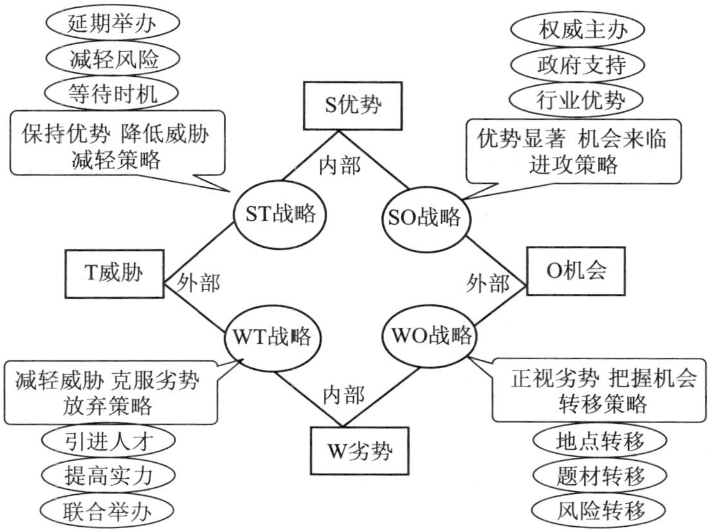

图 2.5　SWOT 分析模型属性列举

9. 希望点列举法

这是一种不断提出“希望”、“怎样才能更好”的理想和愿望,进而探求解决问题和改善对策的技法。例如节庆活动举办方和赞助方的期望值和希望点是不尽相同的,主办方关注资金或实物赞助以利于活动顺利进行,赞助方则关注赞助回报有利于扩大产品知名度,从而进一步扩大销售。运用本法就是要把主办方和赞助方的希望点列举出来,通过希望点列举法可以发现双方利益交集点(如图 2.6)。

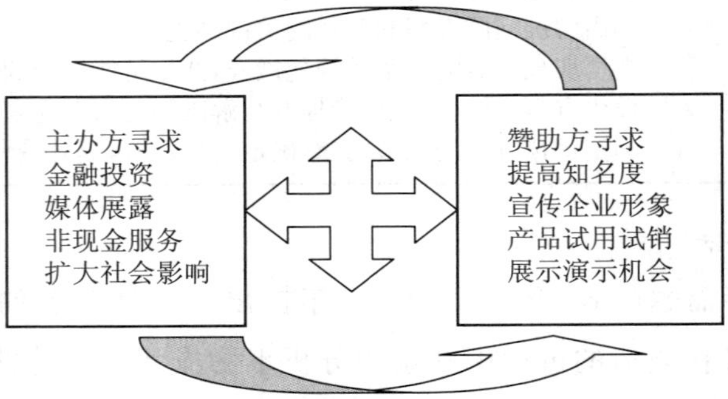

图 2.6 节庆活动主办方与赞助方希望点列举法示意图

10. 优点列举法

这是一种逐一列出事物优点的方法,进而探求解决问题和改善对策。例如统计方法与 KJ 法用于策划的优点列举(如表 2.3)。

表 2.3 统计方法和 KJ 法优点列举

	统计方法的优点	KJ 法优点
分析问题类型	验证假设型	发现问题型
分析资料收集	收集报表、计算等数值性资料	收集思想、意见等语言文字类资料
分析问题重点	侧重于数量分析	侧重于定性分析
分析方法用途	多用于模型、理论分析	通过创意和灵感归纳分析

11. 缺点列举法

这是一种不断针对一项事物,检讨它的各种缺点及缺漏,并进而探求解决问题和改善对策的技法。

12. 检核表法

检核表法是在考虑某一个问题时,先制成一览表,对每项检核方向逐一进行检查,以避免有所遗漏。此法可用来训练员工思考周密,并有助于构想出新的意念。

如各种调查方法运用于资料搜集可用检核表法(如表 2.4)。

表 2.4　各种资料搜集方法使用目的检核

目的＼方法	直接观察	面谈交流	查阅文献	头脑风暴	回忆记录	检讨反省
提高认知	◎	△	△	△	○	○
归纳思想	○	◎	○	○	○	◎
打破常规	◎	○	○	◎	◎	◎
激发创意	△	◎	◎	◎	○	○
参与计划	×	×	×	◎	×	○
贯彻执行	×	×	×	×	○	×

注:◎常用;○使用;△不大使用;×不使用。

13. 七何检讨法(5W2H 检讨法)

此法是"六何检讨法"的延伸,此法的优点即提示讨论者从不同的层面去思考和解法问题。所谓"5W"是指:为何(Why)、何事(What)、何人(Who)、何时(When)、何地(Where);"2H"指:如何(How)、何价(How Much)。表 2.5 为 5W2H 法则。

表 2.5　5W2H 法则

What:做什么 Why:为什么做,它们和我的长远目标与价值观一致吗 When:什么时候完成 Who:谁来做,还需要谁的帮助 Where:在哪里做,那里的环境如何 How:如何做,分几个步骤和阶段 How Much:用多少资源

14. 目录法

又称"强制关联法",意指在考虑解决某一个问题时,一边翻阅资料性的目录,一边强迫性地把在眼前出现的信息和正在思考的主题联系起来,从中得到构想。OASIS 品牌经营的内外部利益相关者目录法如表 2.6。

表 2.6　OASIS 品牌经营的内外部利益相关者

内部利益相关者	OASIS 品牌授权商 员工 公司投资者
外部利益相关者	媒体、行业分析师、专家等 用户 公众 产品供应商 下游分销商 高档服装竞争者 服装协会、消费者委员会 政府主管部门(如技术监督局)

15. 创意解难法

美国学者帕纳斯(Parnes, 1967)提出的"创意解难"教学模式,是发展自奥斯本所倡导的脑力激荡法及其他思考策略。此模式重点在于解决问题的过程中,问题解决者应以有系统有步骤的方法,找出解决问题的方案(如图 2.7)。

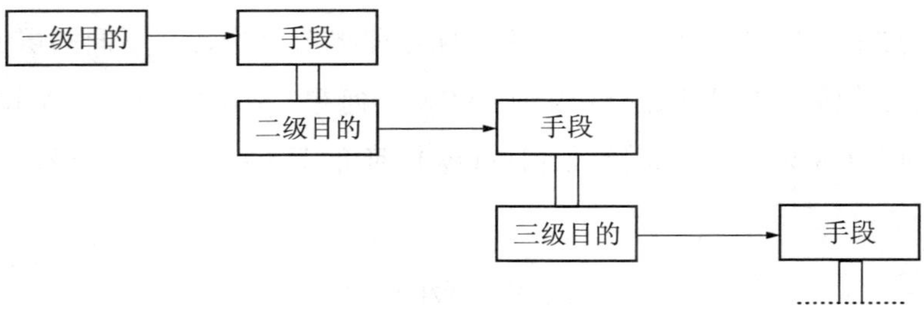

图 2.7　创意解难法示意图

16. KJ 法

KJ 法是日本川喜二郎提出的,"KJ"二字取的是川喜(KAWAJI)英文名字的第一个字母。这一方法是从错综复杂的现象中,用一定的方式来整理思路、抓住思想实质、找出解决问题新途径的方法,创意原理比较适合会展活动项目的主题策划或者主题思想、主题口号的提炼。

KJ 法的原理是把个别或分散的资料进行整理,以一定标准分别评价,并对资料相互关联性进行系统性探讨。基本步骤如下:

(1) 团体思考:资料收集,建立卡片,进行排列;

(2) 归类整理:卡片集合;

(3) 简洁提示:浓缩集合;

(4) 相似卡片:中度集合,循环反复;

(5) 制作相关图或构造图:再贴上各自所属的卡片,形成体系图、关系图,发现问题的本质所在。

例如校园休闲活动项目主题策划,就可以结合思维闪电运用 KJ 法进行创意训练,最后集中焦点(主题)深入项目策划(如图 2.8)。

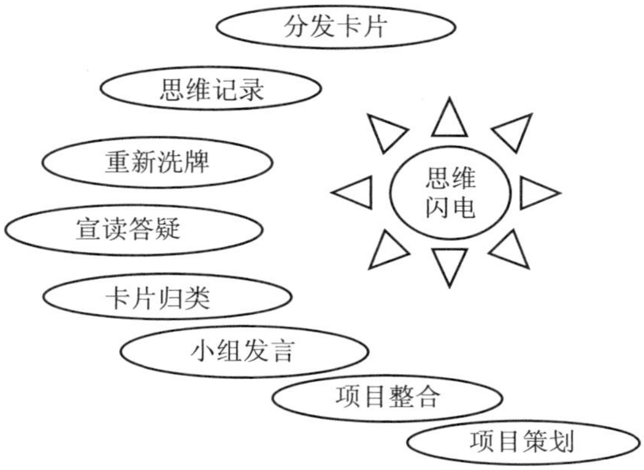

图 2.8　活动项目主题策划思维闪电(KJ 法)

二、休闲活动策划创新方法

创新是策划的生命,也是创意、创造的源泉。技术创新只有通过理念创新、体制创新、管理创新、形式创新、产品创新、服务创新等才能够深入挖掘出来。不断创新是休闲活动常办常新的关键,是休闲活动吸引力和魅力所在。休闲活动以满足人的个性化体验为主,要能够提供独特享受,这就要求能超越常规,打破行业界限、思维局限,实现技术创新、理念创新、体制创新、管理创新、形式创新、产品创新、服务创新等。通过以下方法可以达到创新的目的。

1. 深入挖掘法

指首先分析当地各种各样的休闲活动,对其重新进行名称、理念、内容等的定位。利用传统资源,策划和开发满足客源市场文化心理的休闲活动,既保护传统资源,又赋予休闲活动的开发理念,并富有时代气息。进行这类休闲活动策划一定要注意对传统资源进行合理与适度的包装和开发,反对因深度挖掘不足而导致的缺乏内涵和市场吸引力低下等问题,也反对因为开发包装过度而导致的对传统资源的滥用。

2. 外部借鉴法

指直接引进或者模仿其他国家和地区的活动名称、形式、内容而为我所用的一种休闲活动策划方法。这种方法应该注意的是,要与所借鉴休闲活动展开差异化定位,要在借鉴的同时求发展,要体现当地特色。

3. 理性预测法

具有一定的预见能力,有对未来趋势的分析和判断能力,创新才能够成为可能。通过分析社会、经济、文化等综合信息,预测消费心理和消费趋势、经济发展前景和潜力、营销理念的转变、技术发展趋势等,与时俱进,顺势而动,策划全新休闲活动。这种休闲活动由于形式、内容新颖,更能吸引公众和赞助商的眼球,但是因为创意是立足于对未来趋势的判断,所以好的活动往往并不是人云亦云,而是出乎意料之外但又在情理之中。

4. 规划整合法

对多个休闲活动进行整合,是提高举办效率、取长补短、实现边缘性新思维的重要途径。做好一个地方的活动规划,要整合所有优势资源打造精品活动。整合是各种优势资源的集中与互补,是各种市场要素协调配置的有机重组,通过整合才能够推陈出新。同类的休闲活动进行主题整合、内容整合、市场整合、组织运作整合,不仅可使内容丰富、市场更加集中,还会大大提高组织运作效率,减少地区内休闲活动之间的不必要竞争,避免重复举办而造成的浪费,也有利于树立地方统一的形象和品牌。

5. 抽样调查法

这是市场调查的重要方法之一,是指按照一定方式从调查总体中抽取部分样本,用样本结论说明总体情况的一种调查方法。可以分为随机抽样和非随机抽样两大类,常用到的抽样方法有:简单随机抽样法、分层抽样法、等距抽样法、配额抽样法等。抽样调查法是目前国际上公认和普遍采用的科学的调查手段。调查的理论基础是概率论。

6. 网络调查法

这是通过网络进行系统的、有计划、有组织的市场数据的收集、调查、记录、整理和分析,进行客观地测定和评价。具体来说,网络调查可以分为网络访谈法、电子邮件问卷调查法、BBS电子公告板、QQ群联动调查等方法。网络调查具有及时、共享、便捷、无时空限制、低成本等优点，但也存在随意性较大、只反映一部分网民意见等明显的缺点。无论哪种调查方法，调查结果一般可以用圆饼图或直方图进行示意(如图2.9)。

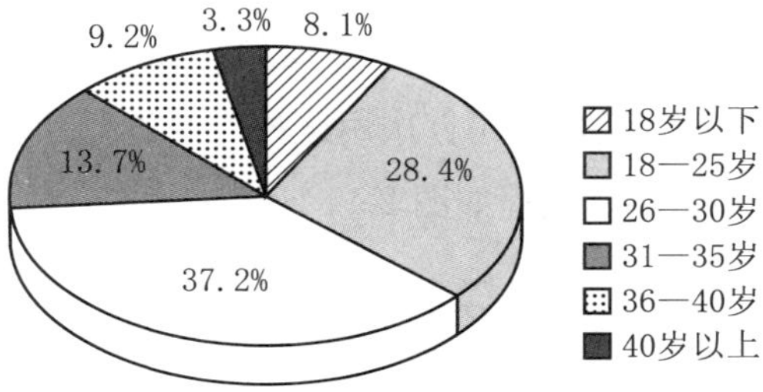

图2.9　网购奢侈品消费者的年龄特征

7. 头脑风暴法

头脑风暴法与我国的“诸葛亮会”类似。它是考虑多种可能的解决方案，是提升思维创造力的集体训练法。头脑风暴法可分为直接头脑风暴法(通常所指的头脑风暴法)和质疑头脑风暴法(也称反头脑风暴法)。一般采用会议的形式进行，前者是尽可能地激发创造性，专家们“自由”地提出尽可能多的方案，后者则是对提出的设想、方案逐一质疑，并分析其现实可行性的方法。一般由5—13个专家参与为宜，主持人要熟悉所讨论的问题及其相关的知识，并要善于引导，参加人员既要有内部的人员，也要有外部的人员。从明确问题到会后评价，运用头脑风暴法有三个阶段(如图2.10)。

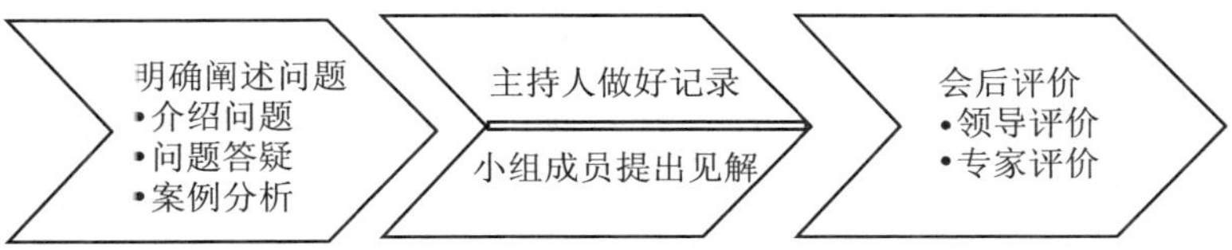

图2.10　运用头脑风暴法的三个阶段

头脑风暴法有四条规则：①不互相指责；②鼓励自由地提出想法；③欢迎提出大量方案；④欢迎完善别人提出的方案。在会议上对表达的设想，不必追求全面系统，但记录工作一定要认真。国外经验证明，采用头脑风暴法提出方案比同样的人单独提方案的效果要大 65%—93%。

8. 德尔菲法

也称“专家调查法”，是指采用问卷、电话、网络等方式，反复征求多个专家意见，作出统计，如果结果不一致，就再进行征询，直至得出比较统一的方案。这种方法的优点在于专家是背对背式，没有权威压力，表达意见自由充分，结论相对客观。作为一种主观、定性的方法，该方法不仅用于预测领域，还广泛应用于具体指标、内容等的确定过程。1946 年，兰德公司首次用这种方法进行预测，后来该方法被迅速广泛采用。运用德尔菲法基本流程如图 2.11 所示。

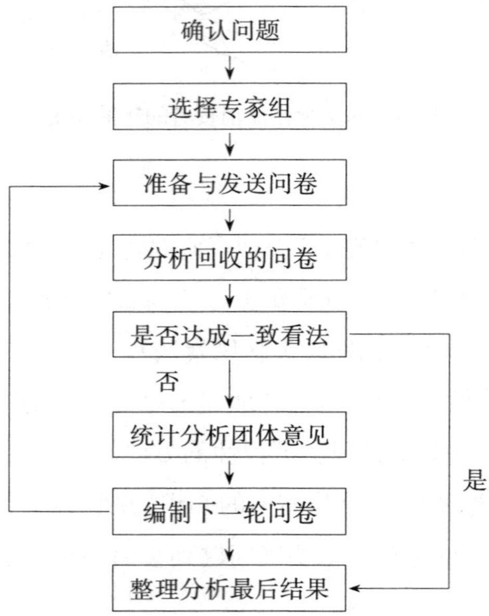

图 2.11　德尔菲法流程图

9. 过程决策程序图法

过程决策程序图法是在制订计划阶段或进行系统设计时，事先预测可能发生的障碍(不理想事态或结果)，从而设计出一系列对策措施以最大的可能引向最终目标(达到理想结果)。该法可用于防止重大事故的发生，因此也称之为“重大事故预测图法”。

(1) 顺向思维法

顺向思维法是定好一个理想的目标，然后按顺序考虑实现目标的手段和方法。这个目标可以是任何的东西，比如一项大的工程、一项具体的革新、一个技术改造方案等。为了能够稳步达到目标，需要设想很多条路线。

总而言之，无论怎样走，一定要走到目的地。但行走的方案，并不需要真正等到碰得头破血流以后才去解决，而应该事先就已经讨论过，所有的问题应该预先都预测到了，这样在计划的实施过程中就不会害怕突发性事件的发生(如图 2.12)。

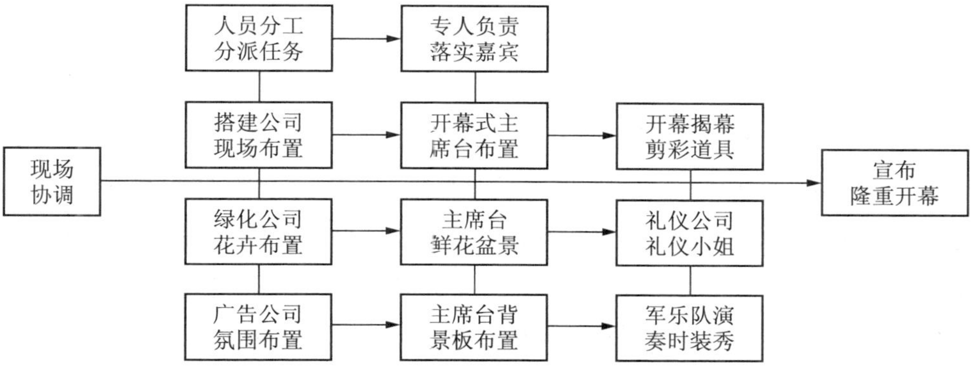

图 2.12　活动开幕式成功举办顺向思维示意图

(2) 逆向思维法

当 Z 为理想状态(或非理想状态)时，从 Z 出发，逆向而上，从大量的观点中展开构思，使其和初始状态 A 连接起来，详细研究其过程作出决策，这就是逆向思维法(如图 2.13)。

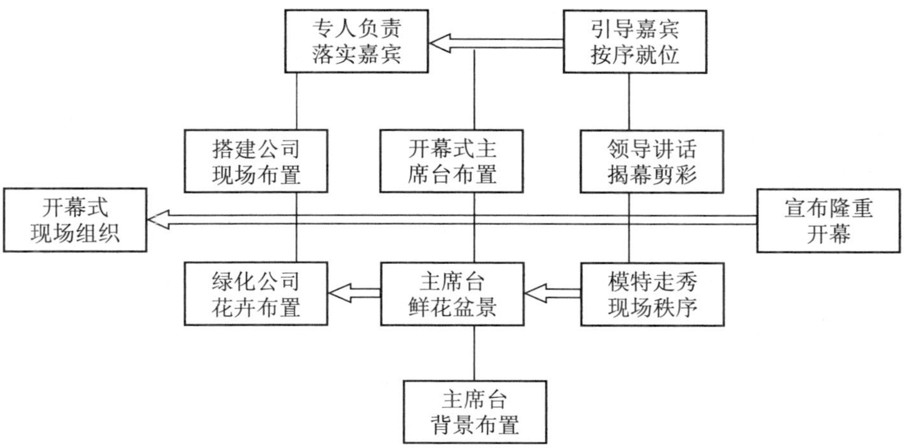

图 2.13　活动开幕式成功举办逆向思维示意图

逆向思维应该考虑从理想状态或最坏结果倒着考虑:实现这个目标的前提是什么,为了满足这个前提又应该具备什么条件。一步一步退回来,一直退到出发点。通过顺向、逆向两个方面的思考,倒着走得通,顺着也可以走得通,这就是过程决策程序图法正确的思考办法。

10. 系统分析策划法

把要策划研究的目标当做一个统一的整体,并把这个整体分解为若干子系统,在揭示影响子系统的环境、社会、经济、文化等各项因素及相互关系并对获取的信息进行综合整理、分析、判断和加工的基础上,选择出最优方案的策划分析方法。兰德公司对系统分析所下的定义是:系统分析是一种研究方略,它能在不确定的情况下,通过对问题的充分调查,找出其目标和各种可行方案,并通过直觉和判断,对这些方案的结果进行比较,帮助策划者在复杂问题中作出最佳的科学策划。例如PDCA管理过程循环在系统分析策划法中的运用(如图2.14)。

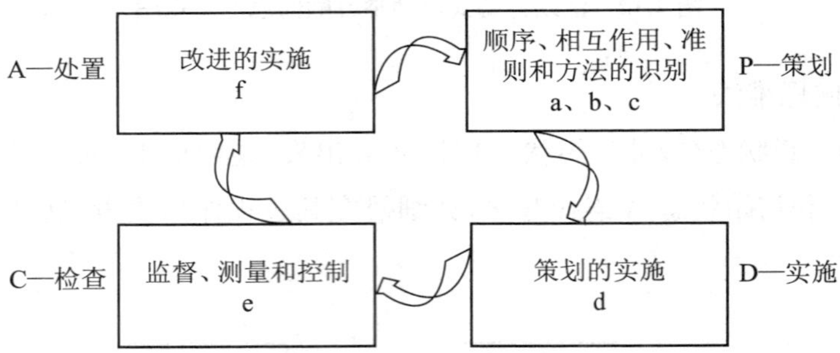

图2.14 PDCA循环在系统分析策划法中的运用

系统分析策划法的主要特征就是从整体的角度揭示出整体下各局部所产生的影响和相互关系,从而找出系统整体的运动规律,并分析达到目的的途径。它是通过明确一切与问题有关的要素(目的、方案、模型、费用、效果、评价)同实现目标之间的关系,提供完整的信息和资料,以便策划者选择最为合理的解决方法。

系统分析策划法的步骤:

(1) 确定策划目标:从系统整体出发提出需要解决的中心问题。确定目标的四个条件:唯一性、具体性、标准性和综合性。目标的确定,包括精简目标(去除不现实目标和子目标)和合并目标。

(2) 拟订合理方案:提供两个以上备选方案,各个方案互相排斥。

(3) 评价各种方案：对各个方案进行比较和评估，以区分各自优缺点。包括掌握策划方案的价值标准、满意程度和最优标准。

① 策划方案的价值标准：指一个方案的作用、意义和收效；策划要受客观条件限制又具有一定的主观因素。

② 策划方案的满意程度和最优标准的条件：策划目标的量化程度、策划方案的完整性与实用性、策划方案的准确性、策划方案的可行性。

③ 策划方案的评价方法：

a. 经验判断法：淘汰法、排队法、归类法等，适用于策划目标多、方案多、变量多、标准不一的情况。

b. 数学量化法：运用数学方法、运筹学方法等进行定量分析和测算，提出数据结果，供策划者加以权衡和选择。

c. 场景模拟法：通过设立模型来揭示事物的性质、特点和功能，并进行模拟寻找最佳方案或对方案进行修订或调整。

(4) 系统选择，方案选优：按照局部利益与整体利益相结合、多级优化和满意性原则等选出最优方案。

(5) 跟踪实施，调整方案：预测性策划、实践性检验、适时性调整、务实性修订。

第五节　休闲活动策划程序

一、休闲活动策划的程序

休闲活动策划是一项系统性的工作，是遵照休闲活动的规律，按照一定的科学合理的流程开展的策划。休闲活动策划程序，要明确先做什么，后做什么，按照一定的步骤、章法去思考问题，并且要符合事物发展的客观规律。

休闲活动的策划程序受休闲活动类型、休闲活动主体等多个因素影响。大到大型活动、节庆活动、赛事活动策划，小到企业文体活动、家庭、朋友聚会活动策划，休闲活动都是达到休闲目的的一项专门活动，更是参与各方皆大欢喜的快乐活动。因此，休闲活动策划过程更要重视社会公众的广泛参与和认同。

1. 休闲活动策划的基本流程

休闲活动策划程序是指在休闲活动策划过程中必须遵循的相对规范的过程或者步骤。休闲活动策划的基本流程包括：

(1) 准确确定活动名称；

(2) 书面呈报上级领导或主管部门审批；

(3) 组建活动工作班子；

(4) 编制活动总体框架方案；

(5) 制定活动实施方案和细则；

(6) 筹备工作安排；

(7) 经费来源安排；

(8) 监督检查安排；

(9) 活动现场协调与管理；

(10) 活动总结与评估。

2. 休闲活动的利益相关者

管理学意义上的利益相关者是组织外部环境中受组织决策和行动影响的任何相关的个人和团体。利益相关者包括股东、雇员、顾客、供应商、债权人和团体。利益相关者理论常被应用于公司治理结构,基本思想起源于 19 世纪。1963 年,斯坦福研究所(Stanford Research Institute)首次使用了利益相关者这一术语,经历了利益相关者影响到利益相关者参与的发展过程。休闲活动尤其是大型活动、节庆活动、会展活动的多产业关联、多头管理、多方面影响等特性决定了应用利益相关者理论的可能性。

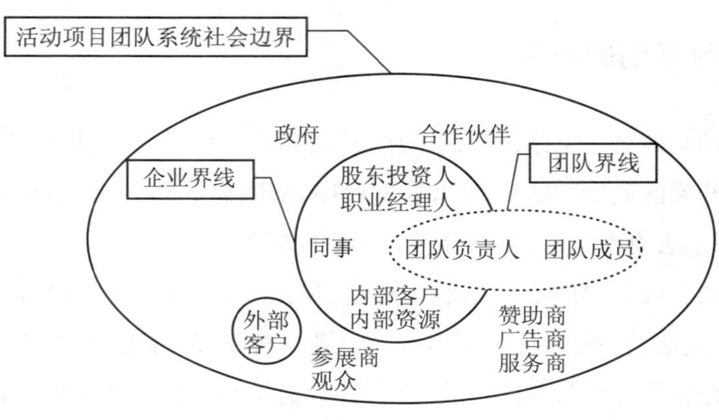

图 2.15 项目管理团队利益相关者

利益相关者可能是客户内部的（如员工），也可能是客户外部的（如供应商）。大多数情况下，活动项目团队管理的利益相关者参见图 2.15。

利益相关者能够影响组织，他们的意见一般要作为决策时需要考虑的因素。但是，所有利益相关者不可能对所有问题保持一致意见，其中一些群体要比另一些群体的影响力更大，这时如何平衡各方利益成为策划考虑的关键问题。

休闲活动的利益相关者，一般包括以下几个方面：

（1）举办方：目标/管理；

（2）当地社区：影响/环境；

（3）赞助者：致谢/金钱或实物；

（4）媒体：评论或广告/促销；

（5）合作者：报酬或其他支付/劳动力或其他支持；

（6）参与者和观光者：娱乐和报酬/参与或支持。

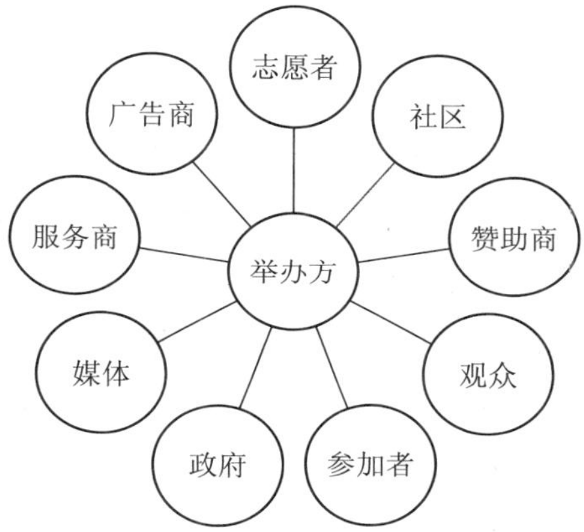

图 2.16　休闲活动的利益相关者

其中举办方包括主办方、协办方、承办方、支持方、执行方等，是休闲活动策划过程中最核心的利益相关者（如图 2.16）。

休闲活动面临着多个利益相关者，而且利益相关者之间的利益预期和定位也存在相互冲突的地方。主办方关注社会效益，承办方可能更关心经济效益，赞助方则需要赞助得到更多回报，因此，在休闲活动策划过程中既要保证利益相关者自始至终参与，又要保证利益相关者综合平衡后实现利益最大化。在活动策划过程中必须整合各利益相关者的资源，及时协调各方利益相关者关心的利益，充分发挥各利益相关者的积极性和创造性。

二、休闲活动策划的流程设计

1. 策划准备阶段

策划准备阶段主要做好调查研究，充分听取内部、外部意见，必要时还可以通过社会征集的方式进行。对休闲活动的基础条件和外部环境分析，是休闲活动尤其是大型活动策划的起点。

策划准备阶段主要内容包括：

(1) 休闲活动资源与开发条件分析，包括对本地区自然资源、人文历史、风土人情、品牌物产、传统节日等休闲活动资源进行分析评判，找出当地的资源优势和产业优势，并对开发条件进行深入分析，寻找休闲活动的“引爆点”和“发端”。

(2) 休闲活动客源市场需求分析，包括本地休闲与外来旅游的目标客户、顾客心理和市场细分、消费特征分析，合理测算休闲活动的市场规模、观众人数、客户容量等。

(3) 休闲活动的经济基础与社会环境分析，包括一定社会阶段和特定条件下物质基础和社会背景分析。2010 年上海世博会的成功举办就是“举全国之力”、“集世界智慧”，是中国坚持改革开放 30 多年的结晶。

(4) 休闲活动时间、空间分布与竞争状态分析，包括对本地纵向时间上和横向空间上是否曾经或已经举办过的类似的休闲活动，对周边地区乃至国内外知名活动的举办状况进行资料搜集和分类。比如同样是“龙舟节”，就要把本地历史和区域内外相关的“端午节”、“龙舟赛”等相关资料搜集齐全，并摸清相关活动的竞争状况，把本届“龙舟节”举办成为本地影响最大、外地无法比拟的盛大节日！

2. 主题策划阶段

主题是活动理念和企业文化的高度概括和总结，是一个项目的核心和关键，在活动项目中起到“画龙点睛”的作用。活动主题是“纲”(鱼网上的总绳)，活动内容是“目”(鱼网)，“纲举目张”比喻抓住事物的关键，带动其他环节的开展。例如 2010 年上海世博会的主题是“城市，让生活更美好”，同时包括副主题内涵的挖掘(如表 2.7)。

表 2.7　2010 年上海世博会主题内涵

主　题	城市，让生活更美好
副主题	1. 多元文化的融合 2. 城市经济的繁荣 3. 城市科技的创新 4. 城市社区的塑造 5. 城市乡村的互动

(1) 在内部基础条件和外部环境分析的基础上，分析研究休闲活动举办的目的、意义、宗旨和方向。

(2) 在明确活动的举办目的和宗旨后，选择活动主题策划所要选用的方法，如采用内部推荐还是社会征集，是单位领导决定还是咨询专家意见?

（3）分析目标观众和市场的构成及兴趣，确定具有"唯一性"、"特殊性"的活动主题。

（4）进行主题定位。"定位"（positioning）一词是由著名广告经理人 A.里斯（A.Lries）和 J.屈特（Jack Trout）于 1972 年在《广告时代》杂志上首先提出的。定位包括目标定位、主题定位、形象定位、广告定位、文化定位等。对于一个活动策划，主题定位尤为重要，主题定位反映了活动规模、目标市场、类型特色等诸多方面的要素，是活动主题策划的关键环节，主题定位直接影响活动内容的选择和安排。例如面向年轻人的"超级盛典——COSPLAY"秀，就不能出现老年人喜欢看的戏剧秀，除非戏剧人物本身也非常动漫化和"COSPLAY"。

（5）活动主题能够反映当地历史文化和弘扬当地人文精神，符合当地整体形象定位，活动主题要能够顺应时代潮流。主题简洁明了，并对主题思想适当阐述。

例如杭州世界休闲博览会主题"休闲，改变人类生活！"就说明，进入新世纪，随着人民生活水平的显著改善，反映品质生活提高的休闲生活与我们的日常生活联系越来越密切。主办方在提出活动主题时还对该主题思想进行了阐述：引进先进的休闲理念，倡导健康的休闲方式，提高休闲的服务水平，丰富人们的休闲体验，享受美好的品质生活！而当世界休闲博览会又在杭州举办，因此，世界休闲博览会的目标定位、主题定位，与杭州"东方休闲之都、品质生活之城"的城市定位可谓珠联璧合、相得益彰！

3. 内容策划阶段

休闲活动的内容是休闲活动的重要组成部分，休闲活动的主体内容和辅助内容，都要根据目标观众和市场细分的要求进行合理安排。

（1）对活动所要面对的目标观众进行市场细分，确定活动目标市场，并明确目标市场尚未满足的需求特征。

（2）明确休闲活动的利益相关者，并明确各利益相关者对活动的职责分工和利益预期。

（3）根据客源市场的特征和利益相关者的合理要求，确定活动的规模、地点、时间、过程、吸引力、主体内容、辅助内容、配套活动等。

（4）确定休闲活动的形式，大到奥运会、世博会，小到企业联欢会、家庭聚会，休闲活动的形式丰富多彩。但形成规模、影响深远的市民休闲活动一般以节、展、会、演、赛等形式出现，或者是节、展、会、演、赛等有机结合的综合形式，例如"节中展"、"展中会"、"会中赛"、"赛中演"等多样化并存的形式，节中有会，会中有展、展中有演，演中有赛……如每年举办的杭州西湖国际博览会，会议、展览、节庆活动各有几十项之多,每年因举办西湖国际博览会而新增的游客达1000多万人次,参观杭州西湖国际博览会成为人们享受休闲生活的重要方式。

(5) 确定活动的标志、吉祥物、主题口号、宣传画以及会旗、会歌等,通过市场化运作积极开发活动配套商品等。

(6) 对活动成本收益进行分析,制定活动财务目标。对经济上不可行的休闲活动,要在主题和内容上作出相应的调整。

4. 策划实施阶段

根据休闲活动策划方案实施进度,适时进行反馈、调整和修改。

(1) 根据活动总体方案,编制活动实施计划和时间进度计划(利用甘特图),确定利益相关者,召开新闻发布会,启动市场开发计划,开展宣传推广和招商、招展,落实赞助商、广告商、服务商,开展商品销售、门票预订等。

(2) 对活动实施过程中的人员、资金、物资、设备进行合理调度,对活动项目、程序进行衔接、现场次序和安全管理等进行预先安排。

(3) 编制应急方案,对活动组织实施过程中的突发事件进行控制和防范,加强对活动现场的协调和管理。

5. 活动总结与评估阶段

根据休闲活动策划实施情况和影响,对活动策划与组织实施情况进行总结和评估。

(1) 从活动组织各环节进行分析,对休闲活动进行总结。

(2) 从经济效益角度进行分析,由主办方、参与方和第三方对休闲活动进行客观评价。

(3) 从社会效果、活动知名度、品牌影响力等方面进行调研,评估休闲活动策划与组织的效果。

以上是休闲活动策划的一般程序,由于现实生活中休闲活动种类繁多、形态各异,目的各有侧重,休闲活动策划的重点、环节和程序也应有所不同,应结合实际灵活掌握。

第六节 休闲活动内容策划

根据休闲活动策划的程序和步骤,休闲活动策划的主要内容包括休闲活动主题策划、休闲活动主体内容策划、休闲活动辅助内容策划、休闲活动营销推广策划、休闲活动组织实施策划等。

一、休闲活动内容要素组成

1. 休闲活动的基本要素

①时间;②地点;③规模;④类型;⑤主题;⑥宗旨;⑦目的;⑧程序;⑨日程;⑩主办单位;⑪承办单位;⑫协办单位;⑬赞助单位;⑭主体内容;⑮配套活动;⑯邀请名单;⑰参加人员;⑱形象定位;⑲商业模式;⑳宣传促销计划;㉑新闻发布会;㉒海报、广告、吉祥物、主题口号;㉓开幕式;㉔组织机构和人员分工;㉕行动计划(财务计划、安全计划、接待计划);㉖现场布置;㉗紧急事件处理;㉘新闻转播和报道;㉙闭幕式;㉚效果评价。

2. 休闲活动的名称组成

休闲活动的名称由三部分内容组成:基本部分(性质和特征),限定部分(时间、地点、规模、行业范围),补充部分(具体时间、地点、行业、单位),其中基本部分和限定部分是活动名称不可缺少的部分,如2010年中国(杭州)国际动漫节,基本部分:节;限定部分:2010年、中国、国际、动漫;补充部分:杭州。

3. 活动营销与节事营销

"活动营销"是"节事营销"的重要方式,而"节事营销"又是"地方营销"、"城市营销"的重要载体。代表性节事与城市定位之间的关系参见表2.8。

表2.8 代表性节事与城市定位之间的关系

代表性节事	城市定位	综合竞争力排名
南宁国际民歌节	中国绿城　民歌圣地	53
大连国际服装节	北方香港　浪漫之都	13
青岛国际啤酒节	海滨休闲城市	12
宁波国际服装节	东方商埠　时尚水都	15
哈尔滨国际冰雪节	异国情调　冰雪魅力	29
杭州西湖国际博览会	东方休闲之都　品质生活之城	9

注:综合竞争力排名引自《2009年中国城市综合竞争力排行榜》。

菲利浦·科特勒等在1993年出版的《营销地方:吸引投资、产业和旅游者光顾》一书中,对地方营销的描述是:将地区视为具有市场导向的企业,将地区未来发展视为有市场潜力的产品,通过对区域优势、劣势、机遇和挑战的综合分析,明确战略定位,确定地区发展的目标市场,主动地行销地区的特色。

在国外地方营销理论和实践兴起的同时,中国也开始重视地方营销尤其是城市营销的实际操作。地区或城市营销的对象主要有本地居民和外来者(外来投资者、外来旅游者、外来就业者)等。目前,旅游景区(单位)营销正为旅游目的地(地区或城市)营销所取代。

二、休闲活动内容组合策划

休闲活动主体内容策划和休闲活动辅助内容策划,在休闲活动策划流程中占有十分重要的地位。在休闲活动策划实施阶段之前,大量的工作都是休闲活动的内容策划,策划准备阶段主要是开展主题策划,而配套会议、相关活动、推广计划、营销策划等则是休闲活动内容策划的重要组成部分(如图2.17)。

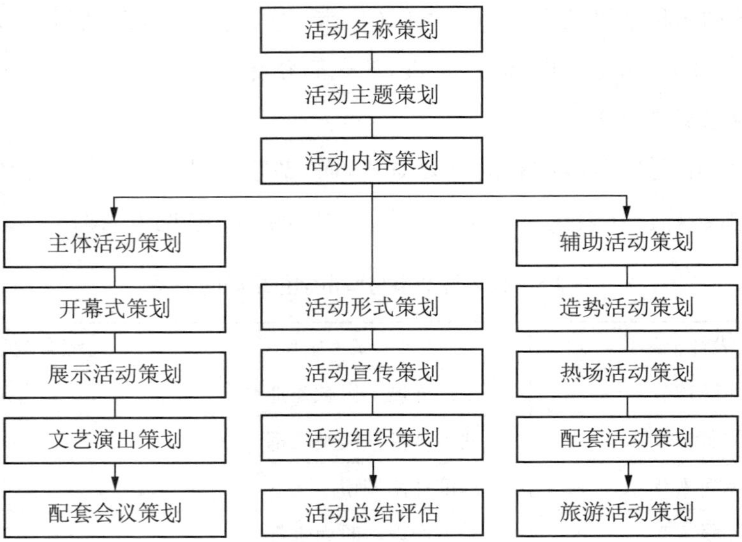

图2.17 休闲活动内容组合策划

1. 休闲活动主题策划

(1) 通过内外部充分讨论和不断筛选、论证,选择最佳的活动主题。休闲活动主题要反映当地休闲文化资源的独特性，目前国内节庆类、会展类、文体类休闲活动发展态势看好，活动主题的选择余地和运作空间都很大。

(2) 确定活动主题的内涵，活动主题思想可以阐述，并与当地城市定位、目标定位、形象定位相符合，与相关活动内容相协调。

(3) 确定活动的宗旨、目的、意义和开发方向。

(4) 确定活动的名称。活动名称要有新意，要准确、贴切概括活动内容，切忌采用表达含糊的活动名称。

(5) 确定活动的特征、时间、地点、规模、范围。是会展活动还是节庆活动？是文艺表演活动还是体育赛事活动？是社会公众活动还是特定群体参加的活动？什么人，什么时间，在什么地方，做什么活动？为什么做以及如何做(5W2H)？

2. 休闲活动主体内容策划

(1) 活动开幕式策划

“良好的开端是成功的一半”，大型活动一般都非常重视开幕式策划。第五届中国(杭州)国际动漫节开幕式就放在黄龙体育中心，观众达 6 万人，不仅取得了巨大的轰动效应，而且也是一次成功的市场化运作——仅开幕式门票就为主办方带来了 1000 多万元的收入。大型活动的开幕式通常采用大型文体表演、彩车游行、盛装狂欢和文艺晚会的形式，是休闲活动的亮点。策划的重点是做好文体表演节目的编排和表演形式的创新，对彩车游行、盛装狂欢线路进行安排等。活动开幕式也可以“独辟蹊径、逆向思维”，通过创新设计达到意想不到的效果。例如在宁波举办的中国国际日用消费品博览会就取消了开幕式，仪式从简，将开幕式节省下来的钱捐助给贫困山区，取得了很好的效果。

(2) 展示演示活动策划

休闲活动主要从参与者“玩”的角度来进行策划，要让参与者“玩”得高雅，“玩”得有文化，作为主办方则要想方设法提供“玩”的内容、“玩”的氛围。无论是正式的展览展示活动，还是非正式的市民参与活动，都是为市民提供休闲方式和载体，为参与者提供美好的享受。主办方尤其要做好活动现场的装潢、布置、陈列、灯光等策划，让参与者留下深刻而难忘的印象。

(3)演艺活动策划

做好演艺活动的入场、退场、票务预订、销售、交通管制等策划，重视大型演出现场活动的组织与管理，必要时可以委托专业的演出公司进行管理。

(4) 配套会议策划

包括高峰会、协会、年会、研讨会、论坛、座谈会等,配套会议是很多休闲活动必不可少的一个内容。包括对嘉宾人选、会议内容、会议形式、会议旅游等进行策划,采取大型会议还是小型专题讨论?或者采取同台交流?举办国内会议还是国际会议?何时与媒体见面?

(5) 亮点、热点、卖点策划

休闲活动主体内容策划要有亮点、热点、卖点。亮点是指新颖独特性,引起大家的关注;热点是指社会关注的焦点,切合大众心理,激发社会的共鸣;卖点是指活动有足够的"噱头",经济效益或社会效果明显。

3. 休闲活动辅助内容策划

(1) 热场活动策划

如开幕式期间的军乐团、铜管乐队、时装模特秀、COSPLAY 秀、舞龙舞狮等,主要为开幕式服务。活动开始的欢迎宴会和活动结束时的答谢酒会策划等。

(2) 配套活动策划

主要包括活动期间群众文体活动和社会公益活动策划,如群众性体育健身和趣味运动会策划、群众性文化艺术活动策划,举办登山比赛、秧歌比赛、健身舞比赛、戏曲大赛、歌咏大赛、围棋赛、麻将赛、桥牌赛等,通过这些活动增加节日气氛。策划义诊、义卖、义演、义工、科普等公益活动,做好活动宣传,维护良好的公共关系和企业形象。

(3) 旅游活动策划

休闲与旅游密不可分,休闲是旅游的目的,旅游是休闲的前提,休闲活动与旅游活动结合可以取得更好的效果。2008 年中国(国际)休闲发展论坛就组织与会嘉宾参观当年中国国际休闲产业博览会并观看西湖国际烟花大会,给与会代表留下了深刻的印象。旅游活动作为辅助活动,主要内容包括旅游目的地和线路设计,旅游门票、餐费、交通费预算,交通工具安排,确定承办者和协调人,旅游安全注意事项等。必要时可以通过旅游服务外包由旅行社提供专业化服务。2008 年中国(国际)休闲发展论坛相关的旅游活动就是外包给杭州中国旅行社完成的。

4. 活动宣传与市场营销推广策划

(1) 造势活动策划

利用新闻报道、广告宣传、公益活动等,大造舆论和声势,开好新闻发布会、记者招待会、媒体见面会，利用媒体焦点放大进行宣传。主办方要善于借势发力、借势宣传，利用对方的平台和渠道进行宣传。

(2) 营销活动策划

主要为招商招展服务，例如新闻发布会(产品推介会)策划、合作伙伴签约仪式策划、招商招展活动策划、市场开发启动仪式策划、电子显示屏倒计时活动策划、徽标吉祥物评选揭晓活动策划等。

(3) 征集活动策划

对活动会徽、吉祥物、主题口号、宣传画、会歌、会旗、指定产品、纪念品等进行公开征集，扩大社会影响，提高活动的知名度和美誉度。也可以通过定向征集的方式，把当地具有代表性的歌曲作为活动主题歌，或者邀请著名人士谱写新歌，并邀请知名歌星演唱，邀请著名人士创作、修改会徽、吉祥物，委托著名广告策划公司制作活动海报、广告词、主题口号等。2008 年北京奥运会吉祥物“福娃”最后邀请著名画家韩美林修改定稿，借助“名人效应”，大大促进了“福娃”的传播。

(4) 项目管理策划

组织项目管理小组，实行项目经理(主管)负责制，明确相关工作职责和分工，编制工作实施计划并及时检查、协调和落实。

(5) 活动接待策划

拟定 VIP 名单，设计寄发(送)邀请函，指定专人负责跟踪联系和现场接待，安排相关领导接机送机，重要来宾要做到“一对一”服务。设计制作贵宾证、嘉宾证、代表证、记者证、工作证、通行证、指路牌、席签，妥善安排来宾坐席等。

5. 活动组织实施和现场管理策划

(1) 组织管理策划

确定活动主办单位、协办单位、支持单位、承办单位、执行单位、赞助单位等。实行活动主体内容板块化分工，分工落实活动目标和任务。

(2) 现场管理策划

明确活动组织实施程序、步骤、衔接。实行联席会议、协调会议制度，信息反馈制度等。

(3) 预算管理策划

编制财务预算计划，实行财务预算管理，按照量本利要求实行项目自求平衡，尽可能减少支出，增加收入，实现营利。

(4) 安全管理策划

编制交通管制、现场维安、消防安全计划,编制应急方案和对应措施,对突发事件进行事先防范和演练。

(5) 后勤保障策划

根据活动实际需要,确保人财物方面的基本保障和供应,满足活动人员吃住行游购娱的基本需要。

案例点评

1. 先导案例:杭州乐园嬉水狂欢节——"冲关我最棒"

浙江卫视与杭州乐园联袂打造的一个极具娱乐性质的节目,收视率和观众(游客)的参与热情可以与湖南卫视倾力打造的娱乐秀节目相媲美。案例说明一项休闲活动通过媒体的传播和焦点放大,可以释放出巨大的能量,成为社会公众热烈追捧的电视黄金档节目。从本案例更可以看出休闲活动项目的游戏、娱乐特征,休闲活动多是自愿参加而非专业组织,比赛的是潜能而非技能。只要把大家的兴趣调动起来,把参与者的潜能激发出来,哪怕比赛不一定成功(例如本案例中绝大多数冲关者跌入水中),休闲活动同样可以吸引人们的眼球——因为这是让参与者和观众都感觉快乐的事情。

2. 案例 2.1:丁渭重建汴梁皇宫策划

该案例表明运筹学、系统论等观点在我国古代就得到了运用(尽管不是近代科学意义上的运筹学、系统论)。案例告诉我们必须系统地考虑问题,一个项目要以最少的投入争取最大的产出,丁渭通过取土、运料和处理废物三个主要环节的统筹兼顾、系统策划,顺利地完成施工任务,达到了"一举而三役济"的效果。这一成功事例很值得我们后人开展活动策划时借鉴。

思考练习

一、名词解释

1. 策划

2. 脑力激荡法

3. 和谐社会

二、填空题

1. ________、________就是策划。

2. ________________项目，即通过运动来放松身心、发现潜能、实现自我。

3. ________是一切休闲活动追求的目标。

4. 人性是指人们所具有的正常的感情和理性，人性是人类社会________、________的特征。

5. 整合策划的标志是必须形成详尽的____________。

6. 我国最早的策划多用在____________方面。

7. ____________作为一种主观、定性的方法，该方法不仅用于预测领域，还广泛应用于具体指标、内容等的确定过程。

8. 休闲活动尤其是大型活动、节庆活动、会展活动的__________、__________、__________等特性决定了应用利益相关者理论的可能性。

三、选择题(单选题)

1. 策划的方法有(　　)四个维度。

A. 点、线、面　　B. 点、线、面、体

C. 线、面、体　　D. 点、面、体

2. 点子的作用是(　　)。

A. 点子共享、提升名望、表现自己、获得回报

B. 点子共享、身心放松、表现自己、获得回报

C. 身心放松、提升名望、表现自己、获得回报

D. 点子共享、提升名望、表现自己、身心放松

3. 辩证思维强调策划工作过程中必须(　　)制宜。

A. 人气、地气、才气、天气　　B. 昨天、今天、明天、后天

C. 因时、因地、因事、因人　　D. 个性、心态、品行、脾气

4. 策划是针对未来要发生的事物做当前的(　　)。

A. 决策　　B. 计划　　C. 评估　　D. 反馈

5. 运用名人效应当然要根据活动性质和项目特色邀请合适的(　　)来做宣传。

A. 美女　　B. 媒体　　C. 赞助者　　D. 名人

四、判断题

1. 中国传统文化提倡“天人合一”、“和为贵”，本质上就是和谐。(　　)

2. 在管理的四项或五项职能中，策划贯穿管理活动始终。(　　)

3. “原理”是指自然科学和社会科学中具有普遍意义的基本规律，是不以人的意志为转移的客观规律。(　　)

4. 2006 年杭州世界休闲博览会的主题是“城市，让生活更美好!”(　　)

5. 引入“动感”理念，是运用“动态人文”对静态景观进行创新的有效的手段。(　　)

五、简答题

1. 简述策划、规划和计划的联系与区别。

2. 简述策划的 5W2H1F 原则。

3. 简述休闲活动策划的基本流程。

六、案例分析

根据上海世博会举办盛况，案例分析 2010 年上海世博会主题思想的具体表现(提示：通过主题、副主题分析，联系实际举例说明)。

实训项目

运用关键决策图法，通过顺向思维、逆向思维，设计“××运河文化节”开幕式关键程序(节点)。

第三章 休闲活动管理

学习要点

休闲活动项目组织管理、计划管理、财务管理、合同管理、后勤管理、现场管理、风险管理、安全管理、危机管理、突发事件管理等，休闲活动项目管理过程和休闲活动项目管理、现场管理、安全管理的基本原理和方法。

基本概念

组织管理、计划管理、财务管理、合同管理、现场管理、风险管理、安全管理、危机管理、突发事件管理

先导案例：中国(杭州)文化创意产业博览会

杭州作为长三角地区最发达、最具活力的城市之一，经济总量已经多年在全国省会城市中居第二位。2015 年杭州地方生产总值达到 9000 亿元，人均 16000 美元。同时，杭州的民营经济发展迅猛，全国民营企业 500 强中，杭州占据了 70 席。民间资本雄厚、投资交易活跃、市场需求旺盛、经济体制完善，这些特点为杭州发展文化创意产业提供了强大的支撑。

经过几年的发展，杭州已经初步形成了体现城市定位和特色的文化创意产业，拥有国家动画产业基地、国家数字娱乐产业示范区、国家软件产业基地等一

批国字号的文化创意产业集聚区。同时，一大批具有鲜明地域特色和相当水准的 LOFT 创意园区也应运而生。目前，杭州创意产业的综合实力名列全国第五位。

根据杭州市委市政府关于“依托杭州的人才、文化、环境优势，发展‘创意经济’，打造以文化、创业、环境高度融合为特色的全国文化创意产业中心”的战略部署，以中国国际动漫节永久性落户杭州为标志，目前杭州已经建成十大文化创意产业园区，初步形成“国内领先、世界一流”全国文化创意产业中心。

为进一步打响“创意杭州”品牌，从 2007 年开始，中国(杭州)文化创意产业博览会应运而生，规模达到 500 个展位，共计接待 3 万多名观众，其中专业观众 2 万多名。每届展会都有 200 多家境外媒体、国家级媒体、省市级媒体采访和报道。它的成功举办促进了杭州市创意产业的发展，为杭州市打造“全国文化创意产业中心”创造了浓郁的氛围，搭建了良好的平台。

第一节 项目管理过程概述

一、项目管理过程介绍

1. 项目过程

现代项目管理理论认为，项目是由一系列的项目阶段所构成的一个完整过程，而各个项目阶段又是由一系列具体活动构成的工作过程。所谓“过程”，是指能够生成具体结果的一系列活动的组合。一个项目具体由两种类型的项目过程组成。

(1) 项目实现过程

项目的实现过程是指人们为创造项目的产出物而开展的各种活动所构成的过程。项目的实现过程一般用项目的生命周期来描述其相关活动和内容(如图 3.1)。

(2) 项目管理过程

项目的管理过程是在项目实施过程中人们所开展项目的计划、决策、组织、协调、沟通、激励和控制等方面的活动所构成的过程。

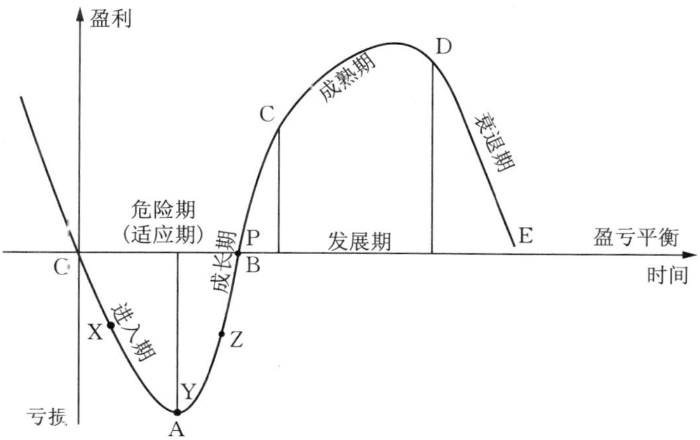

图 3.1　项目生命周期示意图

2. 项目过程管理

项目过程管理一般是由五个不同的项目管理具体工作阶段构成，它们构成了一个项目管理工作过程组。这五个具体管理工作过程如下。

(1) 起始过程

定义一个项目阶段性工作或活动的开始，决策一个活动项目的起始，以及决定是否将一个活动项目继续进行下去。“起始过程”根据前一个项目“结束过程”的相关信息，以及在这一过程中所收集的信息，运用外部环境与内部条件的分析和预测方法、确定性和风险性决策的方法等项目管理分析、管理预测和管理决策方面的工具与方法，作出一个项目阶段是否开始实施的决策，并生成相应的文件与信息作为这一过程的结果。

(2) 计划过程

拟订、编制和修订休闲活动项目的工作目标、计划方案、资源供应、成本预算、计划应急措施等方面的工作，即休闲活动项目策划过程。

计划过程所需要的信息包括起始过程输出的文件或信息，有关项目的目标、要求、技术规范、实施条件和环境、项目成本、费用、资源等方面的信息。计划过程是编制休闲活动策划方案作为活动实施的依据。计划过程的结果就是计划工作所生成的计划文件及其支持细节信息。计划过程主要分两类：一类是核心计划工作（项目的总体策划方案），一类是辅助性计划工作（项目的专项策划方案）。项目或项目阶段的核心计划工作包括的主要内容有:活动的性质、规模及主题,活动的时间,活动的场地,活动的内容,活动的供应商,活动的经济效益预算,活动的技术要求,活动的各项配套设施,如餐饮、住宿等。项目或项目阶段辅助性计划的主要内容有:活动质量计划的制订、活动组织计划的制订、相关人员配备计划的制订、沟通计划的制订、风险识别与风险量化、风险应对计划的制订和采购计划与采购工作计划的制订等。

(3) 实施过程

组织和协调人力资源及其他资源,组织和协调各项任务与工作之间的衔接,激励项目团队完成既定的工作计划,完成项目预定目标等,即休闲活动项目举办或进行的过程。

实施过程的主体是项目组织实施和相应的管理活动。其中最为主要的工作内容是:任务范围的进一步确认、计划任务的实施、项目质量的保证、项目团队的建设、项目相关信息的传递与沟通、采购工作的开展、供应来源的选择、合同管理等。这些工作中,有些是独立进行的,有些是依次进行的。

(4) 控制过程

制定标准、监督和测量项目工作的实际情况、分析差异和问题、采取纠偏措施等管理工作和活动。控制过程是确保一个项目或项目阶段的产出物质量、项目工作质量与绩效的项目管理工作过程。

控制过程的管理活动又可以分为三大类:其一是对于可能发生的问题所采取的预防性的控制活动(事前控制);其二是在"实施过程"中所开展的控制活动(事中控制);其三是在实施工作完成以后所开展的控制活动(事后控制)。控制过程的主要工作包括:实施过程的控制、范围的控制、进度的控制、成本的控制、质量的控制、实际绩效的报告、风险的控制,等等。控制过程的输入是起始过程和计划过程的输出,而这一过程的输出是项目实施结果的业绩报告和纠偏措施带来的结果。

(5) 结束过程

制定一个项目或项目阶段的移交与接受条件,并完成项目或项目阶段成果的移交,从而使项目或项目阶段顺利结束的管理工作和活动,即项目的后续工作,包括相关合同的完成,款项的结算以及部分后续跟踪服务。

结束过程终结一个项目或项目阶段的项目管理具体工作过程。但是人们往往最容易忽视的就是这一项目管理的具体工作过程,并且因而为项目的后续阶段留下了许多问题和麻烦。结束过程的主要工作包括:管理的结束(收集、生成并分发一个项目阶段或整个项目实施工作完成与结束的各种文件和信息的项目管理工作)、合同的终结(终结一个项目或项目阶段各种合同的工作,包括各种商品采购和劳务承包合同)。通常是管理的结束工作先行开始,而合同的终结工作先行结束,最终结束过程完成。

3. 项目管理具体工作过程之间的关系

首先,项目管理具体工作过程之间的关系是一种前后衔接、相互关联的关系(如图 3.2)。

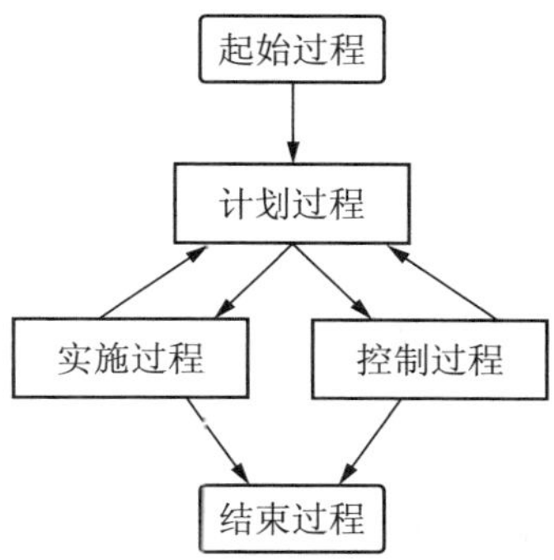

图 3.2　管理工作过程之间的相互联系

其次,项目管理工作过程组的各个具体工作过程之间在时间上会有不同程度的交叉和重叠(如图 3.3)。

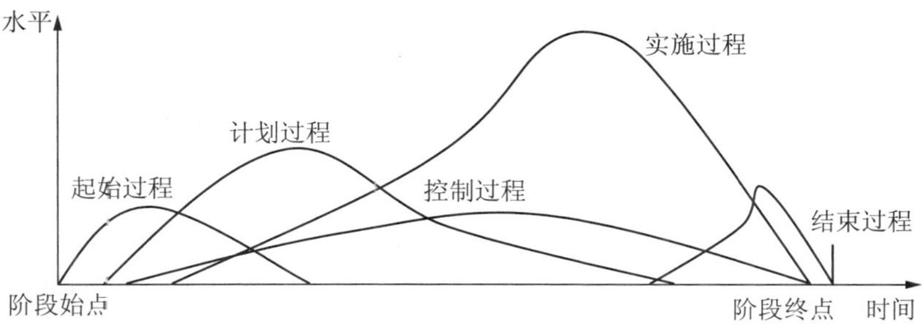

图 3.3　一个项目阶段中管理工作过程的交叉、重叠关系图

最后,项目管理具体工作过程之间的相互作用和相互影响还会跨越不同的两个项目阶段。这种两个项目阶段的项目管理具体过程之间的相互影响可以用图

3.4 来描述。

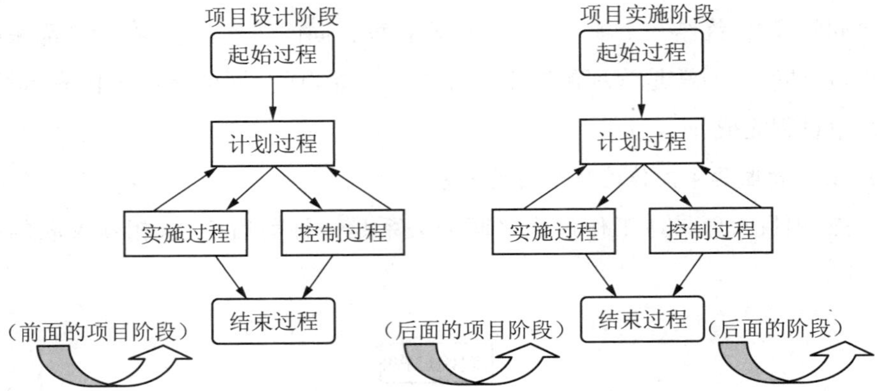

图 3.4　两个项目阶段之间的项目管理具体工作过程之间的相互作用

二、休闲活动项目管理的“5S”方法

休闲活动项目的运作在很多情况下是项目经理负责制，项目经理不仅要有很强的项目经营、管理能力，而且还要具备良好的团队领导能力、公关协调能力。但是，随着个人电脑的普及，以及我们习惯凭经验管理项目的运作方式，往往使得休闲活动组织者在沟通、运作、知识共享、自觉纠错机制、上级监督等方面受到一定程度的负面影响。

由于人的工作是以视觉、触觉、听觉为导向，复杂的工作细节不可能仅靠记忆和以往的工作经验就能够完成所有工作，因此项目管理团队负责人要善于学习并自觉运用视觉管理，如“看板制度”、“日报制度”等，使领导和工作人员能够看到、感觉到工作标准、工作流程、工作进度，促进沟通，及时解决流程中出现的问题。

运用视觉管理要做到管理内容和管理形式的统一，即视觉管理和人员管理相辅相成。一套设计完善的视觉管理系统有助于提高工作效率，减少瑕疵与错误，促进沟通，改善安全性，降低成本。视觉管理的内容主要有“5S”方法。

1. 整理(Sort)

在休闲活动项目运作过程中会产生大量的各种文档、资料、文件、图表，如项目策划书、项目申报书、项目营销方案以及与项目举办方、服务供应商、活动参与者之间的各种合同、票据、文书、协议等，需要我们进行归类、整理，以免出现文档、票据、协议等文件丢失的情况。

2. 条理(Straighten)

上述所有文档文件都必须井然有序、整洁、易找；文档整理的条理性反映出信息整理和归纳的能力。此类文档的管理可以通过传统的管理方式进行档案式管理，也可以利用现代化的信息手段，运用专门的管理软件，如信息管理软件、活动管理软件进行管理。

3. 整洁(Shine)

干净的工作场所不仅是一种工作面貌的展示，而且整洁的流程往往提供了一种检验机制，使工作过程中出现的问题暴露出来。因此，必须时刻注意你的工作环境，使其保持整洁，从而能够让你愉快地投入工作。

4. 规范和标准(Standardize)

在休闲活动项目管理过程中，项目团队的工作规范和制度是必不可少的，切实有效的工作规范和制度是上述 3 个 S 顺利运行的保证，也是对上述 3 个 S 的维持与监督。

5. 维持(Sustain)

维持现有并运行有效的项目管理流程，比创造一个新的项目管理方法更为重要。维持一个稳定的工作流程和程序同时也是一种持续的、不断改进的过程。

三、项目管理过程的内容

1. 项目管理团队的基本要求

休闲活动项目的运作由总体目标、分目标和若干子项目组成，这些目标和子项目的实现取决于活动的复杂程度、风险、大小、时间限制、项目团队的经验、资源的多少、历史信息的多少、各个组织部门对项目管理的熟练程度等，因此休闲活动项目管理要求管理团队必须具备以下素质。

(1) 遵守“职业道德”，遵守“职业行为规范”

休闲活动项目的管理团队，其组织文化与作风对活动项目的影响至关重要。组织文化包括共同的价值观、规范、信念、期望、工作方针和办事程序、工作道德、工作时间，等等。比如一个进取心较强或具有开拓精神的团队往往可以促进活动项目的良好运作;一个等级界限分明的组织,领导作风官僚、专横,团队成员缺乏沟通与合作精神,有可能使团队文化和运作受到消极影响。

(2) 项目管理团队对项目背景的理解、研究是项目成功运作的关键

管理团队对项目背景理解得越透彻,就可以更具体和更好地进行项目的运作和管理。否则,会对活动项目的目标、结果造成一定的负面影响。项目管理团队应综合考虑的背景情况有:项目所处的文化、社会、国际、政治和自然环境以及这些环境之间的关系;文化与社会环境涉及的经济、人口、教育、道德、种族、宗教状况等;国际与政治环境需要熟悉相应的国际、国家、地区形势和当地的法律习惯、民风民俗、社会风气,以及影响项目的政治气候等。总之,对项目背景的充分理解和研究对项目本身的成功运作起着至关重要的作用。

(3) 具备一定的项目管理知识体系与技能

项目管理团队应具备项目管理知识体系与技能,如某项活动涉及专业领域的知识、标准、规章制度,基本的组织能力、协调能力、沟通能力、创新能力等。

(4) 能够处理好团队之间的人际关系

项目管理团队需要掌握和处理好人际关系的沟通技能:具备在国内、国外能够有效沟通、交流的能力;能够对相关组织和部门施加影响以取得领导支持的能力;作为项目管理的领导还需要具有构建远景和战略、激励下属团队实现目标的能力;掌握谈判与冲突管理的能力;与相关人士及单位商讨、取得一致或达成协议的能力;识别、分析、解决问题和及时作出决定的能力。

2. 项目管理过程中的注意事项

(1) 时间管理中应注意实施工作日程均衡化

时间管理在整个活动项目管理中的作用非常突出。时间管理的内容包括:项目活动的定义、项目活动排序、项目活动所需的资源估算、项目负责人对该项目活动的背景理解和熟悉程度,为完成项目活动所必须付出的工作量、行政审批所需的时间、需投入的资源数量,以及为完成该计划所需的工作时间、项目进度表、项目进度的监督、控制,等等。

在休闲活动项目管理中,各项与活动相关的业务细节和工作项目繁多,一个完整的休闲活动项目工作流程涉及客户关系管理、活动产品销售、活动现场布置与设计、施工、相关物品的运输、活动嘉宾的邀请、活动礼品或奖品的购置与发放、相关工作人员的后勤工作、活动的宣传广告、活动后的评估及信息反馈等,同时,活动规

模各不相同，尤其是大型节庆赛事活动运作，工作细节之繁琐、沟通渠道之繁多，堪称一项系统工程。因此，对投入的工时、人力、物力、财力、工作日程很有必要予以合理安排，细化并按照工作进程均衡程度的落实在每个工作阶段。

(2) 加强沟通与协作，避免浪费，提高团队工作效率

组织工作不力、工作日程均衡化落实不好，活动开幕时工作量、人员、经费投入的突然增加，会产生团队工作失误，造成人力、物力、财力的巨大浪费。管理过程应当尽量避免由于沟通不畅造成的时间浪费，各类文件、请示报告太多，请示报告的周转时间过长，决策失误造成的浪费，等等。在活动项目管理中，为提高工作效率，杜绝活动策划和组织工作流程中不能创造价值的活动，尽量避免或减少浪费现象发生，我们可以借鉴的以下几个方面的经验。

① 合理掌握授权制度。明确职责，确定授权范围，剔除强制性官僚主义，即不必要的行政工作和文书，鼓励采取对员工的有效授权制度，减少沟通层级和书面汇报；

② 简介的语言。切忌浮夸、冗长、华而不实的行文；

③ 剔除工作流程中不同阶段的重复性工作；

④ 增值评估，分析在工作流程中哪些是增值作业，哪些是不能增值的作业；

⑤ 标准化、专业化、简单化。详细的标准化及培训和教育，保持员工的竞争力；

⑥ 简化、降低工作流程复杂程度，减少工作流程周期时间；

⑦ 通过不断完善职责权利目标考核机制，配套建立错误预防机制和过错追究机制；

⑧ 有效升级。在现有工作环境的基础上，挖掘、有效利用、提升设备和工作环境，改进整体的工作绩效；

⑨ 处理好合作部门的关系。业务流程的绩效依赖各部门的合作，如果合作部门的工作流程和绩效没有改进，那么整体的工作绩效也不会改进；

⑩ 建立晨会、晚会、例会、经理办公会议制度，加强沟通、协调，完善合作、补位机制。

3. 积极借鉴其他行业的管理工具

管理从宏观上讲是一门科学，从微观上讲，它又是一种更具有实际意义的工具。当然，管理工具具有适用性和差异性，但在很多情况下更多的是要看到它的共性和借鉴意义。许多管理工具尽管应用的行业不同，但因为它们在业务流程的应

用上具有一定的普遍性,因此也可以提供有意义的参考,比如西格玛(Sigma)全面质量管理概念、戴明循环(Deming Cycle)的 PDCA 等,它们既可以运用于生产领域,也可以为服务行业所借鉴,当然也可以为活动项目管理所借鉴。

第二节　休闲活动项目管理

休闲活动项目管理和现场管理是项目运营的基础,通过借鉴活动项目管理、现场管理的经验和工具,可以大大提升休闲活动项目运作水平,熟悉休闲活动项目管理内容和现场管理方法,提高休闲活动项目运作能力,是休闲活动项目策划、组织、实施的重要保证,也是休闲活动产业能够不断发展壮大的重要基石。

休闲活动项目管理就是将项目管理相关知识、技能、手段和技术应用于休闲活动项目的运作过程,并按照休闲活动主办方的要求,实现休闲活动项目管理的目的。休闲活动项目管理是一个综合性的业务过程,包括活动内容的策划、启动、规划、实施、监控和收尾总结等项目管理全过程。一个完整的休闲活动项目管理包括项目组织管理、项目计划管理、项目财务管理、项目合同管理等。

一、项目组织管理

1. 项目组织管理的概念

项目组织是为了完成某项活动而设立的特定组织,一般也称为项目管理团队或项目组织班子(小组),大型活动项目组织又叫项目经理部。项目组织具体职责、组织结构、人员构成和人数配备等会因项目性质、复杂程度、规模大小和持续时间长短等有所不同。项目组织的一般职责是负责项目的策划、组织、指挥、协调和控制。项目组织要对项目的范围、费用、时间、质量、风险、人力资源和沟通等进行管理。

2. 项目组织管理机构设置原则

(1) 目的性原则

项目组织机构设施的根本目的,是为了产生组织功能实现项目目标。从这一根本目的出发，就应因目标设事，因事设岗，因职责定权利。

（2）精干高效原则

大多数项目组织是一个临时性组织，项目结束后就要解散，因此，项目组织应精干高效，力求一专多能，一人多职，应着眼于使用和学习锻炼相结合，以提高人员素质。

（3）组织一体化原则

项目组织往往是企业组织的有机组成部分，企业是它的母体，项目组织是由企业组建的，项目管理人员来自企业有关部门，项目组织解散后其人员仍回企业相关部门，所以项目的组织形式与企业内部的组织形式密切相关。

3. 项目组织结构的类型

项目组织结构类型有很多，常见的有工作队式、部门控制式、项目型组织、矩阵型组织。

（1）工作队式

① 特征：项目经理在企业内抽调职能部门的人员组成管理机构；项目管理班子成员在项目工作过程中，由项目经理领导，原单位领导只负责业务指导，不能干预其工作或调回人员；项目结束后机构撤销，所有人员仍回原部门。

② 适用范围：大型项目；工期要求紧，要求多工种、多部门密切配合的项目。

③ 优点：能发挥各方面专家的特长和作用；各专业人才集中办公，减少了扯反和等待时间，办事效率高，解决问题快；项目经理权力集中，受干扰少，决策及时，指挥灵便；打乱企业的原有结构。

④ 缺点：各类人员来自不同部门，具有不同的专业背景，配合不熟悉；各类人员在同一时期内所担负的管理工作任务可能有很大差别，很容易产生忙闲不均；成员离开原单位，需要重新适应环境，也容易产生临时观点。

（2）部门控制式

① 特征：按职能原则建立项目组织，把项目委托给某一职能部门，由职能部门主管负责，在本单位选人组成项目组织。

② 适用范围：小型项目；专业性较强、无须涉及众多部门的项目。

③ 优点：人事关系容易协调；从接受任务到组织运转，启动时间短；职能专一，关系简单。

④ 缺点：不适应大项目需要。

(3) 项目型组织

① 特征:企业中所有人都是按项目划分,几乎不再存在职能部门。在项目型组织中,每个项目就如同一个微型公司那样运作,完成每个项目目标所需的所有资源完全分配给这个项目,专门为这个项目服务,专职的项目经理对项目组拥有完全的项目权力和行政权力。

② 适用范围:适用于同时进行多个休闲活动项目。

③ 优点:能迅速有效地对项目目标和客户的需要作出反应。

④ 缺点:资源不能共享,成本高,项目组织之间缺乏信息交流。

(4) 矩阵型组织

① 特征:项目组织与职能部门同时存在,既发挥职能部门的纵向优势,又发挥项目组织的横向优势;专业职能部门是永久性的,项目组织是临时性的。职能部门负责人对参与项目组织的人员有组织调配和业务指导的责任。项目经理将参与项目组织的职能人员在横向上有效地组织在一起。项目经理对项目的结果负责,而职能经理则负责为项目的成功提供所需资源。

② 适用范围:适用于同时承担多个休闲活动项目的企业。

③ 优点:将职能与任务结合在一起,既可满足对专业技术的要求,又可满足对每一项目任务快速反应的要求;充分利用人力及物力资源;促进学习、交流知识。

④ 缺点:双重领导;各项目间、项目与职能部门间容易发生矛盾;项目组成人员不易管理。

4. 项目组织结构的设计与选择

前面介绍的是项目组织经常采用的几种组织结构形式,除了这几种常见的组织结构之外,还可能存在其他组织结构形式。通过前面的介绍,大家可以看出,每一种组织结构形式都有其优点、缺点和适用范围,没有一种万能的、最好的组织结构形式。对不同的项目,应根据项目的具体目标、任务条件、项目环境等因素进行分析、比较,设计或选择最合适的组织结构形式。一般来说,部门控制式的组织结构适用于规模小、专业面窄、以技术为重点的项目;如果是大型的、常年性的项目,应采用项目式的组织结构;如果每年举办的休闲活动项目不固定,并且专题与内容差别较大,技术复杂,要求利用多个职能部门资源时,比较适合选择矩阵式组织结构。如果要完成一个大型的、重要的、复杂的、需要利用多个职能部门资源的项目则可采用工作队式。

二、项目计划管理

1. 项目计划的含义

计划是管理的一种手段，计划在实际执行中是可以不断修改的。通过对项目的范围、任务、资源进行分析，从而制订一个科学的计划，能使项目团队的工作有序地开展。无论大型的世博会还是小型的庆典项目，涉及的细节问题非常繁琐，需要在活动举办之前就制订详细的计划，以指导项目团队的工作，在实施过程中以计划作为参照，并通过对计划的不断修订与完善，使后面的计划更符合实际，能更准确地指导项目工作，保证项目顺利完成。

项目计划工作是项目团队成员在预算范围内为了完成项目的预定目标而进行系统安排任务的一系列过程。项目计划主要回答以下问题。

(1) 什么(What)

确定项目目的、需要和范围。其结果要素具体说明了项目成品、期望的时间、成本和质量目标(回答是什么、做多少和什么时候)。要素范围包括用户决定的成果以及产品可以接受的程度，包括指定的一些可以接受的条件。

(2) 怎样(How)

如何完成这些工作和任务？指定的任务或达到目标的工作被分解、下定义并列出清单(回答怎样做这些工作)。

(3) 谁(Who)

创建一个项目组织以指定部门、分包商和经理对工作任务负责(回答由谁来做)。

(4) 何时(When)

准备进度计划以表明工作任务的时间安排、截止日期和里程碑(回答何时，以什么顺序)。

(5) 多少(How much)

准备预算和资源计划。表明资源的消耗量和使用时间，以及工作任务和相关事宜的开支(回答做多少)。

(6) 哪里(Where)

确定各项工作在什么地方进行(回答在哪里)。

2. 项目计划原则

制订项目计划是项目管理的重要阶段,在项目中起承上启下的作用,因此在制订过程中要按照项目总目标、总计划进行详细计划。计划文件一旦批准,将作为项目的工作指南。因此,在项目计划制订过程中一般应遵循以下六个原则。

(1) 目的性

任何项目都有一个或几个确定的目标,以实现特定的功能、作用和任务,而任何项目计划的制订正是围绕项目目标的实现展开的。在制订计划时,首先必须分析目标,弄清任务。

(2) 系统性

项目计划本身是一个系统,由一系列子计划组成,各个子计划不是孤立存在的,彼此之间相对独立,又紧密相关,从而使制订出的项目计划也具有系统的目的性、相关性、层次性、适应性、整体性等基本特征,使项目计划形成有机协调的整体。

(3) 经济性

项目计划的目标不仅要求项目有较高的效率,而且要有较高的效益。所以在计划中必须提出多种方案进行优化分析。

(4) 动态性

这是由项目的寿命周期所决定的。一个项目的寿命周期短则数月,长则数年,在这期间,项目环境常处于变化之中,使计划的实施偏离项目基准计划,因此项目计划要随着环境和条件的变化而不断调整和修改,以保证完成项目目标,这就要求项目计划要有动态性,以适应不断变化的环境。

(5) 相关性

项目计划是一个系统的整体,构成项目计划的任何子计划的变化都会影响到其他子计划的制订和执行,进而最终影响到项目计划的正常实施。制订项目计划要充分考虑各子计划间的相关性。

(6) 职能性

项目计划的制订和实施不是以某个组织或部门内的机构设置为依据,也不是以自身的利益及要求为出发点,而是以项目和项目管理的总体目标及职能为出发点,涉及项目管理的各个部门和机构。

3. 项目计划的编制程序

(1) 项目目标定位

如某大学筹备建校 100 周年庆典活动,最终定位是通过该活动的成功举办,实现答谢宾朋、缅怀先辈、凝聚校友、弘扬学术、广大传统、规划未来等目标。

(2) 项目任务分解

如某校建校 100 周年庆典活动中，校庆宣传活动板块包括编印校史、筹办百年校史展、领导和知名人士题词、发布校庆公告、利用媒体宣传报道、开通校庆网站、制作一部百年办学成就宣传片、联络校友等具体任务；校庆教研活动板块包括百年校庆教学经验研讨会和交流会、聘请专家学者(包括校友)举办学术讲座；庆典活动板块包括百年校庆庆典大会、校庆文艺演出、校庆讲演、摄影、集邮、书画、体育竞技等系列活动。

(3) 项目时间估算

预先估算各项任务开始、进行、结束的具体时间。如某校建校 100 周年庆典活动筹备工作的时间期限？开幕式、闭幕式、主题活动、相关活动、配套活动什么时间开始？什么时间结束？这里的时间是指一切与时间有关的时间点、时间段、开始时间、延续时间、结束时间等。时间管理最常用的工具是利用甘特图和里程碑式计划管理。

① 甘特图

甘特(Gantt)图又称横道图，是应用广泛的进度表达方式。甘特图通常在左侧垂直向下依次排列工作任务的各项工作名称，而在右边与之紧邻的时间进度表中则对应各项工作逐项绘制横道线，从而使每项工作的起止时间均可由横道线的两端表示。甘特图简单明了、直观、易于编制，成为项目进度计划和控制的主要工具及高层管理者了解全局、基层安排进度或工作时间的有用工具。例如某校建校 100 周年庆典活动会刊设计可以分为编辑加工、设计模板、图文制作、打印校样、印刷清样、设计封面等几个步骤，每个步骤都需要时间管理(如图 3.5)。

利用甘特图进行时间管理要点：

a. 为了达到既定目标，将整个项目分解成数个子项目，按时间顺序排于甘特图表格中；

b. 先确定开始时间，估算完成每个子项目所需要的时间，在图中标以矩形。该矩形以开始日期为起点向右延伸，其长度由完成该活动的时间和标于表格下方的时间刻度决定，形成项目计划示意图；

c. 为便于随时了解项目整体进展情况，在项目计划示意图的基础上编制项目实际完成示意图，在图中标记每个活动项实际完成所花费的时间，用来和计划安排做比较。

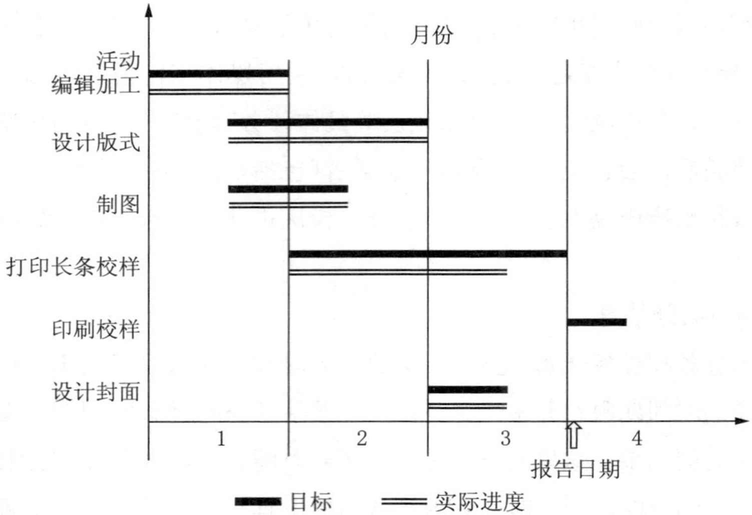

图 3.5　某校建校 100 周年庆典活动会刊编制时间管理工具——甘特图

② 里程碑计划

里程碑(Milestone)是项目中的重大事件,通常是指一个主要可交付成果的完成。它是项目进程中的一些重要标记,是在计划阶段应该重点考虑的关键点,里程碑既不占用时间也不占用资源(如表 3.1)。可交付成果是指为了完成项目或其中一部分,而必须完成的、可度量的、有形的及可以核实的任何工作成果或事项。一般来说,项目有中期可交付成果和最终可交付成果。如启动阶段结束时,批准可行性研究报告是一个里程碑,其可交付成果是可行性研究报告;计划结束时,批准项目计划是一个里程碑,其可交付成果是项目计划文件;执行结束时,项目成功举办

表 3.1　某校建校 100 周年庆典项目里程碑计划

里程碑事件	1 月 2 日	3 月 3 日	6 月 6 日	6 月 10 日	7 月 10 日
审批完成	◆				
筹备开始		◆			
开幕式			◆		
闭幕式				◆	
项目总结报告					◆

是一个里程碑，其可交付成果是项目成功举办的事实；收尾阶段结束时，项目总结是最后一个里程碑，其可交付成果是项目总结报告。

无论是总体目标还是子项目开展，都可以引入里程碑计划管理工具，在里程碑计划管理中主要是要突出阶段性成果完成情况，该阶段性成果对全局工作完成具有标志性意义。

(4) 项目次序关系

一般可以用网络图的形式来描绘活动之间的先后次序和相互依赖关系。网络图就是以时间为基础，用网络形式来描述一个系统，对系统进行统筹安排，寻求资源分配的协调方案。利用网络图能反映系统之间内在的联系，分清问题的轻重缓急，使管理人员能抓住工作重点，科学地组织和指挥生产。网络计划能实现电脑模拟、“纸上谈兵”，合理协调人力、物力、财力，预见项目中可能产生的麻烦及工期拖延的原因，从而合理安排有限的人力、物力、财力资源，尽快完成项目(如图 3.6)。

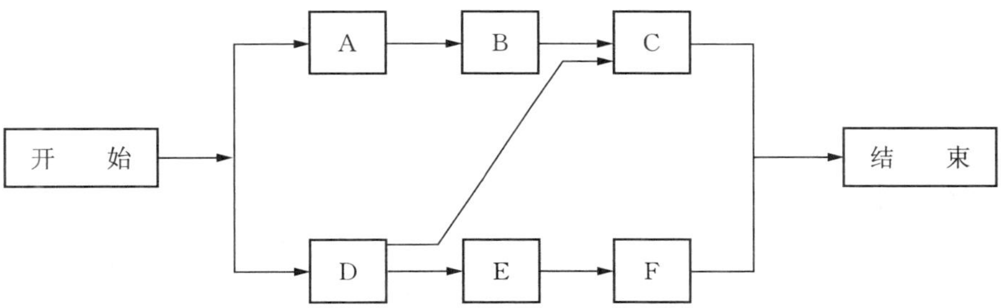

图 3.6　项目重要节点示意图

(5) 项目成本计划

按照以收定支、量入为出原则编列项目成本。项目收入来源主要包括专项拨款，参展参会人员缴费收入，企业广告收入和赞助，礼品纪念品销售收入以及活动完毕后录像(光盘)、出版物等在市场公开发售所获得的后续收入。项目成本包括开(闭)幕式、文艺演出、招待酒会、会议论坛、广告宣传所需要投入的费用。成本计划体现“花多少钱办多少事”。

(6) 项目计划编制

运用相关技术和方法，主要编制项目时间进度计划(如甘特图)和项目财务预算计划。

(7) 项目人员分工

确定完成各项工作所需要的人员、资金、设备、技术、原材料等资源计划。

(8) 项目成果汇编

编制相关计划文档,汇总项目计划成果,最终形成项目计划目标任务书和计划完成情况考核奖励方法。

三、项目财务管理

1. 项目财务管理概念

财务管理是根据财经法规制度,组织企业资金运作或财务活动,处理和协调企业财务关系的一种管理活动。它具有价值管理、综合管理和动态管理的特点,其实质是以价值形式对企业的生产经营全过程进行综合性的管理。财务管理基本环节包括财务预测、财务决策、财务预算、财务控制及财务分析等。

项目财务管理就是遵循客观经济规律,通过对项目资金的筹集、运用和分配的管理,利用货币价值形式对会展项目的经营状况进行综合性的管理。

2. 项目财务管理的内容

(1) 投资管理

投资是指项目组织者为项目正常开展而进行的资金投入活动。如为举办体育赛事兴建体育场馆。在投资活动中,投资规模的大小与多少要与项目的规模结合起来,由于项目是一次性的项目,投资的固定资产价值高,特别是不动产,要充分考虑项目的使用效率,尽量提高利用率。如为1999年昆明世界园艺博览会兴建的世博园不仅保证了世界园艺博览会成功举办,而且作为世界园艺博览会的历史遗产目前还是云南昆明的一个标志性旅游景区。

(2) 筹资管理

筹资是指项目组织者为满足项目投资和资金营运需要,筹集所需资金的行为。要考虑筹资的数量、筹资的方式和时间进度。不同的项目,资金筹集方式不同,一般有主办单位拨款、赞助收入、捐赠收入、会议参会费、活动现场广告收入、活动门票收入、提供服务收入、借款等。财务管理的目标就是要选择合理的筹资方式,以最小的资金成本筹集到项目所需要的资金。

(3) 营运资金管理

营运资金是指流动资产减流动负债的余额。营运资金在活动项目资金流量中占有相当大的比重，而且周转速度快，形态易变，所以是财务管理工作中一项重要内容。由于许多参与方在活动举办前期才支付参加费用的款项，很多服务项目在签订外包合同时只预付一部分订金的情况也时常发生，造成活动项目的应收账款增加，而活动项目的周期一般需要数月，甚至数年，在这期间，需要预订活动项目场馆、广告宣传、邮电费、差旅费、经营人员工资、交际应酬费、水电费、折旧费及其他费用开支。

因此，为了保证资金的正常周转，活动项目组织者必须重视营运资金的管理，要合理预测活动项目的规模和成本费用，确保营运资金需求量；在保证活动项目顺利进行的前提下，节约使用资金；加速营运资金周转，提高资金使用效率；合理安排流动资金和流动负债的比例关系，降低偿债风险。项目在运行过程中，会产生一系列的资金收付行为，项目组织者需确定营运资金的管理策略，从以下几个方面进行管理。

① 应收账款的管理

许多项目通常是在实施期间才能获得收入，如大部分活动的观众和参与者只有到现场才会购买活动的相关产品；一些展会项目活动参与方一般事先只预付订金，在展会提供时或结束时才支付尾款，有时甚至会拖欠，这导致在项目持续期间应收账款的形成。应收账款减少了项目的现金流入量，增加了管理成本，并且会给项目带来财务风险。

② 应付账款的管理

应付账款是项目组织者应支付给商品供应商或服务提供者的款项，它构成了项目的资金来源。项目组织者可在不影响自己商业信用的前提下推迟应付账款的支付时间，在没有现金折扣的情况下，这种方式没有资金成本，是项目一种较好的筹资方式；如果有现金折扣，就要分析资金周转情况和放弃现金折扣的代价，通过比较最终作出决策。

③ 现金的管理

大型项目前期需垫付大量的现金，为保证项目的顺利开展，应在前期通过各种措施进行资金筹措。并且在整个项目持续期间，根据项目所处阶段的需要量对现金进行安排，预防各种不测因素的影响，保证现金的供给。另外，对于周期长的大型项目，在现金充足的情况下可将暂时不用的现金进行投资活动，以取得更大的收益。但进行投资应充分考虑投资的风险，避免造成投资损失，影响项目的正常运行。

④ 收益分配

项目组织者通过举办活动取得收入，实现资金的增值。全部收入在补偿成本费用和交纳税金后,还应将剩余的收益在主办方(投资者)之间进行分配。项目组织者要依据法律的有关规定,确定合理的分配方式和分配金额。

(4) 成本费用管理

成本费用管理也就是对资金耗费的管理,降低成本费用是提高会展项目利润的根本途径。会展项目的成本费用管理,就是指项目组织者为保证项目目标的实现而制定成本预算,并对项目实施过程中发生的成本费用进行检查、监督和控制,努力将实际成本控制在预算范围内的管理过程。

会展企业的商品说到底就是服务,而服务具有无形性的特点,会展企业"商品"的特殊性,使成本控制的复杂程度提高,因此成本控制管理中要正确处理成本、服务质量和服务价格三者之间的关系,在保证服务质量的前提下,合理控制成本,努力提高经济效益。

(5) 利润管理

利润是一定时期内的经营成果,是会展项目在经营期内的收入减去成本后的总额,提高经济效益是一切经济工作的出发点和归宿点。会展项目组织者通过合理制定项目的目标利润规划,采取各种有效措施,挖掘各项资源的潜力,尽可能提高项目的营利水平。

利润管理要综合分析和预测会展项目的规模、各项成本和价格定位等因素对目标利润的影响,合理制定目标利润;注意开源节流、讲求实效,采取各项措施增收节支,提高经济效益;同时认真进行税务策划,依法履行纳税义务,在兼顾各方利益、正确处理眼前利益和长期利益的前提下,制定合理利润分配政策。如某会展项目在创办之初不一定是以营利为目的,而是要通过优质的服务等创建品牌。

3. 项目财务管理的环节

(1) 规划和预测

根据项目的目标与规划,结合未来形势预测,确立项目财务的目标和规划。

(2) 财务决策

根据项目的财务目标,利用专门的方法对各种财务方案进行决策。如某活动组织者想组织举办一场影响较大的相亲大会,筹集资金方式有多种方案,可采用向政府争取拨款、向社会拉赞助、销售活动现场户外广告位等方式进行筹资,财务决策就是要从制订的多个方案中选取最优方案。

(3) 财务预算

根据所预测的项目规模、收入和支出情况编制财务计划。

① 预算的含义

预算是一种将资源分配给特定活动的数字性计划工具。在筹备活动的过程中,用货币形式表示各项活动的花费是必不可少的一个环节,掌握了活动预算就掌握了整个项目。

② 预算的类型

项目预算分为收入预算和费用预算(包括固定费用和可变费用预算)两种。收入预算是收入预测的一种特定类型,是规划活动未来收入来源的预算;费用预算是指列出活动举办方为实现目标而开展的各个项目的投入费用,并且将费用额度分配到各种活动(子项目)中的行为。在收入确定的情况下,较低的费用投入意味着较高的项目收益。一般固定费用都是活动举办时必须支付的费用,如给予承办者的报酬、广告宣传等费用;可变费用预算是根据不同业务量水平(如参会人数多少),分别确定相应预算以反映不同业务量所应开支的费用水平。

③ 预算的方法

编制预算的主要依据是:主办方和承办方的利润目标,上一年同类项目的预算情况及评估报告,项目市场情况及预算情况,公司在活动方面的政策和策略(如促销策略、广告投入等),公司外部环境的变化(如不同季节、竞争对手的变化、供求关系的平衡、政府部门的政策和规定、整个行业的发展波动以及其他影响因素)。在筹划活动的过程中还要留出一定比例的不可预见费用(一般为总费用的10%),该部分预算主要以支付因天气或其他不确定因素而产生变化需要临时增加的费用,以确保项目顺利进行。人工成本、餐饮费用等都是随着业务量的变化而变化的,因此可变费用的预算计划尤其重要。

(4) 财务控制

对预算和计划的执行情况进行监督、调整和控制,以保证预算的实现。

(5) 财务分析、业绩评价与激励

对项目的财务成果进行分析,评比相关责任人并进行奖励与惩处。

4. 项目财务管理预测的内容

(1) 项目财务预测的概念

预测是用科学的方法,根据过去和现在推测事物未来的发展趋势。预测是编制预算的基础,准确的预测是保证项目成功举办的前提。

(2) 项目财务预测的内容

① 规模的预测

项目的规模预测是对参加人数、预计活动所需场地的面积、出席活动的嘉宾人数等所做的预测。规模预测是收入预测与支出预测的基础。规模预测一般通过分析历史数据、市场调查、发放邀请函和收到回执等方式综合确定。

② 收入的预测

根据项目规模以及收费项目、收费标准来预测项目收入。项目收入多少决定着项目投入规模的大小。除了争取上级拨款等确定性收入外,项目管理团队要努力通过市场化运作来增加项目收入,以提高项目运作的营利能力。

③ 成本的预测

根据项目的规模,依据掌握的经济信息、历史成本资料以及成本与各种技术经济因素的相互依存关系,采用科学的方法,对项目未来成本水平及其变化趋势作出的科学推测。

④ 风险的预测

预测由于资金不到位导致项目工作受到影响的可能性(如表 3.2)。

表 3.2 上海游艇展财务预算实例

收入预算	项目说明	预计收入(万元)
展位租金	国际展位:室内:3000 元/标准展位 室外:2500 元/标准展位 国内展位:室内:2000 元/标准展位 室外:1500 元/标准展位	250
门票收入	专业观众:80 元/人 普通观众:50 元/人	100
赞助收入		50
临时参展费		10
广告收入		10
注册收入		9
现场设计收入	设计划水板图案	2
设备租借费用	包括名片盒、鲜花等	20
收入总计	—	451

（续表）

支出预算	项目说明	预计支出
营销费用		45
媒体开支	包括报纸杂志和电视宣传	35
人员费用	包括保洁保安和现场登记人员	60
展台搭建费	包括展中维护和展后拆卸	100
能源使用费	包括水、电、电话等	50
运输费	包括展前、展后运输和职员交通费用	30
印刷费	包括海报和证件的印刷	10
费用总计		330

5. 项目盈亏分析

盈亏平衡点计算和量本利分析方法，是项目盈亏分析的主要工具。衡量一个项目能否盈利或亏本，主要取决于项目销售收入和成本费用：当销售收入大于总的成本费用时，项目就有盈利，否则就亏损。当销售收入等于总的成本费用，即项目利润为零时的销售量，财务管理上称之为“盈亏平衡点”，也称保本点。项目利润、收入、费用(成本)之间的关系如下(如图 3.7)。

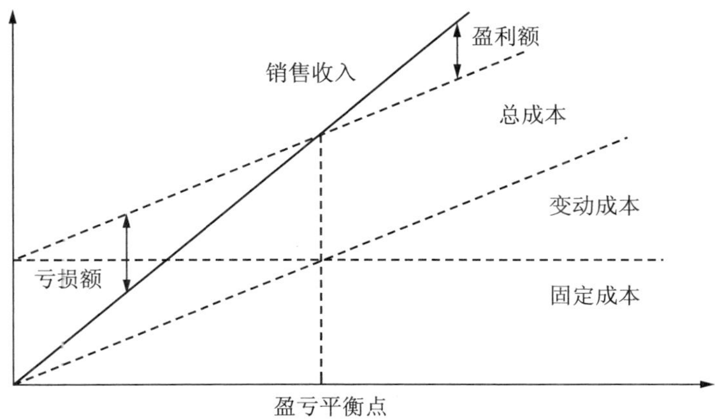

图 3.7　盈亏平衡点计算和量本利分析方法

项目利润＝销售收入－总成本费用

＝单价×销售量－(固定成本＋单位变动成本×销售量)

＝(单价－单位变动成本)×销售量－固定成本

＝单位边际贡献×销售量－固定成本

项目组织者可以根据活动项目广告牌位、摊位、门票等销售数量、成本和利润之间的依存关系来预测活动项目销售利润。具体方法可用下列公式测算目标利润数额：

项目利润＝售价单位×标准广告牌位(摊位、门票等)销售量
－单位变动成本×标准广告牌位(摊位、门票等)销售量
－固定成本
＝(销售单价－单位变动成本)
×标准广告牌位(摊位、门票等)销售量－固定成本

盈亏平衡点即利润为零时的销售数量,根据上述关系,盈亏平衡点的销售量用下列公式表示：

项目利润＝单位边际贡献×销售量－固定成本
假设项目利润为零,即 0＝单位边际贡献×销售量－固定成本
盈亏平衡点销售量＝固定成本/单位边际贡献
＝固定成本/(销售单价－单位变动成本)
盈亏平衡点销售收入＝盈亏平衡点销售量×销售单价

公式中,固定成本是指在一定的销售量(业务量)范围内,其发生总额不随销售量(业务量)的变动而变动,而是保持相对稳定的那些成本费用支出。固定成本总额在一定时期内保持不变,但是随着销售量(业务量)的增加,单位销售量(业务量)所分摊的固定成本将会减少。

四、项目合同管理

1. 项目合同

项目合同是以各种休闲活动为对象的契约形式。在休闲活动项目策划、运作以及实施的过程中,项目合同管理是最基础的文件之一。无论是哪种类型的休闲活动项目,都离不开各种各样的合同。建立以合同管理为核心的项目管理体系,能极大提高项目管理的水平。

项目合同是为组织实施项目而订立和履行的合同。项目的策划方案不管多么美好,最终都要落实到实施上。而项目的实施,很大程度上依赖合同的推进。项目

合同作为项目策划以及方案实施的外部行为，最终将决定项目是否成功。如果项目合同顺利签订并履行，项目的策划会得到顺利的实施；相反，项目如果没有签订合同，或者合同订立后没有履行或者产生其他合同争议，项目的策划就会产生问题，甚至可能会落空。

2. 项目合同的特点

(1) 合同标的物特殊

合同的标的物——休闲活动项目具有不确定性的特点，由此生成的很多休闲活动项目合同条款就比较复杂，需要列出各种突发情况发生时合同双方的权、责、利问题，这些突发情况包括气候变化、人员邀请、交通情况等，项目合同标的物有异于其他经济合同标的物。

(2) 合同执行周期长

休闲活动项目合同执行周期长是由项目本身所决定的。尤其是一些大型休闲活动，从策划到筹备到具体实施是一个漫长的过程，有的甚至需要若干年完成，因此在长时间内，如何保证及时实现合同约定的权利，履行合同约定的义务是项目合同管理中始终应注意的问题。

(3) 合同涉及面广泛

由于休闲活动项目经济法律关系的多元性以及各项服务的单件性，决定了休闲活动项目受到的多方面、多条件的制约和影响，都要相应地反映在项目合同中。因此，合同除了服务内容、价格、时间、服务等级等一般条款外，还应有特殊条款，内容涉及保险、税收、文物、专利等。因此，在签订项目合同时，一定要全面考虑多种关系和因素，仔细斟酌每一条款。

(4) 合同履行风险大

由于项目合同的上述特点以及金额大、竞争激烈等因素，构成和加剧了休闲活动项目合同的风险。

3. 休闲活动项目合同种类

休闲活动主题众多，项目种类也很多，因而涉及的休闲活动项目合同也比较多。

(1) 根据活动的类型以及项目的主题，休闲活动项目合同可分为赛事合同、节庆合同以及文艺晚会合同等。

(2) 从活动所涉及的地域看,休闲活动项目合同可分为国内合同和国际合同。国内合同按照我国的法律法规处理,国际合同从内容上看比国内合同要复杂些。而且在出现合同争议时,国内合同和国际合同在解决的途径和具体程序上并不完全一致。

(3) 按照在法律上有无明确规定的合同名称,休闲活动项目合同属于无名合同。有名合同在我国合同法及相关立法中有明确的名称,有比较详细的法律规定;无名合同是指在我国合同法及相关立法中没有确定名称的合同。有名合同直接适用有名合同法律;无名合同在出现没有法律规定的时候,当事人应按照合同的一般条款或者参照相类似的有名合同的条款处理。

(4) 从项目的具体实施来看,休闲活动项目合同可以分为服务代理合同、策划咨询合同、广告发布合同、展位搭建合同等,这也是实践中对休闲活动项目合同最为常见的一种分类。

4. 项目合同条款

休闲活动项目合同条款一般包括:当事人的名称或者姓名和住所、标的、数量、质量、价款或者报酬、履行期限、地点和方式、违约责任、解决争议的方法等。服务代理合同包括代理项目、代理项目标准、费用及支付方式、不确定事项约定、生效、免责、变更及取消生效等诸多事项,这些条款都必须符合民法以及合同法等相关法律规定。

第三节　休闲活动现场管理

一、现场布置与管理

1. 活动现场布置

从主办方的角度看,现场布置是指对活动现场环境进行布置和对活动参与方的有关工作进行协调和管理。根据国家对活动管理的相关规定,利用广场、街区等公开举办的活动,主办方需要到工商、公安、城管等职能部门办理有关审批手续,经政府主管部门、职能部门审批和备案后,主办方才能开始现场布置。如果活动场地位于城市的中心地带，有些城市还需要办理车辆通行证，以方便企业运送用品到活动现场布置。

此外，在主席台、展台、活动舞台等现场布置前，主办方还需要与活动指定承建商和运输代理进行充分的协调和沟通，共同交流对活动现场环境布置和场地搭建的指导思想、意见和建议，及时解决运输过程中可能出现的各种问题，避免出现现场布置格调不统一或用品迟迟不到等现象，保证活动现场、布置现场秩序井然、有条不紊。

活动现场布置正式开始后，主办方要对现场布置工作进行全方位的协调和管理。

(1) 展示区域划线工作

如果休闲活动现场有指定的展示区域，必须按照参加展示单位租用的场地面积和位置划好每一个展示区域的范围，确定每一个展示单位的具体位置，方便活动参与方在自己租用的地方搭建展示区域和展示图片实物。展示区域划线工作涉及每一个活动参与方租用展示区域的具体位置和面积大小，主办方要认真仔细、一丝不苟，要按照事先对活动参与方的承诺如实办理，并采用科学合理的方法(如事先预订法、先到先得法、分层抽签法等)对展示区位进行分配。

(2) 活动场地地毯铺设

在活动现场场地需要铺设地毯的地方(如嘉宾通道、主席台、活动舞台、展示区过道等)铺设地毯有助于营造活动氛围。庆典类活动可以铺设红地毯，环保类活动可以铺设绿色地毯，蓝色、黄色地毯则比较适合于海洋、蓝天、正义、尊严等活动主题。地毯铺设一定要紧贴地面、要美观，不能妨碍行人通行。

(3) 活动参与方报到和进场

各活动参与方凭合同及其他有关证明到活动现场报到，付清各种款项，领取相关证件，办理入场手续。

(4) 展示区域搭建协调工作

除了一些特装展位由活动参与方自己搭建以外，活动主办方一般还要负责搭建一些标准展位(国际标准展位为 3 m×3 m)。不管是标准展位还是特装展位，主办方都要监督所有的承建商按活动要求搭建。对于搭建中出现的各种问题，展会要及时协调处理。

(5) 现场施工管理和验收

活动主办方要派出专门人员管理各承建商展示区域的现场施工，如现场用电、用火、噪声、展示区域高度控制、电线电缆的安装和走向、灯光的设计和使用、标准展位的标准配置等,要及时查验,避免施工现场秩序混乱和出现安全隐患。

(6) 海关现场办公

重大活动涉及海外参展商的,要请海关商检部门等现场办公,根据海关现场监管相关规定,及时办理海关通关、商检、回运手续。

(7) 横幅、楣板制作、安装和核对

各活动参与方展示区域的横幅、楣板上标有活动参与方的单位名称和展示区域号,有的还有活动参与方的企业标志或用品商标。这些内容关系到活动参与方的门面,对活动参与方非常重要,一定不能有丝毫的差错,主办方要派出专门人员认真核对。

(8) 现场安全保卫工作

活动现场布置期间,现场人员众多,各单位现场布置施工涉及用水用电,有一定的危险性。主办方要负责本活动的一般安全保卫工作,但对活动参与方的用品丢失、损坏和人员意外伤亡等不负责任。

(9) 消防和安全检查

所有的活动现场布置完毕以后,主办方还要陪同消防和安保部门对所有活动区域进行一次全面系统的检查,保证活动现场符合消防和安全要求,彻底清除活动现场可能存在的安全隐患。

(10) 现场清洁和现场布置垃圾的处理

活动现场布置往往会产生大量的垃圾,对这些垃圾要及时收集和运出活动场地并进行处理。

上述现场布置工作结束以后,活动的现场布置已经基本就绪,布置好活动的开幕现场、观众登记处、相关活动现场和服务网点以后,主办方就可以按计划举行活动的开幕式并对外宣布活动正式开始。

2. 活动期间现场管理

活动开幕以后,活动就进入了活动期间的现场工作阶段。这是活动最重要和最关键的阶段,活动前期的所有准备工作都是为了使这一个时期的工作能顺利进行。主办方的目标、活动参与方的目标和观众的参观目标主要是在这一阶段得到实现。这一阶段的工作直接决定活动举办成功与否。

活动期间的现场工作是保证活动现场秩序的重要工作,也是主办方与活动参与方、观众和其他有关各方进行直接沟通和交流的重要时机，主办方一般都极为重视。活动期间的现场工作主要包括以下几个方面。

(1) 活动参与方现场联络和服务

活动期间，所有的活动参与方都亲临现场，主办方一般都会抓住这一时机，亲自到各活动现场拜访活动参与方，或者邀请活动参与方座谈，与他们联络感情，了解他们的需求，征求他们对活动项目的意见和改进建议，及时为他们提供其需要的各种服务。

(2) 观众登记和服务

观众通过登记进入活动会场以后，活动现场要对观众参观、观众信息咨询、中场休息场地和设施的提供、观众与活动参与方业务洽商等提供快捷便利的服务。

(3) 公关和重要接待活动

活动期间主办方往往会安排一些重要的公关活动，如邀请重要领导视察和参观、接待国内外重要参访团、接受行业协会和商会的考察、接受外国驻华机构代表的访问等。这些公关和接待活动对扩大展会影响、树立活动良好形象有重要作用。

(4) 媒体接待与采访

活动期间，主办方还会安排一些媒体对活动或重要嘉宾进行采访或专访，一些著名的活动媒体还会主动申请采访、专访。接待媒体与安排媒体采访对扩大活动宣传推广有重要作用，主办方要认真对待。另外，主办方还可以通过新闻中心有意识地对外发布活动方面的重要新闻和信息，以进一步扩大活动的影响力。

(5) 活动期间的设备设施管理

活动组织者一般都会提供展具、器材的租赁服务，比如，提供办公设备、接待车辆、空调、现场布置设备的出租服务；在活动期间，向活动参与方提供生活用品、摄像机、电视机、安保设备和保安人员等的出租服务等，或者将出租名录提供给活动参与方。租用展具、器材要事先申请，提前租定，按需填好租用表交活动组织者或场馆方，并按约定的时间将展具、器材送到指定区域。活动结束后活动组织者或场馆方会自动搬走展具。

(6) 活动现场相关事务的协调管理

对于活动期间举办的会议、比赛、表演和其他相关活动，主办方要安排专人积极安排和协调，做好相关活动和项目的对接、衔接工作。

(7) 现场安全保卫工作

活动期间的安全保卫工作主要是防止可疑人员进入活动现场,防止用品丢失和被盗,加强消防安全巡视,必要时可以邀请公安、消防干警协助,及时处理一些安全保卫方面的工作。

(8) 现场清洁

活动期间一般要负责公共区域(如通道等)的清洁卫生工作,活动期间以及每天活动结束后要安排专人清洁和打扫这些区域,各展示区域的清洁工作由各活动参与方自己负责。

(9) 有关信息的收集整理

活动期间各种信息汇集于现场,主办方要抓住这一时机收集有关信息,如对活动参与方和观众进行问卷调查,了解他们对活动各方面的看法和意见等。活动期间收集的信息是改进活动主办策略的重要参考资料,主办方要认真收集、分析和整理。

(10) 与场地部门结算

主办方要派出专门人员与活动场地场地部门核对活动租用面积、参展类别和各服务收费,准备相关资料和数据,为活动闭幕后与场地部门结算做准备。

(11) 与有关方面商谈下一届活动的合作与代理事宜

活动期间,活动的各合作单位和代理商一般都会亲临活动现场。主办方需要与他们商谈下一届活动的合作与代理事项,为下一届活动招商、招展提前做好准备。

(12) 为重要客户预留或预订展示区域或席位

活动期间要体现对重要客户的关怀和优惠,通过现场洽谈,可以为这些重要客户参展参会预留展示区域或席位。

3. 活动结束现场管理

(1) 活动舞台、展台、展架、展板、横幅、标语等的拆除

活动完毕,各活动参与方要把舞台、展台、展架、展板、横幅、标语等安全拆除,让活动场地恢复原貌。如果活动参与方使用的是标准展位或者委托施工的特装展位,拆除工作可由主办方和承建商负责。活动现场拆除工作比现场布置更为复杂,也更为危险。活动主办方要监督各活动参与方或承建商按规定的程序进行拆除工作。

(2) 活动参与方租用展具器材的退还

活动完毕,各活动参与方临时租用的展具、器材要及时退还给活动场地服务

部门或者各承建商。如果活动参与方在退还展具器材时和活动场地服务部门或承建商之间出现问题(如出现损坏、遗失),活动主办方相关人员要从中协调,妥善解决。

(3) 活动参与方用品的处理和回运

活动结束后,活动参与方的用品有四种处理办法:出售、赠送、销毁和回运。不管是哪一种处理办法,活动参与方都要提前做好计划和准备。例如,有些活动不允许现场售卖用品,这时活动参与方就不能在活动结束后将用品甩卖给观众,活动结束后,活动参与方可以将用品赠送给客户、当地代理商或其他有关人员。如果某些用品不便赠送或者活动参与方不愿出售和赠送,往往就地销毁。对于一些价值较大又无法现场售出的用品,活动参与方可以将它们运回去。

(4) 活动用品运出场馆控制

为了保证所有出馆人员带出活动场地的用品不是他人的物品,在活动期间及活动结束后,要对所有运出场馆的用品进行查验。主办方可对运出场馆的用品实行"出门条"控制。需要运出场馆的用品,活动参与方可以向活动主办方申请"出门条",主办方在查验用品与"出门条"一致时才准许其运出场馆。

(5) 活动现场的清理

活动结束时往往会比现场布置时产生更多的垃圾。对于这些垃圾,主办方或其指定的承建商要及时处理,主办方不要在活动结束后在活动场地留下大量的垃圾,也不要弄脏活动现场或损坏有关设施,如果弄脏或损坏要及时采取补救措施(如西湖国际烟花大会后的绿化补种)。

(6) 活动结束期间的安全保卫工作

活动结束时往往比较杂乱,主办方千万不能放松现场的安全和消防保卫工作,善始善终,尤其是活动闭幕式后人员的疏散工作,必须事先就准备就绪,这样才能保证活动结束后工作有条不紊地进行。

二、后勤服务与管理

1. 餐饮服务与管理

餐饮服务是活动服务的重要组成部分。在参加活动的过程中,有时人们在餐饮上的花费甚至超过住宿上的花费,且餐饮服务的范围广、形式多,如果这一环节很完美,活动就会增色不少。

餐饮服务在物质供应方面最重要的作用就是给与会者一个放松的机会,例如在吃饭的时候有人发言,会使与会者能够体会到一种积极的、愉快的氛围。餐饮服务在活动中还可以创造社交联谊机会,让与会者能够彼此增进了解。而且餐饮服务到位,还能够加深活动参与各方和观众对活动的良好印象。

对主办方而言,在安排活动餐饮服务时,通常有以下几种选择。

(1) 餐饮服务方式

① 会议在与会者住宿的酒店举行:这种情况下,餐饮问题比较容易解决,只需要提前和酒店餐饮负责人联系,列出一份详细的活动策划书,其中包括活动的主办方名称、与会者人数、活动日期等基本信息,由餐饮经理具体安排就餐事宜。

② 会议不在与会者住宿的酒店举行:活动策划者应考虑活动举办地点与酒店之间的交通问题,尽量选择比较近的酒店就餐。

③ 大型活动中心配备专门餐厅:活动策划者一般把客人安排在该餐厅就餐,但同时也可增加自助餐服务、冷餐酒会和鸡尾酒会服务。

不管选择哪一种餐饮服务方式,主办方都应该做好相应的餐前准备工作,还应做好餐前的全面检查。

(2) 活动餐饮安排

一般来说,活动期间通常伴随着一些重要会议的召开,会议通常统一安排餐饮服务,如果会议的餐饮安排在酒店,主办方应从以下几方面进行具体会议餐饮安排工作。

① 签订餐饮合同

提前做好餐饮预算。需要考虑在会议期间餐标预算开支有多少,应与会议部经理、餐饮部经理、餐厅厨师长等商量,列出预算。确定餐饮活动形式一般有以下几种。

a. 早餐:早餐食物选择的范围很大,可以是正规的复杂早餐,也可以是自助早餐,品种多样的自助早餐可以让客人各取所需;

b. 会议期间的茶歇:供应咖啡、茶或其他饮料,一般配有点心、水果;

c. 午餐:午餐如何安排主要看下午计划做什么。一般来说,午餐以简单为主,不宜大吃大喝,尤其不宜饮酒,以免影响下午的会议安排;

d. 正式晚餐:晚餐比较正式,菜肴要丰盛、味美,开幕式招待酒会、欢迎宴会、闭

幕式颁奖典礼(晚宴)等一般都会安排在晚餐进行;

e. 冷餐会:一般作为自助餐、西餐形式,与中式餐饮(午餐或晚餐)交替进行,作为正式餐饮的一种主要形式,招待酒会也可以通过冷餐会、鸡尾酒会的形式举行,以方便与会人员自由交流,冷餐会的菜肴、食品一般更加丰富。

活动主办方要努力为与会者选择健康、美味的食品,以便与会者精力饱满、心情愉快地参加活动全程。

② 餐饮时间的协调

主办方工作人员与酒店或其他机构在餐饮时间上的协调,对各项活动的顺利进行至关重要。如果上午的活动没能按计划进行,那么午餐也会与既定时间脱节(提前或推迟)。这些临时变化都必须及时告知餐饮部经理,以便厨房能按新的时间安排调整供餐时间。

③ 餐饮成本控制

除食品成本外,餐饮成本还包括宴会座位布置、清洁卫生、灯光设计、视听设备、舞台布置等服务费用,所以价格优惠的空间很小,重要的是要通过内部控制成本,制定合理的餐饮标准和适当控制餐饮人员。一般来说,如果会务费中包括餐饮,那么除了大型晚宴外,最好能使用餐券,主办方可以与酒店凭餐券结账,因为事实上有些注册的与会人员并不一定参加所有活动,使用餐券结账比较准确,对主办方也比较有利。大型晚宴如果不使用餐券,也要尽可能确认出席人数,并按实际出席人数把桌席坐满,未坐满的桌席可以退掉,这样也能减少浪费。

2. 保安、清洁服务与管理

为使各项活动顺利进行,活动期间的安全保卫工作显得尤为重要。活动保安服务一般要依靠当地保安部门(如保安公司),认真听取他们的建议,共同负责安全的管理和服务。要制定安全保卫方案,落实安全保卫制度,如值班制度、夜间巡逻制度、开幕交接和闭幕清场制度、消防管理制度等。活动保安服务要抓重点、抓关键,重点是防火、防盗。对易燃易爆用品和设施要重点加以保护。珍贵物品应有专人看管,消防设施和控制报警装置要经常检查。要加强对全体活动工作人员和广大观众的安全教育,做到人人重视安全工作,人人自觉遵守有关防火、防盗及人身安全的纪律和规定。

2003 年 SARS 疫情出现之后,国内不少的活动组织机构都把公共卫生作为重要的安全保障内容,每次活动都会有相应的公共卫生安全预案并组织实施;制定重要领导和来宾的卫生保健工作方案并组织实施;制定公共卫生管理的方案,并对实施情况进行指导、检查、督促和管理。

活动场地搭建和用品装卸的过程中,整个现场都会产生很多垃圾,并且往往需要大量用水、用电,有的还会用明火,因此活动场地内存在较大的安全隐患,一旦失火或者用电过量引起断电,都会影响活动的顺利进行,严重的还会造成重大的人员伤亡和财产损失。因此,在活动场地搭建时,要认真对待搭建安全问题和垃圾的清洁处理问题。

活动开幕期间人流较大、环境嘈杂,主办方更应该做好活动的安全、清理工作。在活动场地的公共区域,应设专门的保安人员巡视,保洁人员要及时清扫现场;对于各个活动区域的卫生保洁,应由各活动参与方自行负责。主办方应做到定时检查、及时管理,以保证整个活动场地的环境干净、井然有序,给人赏心悦目的感觉。

3. 其他配套服务

(1) 交通配套服务

在大型活动举办期间,活动现场交通流量将达到高峰,主办方和活动场地都应提前筹划,以避免严重的交通堵塞现象。在开展前,还需要联系当地的公安交通管理部门共同管理,根据活动参与的人数、规模、类别等制订出交通管理计划,以协调活动周边地区以及场馆内部的交通管理。有时甚至需要与交警部门配合,并需要交警全力参与。

① 停车场管理

一般大型场馆都配备有大型停车场,以满足活动参与方和观众的停车需求。除了与活动场馆配套的固定停车场外,主办方或活动场馆管理部门在大型活动期间还应与交通部门沟通,在活动场馆附近设置临时停车场,必要时可以增设换乘中心,让私家车换乘公交车前往活动现场(如杭州国际动漫节、西湖国际烟花大会的做法),以减少活动现场周边道路的拥堵现象。

② 现场交通管理

活动期间的现场交通管理应做到以下几点。

a. 设计车辆行驶路线。应提前设计好车辆行驶路线,将人流和车流分开,避免人流阻碍车速,或者车辆碰撞行人。要安排交通管理人员或交警配合进行人行方向的引导,防止行人乱穿马路和人群在交通要道上停留。为保证车辆进出通畅,统一流向，尽可能采用单向行驶。

b. 指示信号灯和指示标牌设置清晰。在通向活动场地的重要道路入口和交叉口设置明显且足够多的指示信号灯和指示标牌，引导车辆按规定的路线行驶，必要时加派交警维持秩序。活动场馆内部应有足够明晰的交通图指示一些重要交通节点的位置，如出租车等候点、大巴停放点、地铁站、地下停车场出入口、公交车站等，以方便活动参与者寻找到相应的交通工具。

c. 统一发放车辆通行证。为方便外地企业自带车辆在市区指定线路及活动场馆进出，主办方或场馆管理部门应统一发放“车辆通行证”。无车辆通行证的车辆一律不准进入活动场馆区域。

d. 及时疏通道路。严禁车辆乱停乱放，对于乱停乱放的车辆，应立即移走，以疏通道路。观众疏散道路应畅通，不可停放任何车辆。场馆入口处应留有疏散通道和集散场地，可充分利用场馆现有的道路、空地、屋顶、平台等地方。

e. 留有消防车通道。场馆周围道路应满足通行消防车的需求，净宽度不应小于 3 米。上空有障碍物或穿越障碍物时净高不应小于 4 米。场馆周围消防车道应保证畅通，消防车应可直接开入活动场馆建筑物内部。

f. 指派专人指挥大型车辆和货车进出。要有专人负责指挥大型车辆和货车进出活动场馆，以防止发生突发事件。原则上叉车、登高车由场馆方提供，各活动参与方可以租用叉车来往于卸货区和活动区搬运笨重货物，但叉车应按指定的路线行驶，以免碰撞或阻塞通道。货车运输进出一般控制在活动开幕前和闭幕后，活动期间严禁货车进出活动现场。

g. 做好安全管理工作。对往来于活动场馆的车辆要密切监控，发现形迹可疑或者异常的车辆应该要求其停车检查，防止恐怖、意外事件的发生。

（2）商务通信服务

在活动期间，活动场地应为活动参与方和观众提供及时的复印、传真、喷绘、刻字、代购 IC 卡、印名片、收发 E-mail、无线上网等增值服务。还应该为国内外客商提供所在地国内、国际电话及旅游、休闲服务等，方便活动参与方联系洽谈业务。

（3）劳务和其他服务

活动主办方能为活动参与各方雇请翻译、秘书、讲解、陪同、现场服务人员、保安保洁人员、工程技术人员等，特别是在国际活动中提供翻译、陪同服务，方便活动参与方和客户之间的交流。

为解决就餐问题,活动场馆可以指定区域为餐饮区域(快餐区),方便快餐提供者提供临时餐饮服务;如果条件允许,在活动现场还可以设立休息场所、方便通道,在休息场所放置一些方便顾客休息的躺椅等;大型活动场所还可以设置快餐厅、咖啡厅、商品屋等配套设施,满足来宾和观众业务洽谈、休闲娱乐、餐饮购物等需要。

总之,随着我国各类会展、节庆、赛事活动的飞速发展,开展优质的活动服务,特别是活动配套服务正日益成为各种活动竞争最有效的手段之一。活动服务是能够给活动参与各方和观众带来最大利益或满足感的重要组成部分,表现在活动举办的方方面面,也是活动增值服务内容的重要表现。

第四节　休闲活动风险管理

举办休闲活动客观上存在风险,所谓风险就是活动过程中发生不幸事件的概率,或者说,风险是人们在活动中不希望看到某种严重后果的可能性。风险预测和分析包括发生该事件的可能性和它所产生的后果大小两个方面。风险管理就是要主动对风险进行识别、分析、评价,并在此基础上有效地处理风险、规避风险,以最低成本实现最大安全保障的科学方法,是人们对潜在的、意外的损失进行识别、评估、预防和控制的过程。

一、项目危机管理

1. 项目危机的概念

所谓项目危机,是指影响项目进程的各项非预期性事件。休闲活动项目危机的发生,可能会导致以下情况发生。

(1) 物质损失

包括各种财产和物资在运输、安装、搭建、拆除、再运输的整个过程中,由于自然灾害或意外事故引起的直接经济损失。

(2) 财产损失

包括财产和物资在上述过程中遭受物质损失,或活动举办地发生诸如战争、恐怖袭击、环境污染、疾病爆发等灾害性事件，导致活动推迟或取消，给组织者或活动参与者造成的损失。

（3）人员损害

包括活动组织者、相关工作人员在活动过程中由于自然灾害或意外事故而受到的人身伤害。

（4）法律责任

包括活动组织者或参加者在活动过程中由于疏忽或过失，造成第三方的财产损失或人身伤亡，根据法律规定需要承担的赔偿责任。

2. 项目危机的特征

（1）意外性

意外性是项目危机的起因性特征。如 2001 年美国的“9·11”事件以及中国 2003 年经历的非典医疗风波等重大意外性事件。它令人感到意外和突然，也给人们带来惊恐和不安。

（2）危害性

危害性是项目危机的结果性特征。重大的活动过程中的危机往往造成活动的终止，有的还会造成巨大的经济损失和社会负面影响。

（3）紧急性

紧急性是项目危机的实践性特征。其应急性实践往往令活动的参加者应接不暇、终生难忘。

（4）不确定性

不确定性是项目危机的本质性特征。具体到某项活动，组织者很难预料危机何时发生、从何处发起、其危害有多大、范围有多广、持续时间有多长、损失有多少，等等，真可谓“危机无处不在，危机随时可能发生”。只有树立全面的危机管理理念，创建科学的危机应急管理体系，着力于从“大处着眼、小处着手”，加强预测预报，加强综合治理，才能使项目防患于未然，并能顺利举办和可持续发展。

3. 引起活动危机的因素

每当大型活动拉开序幕，来自四面八方的人群接踵而至，从此刻开始，活动的危机也就相伴而来。诸如活动场馆的规模和区位（社会治安状况、周边交通环境、场馆设施条件等），当地的气候条件和变化，活动的时间和性质、特征，活动现场的食物、水、饮品，参与活动的人数，现场消防和动力安全等，随着各种变量因素的积累和变异,将会产生各种难以预测和控制的后果。可能引起活动项目危机的因素有以下几种。

(1) 社会因素

这里主要指经济秩序和社会宏观环境变化而导致的危机。如社会经济衰退、通货膨胀、游行示威、罢工罢市、政治动乱以及恐怖威胁和战争波及等。这些来自社会环境的巨大冲击,是任何举办者都难以抗拒的,故称之为不可控制的危机。但组织者如能从国家政府部门提前获得危机信息,则可采取应急措施把危害降到最低点。

(2) 运作因素

这是指在活动过程中,由于活动项目经营不善、管理不当、主办方财力不足以及活动的有关合作者严重失误或中途退出等诸多原因,造成管理失控和混乱,导致整个活动陷入困境。这些都属于运营层面上的管理危机,也有学者把它称为经营危机、财务危机和合作危机。值得指出的是,目前国内很多项目都存在盲目扩张、恶性竞争、弄虚作假等错误倾向,这更是活动危机产生的根源,应该引起高度重视并坚决根治,这方面的沉痛教训比比皆是。

(3) 自然因素

这是指由自然因素引起的危机,如突然发生的地震、海啸、飓风或暴雨、洪水等重大自然灾害。这是组织者无法抗拒的,当属不可控制范畴。为了防范这些危机,组织者要加强与政府相关管理部门的信息沟通,一旦获悉,“宁可信其有,不可信其无”,事先做好防范和处理,提前做好时间调整,更改活动日期或场地,甚至终止活动,从而避免危机的发生。

(4) 安全因素

这里指除社会因素和自然因素外的安全问题。如因工作粗心大意所引起的危险、盗窃、抢劫、爆炸等,其他如突发性的食物中毒,人们参与时人流拥堵造成坍塌伤害以及火灾、漏电、化学污染等。这些危机的产生大多属于管理层面上的问题,理应加强管理,制定出活动各项管理职能和规章制度,不断提高项目管理人员的综合素质和与会者的文明素质。

4. 项目危机管理的内容

(1) 树立正确的危机意识

一方面活动举办方要居安思危,从长远的、战略的角度出发,在日常管理和运作中就抱着遭遇和应付危机的心态，预先考虑和预测可能面临的各种紧急的、极度困难的形势，在心理上和物质上做好对抗困难境地的准备，预测或提出对抗危机的应急对策，以防止活动危机发生后束手无策，遭受无法挽回的损失。另一方面要有备无患，通过模拟活动危机情势，进行科学的预警分析，了解非传统威胁形成的各种可能，从而采取积极有效的措施，并制定完善的活动危机管理计划。

（2）建立活动危机管理小组，形成危机快速反应机制

组建一个具有足够权力且能有效动员、指挥、协调、调度人财物力资源，并进行日常的和应急的快速沟通、反应机制，来应对活动项目危机的预警和管理。这个预警系统是整个活动危机管理机制的灵魂，当危机发生以后，最初作出反应的就是危机预警系统，危机预警系统能不能在最短的时间内作出反应并领导、指挥危机管理工作，是衡量一个活动项目主体危机管理成败的主要因素。

（3）健全信息披露制度，发挥舆论的巨大作用，增强活动危机管理透明度

由于活动危机信息不对称，活动主体在处理危机事件时，如不能及时公布危机信息或故意隐瞒，就极易谣言四起，引发活动参与者和社会公众恐慌，使自身陷入被动，因此活动的组织者应与媒体之间建立良性的互动机制，保持良好的合作关系，从而既能确保信息的及时发布，又能保证必要时对一些不负责的"非正式消息"予以澄清和驳斥。

（4）营造危机管理的良好氛围

营造危机管理的良好氛围，就必须加强活动主体之间的合作，以及与社会公众的合作，推进活动危机管理。活动主体和学术科研部门进行合作，结合不同学科理论，从不同角度深入分析，为活动危机管理的实践提供理论基础；大力发展决策的预测技术，建立官方的、民间的或官民协作的决策智囊机构，选择实际案例，建立各类活动危机的案例库，从理论和实践两方面全方位寻求符合活动实际情况的危机解决方案。

二、项目安全管理

1. 对场馆进行安全分析

活动组织者要做好活动现场的安全保卫工作，一定要对场馆进行安保检查。测定的内容主要有：有无发生过火灾、盗窃事件；出入场馆的交通是否符合交通安

全标准;场馆内的安全设施是否齐全等。在场馆的安保检查过程中,安保人员应着重检查用电安全、消防安全、人员安全和应急措施,不厌其烦地询问有关安全的问题,直到觉得这个场馆相对比较安全为止。

2. 同当地的安全管理部门之间建立良好的工作关系

在活动开幕前,要陪同公安、消防和安保部门对所有的活动现场进行一次全面系统的检查,保证活动符合治安、消防、人员疏散等安全要求,彻底清除可能存在的安全隐患,并确定活动出现安全问题时能在第一时间得到相关部门的协助。

3. 制作安全小册子、指示标牌以及其他交流方式

要确保所有参加活动的客户和工作人员都能读懂这些小册子和指示标牌。例如,可采用便捷的撤退路线、出口标志、急救标志、警告标志、紧急救助电话号码(110、119、120、SOS 求救电话)等。

4. 制订一个媒体管理计划

媒体对活动具有重要影响,媒体可以帮助主办方更好地处理危机,也可以给危机管理带来很多负面影响。因此应将媒体作为一个重要的管理对象纳入危机管理计划,具体应注意以下事项:多渠道地与媒体保持沟通和密切联系;适当地控制媒体在危机中的活动范围以便为危机管理赢得一定的时间;尽量提供真实的信息;不要和媒体发生冲突等。

三、突发事件管理

危及活动安全的事件多种多样,工作人员的失职、盗窃、抢劫、突发急病、食物中毒,甚至爆炸、恐怖袭击等,下面就几种常见的危机事件进行论述。

1. 盗窃

这是在活动中经常发生的一类事件。由于参加活动的人数多、流动性大,对进入者的身份核查一般只要填写一份注册表格或直接放行,注册表格的有效性也难以核查,加上字画、古董、珠宝、奢侈品类展会或鉴赏活动兴盛,给盗窃犯罪分子提供了可乘之机,而且盗窃一旦发生,丢失的财物很难寻回(如故宫珠宝展盗窃案)。近几年活动中发生的盗窃行为愈演愈烈,甚至有很多盗窃团伙把节事活动看做发财的机会。香港国际珠宝展开幕之日就发生了两起珠宝失窃案,两家参展商在短短两分钟内先后被两批外来的珠宝大盗偷去价值 200 万美元的钻饰,前述

故宫珠宝展盗窃案窃贼则是在戒备森严的故宫保安(包括无处不在的监控和报警装置)的眼皮底下,通过潜伏在故宫展厅夹壁中连夜盗窃,并穿越高大的故宫城墙而得逞。

预防盗窃事件首先要从出入口开始,保证合格人员的进入,对有前科和行踪诡秘的人员要提高警惕,加快电子身份核查系统的开发和应用。对于安全要求标准较高的活动,要加大安全预算支出,引进和改进电子监控装备。此外,要加强安全保卫队伍的建设。

2. 火灾

火灾是最为常见的人为灾难,大部分火灾都是人为因素造成的。例如,活动场地内部和外部的电路复杂,稍有疏忽就会引起火灾;活动现场中的某些观众可能会将尚未完全熄灭的烟头丢弃,加上现场搭建用的材料很多是易燃易爆材料,很容易使火势蔓延,更为可怕的是火灾发生后会引起人群恐慌,向入口逃散,不仅给救火工作造成阻碍,而且极易造成人员踩踏形成二次伤害!

如何把活动现场火灾的风险降到最小,需要活动主办方将所有可能造成火灾威胁的注意事项(如禁止吸烟的表示要醒目、员工要熟知消防器材的安放地点和使用方法等)、紧急逃散方式(出入口以及紧急出口的标识要明显)、在发生危害时的急救措施等告知每一位与会者(会前的宣传手册告知和危害发生时的现场指导相结合)。

3. 医疗卫生

活动现场是人流的聚集地,其中可能有传染病携带者,而病人本人和活动组织者可能不知情,拥挤或者过于激动也可能造成突发性疾病或者晕厥;在统一安排的条件不是很完善的就餐环境中,可能会发生食物中毒等医疗卫生事故。所以活动组织者都应采取最基本的医疗救助措施(如现场设立医护点或值班医护人员)来维护活动的正常进行。

国际活动管理协会(IAEM)的《生命/安全指导方针》指出:每个活动或每项设施都要有合格的员工在场来处理紧急医疗事件。除了对员工进行事先培训,指导怎样应对紧急医疗事件外,还应当聘请合格的医护人员在观众入场、活动期间以及观众退场时值班。聘请的医护人员或是场馆中可用的紧急救援人员,应当精通基本的救生常识、伤病诊断、急救主持和心肺复苏术,熟练运用安全管理、危机管理计划中的所有其他要素。

4. 工程事故

由于活动现场中的舞台、展台、广告位和其他建筑都是临时搭建的，在活动结束后会被拆掉，因而一些活动参与方为了节约成本，可能会找一些非专业的设计、搭建人员现场施工，所使用的材料也可能存在严重的安全隐患。2008 年 11 月上海某活动闭幕时，活动场地内一块广告板从高处砸下，造成 1 名撤展工人当场死亡，3 人受伤的悲剧；陈凯歌《赵氏孤儿》开拍仪式、王菲重庆演唱会等也都出现过看台坍塌事故……为杜绝此类工程事故的发生，活动现场应当制定一系列的安全规定。例如，为了保证安全，舞台、展台、看台搭建所用的材料必须具备防火、安全功能；照明设备和材料必须符合国家安全标准；电源必须精确计算用电量并由活动指定的搭建公司人员连接。此外还必须注意施工搭建时的安全，不能使用有安全隐患的工具和材料；在活动期间，还要有专人负责巡视检查设备使用情况，以保证活动现场安全和设备的正常工作。

5. 暴力行为

暴力行为范围广，包括抢劫、袭击、对抗、示威、恐怖分子爆炸威胁或暴乱等。这里要强调的是，国际恐怖分子是活动管理者是活动参与方和观众最有可能遇到的恐怖袭击者，包括伊斯兰教徒朝圣礼拜活动都有可能成为恐怖分子的袭击目标。进入 21 世纪，国际恐怖主义者的袭击目标越来越多地指向旅游者。

暴力行为最典型的特点是影响面较大，处理这类事件除了及时与公安干警、武警官兵配合，尽快解决问题之外，还应该配备一位有经验的发言人或是协调员，以防止事态扩大，同时稳定与会者和外界的情绪，保证活动顺利进行。为了避免抢劫等一般犯罪行为的发生，活动举办之前，了解所在区域的犯罪率和以前活动期间发生过的犯罪种类是必要的步骤。

6. 自然灾害

在活动举办地，有可能发生自然灾害这种不可抗力，并由此导致财产和人身的风险。暴风雨雪、飓风台风、地震海啸、森林大火等都是典型的自然灾害。自然灾害的剧烈性和大范围破坏性通常会造成难以估量的损失。作为活动主办方，在选择城市、场馆时就要充分考虑这些因素，首先查看选择的城市有没有发生自然灾害的历史。其次是场馆建造时有没有考虑这些因素，以及能承受的自然灾害的级别有多大。一旦发生自然灾害，城市相关部门和场馆方面有没有应对方案和措施。在做场地检查时，要确保对所有的警报装置都有清楚的了解。

案例点评

先导案例：中国(杭州)文化创意产业博览会

为打响"创意杭州"品牌，杭州动漫产业盛会有著名的中国(杭州)国际动漫节和中国(杭州)文化创意产业博览会，其中杭州西湖国际博览会有限公司承办的中国(杭州)文化创意产业博览会已经连续举办多届。中国(杭州)国际动漫节在每年的4、5月份举办，中国(杭州)文化创意产业博览会(以下简称"文创博览会")则在10、11月份杭州西湖国际博览会期间举办，相比于国际动漫节节庆活动，文创博览会则是比较专业的展会活动，但无论是国际动漫节还是文创博览会，都会在短时间内聚集巨大的人流、物流、资金流、信息流，尤其动漫、卡通类题材的节事活动与人们的休闲生活联系更加紧密，特别受到各个年龄段的孩子们欢迎，这类与百姓生活息息相关的休闲活动，社会关注度和市民参与度都很高，项目管理、现场管理、安全管理也显得更加重要。

思考练习

一、名词解释

1. 项目组织
2. 进度计划
3. 甘特图
4. 财务管理
5. 固定成本
6. 变动成本

二、填空题

1. 活动项目组织结构的类型一般有：________、部门控制式、________、项目型组织等四种。
2. 一位出色的活动项目经理人必须扮演如下角色：________、协调者、________、谈判者、________。
3. 活动项目计划主要回答以下问题：什么(What)、________、谁(Who)________、多少(How much)________。

4. 展位划线工作涉及每一个参展商租用展位的________和________,办展机构要认真仔细,一丝不苟,要按照事先对参展商的承诺如实办理。

5. 如果参展商使用的是标准展位或者委托施工单位进行施工的展位,展位的拆除工作一般是由________负责。

6. 展览结束后,参展商的展品有四种处理办法:________、赠送、________和回运。不管是哪一种处理办法,参展商都要提前做好计划和准备。

7. 主办方要确保所有参加活动的客户和工作人员都能读懂指示标牌。例如,可采用便捷的撤退路线、________、急救标志、________、紧急救助电话号码(110、119、120、SOS求救电话)等。

8. 活动项目财务管理基本环节包括________、财务决策、________、________及财务分析等。

9. 活动场馆周围道路应满足通行消防车要求,净宽度不应小于________米,上空有障碍物或穿越障碍物时净高不应小于________米。

三、选择题(多选题)

1. 活动项目管理组织机构设置的原则一般有(　　)。

A. 目的性原则　　B. 精干高效原则

C. 组织一体化原则　　D. 效益化最大化原则

2. 活动项目经理应具备的素质一般有(　　)。

A. 团队领导能力　　B. 公关协调能力

C. 活动项目经营能力　　D. 活动项目管理能力

3. 活动现场比较常见的危机事件包括(　　)。

A. 盗窃　　B. 火灾　　C. 医疗卫生　　D. 工程事故

E. 暴力行为

4. 一般活动餐饮形式有(　　)。

A. 早餐　　B. 会议期间的茶歇

C. 午餐　　D. 冷餐会　　E. 正式晚餐

5. 活动项目财务管理的内容主要包括(　　)。

A. 投资管理　　B. 筹资管理　　C. 运营资金管理　　D. 成本费用管理

E. 利润管理

6. 休闲活动项目的特点(　　)。

A. 合同标的物特殊　　B. 合同执行周期长

C. 合同涉及面广泛　　D. 合同履行风险大

E. 合同利润丰厚

四、判断题

1. 公共关系能很好地联络客户的感情,倾听客户的声音。(　　)

2. 冷餐会又称自助餐,一般都不设座椅,站立用餐,以方便大家交流。(　　)

3. 活动开幕式必须选择在室外举行。(　　)

4. 预见就是预见到即将或以后要发生的事情。(　　)

5. 通过财务分析尤其是盈亏分析可以判断活动项目经济上是否划算。(　　)

6. 工作人员工作失误属于突发事件管理。(　　)

7. 项目运作过程中出现的危险、盗窃、抢劫、爆炸等属于危机管理中的运作因素。(　　)

8. 活动项目能否有盈利或亏本取决于项目销售收入和成本费用之间的比例关系。(　　)

五、简答题

1. 简述项目组织结构类型及各自优缺点。

2. 利用甘特图绘制某一校园庆典活动的进度计划。

3. 简述活动餐饮服务方式。

六、案例分析

中国—东盟博览会案例

2006年中国—东盟博览会期间,南宁国际活动商务中心为参展商和观众设置了各式茶歇、小吃、快餐、西餐、清真餐,昨日记者到活动中心探营,了解这些茶歇、小吃、快餐、西餐的设置位置和特色。

在会议层及广场展区设立西式快餐及两个咖啡点,其中西式快餐位于广场展区的西侧,两个咖啡点设在活动层内。一层展馆的中庭处设有一个咖啡点;二层展馆的西面也设有餐饮区,提供中西式快餐,4号展厅旁设有清真餐,15号展厅旁设为休闲餐饮区。

咖啡点提供的精选饮品为米罗热咖啡、米罗冰咖啡、米罗奶茶、可口可乐、雪碧、雀巢冰爽茶、果粒橙、纯净水等。此外,咖啡点还提供精选商务套餐,商务套餐多种多样,红烧牛肉饭、卤鸡腿饭、红烧排骨饭、台湾卤肉饭等,方便不同口味的参展商和观众选择。

广场展区西侧的“好友缘国宴”设的快餐点在活动期间准备了几款套餐,在二层展区6号展厅前的小卖部主要销售饮料和水,饮料和水种类配备齐全。

本次活动期间,方便、快捷的餐饮服务得到了参展商和观众的一致好评。

问题:本次展会组展商的餐饮服务为什么会受到参展商和观众的一致好评,他们主要做到了哪几点?

实训项目

活动项目盈亏平衡点计算

假设某活动主办方通过某活动项目的举办可以从每个人身上获得50元的收入,但花在每个人身上的可变成本是40元(25元的食品和15元的酒水),举办该项活动的全部固定成本(如广告、宣传、邀请、接待费用)为3000元,试验、计算该活动项目盈亏平衡点。

根据项目盈亏平衡点计算公式:

项目利润=单位边际贡献×销售量-固定成本

假设项目利润为零,即项目利润0=单位边际贡献×销售量-固定成本

盈亏平衡点销售量=固定成本/单位边际贡献

=固定成本/(销售单价-单位变动成本)

单位边际贡献=每个人收入-每个人可变成本=50-40=10(元)

假设全部固定成本是3000元,则盈亏平衡点销售数量=3000/10=300(人)

即如果出席活动的人数少于300人,这项活动组织就是亏本的。

销售收入=销售量×销售单价

盈亏平衡点销售收入=300人×50元/人=15000(元)

请根据以上盈亏平衡点相关数据,编制该活动项目损益平衡表。

第四章

旅游休闲活动

学习要点

通过本章内容学习，主要了解观光旅游、休闲旅游、会展旅游、节事旅游等旅游休闲活动的含义和分类、旅游休闲活动策划、旅游休闲活动组织、旅游休闲活动专业化服务等相关内容。

基本概念

观光旅游、休闲旅游、会展旅游、节事旅游、旅游需求要素、旅游协同效应、旅游品牌效应、旅游专业化服务等。

先导案例：中国古代节事旅游——曲水流觞

我国古代文人墨客以茶会友、以酒会友、以文会友、以诗会友、以画会友……也可以说是我国古代会议旅游——古时候文人墨客常以“茶会”“酒会”“诗会”“笔会”相聚在一起，这种游学游历为主的旅游方式，与徐霞客游山玩水为主的旅游方式，旅游性质截然不同，前者被古人们称为“修身、立德”之本，而后者在古代往往与游手好闲联系在一起。直到现代旅游大发展时代，徐霞客才被后人尊称为旅游的鼻祖！2011 年 5 月 19 日，浙江宁海徐霞客开游节这一天被确定为“中国旅游日”，我们再来看看中国古代文人墨客“以文会友”的旅游方式，同样可以发现中国古代节事旅游源远流长,其中尤以王羲之作《兰亭集序》的"曲水流觞"最为有名。可以说王羲之发动的节事旅游要比英国人托马斯·库克的近代旅游要早1500年。

绍兴兰亭,因"书圣"王羲之作《兰亭集序》闻名天下,而《兰亭集序》则源自"修禊事"。即古代的一种祭祀活动(传统节庆活动)。王羲之祖籍山东,西晋末,随晋室南迁,慕会稽山水,定居山阴。兰亭景色幽静、秀丽,穿过一片清丽翠郁的竹林,迎面是一片绿水白鹅,这里就是王羲之当年养鹅、放鹅、赏鹅的地方。左侧有"鹅池"字样的碑亭,传说分别为王羲之和王献之所书,"鹅"瘦"池"肥,故人称"父子碑"。再往里走便是"曲水流觞"了。当年王羲之就是在这里和好友们纵情豪饮,吟诗对赋,在酣醉迷离中文思泉涌,于是寄情于笔,一挥而就,题为《兰亭集序》。次日酒醒后自己看了都觉得惊喜,提笔再试,却无那般"清风出袖,明月入怀"之妙。坐在溪水边的草垫上,仿佛置身于那次聚会中,尽情享受着春光、诗情和友谊。

第一节　旅游休闲活动概述

旅游休闲活动是休闲活动的重要组成部分,也是国民休闲活动的主要表现形式,尤其是与会展、节庆、赛事活动联系在一起的节事旅游(event tourism),在国民休闲和大众旅游中占有十分重要的地位和作用,本章所述的旅游休闲活动策划主要是指与会展、节庆、赛事活动联系在一起的节事旅游休闲活动,因为只有与会展、节庆、赛事相关的节事旅游休闲活动,才是我们需要专门策划组织的休闲活动。

一、旅游休闲与休闲旅游辨析

1. 旅游休闲的含义和特征

(1) 旅游的含义和特征

我国旅游出版社出版的《旅游概论》一书给旅游下的定义是:"旅游是在一定的社会经济条件下产生的一种社会经济现象,是人们以游览为主要目的的非定居者的旅行,和暂时居留引起的一切现象和关系的总和。"

可见"旅游"的"旅"是旅行,外出,即为了实现某一目的而在空间上从甲地到乙地的行进过程；“游”是外出游览、观光、娱乐，即为达到特定目的所作的旅行。把“旅”和“游”合起来就是“旅游”。但是，我们所说的“旅行”和“旅游”在词义上还是有差别的，“旅行”是指从一地到某地，去旅行的叫“旅客”；“旅游”特指一地到某地游览，有明确的游玩目的，去旅游的叫“游客”。可见“旅行”和“旅游”的区别在于是否以“游玩”为目的，如果“旅行”的目的是办事（我们讲“出差”），那就不能叫“旅游”。如果旅行的目的就是旅游，那么旅行和旅游的概念是一致的。所以，旅行偏重于行，旅游偏重于游，不但有“行”，而且有游乐、观光等含义。

（2）休闲的含义和特征

休闲是指从工作的压力中解脱出来，使个体能够以自己喜欢的、感到有价值的方式，去休息、消遣，培养与谋生无关的、自发地参加社会活动和自由活动的总称。其本质就是从事职业活动以外恢复身心、发展自我、充实精神的生活体验。

“休闲”的“休”在《辞海》中被解释为“吉庆、欢乐”的意思。“人依木而休”，《诗·商颂·长发》中释“休”为吉庆、美善、福禄。“闲”通“娴”，具有娴静、思想的纯洁与安宁的意思。把“休”和“闲”组合成“休闲”，其含义最早源自土地的“休耕闲作”，现代汉语则多指从环境或精神的压力中解脱出来，使个体能够以自己喜欢的方式，去休息、消遣或自发地、自由的参加各种活动。所以，“休闲”是指劳作之“劳累”或精神之“疲惫”的对应词。按现代人生活方式和价值观念，就是工作之余恢复身心、发展自我的活动总称。

（3）旅游休闲的含义和特征

旅游休闲就是以旅游作为休闲方式，去外地旅行、游玩、休闲、娱乐，从而达到放松心情、陶冶情操、充实自我的一种恢复身心健康的活动。我国著名的经济学家、哲学家，中国休闲研究的创始人于光远先生曾经对旅游休闲作过一个推论，他说：旅游是一种现代人的生活方式，它的特点是异地性、享乐性和休闲性。根据这一推论，我们认为“旅游休闲”就是去异地观光、娱乐、购物、度假……与“旅游休闲”相对应的还有“运动休闲”“娱乐休闲”“文化休闲”……但与其他休闲方式比较，旅游与休闲联系得更加紧密，特别是“旅游”的“异地性”“享乐性”“休闲性”，是区别于其他休闲方式的主要特征。

2. 休闲旅游的含义和特征

休闲旅游是社会进步、经济发展、人民生活水平显著改善的产物，进入 21 世纪，随着人们收入增加、生活品质提升，普遍开始对休闲旅游有了正确的认识，喜欢休闲旅游的人越来越多。但是什么是真正意义上的"休闲旅游",人们并不是非常清楚,决策管理层、政策制订者对"休闲旅游"的定性也很难把握,许多业内人士认为"旅游"就是"休闲","旅游休闲"就是"休闲旅游",不认为"休闲旅游"是相对于传统旅游的新的旅游休闲方式。所以,在我们讨论"休闲旅游"的含义之前,首先要对休闲旅游与观光旅游、会展旅游等概念进行简单讨论。

(1) 观光旅游

观光旅游是指以观光游览为主要目的旅游休闲活动,这种旅游休闲活动,是满足旅游者对自然风光、人文景观或社会风貌等精神生活方面的追求,从而扩大其阅历、增进其知识、调节其身心的体验性活动总称。观光旅游是传统旅游的主要形式,或者说是传统旅游休闲的主要方式。

(2) 休闲旅游

休闲旅游是指团体或个人自发参加或自主安排的旅游方式和休闲活动的总称,是相对于传统旅游来讲的一种崭新的旅游模式,在休闲旅游活动中,休闲与旅游相辅相成、辩证统一、缺一不可。旅游是休闲的前提,休闲是旅游的目的,休闲旅游者的心境更加轻松、自在和平和。休闲旅游是现代人们品质生活的重要组成部分,是现代旅游产业结构和旅游产品结构调整的主要方向,蕴涵着巨大的商机和发展前景。

由此可见,"休闲旅游"就是以"休闲"为目的"旅游",是旅游活动过程中的一种积极性休闲、主动性休闲、自发性休闲,休闲旅游更注重旅游者的精神感受,更强调旅游者内心体验。休闲旅游意味着人们可以感受文明、融于自然、理解和谐,让心智更加健全,人格更加完善、关系更加融洽。休闲旅游在旅游的内涵和外延上都作了扩大和延伸,更突出了人与自然、人与人、人与社会间的和谐。

衡量是否属于休闲旅游的标准,我们按照休闲的定义,主要有:①与谋生无关;②自发的参与;③自由的活动;④自在的心境。其中自由的活动和自在的心境是休闲旅游活动最本质的特征。

(3) 会展旅游

会展旅游是指以会议、展览、节庆、赛事活动为媒介发展起来的商务旅游方式,是旅游发展过程中出现的一种高端的旅游模式,包括游客参加会议、展览、节庆、赛事活动本身以及参加会议、展览、节庆、赛事活动后派生出来的旅游休闲活动(包括"会奖旅游""奖励旅游""节事旅游"等)。杭州因举办 2006、2011 两届世界休闲博览会新增游客达到 1000 万人次和 3000 万人次！

通过以上旅游基本概念的比较分析，我们可以看到任何旅游活动都是休闲的实现方式，而休闲旅游则把旅游这种休闲方式更加紧密地结合在一起，克服了传统旅游中事实上存在的不休闲性。随着社会经济发展，休闲旅游已经成为现代社会一种新的生产力。汽车自驾游、私人游艇、深度旅游、个性化旅游、乡村民俗旅游、茶文化旅游……就是休闲旅游新生产力的代表。在现实生活中休闲与旅游也存在着非常密切的关系，旅游的本质是休闲，旅游的目的也是休闲。但是，我们也不能否认，在现实生活中也有许多旅游活动是不休闲甚至是反休闲的，例如被动式旅游、拉练式旅游、人满为患“黄金周”旅游、旅游活动中强制安排购物等等，正是因为旅游休闲本身的不休闲性，所以提出休闲旅游更具有的革命性意义。

二、旅游休闲活动的渊源与属性

无论是观光旅游、休闲旅游，还是会展旅游、节事旅游，都是我们所说的旅游休闲，但是只有能让人自由安排、自在心境、自主安排、自我教化的旅游活动才是休闲旅游。从这个含义上理解，休闲旅游是与传统观光旅游和新型的会展旅游相对应的。进入 21 世纪，随着杭州西湖博览会、世界休闲博览会、国际动漫节等节展会赛演的成功举办，杭州观光旅游、休闲旅游、会展旅游“三驾马车”齐头并进、共同发展、相得益彰。

1. 旅游休闲活动的渊源

传统节庆旅游活动中国古代就有了，如元宵观灯、清明踏青、中秋赏月、重阳登高、冬至祭祖……都是中国古代的旅游活动。中国古代有着丰富的关于旅游方面的记载，如中国古代思想家、儒家创始人孔子，广收门徒，周游列国，传道授业，那时叫“游历”“游学”。中国又一古代思想家、道家鼻祖老子，更强调修身养性的好处，甚至把修身养性与治国结合起来，认为修身养性可以丰富精神内涵，也就是重视“德”的积累，并认为“厚德载物”是国家长久治安和生命久远的根本，所以道家子弟十分注重修行，为此不惜到深山隐居。2000 多年前佛教开始传入中国，和尚为修正果和化缘，则经常“云游四方”。

中国古代的文学家、诗人、书画家更是与“旅游”结下不解之缘，中国历史名城绍兴兰亭的“曲水流觞”就是当年中国书画泰斗王羲之等一大批文人墨客的聚会之所;1000 多年前爱好"旅游"的永嘉太守谢灵运,对大自然的美丽景色流连忘返,一生中留下了许多脍炙人口的赞美大自然的诗篇,被誉为中国山水诗的"鼻祖"。在中国古代不仅有众多的山水诗人,还有许许多多的山水画家,中国山水画是中国国画的一个重要门派,山水诗人、山水画家是中国古代最喜欢旅游的"游子",大自然的景色被誉为"秀色可餐"。中国古代与"旅游"有关的游记、诗篇等文学作品不胜枚举,历史文化名人灿若繁星,他们大多把旅游作为修身养性、立德治国的一种体验,即通过旅游来增加知识和阅历、丰富道德修养,这与国外休闲学家把休闲当做一种"经历"和"体验"的观点不谋而合。中国古语:"行万里路、读万卷书",说明人要有所作为,"行万里路"(旅行)与"读万卷书"是同等重要的,只有这样,才能做到孔夫子所说的"修身、齐家、治国平天下"。

2. 旅游休闲活动的内涵

旅游休闲活动范围很广,几乎所有的旅游活动都可以称之为旅游休闲活动,凡是针对特定人员组织,有明确的活动目的和主题,有专门的行程设计,有休闲娱乐内容具体安排等,这些都需要旅游休闲活动策划与组织。但是真正具有旅游休闲活动策划特征的还要数节事旅游,节事旅游是"节事"与"旅游"的综合体,"节事"是旅游活动的外在表现形式,是当地历史文化和民俗特色传承的载体,"旅游"则是节事活动的本质内涵,节事活动是一种旅游资源,是旅游地开发旅游产品的一种形式,节事活动、节庆活动与旅游景区、旅游景点一样,都是我们需要策划、组织、推广的旅游产品,节事旅游可以为旅游发展提供更广阔的舞台,旅游目的地可以借助节事、节庆活动展示旅游特色、宣传旅游文化、提升旅游吸引力。

3. 旅游休闲活动的属性

旅游休闲活动主要是指与节事紧密联系在一起需要我们专门策划与组织的专项旅游活动,即节庆类旅游休闲活动,是以节事或节庆为旅游吸引力的旅游,性质上属于会展旅游、公务务旅游的范畴,与一般意义上的观光旅游、大众旅游、休闲旅游相比具有显著的差异性特征,在节事旅游的表现形式上,会议、展览、节庆、赛事、典礼、演出等等都是现代旅游休闲活动的重要载体。作为近代节事旅游的标志性事件,是 1841 年 7 月 5 日英国人托马斯·库克组织在英国诺丁山举行的有 570 人参加"禁酒大会",托马斯·库克还组建了世界上第一家旅行社,因此,托马斯·库克又被称为近代旅游之父。从旅游活动的基本属性上看,旅游休闲活动属于会展旅游的范畴。在新形势下我们需要更多地策划组织一些有主题、有内容,形式多样、丰富多彩的旅游休闲活动。

4. 旅游休闲活动的策划

我们所说的旅游休闲活动主要结合节事旅游活动进行。节事旅游活动主要是把节日庆典和赛事活动作为旅游资源，通过内容丰富、形式多样的各种参与性、体验性活动，吸引大量本地居民前往休闲和外来旅游者前来旅游，并以节事活动带动旅游休闲消费和创意创业，促进和带动当地社会经济文化发展过程的总称。

节事旅游休闲活动既表现为参观"节事"又表现为参与"旅游"。例如参观上海世界博览会是节事活动本身作为吸引力的旅游活动，但参观上海世界博览会还会顺带着游览上海东方明珠塔、中共一大纪念馆、上海城隍庙等等，这就是通过节事派生出来的旅游活动。节事旅游休闲活动与一般意义上的团队旅游、散客旅游、自助旅游、深度旅游等相比具有更加典型的休闲活动特征，在国民休闲时代重视节事类旅游休闲活动策划与组织具有特别重要的现实意义。

第二节　旅游休闲活动分类

杭州西湖博览会三分之一以上的活动项目都与旅游休闲有关，如"人间天堂"文艺晚会、西湖国际狂欢节、西湖国际烟花大会、西湖"大红鹰"玫瑰婚典、杭州美食节、杭州运河文化节、吴山庙会等，对旅游者都很有吸引力。可见旅游休闲活动与节事活动联系十分紧密。

一、按照旅游休闲活动"节"事属性分类

按照旅游休闲活动表现形式上进行划分，主要有以下几种类型：

1. 自然观光类

自然观光类旅游休闲活动主要利用当地自然旅游景观资源优势或将已有自然旅游资源类产品包装成节日活动的形式。此类活动多与生态主题相关，满足旅游者回归自然的需求；具有较强的时效性和季节性，适宜配合应季旅游资源开展；旅游者的参与范围广，具有较强的趣味性。如春季赏花节、夏季戏水节、秋季采摘节、

冬季赏雪节等。同时活动的可拓展性较强，在一个活动主题的支撑下，可以并行开展多种专项旅游活动。如洛阳牡丹节，在节会期间，同时举办赏花、灯展、书画、摄影展、研讨会、洽谈会和游览龙门石窟、白马寺、关林、古墓博物馆等旅游活动。

自然观光类旅游休闲活动的开展可以为景区制造声势，积聚人气，扩大景区影响力。作为固定旅游产品定期推出，达到提高重游率的效果。同时活动的开展也实现了旅游产品的组合式开发创新。如“绍兴春季赏花大会”，在绍兴以悠久的历史、丰厚的人文底蕴的旅游品牌基础之上，突破常规思维，主打绍兴“花”品牌，通过整合城市相关资源，推出了全新的绍兴春季旅游形象，丰富了绍兴旅游的内容。

2. 民俗文化类

民俗文化类旅游休闲活动多以展现原生态的民俗文化为主题，活动内容丰富多彩，表现形式多样。配合景区文化特色，组织开展，将民俗文化元素尽量多地融入其中。如傣族的泼水节、彝族火把节、广西国际民歌节、内蒙古那达慕大会等，这类活动具有较强的参与性，游客在参与中得到尽情的释放和享受。

民俗文化旅游休闲活动的开展有利于提升和传播历史文化内涵，增强旅游吸引力，树立独特的旅游形象。如“淳安千岛湖秀水节”标志性演出活动，融杂技、舞蹈、表演等多种艺术形式为一体，表演中较好地融入了当地民俗、戏曲文化，是当地民俗文化的现代演绎，起到了为旅游聚集了人气，提升旅游文化内涵的良好作用。

3. 参与体验类

参与体验类旅游休闲活动具有很强的参与性和互动性，旅游者就是活动的参与者。通过参与，旅游者可以全方位地感受到旅游的乐趣、体验到当地文化，如漂流节、滑雪节、美食节、购物节、杨梅节、枇杷节等。这类活动开可以大胆创新、出奇制胜，达到意想不到的效果，如杭州乐园春季花痴节、夏季肚兜节、冬季万圣节等，都能吸引许多游客参与。

以上活动对旅游发展具有引导作用。从简单的观光旅游到深层的体验旅游，不仅可以引导游客更好的参与旅游活动，加深对旅游景区的了解和感受，而且提高了旅游者的旅游意识，加深了对景区文化内涵的理解，对旅游目的地产生很好的品牌带动效应。如“夜泊绍兴风情游”，便是将传统的观光旅游转化为体验旅游，增加了旅游的趣味性、文化性和情景性。游客通过坐乌篷船、品绍兴酒、看社戏、写兰亭书法等一系列参与性活动，切身感受到了绍兴浓郁的水乡风情和古城风味，使绍兴江南水乡文化在游客心中鲜活了起来，从而提升了绍兴旅游品牌内涵。

事实上杭州西湖博览会并不是一个严格意义上的展会，而是各由数十项会议、展览、活动组成大型节事活动，每年举办的西湖博览会正式项目、支持项目多达100多个，展会题材包罗万象，完全符合现代节事活动“节中有展”“展中有会”“会中有赛”“赛中有演”的特征，在杭州观光旅游、会展旅游、休闲旅游“三足鼎立”格局中具有举足轻重的地位，节展会赛演策划和运作模式在国内会展业发展中别具一格（表4.1）。

表4.1　杭州西湖博览会项目按照题材分类

题材类型	活动形式	展会举办实例
商品交易类	贸易展、消费品博览会、技术交流会、投资洽谈会等	汽车展、农博会、科技合作周等
文艺演出类	演艺秀、广场秀、模仿秀、联欢秀、颁奖晚会等	印象西湖、女装模特秀、COSPLAY超级盛典等
体育竞技类	运动会、知识竞赛、武术表演赛、才艺大赛、拳击擂台赛等	环西湖长跑、横渡钱塘江、趣味运动会、大胃王比赛等
旅游休闲类	参观、考察、体验、游园、品茶、啤酒节等	国际狂欢节、国际观潮节、国际烟花大会等
文化传播类	作品展、摄影展、书市、笔会、培训、文化周、艺术节等	书画展、西湖书市、艺术品博览会、小丑嘉年华等
研讨交流类	高峰会、论坛、讲座、研讨会、交流会、报告会、大会等	浙商论坛、西湖论剑、网商大会等
人才开发类	招聘会、选秀会、选星、选美等	西湖形象小姐、休闲使者、超级女生、足球宝贝等
民俗活动类	庙会、灯会、花会、香会、龙舟赛、斗牛、斗鸡、斗蟋蟀等	吴山庙会、观音文化节、祭黄帝陵、祭大禹陵等

二、按照旅游休闲活动的“游”玩属性分类

1. 观光旅游产品

观光旅游是主要的旅游产品，也是构成国民休闲的重要载体。无论今后旅游形式如何变化，以自然环境和历史人文为旅游吸引物的观光旅游产品，永远都是最强势的旅游资源，在现代旅游发展的大背景下，我们强调的是要赋予观光旅游产品“休闲”的重要意义，即通过观光旅游感悟人生价值、体验美好生活、发现生命意义。

观光旅游产品包括:

(1) 自然环境观光产品

各地自然风光旅游资源丰富,多以“江—湖—河—山”为支撑,已经培育出一大批精品型观光旅游产品。从旅游产品休闲化、娱乐化设计角度,除了加强对风景名胜区的生态保护,还要从提高旅游景区景点的文化内涵入手,重视历史人文景观建设,进一步培育旅游景区文化核心竞争力。必须在科学规划和生态保护的前提下,建设一批起点高、立意新、特色鲜明的观光旅游休闲产品。

① 河流观光——沿江沿河沿溪沿涧发展河流观光,发展滨水休闲,结合不同水流地段的景观特点,开发水陆两栖观光旅游线路。

② 湖泊观光——利用天然湖泊、人工水库和开阔水湾地带,开发水上旅游休闲项目。“水”是生命之源,与人类休闲的天性最为接近,以水为主题的观光旅游产品,无论是怀旧与浪漫风格,还是现代与活力气息,都表现了人们回归自然的恬静与闲适的主题。

③ 湿地观光——重视河网、沼泽地带的湿地保护工作,以古塘河、古运河、漕运码头、农家埠头等历史人文为纽带,按照“保护、生态、文化”三原则,有条件的地方要争取恢复和建设家门口的湿地公园,再现“江南水乡”的旧时模样。

④ 森林观光——以天然森林为依托,在保护好生态环境的基础上开发“森林浴”“负离子浴”“植物精气浴”等高端休闲与生态旅游观光产品。

⑤ 山地观光——远足、登山是现代人的重要休闲活动,我国各地山脉众多,有条件的地方要多开发山地观光产品,山水相依,回归自然。

⑥ 峡谷观光——与山地地貌相对应,我国各地沟壑山涧无数,尤其是峡谷为特征的山沟沟、山坳坳,都是大江大河大溪的源头,既是古代文明的发端,也是现代人怀古探幽的好去处。在开发过程中要注意打造精品,避免同质低档景区过多引起的整体品质下降。

⑦ 岩洞观光——以天然岩洞为吸引物,对天然岩洞、溶洞资源和人工矿道、隧道、石窟等进行保护性开发。

⑧ 地质观光——以独特地形地貌打造天然地质公园,结合科普知识和人类探险精神,发展探险型观光旅游休闲。

(2) 文化遗产观光产品

文化遗产是人类历史创造的宝贵财富,承担着重要的文化传承和历史教育功能，更是文化休闲的重要载体。这方面要加强文物保护工作，设立各类博物馆、展览馆或陈列厅、陈列室，发展动态型主题展览活动，发展名胜古迹观光、名人故居观光、民俗活动观光、传统节日观光等，继承历史遗产，弘扬华夏文明，传播人文和谐。

(3) 城市风貌观光产品

包括城市公园观光、城市风情观光(历史文化街区)、主题公园观光、都市农业观光等，通过休闲环境与氛围的营造和城市旅游目的地营销，努力把城市、城区、街区、景区打造成为现代旅游休闲中心。城市大型购物中心(shopping mall)和中央商务区(CBD, central business district)、旅游商务区(TBD, travel business district)、娱乐商务区(RBD, recreational business district)建设过程中，要精心营造购物休闲环境，增加各类娱乐功能，努力把城市大型购物中心和各类 CBD、TBD、RBD 发展成为现代旅游综合体，并以旅游景区为依托，以高档酒店为载体，融观光、休闲、娱乐、购物、会议、展览、美食、运动、娱乐、演艺等功能于一体，通过增强城市“动感”和活力打造“不夜之城”“魅力之城”。

2. 会展旅游产品

全国各地的会展中心城市都在大力发展会展旅游产品，通过做大做强特色展会，打造会展中心城市品牌，提高会展旅游接待能力，以城市品牌化来推动旅游国际化。主要途径是通过引进国内外的大型品牌展会，鼓励会展企业与国内外知名会展机构或区域性会展组织建立合作关系，提高会展企业外向合作能力和商业运作能力，推进会展业整体水平的提高。结合旅游休闲目的地建设大力发展会议业、展览业，开展形式多样、丰富多彩的节庆和赛事活动，鼓励宾馆饭店、旅行社、高等院校、行政企业单位争取更多的国际国内会议、展览和节庆活动、赛事活动在本地举办。

(1) 专业会展产品

以会展中心城市的优势，打造国际知名的、国内首屈一指的特色和专业会展城市品牌，浙江以杭州西湖博览会、宁波消费品博览会、中国(义乌)小商品博览会等大型展会、品牌展会的综合效应、联动效应，有效带动了本地旅游休闲事业的发展，义乌购物旅游与休闲成为国内旅游转型与升级的楷模，从 2009 年开始国家旅游局和浙江省人民政府联合举办了中国(义乌)国际旅游商品博览会，展位规模超过 3000 个，在国内同类展会中首屈一指。

(2) 节庆活动产品

把节庆活动与民俗活动、传统节日和假日活动紧密结合,以节促会,以会带游,把节庆活动作为发展现代旅游休闲产业新的增长点。以精品意识打造节庆活动品牌,使节庆活动从较为单纯的事件营销活动向具有品牌效应、关联效应的节事旅游活动产品转变。

(3) 商务会议产品

利用各地优美环境、区位优势、硬件设施、服务水平等有利条件,举办各类商务会议,包括商务年会、高层管理会议、股东(董事)会议、公司培训与员工拓展、协会(学会)年会、奖励会议、采购会议、产品推介与促销会、商贸交易会、学术研讨会、人才交流会等商务会议产品,通过商务会议带动会议旅游。

3. 度假旅游产品

现代休闲旅游综合了观光旅游与度假休闲的双重特征,是随着城乡居民生活水平相适应的新型旅游休闲方式,代表现代旅游发展的主要方向,对推动国民旅游休闲具有指标性意义。

(1) 滨水休闲度假产品

包括滨水休闲游憩设施(休息长廊、步行道、亲水平台等)、水上休闲娱乐设施、观光游船(游艇休闲)、沿江漂流、滨水度假村等,开发建设以绿色、精致、休闲为理念。有条件的地方可以大力发展温泉休闲、冲浪休闲、滨海休闲、滨湖休闲等度假设施,开发高品位、高档次的旅游度假产品。

(2) 城市休闲度假产品

商业游憩与购物——以特色商业街区和时尚商业设施为主要场所,发展以逛街、购物、美食、娱乐为主要内容的商业游憩活动。例如文化休闲与康体娱乐——以泡吧(茶吧、酒吧、咖啡吧、演艺吧等)、娱乐(影剧院、娱乐中心、KTV、迪斯科等)、文化(图书馆、展览馆、博物馆)、康体(健身中心、温泉浴、足浴、SPA 水疗、瑜珈、太极、气功等)为主要内容,欢迎游客参与当地市民的休闲生活,亲身体验地方风土人情;历史文化街区休闲——感受城市历史文化街区的历史风貌和文化沉淀、让游客徜徉在历史文化和人文环境中,既修身、养性又怡情、养心。

(3) 乡村休闲度假产品

特色乡村休闲旅游——建设具有浓郁地方文化特色的乡村休闲社区(例如茶文化村、竹文化村、陶文化村、梅文化村、花文化村等),结合观光、休闲、民间艺人表演、乡土展览、传统节庆、祭祀仪式、娱乐、运动、度假、养生、居住等不同功能，根据自身条件建设符合现代旅游发展趋势的差异性乡村休闲度假胜地。

① 古镇（古村落）旅游。以古镇或古村落为旅游吸引物，感受古老沧桑的气息，体验淳朴的民风民俗和深厚的地方文化。

② 休闲养生旅游。利用森林公园、度假酒店、休闲农庄等休疗养设施和名药膳食，发展森林浴、气功、针灸、推拿、中药、老年保健等康复保健休疗养专项旅游，吸引城市居民前来休闲养生（度假），并逐步推向国际市场。

③ 徒步登山旅游。依托山地缓坡、沟壑溪流等自然条件，发展适合不同需要和不同体力的人户外徒步登山活动。

④ 山居休闲度假。科学规划、合理开发，在保护环境与生态的前提下，适度开发山居别墅、艺术家村落、度假公寓、产权式酒店等休闲房产。利用山上水边旧村落废弃民居，通过适当整治改造成乡间度假村（酒店），吸引城市居民前来休闲、度假、养生、居住。

（4）文化休闲产品

茶文化休闲，包括产茶、制茶、卖茶、品茶、论茶为一体的，体现浓郁地方特色的茶文化休闲景区（茶文化村、茶文化街等）；美食文化休闲，以地方小吃、美食、山珍海味、土特产为吸引物或附带旅游产品销售，树立品牌，打造精品，把当地健康美食旅游产品推向市场；民俗文化休闲，通过历史文化街区，开发民俗文化展、民间手工艺展、传统节庆和民俗旅游等产品和活动；文化创意休闲，结合工艺、美术、音乐、设计、创作、民间绝艺、手工技艺等，开辟文化创意休闲园区。

（5）夜间休闲产品

完善夜游场所和设施，形成规划合理、布局有序的夜间娱乐休闲游憩带，延长游客逗留时间，丰富旅游休闲活动；提供生动有趣的夜间文化艺术活动，包括游览文化艺术特色街区、夜间游园游湖活动、欣赏文艺表演等系列活动；发展夜市休闲，展示传统民俗活动；举办乡村晚会和露天电影以及戏班子演出等。

以上分类都是基于现代大旅游背景下，强调旅游产品休闲化、娱乐化分类，尤其是各类旅游节庆活动策划目的是让现代旅游休闲活动变得更加好玩！未来旅游休闲活动作为国民品质生活的重要载体，在社会经济和文化事业发展中地位和作用会越来越显著！

第三节　旅游休闲活动策划

相对于一般意义上的旅游活动，旅游休闲活动更是一项特殊的令人难忘的旅游体验活动，对绝大多数人来讲是不参加会后悔的旅游休闲娱乐活动，因此，旅游休闲活动往往作为人生的一种特殊的经历，例如参观上海世博会、青岛国际啤酒节、巴西狂欢节就是人生难得的一次体验式旅游。

一、旅游休闲活动的项目策划

旅游休闲活动项目需要不断培育、长期经营，是现代特色旅游产品，需要精心策划和组织。旅游休闲活动策划需要不断创新和发展，既是一种相对成熟的休闲旅游活动，更需要从理念、主题、内容、形式上进行不断创新，显著特征是休闲性、娱乐性、参与性。因此，旅游休闲活动项目策划并没有固定的模式可循，完全是策划人创造性劳动、创意性思维的结果。

具有持久生命力的旅游休闲活动，必须围绕一定的主题和特色，把旅游休闲活动做成一项真正的旅游体验产品进行策划、包装和营销；同时，通过节事活动本身的影响力也可以将节事产品提升为旅游休闲产品，做到节事活动品牌化、节事旅游休闲化，以期达到产品增值、品牌提升的目的。

1. 紧紧围绕活动主题创新策划

“生命在于运动，旅游在于活动”，旅游活动体现了旅游的动态人文精神，活动是对历史文化的活化，让原本静止的事物活跃起来。通过节事活动中旅游者感到的是动感、热闹、欢腾，是活动过后的愉悦、健康、休闲和品位。同时，要注意活动内容和形式上创新，要与旅游节事活动主题切合，具有较强的市场运作能力。如“百名‘醒目’少儿集体生日同乐会”活动，组织同月生日的小朋友在某一个景区开展寓教于乐的主题旅游活动，将单纯的景区旅游与节事活动相互贯穿，同时也巧妙地在景区与“醒目”饮料品牌间开展了跨界合作，充分利用了“醒目”年轻活力的品牌形象。策划活动实现了内容和形式上的创新，让人耳目一新，收到了良好的社会效果。

2. 根据活动主题提炼文化内涵

旅游休闲活动的最终目的是寻求文化体验，而没有文化便失去了活动应有的内涵和感染力。节事活动主题是对当地旅游资源的深度挖掘和创新利用。它要与旅游活动所要表达的主题文化相贴近，与旅游目的地形象相得益彰。

3. 整合旅游资源开展多维度创新

旅游资源是多维度的，包括物质的和非物质的，自然类的和人文类的。旅游活动可以利用的元素是广泛的，可以是已有的，也可以是创造的。如“西湖·西施故里荷花会”，撷取古诗“欲把西湖比西子”，巧妙地将美丽西湖、美人西施和美景荷花整合、连缀在一起，相互衬托达到美的统一。西湖是自然类的资源、西施是人文类的资源，荷花会上所展现的地方戏曲、书画、美食则是物质和非物质文化的结合，对于西施故里来说，西湖、荷花便是寻找来的文化元素。借题发挥，起到了事半功倍的作用。

4. 统筹安排把各项活动串连成线

围绕主题，利用资源，设计多种类型和板块的节事活动内容，形成包括演出、休憩、游览等在内的主题支撑系统。同时注意活动安排的顺序性。如杭州市举办数届的“相约西子湖”活动，便是以继承和发扬西湖人文精神为主题的文化活动，每年的活动安排都会精心组织、精心安排，使活动跌宕起伏，高潮不断，从多个侧面来阐述和表现西湖文化，深深吸引了海内外众多文化人士的热情参与和支持。

5. 精心培育不断提升品牌影响力

旅游休闲活动只有通过品牌化运作和管理，才能形成持久的综合效益，只有品牌化的旅游休闲活动才具有持久的生命力。品牌是唯一的、独特的，品牌的构建需要深入挖掘景区的文化内涵、创新文化表现形式。如“杭州龙井开茶节”，将龙井茶文化赋予在开茶节节事活动之中，扩大了龙井茶的品牌影响力的和原产地的知名度，带动了当地旅游业的发展。目前这一节事活动已经成为当地最有特色的旅游活动品牌，有效地延长了当地旅游产业链，收到了良好的社会效益。

二、旅游休闲活动项目的组织形式

1. 旅游休闲活动项目的形式

一是节事活动本身安排的客户联谊活动和休闲娱乐活动，例如参加节事活动的开幕式、招待酒会、颁奖晚会、观看演出等。受传统观念影响,以往很少有人把这类跟节事本身紧密联系在一起活动当作旅游休闲活动,其实这类活动休闲性、娱乐性、参与性更强,更能给人们带来深刻印象。

二是由节事活动派生出来的委托旅行商专门组织的游览活动,如节事活动期间或节事活动前后的旅游观光活动。一般意义上的旅游休闲活动多是在节事活动结束后进行,并由主办方统一安排或者在节事活动期间由参加者自行安排,把旅游作为会议、展览、节庆的辅助性项目,可以统一组织,也可以自愿参加、自由组合。

节事活动派生出来的旅游活动具体又分为两种组织方式:

一是商务考察活动。根据参与者特殊要求,安排与商务活动相关的参观学习或考察活动,目的地一般是大家感兴趣的厂矿企事业单位,这些单位具有典型示范意义,可以让参观者、考察者学到经验,学以致用。

二是旅游观光与休闲娱乐活动。目的地是旅游景点景区、休闲娱乐场所,是纯粹的旅游休闲活动。

2. 旅游休闲活动项目的内容

对绝大多数参加节事活动的观众来讲,参观节事活动本身就是旅游,节事活动观众就是节事活动的旅游者(包括团队和散客),作为大众旅游的一种组织形式,重点是要把节事活动作为旅游产品进行策划,通过旅游线路设计,把节事活动作为旅游的吸引物或目的地,或者至少把节事活动组合成旅游黄金线路中的一个"点"。显然,我们所说的旅游休闲活动项目策划,主要内容就是针对节事活动参与者的商务旅游、公务旅游,例如参与节事活动的利益相关者、特邀嘉宾、各类采购商、供应商、代理商、分销商、广告商、服务商、媒体机构等商务旅游活动项目的组织与实施。

三、旅游休闲活动需求要素

1. 旅游休闲活动需求要素构成

通常旅游业公认是"吃、住、行、游、购、娱"六要素,根据国民休闲需求的变化和现代旅游业的发展,一些旅游专家对旅游六要素进行了适当延伸,把旅游需求要素扩大为"吃、住、行、游、购、娱、体、疗、学、悟"十要素,即在传统六要素的基础上,增加了体育、疗养、学习、感悟四个要素,其中体育、疗养是旅游过程非常重要的两大要素,与传统的娱乐和游览有很大的差异;学习与感悟则是旅游中非常重要的精神要素，通过旅游学习知识、感悟人生，在关爱健康、珍视生命、和谐发展的今天越来越重要了。

旅游“十要素”可以根据旅游者的消费需求区分出四个层次：

基础要素：吃、住、行；

游乐要素：游览、游乐、娱乐；

康体要素：体育、运动、健身、修复、疗养；

精神要素：观摩、学习、感悟。

对于商务旅游，除了旅游的基本要素外，还有商务旅游的特别需求要素，包括：

(1) 交通设施

可进入性(旅游要求)与可疏散性(活动要求)。对交通工具要求便利性、舒适性、快捷性、科技性。旅游团可以人等车，商务团则要车等人；旅游团可能出现抛团现象，商务团则不允许出现游客掉队。

(2) 用餐设施

商务旅游者消费能力强、文化素质高，对用餐服务要求业相对较高，一般的旅游团队餐并不适合于商务旅游者，饮食方面更关注商务礼仪、人际交往、精美程度、地方特色、用餐氛围、服务素养、文化内涵。

(3) 办公设施

商务旅游是商务活动的一部分，商务旅游就是商务活动延伸，商务旅游过程也要配备最基本的办公设施，如无线上网、移动办公室、微型打印机。随时随地上网对普通旅游者关系不大，但对商务旅游者那是太重要了，现在一般的会议型酒店、商务型酒店、度假酒店都会提供免费 WiFi 无线上网，就是为了满足商务旅游者的需求。

(4) 住宿设施

要求安全、舒适、方便，商务气氛浓厚，方便交际、公关、联谊、洽商。

2. 旅游休闲活动边缘需求要素

对商务旅游者来讲，游览、购物、娱乐等只是边缘需求要素，只是作为商务活动辅助项目进行安排，目的是为了调整工作节奏与性情，加深对节事举办地社会、经济、文化和风土人情的了解。对游览、购物、娱乐项目也体现了商务旅游的一些基本特征，如游览品位较高，购物比较谨慎、娱乐相对矜持等。旅游休闲活动项目策划要充分考虑到这些特征，进行针对性、有效性策划。例如节事辅助项目活动与其组织一般性观光游览还不如组织观看民俗风情演出更加有意义。

根据节事旅游的特性,我们一般需要提供与商务旅游相适应的旅游产品和服务,如委托商务考察见长的旅行社来组建商务旅游团,入住商务型酒店,下榻商务套房、行政楼层,提供商务会所、商务餐厅,享用商务套餐等等。如希尔顿酒店的俱乐部楼层、行政楼层、现代化商务中心和会议配套设施等,其独特的商务服务理念重点满足客人的三项需求:充足的睡眠、恢复体力与精力专心工作、享受娱乐与美食。在休闲旅游活动项目策划中,主办方和旅行商尤其要注意实现节事旅游的需求与供给的对接,在安排休闲旅游活动项目中起到重要的中介和桥梁作用。

四、旅游休闲活动项目策划流程

1. *旅游休闲活动项目策划原则*

(1) 节事活动为主旅游活动为辅

即先参加、参观节事活动,后参与旅游、休闲、娱乐活动。在功能上,旅游为节事活动宣传服务;在内容上,旅游作为节事活动的延伸;在时间上,旅游作为节事活动的配套。

(2) 旅游活动与节事主题相一致

旅游休闲活动要结合节事主题进行,属于"业内"旅游而不是"业余"活动,因此安排旅游休闲必须考虑到多节事活动数参与人的意愿。结合节事的旅游休闲活动必须配合节事主题展开,例如安排与节事主题相关的学习考察体验活动,使得多数参与者有所认识、有所收获、有所提高,在此基础上突出旅游休闲活动的精彩亮点。

(3) 旅游休闲活动的专业化服务

专业化主要通过服务外包旅行商完成,旅行商在策划组织节事旅游时要尽可能满足节事旅游者较高层次的需要,并体现出"安全第一""特色鲜明""内容充实"的原则,提高游客的满意度。杭州国际烟花大会期间,会议主办方通过委托中青旅组织会议嘉宾观摩,大巴交通路线安排经指挥部特许,可以参照公交车待遇行驶到距离烟花观赏区最近的站点上下车,既方便又安全,自然受到与会嘉宾的欢迎。

2. 旅游休闲活动项目策划步骤

连续举办20多届的青岛国际啤酒节旅游休闲活动，主办方不仅策划了丰富多彩的青岛国际啤酒节主题活动，而且还结合青岛国际啤酒节主题活动，为广大观众和游客安排了工业旅游线路，如参观葡萄酒、可口可乐生产基地和海尔工业园、海尔科技馆；观光/休闲/度假与民俗/生态旅游线路，如城市观光、农业观光、温泉度假、渔家乐、农家乐、近郊旅游；健身运动体育旅游与海洋旅游线路，如登山、滑草、滑翔、潜水、水上运动、海岛旅游、高尔夫运动等。青岛啤国际酒节充分反映了现代旅游的基本特征，青岛国际啤酒节不仅成为青岛的标志性事件，而且也成为青岛节事旅游休闲活动的历史盛会，当地市民和外来旅游者都可以找到自己喜欢的旅游休闲方式和娱乐休闲去处，大大促进了青岛社会进步、经济发展、文化繁荣。

旅游休闲活动项目策划步骤：

(1) 收集、分析相关资料

通过媒体、调查、网络收集旅游休闲活动的相关信息，确定旅游休闲活动行程、内容、方式。

(2) 市场定位和确立目标

结合旅游需求、市场供给和自身资源、社会现实，确定旅游休闲目标群体、设计旅游、休闲、娱乐环节、收费标准和消费结构等。

(3) 提出项目的初步创意

对旅游休闲理念、主题和主要行程、内容、方式等进行初步策划，并将初步创意与旅游者和旅游供应商（景区、酒店、休闲场所）等进行先期对接。

(4) 对备选方案进行论证

通过头脑风暴法、专家评议法等对旅游休闲活动方案的主要行程、内容、形式等进行内部讨论、外部评估，并听取节事旅游委托方的意见不断进行完善和修订。

(5) 选定旅游活动项目方案

提出两个以上旅游休闲活动项目方案，比较各自优缺点并进行方案选优。

(6) 编写旅游休闲活动策划书

把策划思路形成方案，落实旅游供应商、开展价格谈判和接待服务以及阶段性推广工作，最后组织实施旅游休闲活动方案。

旅游休闲活动项目策划流程如图4.1。

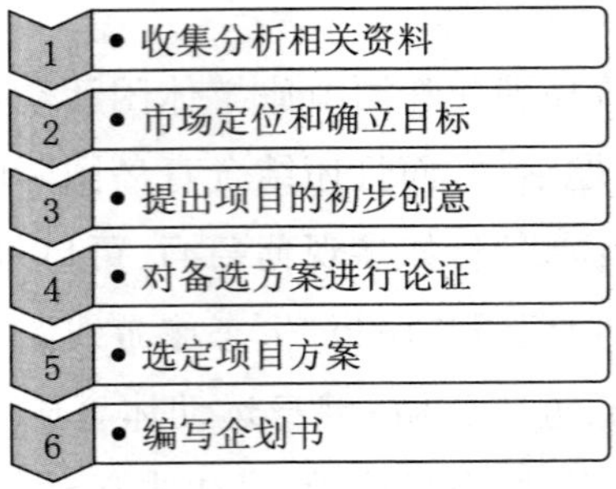

图 4.1 休闲旅游活动项目策划流程图

3. 旅游休闲活动项目选定

(1) 坚持节事旅游者优先原则

节事旅游者主要以商务旅游为主,普通旅游者则主要感受热闹、繁荣气氛。安排旅游休闲活动项目采用有所区别的旅游方案,尽量考虑节事旅游者需求,商务陪同、随员、亲属等普通旅游者的意见可以参考,但不能本末倒置。

(2) 注意旅游景区景点的选择

节事旅游者参观访问、商务考察、旅游休闲多以短线游为主,一般以 500 公里交通圈范围为限,安排参观访问、商务考察一般应当考虑有所收获,旅游休闲活动项目的品质和品位要求更高。

(3) 注重旅游文化内涵的挖掘

根据节事活动旅游者的需求,主办方要尽量推动文化游、生态游、民俗游、体验游等有文化内涵的旅游方式,有助于加深旅游休闲活动项目的深刻印象。

(4) 努力提高节事旅游服务水平

除了具备一般旅游服务人员的素质,还要加强节事活动与节事旅游方面的专业性、针对性训练,娴熟掌握节事活动与节事旅游的流程,不断提高节事旅游服务水平和质量。

4. 会议旅游休闲活动项目选定

会议旅游休闲活动是以会议为主的配套旅游活动策划,必须注意以下几点:

(1) 列出可供选择的会议酒店

必须制作一个会议酒店清单表,并不是所有酒店都适合召开会议,会议酒店清单表上需注明会议要求的所有重要条件。如果清单设计的合理,表明了酒店的条件好坏,将大大方便于会议场所的比较和选择。

（2）选择合适的会议类型场所

选择适合的会议类型场所，必须依据当地可提供的会议资源状况及该会议的程序、预计的与会人数、与会人员的背景情况，以及会议目的、目标和与会者的偏好等因素综合考虑。一般来说，会议为主的可以选择市中心商务型酒店，旅游为主的可以选择郊区度假型酒店。

（3）会议类型与会议环境搭配

① 举办培训会议的地方最好能提供专门工作人员和专门设施的成人教育场所；

② 科学研究和技术开发类会议需要有利于沉思默想、灵感涌现的优美宁静环境；

③ 奖励、表彰会议要有档次、引人入胜，会议的目的是对杰出表现者予以奖励；

④ 对于商品交易会和新产品展示会，需要选择有展厅的会议场所，且交通便利。

（4）旅游考察和休闲事项安排

① 接受旅行商报价方报价和同意会议明细表中所列各项事宜；

② 报价方应是候选名单中相对性价比最好的一个；

③ 对报价方拟订的旅游方案条款进行逐条磋商和商定。

（5）亲临会议现场实地考察

① 会见能做决策的人，这样有利于以后解决可能出现的交易争端问题；

② 在对方建议的日程安排内进行考察，最好不要在酒店客满时去参观；

③ 不要出于个人原因再次参观或考察酒店，更不要随带家属或无关人员同行；

④ 事先考虑好是以一个普通客人身份不宣而至以检查酒店对客人的接待情况为好，还是事先通知酒店以贵宾身份前往以检查酒店是如何接待贵宾为好？

⑤ 必须考虑另一家会议型酒店或度假型酒店作为“备选”。

第四节　旅游休闲活动组织

根据前面所述，节事活动与旅游活动休戚与共，节事活动是旅游活动的核心，旅游活动是节事活动的载体。没有旅游活动的节事活动只能说自娱自乐的休闲活动,还不能说是真正意义上的旅游休闲活动——旅游活动与休闲活动的区别,是旅游活动主要吸引外来旅游者参加,休闲活动则主要以本地居民休闲为主。根据节事类旅游休闲活动吸引力不同,旅游休闲活动组织方式可以分为节事活动为吸引力的节事旅游、文化活动为吸引力的文化旅游、体育活动为吸引力的体育旅游、民俗活动为吸引力的民俗旅游、海洋活动为吸引力海洋旅游等等。

一、会展节庆活动与旅游主管部门相互配合与协调

会展节庆活动主办方与旅游主管部门相互配合与协调,以及相关旅游休闲娱乐企业的积极参与和支持,是旅游休闲活动得以成功策划组织的重要保证。政府相关部门和相关行业单位如交通、住宿、餐饮、景区、公园等,同时也是节事活动、节事旅游得以成功举办的必要条件。旅游业是节事活动发展的重要基础。旅游业的繁荣发展可以为节事活动提供更加完善的服务。节事与旅游密不可分,旅游活动如考察学习、奖励旅游、会议旅游等,俨然已经成为会展业(MICE)的重要延伸活动或必要活动,尤其是会议主办方一般都会主动安排相关的旅游活动。节事活动与旅游活动都表现出对基础设施的高度依赖性、重叠性,决定了节事与旅游之间密不可分的内在必然联系,相互促进节事与旅游的协调发展,并成为现代服务业充分利用资源、提高经济效益的重要途径。

1. 通过合理整合相关资源以达到协同效应

节事旅游的协同效应,是指实行节事与旅游的互动,以节事拉动当地旅游的发展,以旅游推动当地节事的发展。发挥资源整合的优势,产生 1+1>2 的效果。尤其是国际性博览会场馆遗产和大型活动结束后后续发展问题,要特别引起政府决策者的关注。如杭州会展与会展旅游,通过资源整合,协同效应非常显著,特别是通过开拓日本、韩国、欧美市场,对杭州会展旅游的发展,意义非常重大,影响尤其深远。

杭州西湖博览会期间也有各种类型的旅游活动。杭州西湖博览会实行"政府主导、企业主体、市场运作、市民参与"办会模式,是我国目前政府主导型节庆活动的典型,主要表现就是旅游与休闲。由于杭州西湖博览会的成功举办,杭州观光旅游、会展旅游、休闲旅游"三驾马车"齐头并进的格局基本形成,每年因杭州西湖博

览会举办到杭州旅游的新增游客超过1000多万人次，首届杭州世界休闲博览会（第八届杭州西湖博览会）期间市民参与人数更高达1546.6万人次（如表4.2）。

表4.2　首届杭州世界休闲博览会市民参与人数（单位：万人）

杭州	富阳	桐庐	建德	淳安	临安	合计
543.2	187.8	250.0	151.6	100.0	314.0	1546.6

2. 节事与旅游结合以提升举办地品牌效应

节事旅游的品牌效应，是指随着节事活动观众和旅游者的纷纷进入，全面展示本地的经济、文化和社会风貌，扩大节事活动举办地对外影响力和知名度，提升城市形象和品牌。如杭州通过举办世界休闲博览会，努力打造“东方休闲之都、生活品质之城”的城市品牌，得到了海内外观众的广泛认可，杭州人幸福指数多年来一直名列榜首，说明杭州西湖博览会的品牌效应取得了极大成功。未来旅游营销要从旅游景区营销过渡到旅游目的地营销；旅游推广要从景点静态推广过渡到节事旅游动态推广。旅游目的地营销与节事旅游动态推广，对提升节事活动举办地的品牌效应具有十分重要的作用。

3. 借助旅游部门和旅游企业的专业化服务

旅游企业可以提供社会化、专业性、标准化的接待和组织、管理和服务职能，这是旅游企业的强项，是需要节事活动举办方借助的重要“外力”资源，通过适当的合作方式可以达到“双赢”“多赢”效果。能够提供旅游专业化服务的旅游企业包括：

（1）旅行社

强项是组团，是景区、酒店、餐饮、交通等服务企业串联起来重要中间环节，尤其对节事活动参会人员提供旅游接待服务具有行业优势（如可以拿到折扣门票和酒店协议价格），在招徕节事旅游客人方面享有其他旅游企业没有的网络优势。

（2）旅游酒店

强项是接待，主要是住宿、餐饮、会议场所、视听设备等方面的优势得天独厚，尤其可以胜任会议旅游和活动推广类项目。

（3）旅游景区

强项是观光和游憩，是旅游者最主要的休闲娱乐场所，一般可以作为节事活动的分会场形式出现，如杭州世界休闲博览会期间宋城景区的“火把节”、野生动物世界的“百兽狂欢节”等，并配合节事活动主会场积极开展相关游览活动。

4. 休闲旅游活动项目的运作模式

(1) 自我运作

节事主办方自行安排和组织节事活动参与各方的各项旅游活动,但难以争取到门票优惠价格,服务方面也做得不是很到位。因此,除了较小规模的节事活动,一般不鼓励自我运作。

(2) 委托运作

委托专业旅游服务企业(旅行社),把与节事活动相关的旅游服务,通过外包的方式委托给旅游企业实施,具体方法可通过招标、议标、联合、委托等多种途径。活动主办方与旅游接待方实现双赢。委托运作模式又可以分为以下三种方式:

① 全包式

从交通票务、接送、住宿、会务费、餐饮到所有的旅游活动项目,以一个合适价格报价竞标,并作统筹安排,经济划算,购买者会获得一定的优惠。

② 菜单式

由于时间不足、费用限制等原因,与会者除会务费必须交纳外,在交通票务、接送、住宿、餐饮及旅游活动费用,由与会者自主选择几项会议相关服务,可省略某一项或几项费用。

③ 自助式

活动参与者除会务费必须交纳外,不再通过会议策划机构预先购买交通票务、迎送、住宿、餐饮及旅游活动中的项目,这种方式一般受托方不负责安排具体行程,是否参与旅游活动完全由客人自行决定。

5. 节事类旅游休闲活动的专业化服务

节事类旅游休闲活动的专业化服务,主要是指旅游企业的专业化服务。旅行社、旅游酒店、旅游景区等旅游企业,要参与到节事旅游全过程,还要根据节事活动的特点,在节事活动的事前、事中、事后三个阶段安排工作重点。

(1) 节事活动事前阶段

① 收集节事活动相关信息,包括节事活动主题、日程、参展商和观众情况等,提出针对性的旅游活动和产品策划。

② 明确目标市场合理设计旅游线路,提出合理的旅游线路设计方案,并根据活动主办方(委托方)一道对初步方案予以评价并最终选定方案。

③ 按照选定方案测算游客数量,与各旅游供应商就单项旅游产品和服务进行

价格谈判、预订及采购，并就具体情况对方案进行必要的修改。

④ 针对目标市场对旅游产品进行宣传推介，接受节事旅游产品和服务预订以及旅游活动的前期组织和安排。

（2）节事活动事中阶段

① 投入足够的人、财、物力资源，保证节事旅游的顺利进行。同时做好飞机车船晚点、交通堵塞、狂风暴雨等意外事故的应急处理。

② 按照节事活动事先的预订情况，对节事旅游者的吃、住、行、游、购、娱等活动进行具体安排。

③ 根据具体情况对旅游活动中的细节问题进行修改和调整，例如客房标准和餐标以及用餐方式的更改等，如果是节事旅游者主观意志改变应当有书面确认。

④ 收集节事旅游者对节事旅游产品和服务的反馈意见和建议，以便今后工作改进。

（3）节事活动事后阶段

对休闲旅游活动项目进行检查总结和评估，肯定成绩、发现不足，提出改进建议，不断提高旅游休闲活动的服务水平。

青岛国际啤酒节就是以节事活动为吸引力的节事旅游，通过青岛国际啤酒节又派生除了各种类型的旅游活动，在青岛国际啤酒节期间，青岛旅游真正做到了"一城一线、海陆相映、全市联动"，把整个青岛市和周边地区的旅游都带动了起来。这里的"一城"就是青岛国际啤酒城；"一线"就是指青岛沿海一线；"海陆相映"就是海上安排游艇、游轮、游船等开展节日期间的观光活动，陆地上安排各种丰富多彩的民俗活动，使得"海上""陆上"活动交相辉映。"全市联动"就是把节事旅游与城市目的地旅游结合起来，除了办好青岛国际啤酒节，全市各区都能利用啤酒节的巨大商机，通过开设分会场的形式，开展各种形式多样、特色鲜明的节日庆祝活动，促进和推动当地旅游事业的发展。

二、旅游休闲活动策划组织实例——青岛国际啤酒节

1. 青岛啤酒百年零点活动

（1）纪念产品下线仪式

在青岛啤酒 100 周年的 8 月 15 日零时前在青岛啤酒一厂举行青岛啤酒百年最

后 100 桶扎啤、100 箱瓶啤下线仪式,零时开始在青岛啤酒二厂举行青岛啤酒新百年第 1—100 桶扎啤和第 1—100 箱瓶啤下线仪式。

(2) 青岛啤酒新百年第 1 桶扎啤赠送仪式

由青岛啤酒公司将 8 月 15 日零时后下线的第 1 桶扎啤赠送给本届啤酒节开幕式承办单位,并举行双方交接仪式。

(3) 青岛啤酒百年纪念雕塑揭幕仪式

8 月 15 日零时在青岛啤酒一厂举行。此后青岛啤酒一厂正式结束其生产使命,改为青岛啤酒博物馆。

2. 青岛啤酒节日庆典活动

(1) 青岛啤酒百年庆典暨第十三届青岛国际啤酒节开幕式

8 月 15 日上午 9:00 开始,在啤酒城南门外举行,开幕式由崂山区政府、青岛市啤酒节办公室、青岛啤酒公司承办。

(2) 青岛啤酒博物馆开馆仪式

8 月 15 日下午,在青岛啤酒博物馆(登州路 56 号原青岛啤酒一厂)举行,青岛啤酒公司承办。

(3)《百年华诞》大型歌舞晚会

8 月 15 日晚 8:00,在颐中体育场举行,青岛市文化局承办。

(4)"青岛啤酒点燃激情"焰火晚会

8 月 15 日晚 10:00,在青岛浮山湾海域和小青岛、北岭山、啤酒城东侧等陆上地点举行,青岛啤酒公司承办。

3. 青岛啤酒国际友人日活动

(1) 青岛啤酒国际友人登山活动

8 月 16 日上午,在石老人观光园举行国际友人登山活动,青岛市外经贸局、体育局承办。

(2) 招商银行国际友人看青岛摄影作品展

8 月 16 日下午 4:30,在青岛国际啤酒城举行,青岛市外企协会、对外友协、摄影家协会、招商银行青岛分行承办。

(3) 农业银行国际友人之夜活动

8 月 16 日 17:30—21:00,在青岛国际啤酒城举行,青岛市外经贸局、外办、贸促会、外企协会、文联、农业银行青岛分行承办。

4. 青岛啤酒市民狂欢日活动

8月17日，在青岛市政府前广场至啤酒城之间的街区道路，主要举行群众和花车艺术巡游活动，青岛啤酒公司、青岛市群众艺术馆、青岛市节庆办公室承办。

5. 青岛啤酒城系列活动

青岛国际啤酒节期间，在啤酒城内设置品酒广场和啤酒大世界两个主要品酒区，荟萃国内外知名品牌啤酒，举行啤酒品饮、啤酒城之夜——中心舞台系列文艺演出暨饮酒大赛、啤酒城花车艺术巡游、游乐以及青岛啤酒百年回顾展、啤酒节文化展、酒标酒器展、啤酒主题日等系列活动。

6. 青岛前海一线系列活动

青岛国际啤酒节期间，在前海一线设立银海大世界、中商广场、远洋广场、云霄路美食街、银海格曼码头、中山公园、第一海水浴场等7个分会场，并选择前海一线的酒店、商厦、旅游景点开辟部分活动点，面向不同消费群体，举办有不同特色的啤酒品饮、海鲜美食、休闲娱乐、旅游观光、文艺演出等系列活动。

7. 青岛国际啤酒节文化系列活动

(1) 首届中国青岛国际艺术博览会

8月19日至23日，在福泰广场会展中心举行，由中国美术家协会、青岛市人民政府主办，青岛市文联、中国美协青岛展览中心承办。

(2) 青岛啤酒文化研讨会

在青岛国际啤酒节期间举行，青岛大学青岛发展战略研究中心承办。

(3) 模特大赛

在青岛国际啤酒节期间举行，青岛海之魂文化传播公司承办。

(4) 摄影大赛

在青岛国际啤酒节期间在啤酒城举行，青岛市啤酒节节庆办公室承办。

(5) 第24届"青岛之夏"大型消夏艺术灯会

青岛国际啤酒节期间在中山公园一带举行，青岛市园林环卫办公室承办。

(6) 青岛市小公民道德歌谣配画大赛

青岛国际啤酒节期间在啤酒城举行，青岛市妇儿工委承办。

8. 旅游和体育健身系列活动

(1) "走进啤酒节，拥抱大自然"系列旅游活动

在青岛国际啤酒节期间各相关活动场所举行，青岛市旅游局承办。

(2)“小灵通杯”全国第六届公开水域游泳锦标赛暨青岛市全民健身横渡汇泉湾活动

8月23日上午,在青岛市第一海水浴场举行,主办:青岛市人民政府、国家体总游泳运动管理中心主办,青岛市体育局、奥帆办、体育总会、国家体总航海运动学校承办。

(3) 青岛国际啤酒节摩托车旅游活动

8月14日至17日,城市中心广场集合出发,在城市和郊区规定街区道路上举行。青岛市体育总会、《摩托车》杂志社主办,青岛市超导摩托车运动俱乐部承办。

9. *经贸系列活动*

(1) 经贸洽谈交流活动

在青岛国际啤酒节期间,由青岛市外经贸局等政府职能部门负责,借本届啤酒节和上述展会所创造的巨大商机,广泛接触中外客商,开展经贸洽谈和投资合作活动,举行重大投资项目签约仪式。青岛国际会展中心举行十大展会:

① 辽宁(青岛)商品展销暨经济合作洽谈会;

② 山东·青岛体育用品博览会;

③ 第十八届全国医疗器械展览交易会;

④ 缝制设备展暨纺织针织机械和皮革制鞋设备展览会;

⑤ 印染洗涤整烫设备及服饰纺织面辅料展览会;

⑥ 中国(青岛)国际包装、印刷及纸制品技术和设备展览会;

⑦ 青岛国际(啤酒、饮料)灌装技术和设备展览会;

⑧ 第二届青岛房地产交易会;

⑨ 山东国际建筑材料、装饰材料博览会;

⑩ 中国国际连锁加盟创业巡回展。

(2) 购物休闲优惠活动

在青岛国际啤酒节期间各大商场举行购物优惠(打折)活动。青岛市财办承办。

10. *爱心公益活动*

(1) 特殊群体免费参节

在青岛国际啤酒节期间针对特殊群体尤其是弱势群体举行免费体验活动。由青岛市卫生局、民政局、教育局、奥帆办、啤酒节办、总工会、妇联、文联、残联、慈善总会承办。

（2）“真情相伴啤酒节”志愿者行动

在青岛国际啤酒节期间组织发动志愿者行动，由团市委承办。

11. 青岛国际啤酒节闭幕式

8月31日晚8:00开始，在啤酒城中心舞台举行第十三届青岛国际啤酒节闭幕式。青岛市啤酒节办公室承办。

总之，青岛国际啤酒节具备旅游休闲活动策划组织的全部特征，可以为我们策划组织节事类型的旅游休闲活动所借鉴。

案例点评

法国人顾拜旦（Pierrede Coubertin，1863—1937）被称为现代奥林匹克运动之父，英国人托马斯·库克（Thomas Cook，1808—1892）则被世界上公认为近代旅游之父，他们分别对现代体育运动和旅游发展作出了巨大贡献。其中托马斯·库克推动近代旅游的标志性活动，是1841年7月5日组织了570人的团队参加了洛赫巴勒的禁酒大会，这是近代史上一次真正意义上的团体旅游，并成为近代旅游活动的开端。先导案例标明，事实上中国古代帝王将相、达官贵人、文人墨客、布衣百姓的聚会活动也很多。徐霞客（明代，名弘祖，字振之，别号霞客，江苏江阴人，公元1587—1641）从1607年开始旅游，足迹走遍了祖国山山水水，旅游活动比英国人托马斯·库克要早235年！尤其是中国古代文人墨客们聚会活动更有团圆、欢聚的休闲娱乐特征，这方面尤以王羲之（晋代，字逸少，会稽山阴人，公元303—361或321—379）在绍兴兰亭邀集诗友“曲水流觞”，纵情豪饮、吟诗作赋，并一挥而就题写了《兰亭集序》。说明我国旅游活动往往与传统节事活动紧密联系在一起，大家相聚在一起除了团圆、欢聚就是找“乐子”，按现代话来讲主要是为了休闲和娱乐。现代旅游休闲活动更多地表现为体验参与、分享快乐，因此旅游休闲业者尤其要重视旅游休闲活动策划。

思考练习

一、名词解释

1. 节事旅游

2. 会展旅游
3. 协同效应
4. 品牌效应

二、填空题

1. 节事旅游是把________和________作为旅游吸引物的旅游。
2. 节事旅游的特点是________和________。
3. 节事旅游活动包括以________本身为吸引力的旅游以及通过参加节事活动派生出来的________。
4. “节事”是旅游活动________表现,“旅游”是节事活动的________内涵。
5. 针对节事活动参加者专门组织的旅游活动,多属于________旅游。
6. 旅游十要素根据旅游者的消费需求可以分为________、________、________、________等四个层次。
7. 青岛国际啤酒节属于________、内蒙古那达慕大会属于________、千岛湖秀水节属于________旅游休闲活动。
8. 可以为旅游休闲活动提供专业化服务的旅游企业包括________、________、________。

三、选择题(单选题)

1. 绍兴兰亭的“曲水流觞”是古代(　　)等一大批文人墨客的聚会之所。
   A. 王羲之　　B. 王献之　　C. 谢灵运　　D. 徐霞客
2. 旅游“十要素”中的“观摩、学习、感悟”(　　)。
   A. 基础要素　　B. 游乐要素　　C. 康体要素　　D. 精神要素
3. 发挥资源整合的优势,产生1+1>2的效果,体现了节事旅游(　　)。
   A. 协同效应　　B. 品牌效应
   C. 带动效应　　D. 社会效应
4. 由节事活动参与者自行选择相关旅游服务项目的形式为旅游企业提供(　　)。
   A. 全包式服务　　B. 菜单式服务
   C. 自助式服务　　D. 自主式服务
5. (　　)坚持以“政府主导、企业主体、市场运作、市民参与”办会模式。
   A. 青岛国际啤酒节　　B. 哈尔滨冰雪节
   C. 杭州西湖博览会　　D. 大连服装节

四、判断题

1. 自然观光类节事活动多与生态主题相关，具有很强的参与性何体验性。(　　)

2. 民俗文化类节事活动多以展现原生态的民俗文化为主题。(　　)

3. 参与体验类节事活动旅游者就是节事活动的参与者。(　　)

4. 休闲旅游活动策划有固定的模式无需创造性劳动、创意性思维。(　　)

5. “生命在于运动，旅游在于活动”，节事活动体现了旅游的动态人文精神。(　　)

6. 针对会议代表和参展商组织的旅游活动属于观光旅游活动。(　　)

五、简答题

1. 简述杭州西湖博览会的品牌效应。

2. 简述休闲旅游活动的内涵。

3. 简述民俗文化类休闲旅游活动。

案例分析

青岛国际啤酒节始创于1991年，每年在青岛的黄金旅游季节8月的第二个周末开幕，为期16天，到2012年已经连续举办22届。青岛国际啤酒节由国家有关部委和青岛市人民政府共同主办，主要是以啤酒和啤酒文化为媒介，融经贸、旅游、文化、休闲为一体的大型节庆活动，是目前亚洲地区规模最大的国际啤酒盛会。历届都有数十个国家和地区及国内的啤酒品牌厂商参加，来自国内外的游客多达百余万人。青岛国际啤酒节主要内容由开幕式、啤酒品饮、文艺晚会、嘉年华娱乐、艺术巡游、饮酒大赛、经贸展示、闭幕式晚会等八大板块活动组成，真正体现了“百姓的节日，啤酒的世博，文化的盛宴”办节宗旨，把青岛国际啤酒节办成了市民狂欢的乐园和旅游者向往的天堂。试根据青岛国际啤酒节案例，分析节事活动与旅游之间的关系。

实训项目

编制旅游(考察)活动服务计划书

有关方面拟于10月在白马湖举办中国(杭州)网上“淘宝节”，同时召开世界网商大会，会议规模600人左右，其中境外(含港澳台)代表约100人，部分境外代表提出要求会后考察中国义乌国际商贸城，大会会期3天，其中计划安排1天时间的旅游考察活动。为最大限度地节省成本，提高专业化服务水平，除了基本会务工作(大会资料分发和招待晚宴会)由主办方负责外，大会主办方准备把本次大会的会议接待、住宿、餐饮、旅游、考察等全部外包给专业旅行社代理。

请以本次大会旅行代理商的身份编写一份中国(杭州)网上"淘宝节"暨世界网商大会旅游(考察)服务计划书。

第五章

文化休闲活动

学习要点

通过本章学习，掌握休闲文化活动的含义、分类、意义、作用、策划、组织，文化休闲活动策划的流程、原则，以及文化休闲活动策划的创新思路、典型模式等。

基本概念

文化休闲活动、传统型模式、创新型模式、现代科技法、情感激励法

先导案例：圣诞联欢晚会策划

新年到了，毕业班学生将走向社会，新生则源源不断进入大学校园。我们能为学弟学妹们留下什么？策划组织圣诞联欢晚会既可以给新年带来一定的喜庆气息，同时又可为三富校园文化，促进同学之间的相互了解、增进友谊提供一个难得的机会。“圣诞联欢晚会”是某学院会展专业学生结合《节事与活动策划》教学实验项目而自行策划的一项校园文体联谊活动，“圣诞联欢晚会”安排在圣诞节平安夜举行，经组织实施取得了良好的效果。

圣诞节虽然是西方节日，但是这些年来越来越受到中国人特别是年轻人的欢迎。圣诞老人、圣诞树、圣诞礼物、圣诞老人巡游活动等，圣诞节的喜庆气氛总是给人浪漫的情怀和无限的遐想。为把圣诞节过得更加快乐和精彩，举办圣诞联欢晚

会是个很不错的创意。为此,主办方在圣诞节之前就开始了10位圣诞老人的选拔,要求"圣诞老人"能说会道、有一定的调节气氛能力、有较强的临场应变能力,同时客串晚会主持人,参与游戏节目等。圣诞晚会现场气球、彩带、背景布置,可以营造出浓浓的新年喜庆气氛。圣诞晚会文艺节目当然少不了,主题歌是《圣诞歌》,更重要的是适时穿插一些游戏节目,例如:抢凳子、钻竹竿、大家蹲、吹气球等文体活动的经典节目,大家玩得不亦乐乎。

抢凳子:参加人数6人,准备5把椅子、播放的音乐。游戏规则是把椅子背对背放两排(如地方足够,可以朝外摆成圈),音乐响起,游戏者排队绕椅子走,音乐停,大家就近坐到椅子上,没有座位者被淘汰,去掉一个椅子后继续,直到最后两个人中有一个抢到椅子者为胜。

钻竹竿:参加人数6人,准备绳子或者竹竿。游戏规则是各组列队钻过竹竿,手不能触地,身体后仰钻过竹竿,碰掉竹竿者淘汰,竹竿从高向低调整,到最后竹竿最低的一组胜出。

大家蹲:参加人数8人,准备头套8个(上面分别写上有关圣诞节的物品)。游戏规则是大家抽取各自的头套戴在头上,由"圣诞老人"先喊一个物品的名字,戴着该头套的同学就说该物品蹲,该物品蹲完另一个物品名称再蹲,依次类推,没有及时反应过来的同学被淘汰。

歌词曲目大反串:参加人数6人,准备歌词和不对应的歌曲名称6首。游戏规则是用一首歌的曲调去唱另一首歌的歌词,唱得好的胜出。

合力吹气球:参加人数12人,准备12张签,上写嘴巴(2张)、手(4张)、屁股(2张)、脚(4张)。游戏规则是每组6人,每组每人抽签,首先,抽到嘴巴的必须借着抽到手的两人帮助来把气球给吹起(抽到嘴巴的人不能自己用手吹起气球),然后两个抽到脚的人抬起给抽到屁股的人去把气球给坐破。

圣诞联欢晚会最诱人的当然是分发糖果、巧克力、纪念品等圣诞礼物,哪怕一颗巧克力都会让参与者激动半天。如果有一个抱抱熊作为奖励,那比中了彩票还要让人兴奋。圣诞晚会结束再组织圣诞老人巡游活动,沿途派发圣诞礼品,圣诞节平安夜整个校园变成了欢乐的海洋。

第一节　文化休闲活动概述

文化是一个非常广泛的概念，给它下一个严格和精确的定义是一件非常困难的事情。尽管不同学者试图从各自学科的角度来界定文化的概念，但迄今为止仍没有获得一个公认的、令人满意的定义。在我国，文化休闲产业，也可称之为文化休闲娱乐产业，是包括文化旅游业、艺术表演业和娱乐服务业等行业在内的以满足人们休闲、娱乐等精神需求为主的大产业。其中，以影视、动漫、游戏、歌曲等为主要形式，看电影、欣赏话剧、看歌剧演出、听音乐会，上图书馆、博物馆、艺术馆等都属于文化休闲活动。根据国家统计局《文化及相关产业分类(2012)》，文化休闲娱乐服务属于文化产品生产的范畴，分为景区游览服务、娱乐休闲服务和摄影扩印服务。

本书所讲的文化休闲活动是指所有以文化、艺术为主要休闲娱乐形式的各种文化活动的总称。不管是机关、企业、学校、医院、部队，都可以组织形式多样的文化休闲活动。这部分主要介绍文化休闲活动策划与组织的基本方法和步骤，趣味运动、体育休闲活动等具体项目则在另外章节介绍。

一、文化休闲活动的特点

文化休闲活动是群众文化和社会文明的重要组成部分，具有鲜明的“文化多元性”和“形式多样性”，既可以满足不同人群精神文化需要，又体现出活动方式的多姿多彩、活动内容丰富的文化氛围。一般来说，群体性文化休闲活动具有以下基本特征。

1. 群体性

群体性文化休闲活动不同于个人的修身养性，个人的修身养性是社会成员的个体活动，群体性精神文明创建活动则是社会全体成员参与的、声势浩大的群体行为。该活动以群众自发组织、策划、参加为主，即活动主体是群体，吸纳大多数人参加。不同季节、不同年龄、不同性别和不同自身条件的人都可以找到适合自己的活动方式，且活动人数体现一定的规模性。

2. 教育性

群体性文化休闲活动以某项具体活动为平台，广大群众既是活动的组织者、参与者，又是受益者；既参加、组织该种活动，又在活动中自我学习、自我反省、自我总结、自我提高，实现自我教育、自我教化的目的，提高自己的科学文化素质和思想道德水平。

3. 灵活性

群体性文化休闲活动的方式灵活多样，没有固定的模式，往往是由广大群众自己决定，特别是由广大群众根据自己的学习、工作、生活的方式、场所、时间，结合自己的兴趣、爱好、性格，创建和参加各种主题丰富、方式灵活的活动。其偏重"娱乐性和趣味性"，具有调节人的心理、情感，丰富人的文化生活，增进人的健康等特殊的意义。

4. 实效性

活动首先必须能够反映当代社会的时代特点。主题丰富、方式灵活的创建活动分别适应了道德建设目标和参与的多层次性的需要。广大群众对于在创建活动中由自己参与制定的各项规范准则，在感情上产生亲切感、认同感，在内心深处真正认同、接受道德准则，有利于道德规范从他律到自律的转化，创建的活动具有很强的教育规范作用。

5. 引导性

群体性文化休闲活动是"显性文化和隐性文化的相互融合"，社会公众大范围参与是显而易见的，而在活动中灌输给参与者的精神、道德、传统和风尚取向往往会更深层次地渗透到人们的思想意识之中，从而形成具有共同价值取向的群体意识。活动形式上如果寓教于乐，那么效果尤为明显，同时引导具有渐进性的特征。

6. 公益性

群体性文化休闲活动一般都是非营利性的，这是它与商业活动的区别，而且活动的举办地点一般在街区、广场、体育场等公共场所，大力表现社会文明和积极向上的精神。

群体性文化休闲活动为社会大众提供了展示自己兴趣爱好与潜在技能的广阔舞台。凡是有利于社会成员健康成长的、有利于丰富各阶层人员业余生活的，都可以作为群体性活动来组织。

二、文化休闲活动的意义和作用

1. 文化休闲活动有利于构建和谐社会

组织各类文化休闲活动，可以为职工强身健体和情感交流架起沟通的桥梁，同时可以激发员工奋发向上、勇于拼搏的斗志，有利于培育团结、和谐、协作精神，符合企业和谐发展的先进文化理念，文化休闲活动对企业文化建设的潜移默化作用是十分有效的。文化休闲活动能以喜闻乐见、生动活泼的形式来宣传和体现企业文化，丰富多彩的文化休闲活动是企业文化的一种展示，如广播体操汇报会、歌咏比赛演唱会、健身操排舞大赛、广场太极拳表演、职工体育运动会等，与企业发展目标紧密结合，人们印象深刻、影响深远、刻骨铭心，职工对企业的亲切感、自豪感油然而生。

2. 文化休闲活动有利于树立团队精神

综观在市场竞争中驾驭潮流的成功企业，无不在团队建设上精耕细作。文化休闲活动以团体竞赛为载体，以职工普遍参与为重点，可以营造企业团结奋进的氛围，增强职工的团队拼搏意识，大大提高职工的凝聚力和归属感。如比赛项目多数是以团体得分计名次的，只有团结一致、齐心协力的团队才能获得名次。以文化为内涵的企业核心竞争力，需要通过文化休闲活动来培育和推广，动员和鼓励职工把比赛中争取好成绩的品质带到技术工作中去。

3. 文化休闲活动有利于提高综合素质

开展文化休闲活动有着丰富多彩的内容和形式，各类竞技比赛是各项文化休闲活动的主要内容。职工在参加各类竞技比赛时，最容易表现出内在的品质和思想作风，而比赛的规则、精神文明规范都保证着活动按照章程进行，无形中对参赛人员和观众在进行有效的教育，而且这种没有教员的教育过程极为自然，是在生动活泼的赛事过程中进行的，其教育效果显而易见。职工的综合素质可以通过丰富多彩的文体活动载体得到提升和拓展。

4. 文化休闲活动有利于促进强身健体

文化休闲活动中的健身活动可以弥补工作人员运动量不足、体能下降的缺憾。它既能强身健体，又能开阔人的心胸、愉悦身心。文化休闲活动还可以释放生理、心理的压力，化解生理、心理的裂痕，使广大职工在文化休闲活动的平台上进行安全和信任的竞技交流和思想情感的交流,从而达到群体成员之间的相互认同、相互理解,实现心灵的默契、群体之间的和谐友善。

第二节 文化休闲活动分类

一、文化休闲活动的分类

1. 文化艺术类

(1) 视觉类:影视活动、文化艺术品展示活动、杂技、魔术、马戏表演活动、文艺表演活动等。

(2) 触觉类:书法、绘画、插花等。

(3) 听觉类:声乐、朗诵、相声等。

(4) 味觉类:饮食文化活动等。

(5) 综合类:各单位组织的主题文艺活动,如元旦文艺汇演、××大赛等。

2. 文体运动类

(1) 体能类:

① 节日类:划龙舟、舞龙、舞狮等。

② 非节日类:

a. 专业体育运动类:篮球、足球、游泳、跑步、定向等。

b. 趣味体育运动类:拔河、跳绳、漂流等。

(2) 益智类:魔方、拼图、棋牌、麻将等。

3. 专项文化休闲活动

(1) 宣传教育活动

通过轻松活泼的形式对员工加强职业道德、技能等方面的教育,引导大家在遵守基本行为准则的基础上,追求更高的职业精神和职业能力。宣传教育活动常见方式有以下几种。

① 宣传栏、板报画廊、橱窗等形式的各种展示活动;

② 各种参观、观摩、学习、取经活动;

③ 各种行业及业务报告会、知识竞赛、书画比赛活动；

④ 以文化艺术体育比赛为主要形式的宣传教育活动。

(2) 科学知识及文化普及活动

提高对社会快速变化的适应能力，加快科技信息的传播与普及，了解国内外本领域的科技和管理发展最新态势，开阔视野，提升创新能力。科学知识及文化普及活动常见形式有以下几种。

① 各种科技咨询服务活动；

② 有关科技文化的专题讲座、学术报告会、座谈会、研讨会；

③ 相关领域的知识普及学习班、培训班等。

(3) 文艺演出活动

以文艺节目演出为主，适当穿插一些游戏综艺节目的文体活动形式。有一定规模的学校、机关、企事业单位，可根据本单位实际情况和大家的参与热情，有计划地组织一些文艺演出活动与文艺创作活动，利用节假日组织各类文娱兴趣小组，组织文艺爱好者排演一些文艺节目演出(包括广场、街头表演)。

(4) 兴趣爱好小组活动

利用业余时间，把有各种不同爱好的员工组成各种兴趣小组，吸引他们开展各种有益的业余活动，如单位举行“私房菜”厨艺比赛，吸引“马大嫂”们参加；甚至可以举行婴幼儿爬行比赛，吸引年轻妈妈们参加……

兴趣爱好小组采取自愿组织、自选内容、自定时间、自定规章的办法，最大限度地满足员工自娱、自乐、自教的要求。

(5) 图书阅览与读书活动

有条件的企业可加强图书室、阅览室建设，通过开展新书介绍、读书讲座、知识竞赛、读书征文、读书演讲、读书攻关等活动，本着“自愿参加、自学为主、自由组合、自选书目”的原则倡导和促进员工的读书活动。

(6) 灵活多样的体育比赛活动

体育活动往往带有竞技性，组织一些体育比赛可以进一步推动本企业的体育活动。通过开展多样化的体育比赛，可以激发广大员工参加体育活动的兴趣，活跃员工们的业余生活。

根据不同的项目特点，体育比赛可在公司部门、工厂车间等单位之间进行，也可以开展一些锦标赛、表演赛、对抗赛、联赛、邀请赛、循环赛、淘汰赛等。比赛形式视具体项目和活动区域的特点而定，不受一种模式限定。

组织比赛要充分利用节假日和业余时间进行，制定必要的程序和规范，以期收到好的效果。

二、文化休闲活动的类型分析

我国群体性文化休闲活动各具特色、丰富多样，包括各类传统活动与特色活动。传统活动即社会普遍开展的活动，如文艺晚会、运动会、龙舟赛等；特色活动是根据自身环境，针对本社区特点而开展的各项活动，如戏剧节、摄影大赛、灯谜竞猜等。

1. 按文化休闲活动参与人数划分

(1) 大型

参与人数1000人以上，覆盖人数较多的文化休闲活动。大型活动可以充分发掘广大群众的兴趣爱好，充分发挥选手的个人特长，为个性全面发展搭建平台。有些活动参与人数可以超过5000人，例如“运动休闲之城”富阳就举办过“万人排舞大赛”。通过举办大型活动可以大大增强集体凝聚力，提高大家的认同感和荣誉感。

(2) 中型

参与人数200人以上的专项特色活动，如家庭联欢会、社区运动会等。这些活动可以充分发挥社区的专业特长，培养社区群众的兴趣爱好。

(3) 小型

参与人数从几十到一两百人不等，主要是社区居民自发组织的活动，社区、社团内部活动，如钓鱼比赛、象棋比赛、羽毛球比赛等。这些活动可以充分挖掘基层组织向心力、号召力和个人融入集体的强烈意愿。

2. 按文化休闲活动内容划分

(1) 艺术类

① 歌舞类

包括歌咏比赛(个人或团体)、舞蹈比赛、花样舞蹈表演、迎新晚会、手工制作比赛、儿童拼图比赛、搭积木比赛等。这些活动可以充分发挥家庭或个人的艺术特长，培养和发展群众的兴趣爱好，为其艺术之路搭建舞台。

② 才艺类

如书法切磋比赛、围棋赛、中国象棋赛等；这类活动为书法棋艺类活动爱好者的兴趣爱好和技术特长提供了一个展示的空间，并且可以培养大家的兴趣和爱好，同时还能培养参赛选手的竞争意识。

③ 欣赏类

如音乐会、电影展播，或纪念×××诞辰×周年等；这类活动能让参与者增长见识、了解历史，还可以领悟到一些深刻的处世哲学和人生道理。

(2) 体育类

① 球类活动

代表性的活动有篮球赛、足球赛、排球赛、网球赛、乒乓球赛等，这些活动可以锻炼身体，增强团队的凝聚力，培养队员的合作意识。

② 体操比赛

通过自由组合、自编动作、自选音乐等方式自主选择参加健美操、广场舞等竞技比赛，这类活动可以引导大家去发现美、欣赏美、创造美，有利于陶冶大家的情操。

③ 趣味运动会

以家庭为单位组织趣味运动会，积极开展亲子活动，对建设和谐社区、提高身体素质很有好处。

(3) 体验类

① 演讲比赛

包括英文或中文演讲比赛。通过演讲比赛，可以培养参与者的自信与口才，提高他们的表达能力，增强社会交际和交流能力。演讲比赛尤其适合大学生人群。

② 辩论赛

通过辩论赛，可以培养缜密的思维，学会正确地观察问题、分析问题、解决问题，树立正确的人生观、世界观和价值观。新生辩论赛是一些大学的传统活动，每年都涌现出一大批优秀的辩论选手。

③ 知识竞赛

代表性的活动如消防知识竞赛、法律知识竞赛、相关专业知识竞赛等。这类活动能够增长见识，同时还带有一定的趣味性，能够加深参与者对某一领域的理解。

④ 设计类竞赛

包括创意设计、广告设计、网页设计等，这些活动对动手能力和创新精神要求很高，与因特网紧密相连，带有市场经济和信息时代的明显烙印，能吸引众多优秀的创意者参与。

⑤ 志愿服务类

代表性的活动如众多高校开展的支教活动、社会考察活动、节庆志愿者服务等。

(4) 学术类

① 学术活动

如名家报告会、养生系列讲座、家庭理财咨询等活动。它有利于人们认识未知世界,开阔视野,培养兴趣爱好。

② 科普活动

如开展科普知识竞赛、科普图片展、图文展、模型展等。

③ 知识讲座

如核能知识讲座、建筑艺术与科学、休闲与养生知识讲座等。

④ 科技活动

如航模表演、放风筝、家庭小发明活动、科技学术作品竞赛、机器人大赛、创意大赛等。

3. 按文化休闲活动的组织形式划分

(1) 政府组织的活动

这类活动一般很正式,以弘扬主旋律为主题,是目前文化休闲活动的主流。如"国庆图片展""法律知识竞赛""旅游文化节""运河文化节""艺术节""美食节"等各种纪念庆典活动。

(2) 企业组织的活动

这类活动具有很高的灵活性,组织方式、内容、形式、时间地点等都可以根据具体情况甚至临时变化而制订和改变。这类活动多数是非正式的、在单位范围内举行的,极少受到各种非硬件因素的干扰,寓娱乐与交流的特点,具有很大的灵活性,受到广大参与者的热烈欢迎。例如一次主题活动、一场球赛、一次郊游、一次趣味运动都可成为其活动内容。

(3) 社团组织的活动

这种活动具有强烈的专业性、专一性和方向性,内容一般与社团组织的宗旨紧密相关。其中学术社团、公益社团、文艺社团和体育社团是活动主体。登山协会、"驴友"协会、钓鱼协会、书友会、兰花会等组织的活动大大增强了会员之间的相互了解和友谊。

4. 按文化休闲活动的时代特点划分

(1) 传统型

组织球类比赛、开办知识讲座、举行文艺演出等形式都是高校文化休闲活动的传统的主导形式，其最大特点是通俗易懂、喜闻乐见、广受欢迎。

(2) 时尚型

包括含有当前流行元素的很多活动，如奥运圣火火炬传递活动、DIY 大赛、科技漫画、青春歌手大赛、主持人大赛、旱冰文化节、超级女声、快乐男声等，青春美丽，张扬个性。

(3) 高雅型

高雅艺术的表现形式，愉悦身心，陶冶情操，这类活动品位高雅、群众性广，符合大众的喜好。其代表性的活动有：新年音乐会、交响乐(民乐)专场演出、大合唱、书画大赛等。

(4) 网络型

网络是现代社会的虚拟化，是青年人的"第二世界"，由之而来的网络型活动应运而生。这类活动传播极其迅速，波及面广，而且不受时间、地点的限制，容易组织，容易宣传，而且影响力很强。其代表性的活动有：网页设计大赛、平面设计大赛、FLASH 制作大赛等。现代许多文化休闲活动都是通过网络组织的，例如国际旅游小姐可以通过网上报名参加。

(5) 创新型

创新是永恒的主题，创新能力是现代人们不懈的追求，创新型活动伴随着社会发展与时代进步，受到了社会公众的热烈欢迎。许多展会活动成为创意创新创造的重要平台，社区也可举办一系列创新性活动，如：私房菜系展示暨"马大嫂"烹饪大赛、民族服饰文化节、社区邻居节、儿童创意大赛等。

第三节　文化休闲活动策划

一、文化休闲活动策划的方法和步骤

1. 文化休闲活动策划的流程

当有一项或多项文化休闲活动需要策划时，有了策划活动的动机，就要首先确定活动主题，定位要往哪个方向策划，然后再考虑整个活动的具体内容。文化休闲活动策划的基本流程：

(1) 商讨并确定主题；

(2) 拟写策划书，商讨并修改(确定活动时间、地点、活动项目等)；

(3) 活动经费预算；

(4) 落实活动经费或确定活动赞助；

(5) 活动的主要参与人员；

(6) 布置场地或舞台；

(7) 彩排预演；

(8) 联系媒体；

(9) 宣传推广；

(10) 活动开始进行。

2. 文化休闲活动策划的原则

(1) 科学性原则

活动进行得是否顺利，需要科学的策划，考虑到各个方面。

(2) 准确性原则

活动时间、地点、人物、事件都要准确无误。

(3) 安全性原则

文化休闲活动是关系到社会公众的活动，有人在的地方就要考虑到安全。

(4) 环保原则

文化休闲活动要做到社会效益、经济效益、环境效益的统一，不能以破坏环境效益、生态和谐为代价。

(5) 特色原则

文化休闲活动要有自己的特色，这是吸引顾客、观赏者眼球的关键。特色是群体性文化休闲活动的生命，活动组织者应根据自身条件扬长避短，在活动特色上狠下工夫。

(6) 优势原则

要合理利用当地的地理、气候等人文或自然优势来策划文化休闲活动。

3. 文化休闲活动策划要点

(1) 文艺表演活动策划

企业举办文艺活动，为的是放松员工的身心，缓解工作的压力，同时也是为了团结员工，鼓励他们今后能更好地工作，因此要有好的策划来达到这些目的。企业文艺活动是非社会型的活动，属于单位组织自娱自乐的活动，又有鼓励员工积极向上的目的，所以，在活动中要添加阶段性评比表彰，增设多个奖项，以此鼓励员工参与。

(2) 休闲娱乐活动策划

休闲娱乐活动是以休闲、娱乐为目的，一些景区、游乐园、俱乐部会所、度假村等定期、不定期地组织休闲娱乐活动，来吸引广大的消费者。休闲娱乐活动是多方面的，活动的开展可以是室外，也可以是室内。活动若在室外举办，要更多考虑自然环境，因为能与自然和谐相处，才能得到更好地休闲、娱乐。活动若在室内举办，要更多考虑室内装修和室内氛围，周围环境很容易影响人的心情，包括色调、装饰风格、所放的音乐等，对其很好地进行策划，会得到很好的效果。

(3) 文化休闲活动的游戏娱乐本质

游戏是人类的天性，休闲与工作(学习)相辅相成，娱乐更是现代人们不可或缺的休闲活动，休闲作为一种生命存在的状态伴随人的一生，每个人都会经历或参加很多的休闲活动。休闲娱乐活动的形式有很多，为了吸引消费者，所策划的文体活动要有特色，要有创新。人们对新鲜事物的好奇心很强，如果在所策划的活动中加入一些不一样的东西，消费者会在这方面投入更多的关注，会抱着试试看的态度来参与，主办方、承办方也会有意想不到的回报。

二、文化休闲活动策划的创新思想

群体性文化休闲活动基本上有两种模式:传统型模式和非传统型(创新型)模式。无论是传统型模式还是非传统型(创新型)模式，不外乎有几种典型的组织方式:党团活动法、社团活动法、社会实践法、环境熏陶法、现代科技法、典型示范法、行为鼓励法、情感激励法。

1. 传统型模式与创新型模式

传统型即定期必做的文化休闲活动，旨在丰富业余生活，发扬优良传统。非传统型(创新型)即不定期进行的特别的活动，旨在提供展现自我的舞台，体现与时俱进的现代创新意识和蓬勃的朝气。要使传统型的活动能够焕发出新的活力，就需要在活动中加入新的内容、新的形式。非传统型(创新型)活动与传统型活动相比，形式新颖,拥有传统型活动无法比拟的优越性,没有条条框框的限制,没有具体形式和内容的约束,可以大展身手。非传统型活动虽然有着很大的优势,但它所面临的挑战依然不容乐观,这就需要组织者有丰富的经验、较强的应变能力、过人的胆识和侦察员般的细心。通过精密的策划和考察,提出大胆且可行的方案,调动部员,做好他们的工作,齐心协力地把活动做大做好,争取少出岔子,让更多的人知道并且认可这一活动。

认真开展调查研究是创新型活动成功举办的主要原因。很多失败的创意,多半是没有做好活动可行性研究,没有调查好参与者的心理,或者就是组织人员工作不力,没有协调好人手,没有周密计划的仓促活动。所以非传统型活动光有好的想法是不够的,还需要看看这个想法切不切合实际,能否调动起参与者的积极性。

2. 文化休闲活动的典型模式

(1) 党团活动法

发挥党团工会组织优势,可以做到一呼百应,参与面广,受益人群多,还可以吸收非党团工会成员甚至家属参加。

(2) 社团活动法

方便灵活,便于统一管理,要鼓励各类社团自主开展活动。

(3) 社会实践法

适合学生参加,社会效益显著,但是时间和形式不好安排。可以采取日常时间短期结合和暑期长期结合的方式。

(4) 环境熏陶法

环境造就人,环境教育人,要让参与者感受到环境的感染和熏陶。如在登山协会等社团活动中建立起良好的相互学习和互助氛围,培养团结协作、共同进退的精神。

(5) 现代科技法

利用网络技术、新兴的各类传媒,提高活动吸引力、号召力,例如建立社区网站和论坛、QQ 群等吸引社区居民参与。

(6) 典型示范法

通过样板的树立,固定工作模式,开展有效工作。通过优秀组织、优秀活动的评选建立样板工程和示范项目。利用培训等方式,对活动的组织人员进行专门的培训。

(7) 行为鼓励法

对行为特别是创新性行为进行表扬,提高大家的积极性。

(8) 情感激励法

提倡集体主义、团队精神，增强集体荣誉感和组织归属感，引导单位员工和社会公众自觉参与各类文化休闲活动。

第四节　文化休闲活动组织

文化休闲活动的组织一般经历筹备策划阶段、前期准备阶段、正式进行阶段、结尾总结阶段。

1. 筹备策划阶段

(1) 确定活动的形式、内容与主题，保证活动形式生动活泼；

(2) 要量力而行，不搞花架子；

(3) 注重民主决策，多听取大家的意见。

2. 前期准备阶段

(1) 注重宣传发动，发送通知、张贴海报、广播宣传；

(2) 利用企业中的专门部门，动员企业员工积极参与，充分准备；

(3) 发送请柬，郑重邀请有关领导和相关部门人员参加；

(4) 发放入场券，精心布置活动场所，注重突出气氛；

(5) 认真组织和精心准备活动的内容，编制活动程序或节目单。

3. 正式进行阶段

(1) 活动的进行要有节奏感，跌宕起伏，酝酿好高潮；

(2) 时间安排不宜过长；

(3) 较隆重的活动事先要印好内容说明书，发放给与会者；

(4) 安排好主持人、主持词、串联词；

(5) 对聘请社会专业团体参与演出的应做好招待及接送工作；

(6) 考虑是否安排领导讲话、活动中献花等细节。

4. 结尾总结阶段

(1) 要保证活动以高潮结尾，注意活动的安全和场地的清理；

(2) 注意活动经验的总结，查找出不足，以便以后更好地开展类似活动。

在文化休闲活动组织中,还要考虑活动的一些细节问题,比如道具的备用、特殊状况的应急方案、活动项目受影响后秩序的调整等,尤其是对突发事件或关系到参与者切身利益的细节问题要事先预测,并要考虑到对突发事件的解决方案,保证活动的正常进行。

文化休闲活动的举办关系到主办方、赞助方、参与者、观赏者、志愿者等,文化休闲活动多为集体活动、团体活动,因此文化休闲活动的策划也需要一个项目小组来执行,实行项目管理和项目经理(主管)负责制。大家可以说出自己的想法,也可评论大家的想法,每个人要有自己负责的一块,分工合作。一个活动的成功举办,需要一个好的项目策划团队。

企业的和谐发展,离不开企业的文化休闲活动建设,文化休闲活动是张扬企业文化的重要平台和载体。文化休闲活动作为表现企业文化的重要平台,在促进员工对企业的归属感、改善企业人文关系软环境、增强企业凝聚力方面起到积极的作用。

一、加强文体活动的组织领导

1. 组织健全是保证

根据企业和单位的实际情况,可以分头建立乒乓球、羽毛球、登山、长跑、健身操、演艺等文体协会(或兴趣小组),党团工会密切联系,大力加强文体网络的建设,努力把各兴趣活动小组通过社团的形式进行规范管理,为开展丰富多彩的文化休闲活动提供强有力的组织保障。以职工健身、全民健身为目的,以普遍参与为诉求,坚持按“大众参与、广泛适宜、全民健身、兼顾特色”的原则组织文化休闲活动,党团工会要定期制订文化休闲活动计划、安排活动内容,敦促各文体协会根据拟定的计划安排活动。

2. 经费到位是基础

凡组织文化休闲活动,就涉及活动场所和所需的器械等活动经费,要争取领导的大力支持,每年对文化休闲活动经费要有比较充足的预算安排,保证活动的正常开展。凡企业组织的活动费用,应由工会统一支付掌管,收缴的工会会员的会费要主要用于职工的文化休闲活动(包括安排旅游活动)。

二、重视主题型文化休闲活动策划

科学合理开展文化休闲活动将关系到能否调动大家的积极性，在推动企业的和谐发展和引导职工为实现目标奋斗的过程中，有着很强的亲和力和凝聚力。企业单位每年都要举办1—2次全员普遍参加的主题型大型文化休闲活动，作为单位组织文化休闲活动的标志，把活动组织方案、活动过程应急预案、活动后总结评比表彰等作为一个系统工程来考虑和实施，大型活动可以引起单位群体的强烈共鸣和震撼，从而激发合作意识，增强整体凝聚力，培育团队合作精神。

三、经常开展日常性文化休闲活动

2008年北京奥运会的举办，大大推动了"全民健身运动"，"全民健身运动"也成为企事业单位举办文化休闲活动永恒的主题。集中、大型文化休闲活动要与分散、中小型文化休闲活动有机结合穿插进行。

1. 集中、大型的文化休闲活动

行业系统、企业集团出面组织的集中、大型文化休闲活动，要从提高职工健康素质、建设协调高效团队、促进快速持续发展的高度出发，大力推动企业文化休闲活动的广泛开展。活动的着力点主要放在增强职工的健身意识，激发活动兴趣，培养运动习惯上。主要文化休闲活动项目有：新年长跑活动，"三八"妇女节踏青活动，水上运动会，趣味运动会，开展保龄球、游泳、桌球、乒乓球、羽毛球、网球、足球、篮球、棋牌、健身操、歌舞比赛等。

2. 分散、小型的文化休闲活动

文体协会、兴趣小组的活动形式以分散、小型为主。各文体协会、兴趣小组要认真研究企业文化休闲活动的新思路、新方法，不断探索新的组织形式和活动方法，大力推进全体企业文化休闲活动的广泛开展。在积极参与集中、大型文化休闲活动的同时，根据基层单位工作特点和员工业余爱好，组织职工以普遍参与的形式大力开展文化休闲活动，力争做到活动经常化、形式多样化，以陶冶职工的高尚情操，丰富职工的文化生活。主要项目有：登山、游泳、健身长跑及健步走、乒乓球比赛、羽毛球比赛、工间操、足球比赛、篮球比赛、瑜伽健身操练习、保龄球、踢毽子、跳绳比赛、拔河比赛、棋牌等。基层单位之间还可开展乒乓球、足球、篮球等友谊比赛活动,增进单位间的友谊和联系,互相取长补短。

3. 适时总结、评比、表彰

开展文化休闲活动交流总结评比的一项重要工作是,定期举行文化休闲活动工作交流会,年终进行工作总结评比会,对积极开展文化休闲活动的单位(部门)和个人进行表彰。

四、组织文化休闲活动注意事项

1. 注重活动项目的娱乐性策划

文化休闲活动侧重在文化艺术方面,则要尽量往娱乐性方向考虑。对于参与者,要考虑其技艺的深浅程度,对其进行挑选;对于观赏者,则要考虑吸引他们的方法,需要创意来吸引观众,让活动举办得更加成功。

2. 重视活动项目的细节安排

在文化休闲活动策划中,还要考虑活动的一些细节问题,比如道具的备用、特殊状况的应急方案、活动项目受影响后秩序的调整等,尤其是对突发事件或关系到参与者切身利益的细节问题要事先预测,并要考虑到对突发事件的解决方案,保证文体活动的正常进行。

3. 加强活动组织协调工作

文化休闲活动的举办关系到主办方、赞助方、参与者、观赏者、志愿者等,文化休闲活动多为集体活动、团体活动,因此文化休闲活动的策划也需要一个项目小组来执行,实行项目管理和项目经理(主管)负责制。大家可以说出自己的想法,也可评论大家的想法,每个人要有自己负责的一块,分工合作。一个活动的成功举办,需要一个好的项目策划团队。

4. 活动开展要有助于企业文化建设

企业的和谐发展,离不开企业的文体休闲活动建设,文体休闲活动是张扬企业文化的重要平台和载体。文体休闲活动作为表现企业文化的重要平台,在促进员工对企业的归属感、改善企业人文关系软环境、增强企业凝聚力方面起到积极的作用。

案例点评

先导案例:圣诞联欢晚会策划

这是某大学会展专业学生结合《节事与活动策划》教学实验项目而自行策划并组织的一项校园文体联谊活动。“圣诞联欢晚会”安排在圣诞节平安夜举行,文体活动策划内容饶有趣味,圣诞老人现场客串,活动组织实施后取得了良好的效果。文体活动内容非常重要,关键是要吸引观众参加,因此设定一定的奖励是必要的。文体活动丰富多彩,无论规模大小、形式不同,只要能吸引大家的广泛参与,并且起到促进友谊、增进了解的目的,就是一项成功的文体活动。

思考练习

一、名词解释

1. 文化休闲活动
2. 表演赛
3. 文艺演出活动
4. 综合运动会

二、填空题

1. 文化休闲活动分为________活动和________活动。
2. 文化休闲活动从功能上都是以________为目的的。
3. 文化艺术活动偏向________、________、________方面,体育竞技活动则偏向________、________、________方面。
4. 开展文化休闲活动在引导职工为实现目标奋斗的过程中,有着很强的________和________。
5. 文化休闲活动是________和________的重要组成部分,具有鲜明的________和________的特点。
6. 群体性文化休闲活动一般都是________的,这是它与________的基本区别。
7. 创新型文化休闲活动形式新颖,拥有________活动无法比拟的优越性,可以大展身手。

三、选择题(单选题)

1. 以下不属于文化休闲活动组织筹备策划阶段内容的是(　　)。
   A. 确定活动的形式、内容与主题,保证活动形式的生动
   B. 要量力而行,不搞花架子
   C. 注重民主决策,多听取员工们的意见
   D. 宣传发动,发送通知,张贴海报,广播宣传
2. 以下不属于文化休闲活动特点的是(　　)。
   A. 群众性　　B. 教育性　　C. 灵活性　　D. 表演性
3. 文化休闲活动策划一般不涉及以下原则(　　)。
   A. 科学性原则　　B. 准确性原则　　C. 安全性原则　　D. 互利性原则
4. 文化休闲活动的典型模式不包括(　　)。
   A. 社会实践法　　B. 环境熏陶法　　C. 带头作用法　　D. 行为鼓励法
5. 以下说法不对的是(　　)。
   A. 文化休闲活动的组织一般经历筹备策划阶段、前期准备阶段、正式进行阶段、结尾阶段
   B. 体育活动往往带有竞技性,组织一些体育比赛可以进一步推动本企业的体育活动
   C. 文化休闲活动是群众文明和社会文化的重要组成部分
   D. 文化休闲活动包括组织如太极拳、太极剑、健身操、体育舞蹈之类的娱乐体育健身比赛
6. 几个企业联合,按同等条件参加一个或几个运动项目的比赛叫(　　)。
   A. 表演赛　　B. 对抗赛　　C. 巡回赛　　D. 锦标赛

四、判断题

1. 体育比赛一般受固定模式限定。(　　)
2. 文化休闲活动的组织一般经历筹备策划阶段、前期准备阶段、正式进行阶段、后续结尾阶段。(　　)
3. 文化休闲活动的特点是群众性、教育性、灵活性、实效性、引导性、公益性。(　　)
4. 文化休闲活动首先要确定活动方案,定位要往哪个方向策划,然后再考虑具体活动的内容。(　　)
5. 非传统型文化休闲活动关键在不断创新。(　　)

6. 文化休闲活动体现与时俱进的现代创新意识和蓬勃向上的朝气。(　　)

7. 文化休闲艺术活动和体育竞技活动一般可以同时进行。(　　)

8. 文化休闲活动侧重在文化艺术方面,则要尽量往娱乐方向考虑。(　　)

五、简答题

1. 简述企业文化休闲活动的作用。

2. 简述文化休闲活动策划基本流程。

六、案例分析

分析先导案例,联系本校园实际,进一步丰富和完善圣诞联欢晚会方案。

实训项目

按照"社团活动法",从丰富校园文化和课余生活角度,结合所在社团的宗旨,策划组织一项主题鲜明的"社团文化节"(如登山协会的"登山活动"、街舞协会的"街舞表演"等)。

第六章

演出活动

学习要点

了解和掌握演出活动的涵义、分类、名称确定、主题确定、时间安排、地点安排、宣传口号、组织机构，演出节目内容编排，演出团体和阵容安排，演出形式和风格确定，演出性质及经费预算，演出活动的广告宣传等。

基本概念

演出活动、演出策划、综合演出、专场演出、商业演出、义务演出、送戏下乡、慰问演出、友情演出、演出名称、演出主题、演出时间、演出场地、演出阵容

先导案例：杭州《宋城千古情》演出

"给我一天，还你千年！"《宋城千古情》是杭州旅游的一台标志性演出，每年200万游客争相观看。《宋城千古情》是杭州宋城集团倾力打造的一台全景式大型歌舞，总导演不是什么大腕明星，而是宋城集团董事长黄巧灵。该剧以杭州的历史典故、神话传说为基点，融合世界歌舞、杂技艺术于一体，运用了现代高科技手段营造如诗如梦似幻般的意境，给人以强烈的视觉震撼和冲击，《宋城千古情》"舞"秀堪与法国巴黎红磨坊"艳"秀和美国拉斯维加斯"O"秀相媲美，"宋城人"则自称为世界三大"名"秀之一。《宋城千古情》自从1995年4月上演至

今，已经接待了2000多万名观众，中外游客好评如潮，是每一个到杭州的游客必看的剧目。

《宋城千古情》主要反映了源远流长的吴越文明和两宋文明，尤其是南宋时期杭州京都的休闲文化（“休闲”一词在杭州俚语中叫“耍子儿”，就是我们通俗讲的“玩儿”的意思），成就了杭州“东方休闲之都”的特质。早在900年前，杭州就被宋仁宗誉为“东南第一州”，马可·波罗则把杭州誉为“世界上最美丽华贵的天城”，是当时世界上最繁华的城市。悠久的历史给杭州留下了极为丰富的休闲、旅游资源，“淡妆浓抹总相宜”的西湖更使杭州享有了人间天堂的美誉。杭州有无数神奇的故事，有许多美丽的传说，《宋城千古情》把这些历史传说艺术地再现了出来。

序：良渚之光

时光倒流5000年，我们的先民就已在古越大地上创造了无比灿烂的史前文明，太阳之祭、原始的献祭舞、采摘舞、插秧舞、狩猎舞，见证了文明演进的足迹，让我们仿佛看到历史的脚步正款款而来。

第一场：宋宫宴舞

南宋的杭州是四方辐辏、万物所聚的著名大都市。这一天，位于凤凰山麓的南宋皇宫内正在举行宋皇的寿宴，各种歌舞、杂技此起彼伏，笙歌管弦，热闹非凡，好一派歌舞升平的景象。

第二场：金戈铁马

靖康之难后，宋皇室被迫南渡，最后定都杭州，建立南宋王朝。岳飞是这一时期的民族英雄，他率领的岳家军身经百战，志在恢复中原。岳飞一生精忠报国，他的英灵与日月同辉、万古长存。

第三场：美丽的西子，美丽的传说

梁祝化蝶、断桥相会、水漫金山、荷花仙子舞翩翩……这是一幅幅流动的画面，这是一首首动人的歌曲，这是一个个美丽的传说。忆江南，最忆是杭州，山寺月中寻桂子，郡亭枕上看潮头，何日更重游？

第四场：世界在这里相聚

2006年杭州世界休闲博览会，日本舞、西班牙舞、康康舞、阿拉伯舞、印度舞……展示着各自民族的文化与风情。杭州人也将以精致和谐、大气开放的人文精神和广阔胸襟，迎接来自世界各地的朋友们。

尾声:难忘今宵

在这美好的夜晚,在这欢乐的时刻,宋城深情地对你说:给我一天,还你千年!

资料来源:宋城集团网 http://www.songcn.com。

第一节 演出活动概述

一、演出活动的涵义

演出,是指演员通过一定的演技,把戏剧、舞蹈、音乐、曲艺、杂技等表演给观众欣赏,演出通常以“晚会”、“联欢会”、“汇演”、“音乐会”等文艺形式出现。一场高水平的演出不仅能够使观众触摸时代主题,认识理解社会,启迪人生思考,而且能够愉悦身心,得到美的享受,它极大地丰富了人们的精神生活。要把一场主题鲜明、内容丰富、表演精湛的演出奉献给观众,使演出达到预期的目的,收到良好的效果,满足广大观众精神生活的需要,关键在于演出的策划和组织。

二、各类休闲活动的配套演出

相比于正式的专门的文艺演出活动,本教材所讲的“演出活动”,主要是指与休闲活动相配套的开幕式演出或与主体活动相配套的演出活动,如世博会、奥运会等大型活动的开幕式演出,国际动漫节期间的“COSPLAY 超级盛典”、国际旅游节期间的“彩车狂欢游行”等主题演出,以及机关企事业单位结合新年联欢会、表彰大会而举行的文艺演出等。演出活动大多作为休闲活动的助兴、热场节目,在整个活动过程中起着画龙点睛的作用。因此,我们所说的“演出”,主要以非专业性、非商业性的演出活动为主,包括群众性、文体性、民俗性的演出活动,如开幕式前的舞龙、舞狮、军乐团、腰鼓队、时装秀、模特秀、COSPLAY 秀等热场活动,我们都可以按“演出活动”来策划。对于活动策划人员来讲,演出活动是休闲活动的配套策划,重点是休闲主体活动与休闲辅助活动之间的组织、衔接、协调问题,目的是要把休闲活动的环境和气氛营造出来。当然,一台气氛热烈、明星阵容强大、舞美灯光一流、演员服装华丽的正规演出，本身也是大家十分向往和喜爱的休闲活动，策划组织得好可以起到先声夺人、事半功倍的效果。除了休闲活动配套演出策划外，诸如剧目公演、文艺汇演、戏剧调演、明星演出、歌舞晚会等专业性、商业性演出，一般可以委托专业演出公司或演出团体进行，活动主办方主要是做好组织、配合、协调工作。

第二节　演出活动分类

1. 按演出内容分类

(1) 综合演出

综合演出是指包括各种演出节目的演出，如中央电视台的春节联欢晚会。综合演出内容丰富多样，多种形式的节目按顺序轮流交替上演，演员上场、下场频繁，导演临阵指挥，大型综合演出出场顺序(包括音乐、灯光)完全实行电脑控制，要求演出时间准确到“秒”，以保证演出效果的连贯性。

综合演出的节目一般包括戏剧、舞蹈、音乐、曲艺、杂技等多种艺术表现形式。在综合演出中，各种艺术形式受演出时间的限制不可能全部一一展开，哪怕是明星大腕也只能演出某一种文艺形式的精华部分，我们所看到的春节联欢晚会节目，其实都是“浓缩”的“精华”部分。“浓缩”和“精华”必须根据演出的宗旨和主题，按时间比例和内容交叉组合，最终成为综合演出。

综合演出中的戏剧包括话剧和戏曲两部分，话剧常以话剧片段、小品、电影电视对白的形式出现，诗朗诵、配乐诗朗诵等可归入此类。

戏曲是我国传统戏剧形式，因我国历史悠久、地域辽阔、民族众多，所以剧种丰富，流派繁多。但无论是哪个剧种，参加综合演出都必须以短小精悍的一场(包括文戏和武戏)或一唱段(包括彩唱和清唱)等形式出场。

舞蹈，是通过演员的形体动作表现主题。从舞蹈的源流和地域上讲，可以是来自外域的芭蕾舞、宫廷舞、交谊舞、民族民间舞，也可以是本民族的各种舞蹈；从表演舞蹈的人数来讲，可以是集体舞、双人舞或独舞；从舞蹈产生的时代来讲可以是传统舞、现代舞。

音乐包括声乐和器乐。声乐从表演的人数上可以是大合唱、小合唱,也可以是二重唱或独唱;从演唱方法上可以是美声、民族和通俗唱法。器乐在演出中主要是指器乐演奏。器乐演奏从乐器的源流和地域来看可分为西洋乐器的演奏和民族乐器的演奏;从演奏的人数和声部的多少上看,演奏可以是大合奏、小合奏、也可以是二重奏和独奏。

在综合演出中常有曲艺节目,曲艺包括相声、小品、快板、双簧、大鼓、评弹、哑剧等多种曲艺形式。杂技也是综合演出经常涉猎的内容,包括魔术、马戏、车技、口技、顶碗、走钢丝、空中飞人、狮子舞等内容,以其新、奇、难、险而为观众所称道。

综合演出中除涉及以上几种艺术形式外,根据演出的需要还可以增加一些其他形式的表演,例如观众最喜欢的小品。综合演出一般以歌舞、小品、相声为主要节目内容,中央电视台春节联欢晚会、公安部文艺晚会、中秋文艺晚会等歌舞、小品、相声等都是重要的担纲节目。

(2) 专场演出

专场演出是指在一场演出中专门演出同一类型的若干节目,如话剧演出、越剧演出、歌剧演出、小品相声晚会、专场音乐会等。或者在同一场演出安排不同类型的专场演出,如新年音乐会里面安排民族乐器演奏、西洋乐器演奏;春节京剧晚会安排外国喜剧专场;曲艺晚会安排小品、相声、杂技专场等。专场演出虽然节目内容比较单一,但却能使某一种艺术形式的节目得到较为充分的展示,使观众或对全部的情节有较完整的把握,或对某人的作品及演唱有多角度的认识,在众多节目中观赏自己最喜欢的一种艺术形式。

2. 按演出性质分类

(1) 有偿演出

有偿演出是指演职人员以取得报酬、出场费为目的的演出,包括以营利为目的的商业演出、义演和由单位或个人出资为某一行业或团体进行的演出。

① 商业演出

商业演出简称"商演",是指演出单位以营利为目的的演出,是演出公司和主办方按市场化运作的一种经营性行为,一般通过公开售票、企业赞助、明星代言、广告发布等多种形式赚取演出收入,所得款项由演出主办方、演出场馆方、演出团体和演职人员根据事先达成的协议按比例分配。这种演出一般由著名导演、"大腕"明星组成强大的演出阵容,或者是红极一时的某个大牌明星为主的个人演唱会等,商业氛围浓厚，门票价格较高，演出场面盛大，演出条件良好，演出设备精良，如周杰伦个人演唱会、李宇春个人演唱会等。

② 义务演出

义务演出简称“义演”。顾名思义，“义演”就是艺人不以营利为目的，从事的是具有人道主义性质的义务演出，是为个人或某一事业筹款而进行的演出活动，一般是指为公益事业(例如赈灾)而举行的筹款性演出。按照“义演”的性质，又可以把“义演”分为演职人员有报酬(适当支取劳务费)的义演和演职人员没有报酬的义演。但无论是演职人员有没有领取报酬，这类演出都是以筹款为目的，筹款的来源包括门票、企业赞助、个人捐助等，只不过是把这些收入用在了公益事业或慈善事业上，因此，义务演出并不是无偿演出，本质上还是属于有偿演出。尤其是对演职人员没有任何报酬的义演也不能认为是“无偿演出”，只不过是演职人员把自己或多或少或无的“报酬”都“捐”给了公益事业或慈善事业，真正体现了演职人员无私、高尚的品格。

由此可以推导出“义演”的两层含义，一层是人道主义性质，也就是说“义演”必须出于纯粹的公益目的(如救灾、扶贫、帮困、助学等)，不能有营业性收入，更不能以“义演”为名从事营业性演出活动。另一层含义是演出具有义务性，一方面，“义演”具有演出团体和演职人员演出义务性，参加“义演”者不享有因演出行为而获取任何对价的权利；另一方面，“义演”又具有社会义务性，必须接受社会监督，尤其在遇到灾害或者灾难时，艺人必须承担通过文艺演出来实施社会救助的义务。因此，从“义演”的含义来看，演艺机构或者文化人从事文化艺术行为具有获取报酬取得收入的权利，同时还要具有关注社会、关爱他人、救助生命的义务。

“零成本”义演，是由参加演出的各方，包括音响、灯光、舞台工程和策划、导演、演员以及具体工作人员均不拿任何报酬，是一场群星云集、规模空前的慈善活动，众多知名演员、导演、歌手演出的所有收入和捐款都通过中国红十字总会送往受灾地区。中央电视台名牌栏目“同一首歌”往往也会配合有关部门开展赈灾义演，基于“同一首歌”栏目的知名度，刘欢、张柏芝、阿杜、谭咏麟、郭富城、古巨基等港台与内地歌手都会纷纷响应，多数新人更是以能参加“同一首歌”义演为荣。同样的例子从中央电视台春节联欢晚会也可以看到，从演出性质来看，中央电视台春节联欢晚会是全国最大规模的“义演”(演员只领取少量劳务费)，不过，中央电视台通过成功的商业运作(如企业赞助、植入广告等)，把春节联欢晚会打造成了一台中国最

“赚”钱的文艺演出——赚取利润靠的不是演出而是广告收入。这是中央电视台利用自身媒体优势,通过商业化运作成功策划的大型演出活动,一方面推动了我国广播电视事业的发展,另一方面众多著名演员甘愿“义演”,性质上仍然属于为“公益事业”(广播电视事业发展)筹款演出的范畴。

“明星义演”“明星义捐”早已成为文艺人文艺活动的演出惯例。明星“大腕”放弃“商演”去“义演”,已成为社会公众衡量他们是否具有高尚情操的道德标准,一个热衷于公益事业、具有“爱心”的明星“义演”走“秀”活动,往往比参加商业演出拿几万、几十万出场费更让人钦佩。明星最缺的不是“钱”,而是良好的公众形象和亲和力。

“义演”虽然也以营利为目的,但与“商演”的本质区别是,把门票等演出收入用来捐赠某项事业或是救济社会灾难,如“5·12”汶川大地震赈灾义演、东南亚海啸赈灾义演、台湾“8·8”水灾义演等。义演一般具有良好的社会效益,能够得到社会和公众的普遍赞扬和认可,还能拉到数额较大的企业赞助和广告费,因而同样具有显著的经济效益。

然而,“义演”作为一种非营业性演出,又往往被一些演出机构、无良掮客和唯利是图的主办方滥用。在社会生活中我们会经常发现把“义演”看做一种“招牌”、“包装”的非正常现象,或者把“义演”作为掠取不义之财的重要平台,“义演不义”、“义演非演”,打着义演旗号“敛财”“炒作”,到底有多少演出收入到达被救助者手上?缺乏有效的社会监督、舆论监督、群众监督机制。如×年×月×日,一场名为“希望之声”的“慈善”演出在××市体育中心举行,参加演出的有港台及内地12名演艺人员,但这次慈善演出活动不仅未能为慈善事业筹集资金,反而给当地造成了重大经济损失,在社会上产生了极为恶劣的影响,经过调查,相关部门对参与其中的两家文化公司分别给予停止半年涉外演出经营资格并罚款及追缴非法所得的处罚决定,而参演明星必须退还所收酬劳,这就是典型的假义演行为。

国务院1997年制定的《营业性演出管理条例》第39条明确规定:“募捐义演的演出收入,除必要的成本开支外,必须全部交付受捐单位,主办单位和演(职)员不得从中提取报酬。组织社会福利性募捐演出,应当经当地县级以上地方人民政府民政部门核准后,报同级文化行政部门审批。”文化部于2002年出台的《营业性演出实施细则》也进一步要求公益性演出以及募捐义演演出活动的演职人员不得获取演出报酬。另外,为了专门规范“义演”(非营业性演出)行为,民政部在1994年制定了《社会福利性募捐义演管理暂行办法》，对“义演”的申办、组织和管理等问题专门作出了规定。国外和港台地区的慈善立法中也有关于“义演”的相关规定。因此，我们所说的真正意义上的“义演”，是指演出团体和演职人员因演出任务需要的义务性和因公益事业需要扶贫济困、倾情演出的社会义务性，是演出单方义务性和演员职业义务性的统一。

③ 出资演出

出资演出简称“出演”，是由单位或个人出资为某一行业或特殊团体进行的演出，一般以丰富本单位或团体职工业余文化生活为目的，或者为开展某项重大纪念活动而进行的演出活动，例如企业的周年庆、厂商的新产品发布会、农村为庆祝老寿星邀请戏班子演出等。出资演出多数是出资方邀请专业演出团体到本单位或指定场所演出，演出一般以发票或组织观众免费入场的方式进行。“出演”的显著特征是演出费用有人“埋单”，观众或其他参与者无需支付任何费用。显然出资演出的目的是为了获取人们和社会公众对自己的认同，实质上是单位或个人面向社会公众或特定人群的一项公共关系活动。

义乌市人民政府在每年的中秋节期间，都会组织“振兴义乌经济促进会”（同乡会）在省会杭州剧院等举行联谊会，义乌市委市政府领导除了向在杭州工作生活的父老乡亲汇报家乡社会经济发展成就外，最后都会安排义乌老乡看一台演出或一场电影，这样的演出就属于出资演出，联谊会和演出所有费用均由义乌方面（政府或赞助商）承担。因为“振兴义乌经济促进会”影响越来越大，每年都有几千人参加，因此从最近几年开始已经有当地赞助商自愿赞助（主要以实物为主，例如赞助会议礼品），企业赞助费用可以适当填补部分政府预算，这种“政府拨款为主、企业赞助为辅”，以联络感情、增进友谊、树立形象，改善社会公共关系为目的的出资演出模式很值得肯定。

（2）无偿演出

无偿演出是指道义上不索取任何报酬的演出，包括送戏下乡、慰问性演出、友情演出和本行业、本系统、本单位自己组织的演出。

① 送戏下乡

这是以建设社会主义新农村为宗旨，以丰富农村业余文化生活为目的，围绕社会主义精神文明而开展的“倡导文明新风尚、共建和谐新家园”的主题活动。相对于城市来说，农村文化生活比较贫乏，农村居民的精神文化生活更需要给予关怀，在这种形势下,党中央、国务院提出了“文化下乡”、“送戏下乡”、“家电下乡”等活动,各级人民政府和文化艺术团体积极组织、踊跃参加,在全国各地掀起了一股“送戏下乡”热潮。这些活动成为加强农村社会主义精神文明教育的一项重要工作,极大地丰富了农村精神文化生活,对解决“三农”(农村、农民、农业)问题具有十分重要的意义。“送戏下乡”一般在农闲时间和节假日进行,演出团体组织优秀演员,自带演出器材、生活用品下乡公益性演出,不收取任何报酬,演出经费主要由演出团体自行解决,或申请政府一定的文艺演出经费资助解决。以此类推,还有演出团体去社区、厂矿、部队、学校、监狱演出。凡是下基层演出并且是无偿的,我们都可以统称为“送戏下乡”。

浙江省舟山市为了庆祝跨海大桥建成,促进渔村文化建设,丰富渔民精神文化生活,在舟山市委市政府的领导下,2009 年专门组织实施“送戏下乡”活动,为期长达半年,取得了良好效果。

案例 6.1:舟山市 2009 年送戏下乡活动

一、指导思想

以“三个代表”重要思想和党的十七大精神为指导,全面贯彻落实科学发展观,紧紧围绕市委“增长为先、转型为本、创新为魂、民生为重、稳定为基”的工作主线,配合跨海大桥建成,迎接大桥时代的到来,加快构建公共文化服务体系,活跃渔村文化生活,提升文化权益保障水平,为开创大桥时代现代化新局面作出积极贡献。

二、工作目标

(一) 围绕党委、政府的中心工作和宣传主题组织开展送戏下乡活动。全年重点以宣传党的十七大精神、国庆 60 周年、迎接大桥时代系列宣传活动为主题,广泛开展送戏下乡活动。

(二) 根据市委市政府要求,全年送戏下乡、进社区 320 场,市、县(区)文化行政部门为实施送戏下乡的责任单位,每年组织送戏到每个乡镇不少于 6 场,确保当地渔村群众每 2 个月看 1 场演出。

(三) 具体指标为:市本级 80 场、定海区 76 场、普陀区 80 场、岱山县 42 场、嵊泗县 42 场。

三、具体措施

(一) 组织文艺工作者创作更多更好符合时代精神、群众喜闻乐见的现代生活题材的艺术作品，开展送戏下乡活动。

（二）主动与有条件、有意愿的企业合作送戏下乡活动。

（三）组织业务骨干，不定期地对基层文化工作者和业余文艺骨干进行指导，吸纳当地的业余文艺团队参加送戏下乡活动。

（四）鼓励当地有特色或有影响的优秀节目参与演出。

四、具体要求

（一）各有关单位必须尽心尽责，认真组织，精心安排。

（二）节目内容必须紧扣宣传主题，健康文明，积极向上。

（三）各乡镇主要领导要亲自挂帅，分管领导具体抓，并安排专人承办，积极配合。

（四）今年演出的地点以大桥贯通沿线的乡镇、村（社区）为主。

资料来源：舟山市人民政府门户网站 http://www.zhoushan.gov.cn。

② 慰问演出

慰问演出是指为生活和工作在艰苦环境或作出重大贡献、突出成绩的行业、团体所进行的演出。如为边防战士进行的慰问演出，为井下煤矿工人进行的慰问演出，为老少边穷地区人民进行的慰问演出，战时深入前线慰问前方将士的演出，为抗洪、抗台、抗震作出突出贡献的解放军、救援团体进行的慰问演出等。随着公益休闲活动的开展，这些年来一些影视明星也开始到孤儿院、敬老院、儿童福利院和孤寡残弱家庭等弱势群体进行演出，真正体现了人性的呼唤、真情的回归。

（3）友情演出

友情演出是指演出团体或演出团体中的演员与某单位或某团体建立了长期合作关系，或因某事建立了真挚的友谊，遇某单位或团体举办重大活动时，演出团体或演出团体中的演员到有长期合作或建立友谊关系的单位或社团进行演出。友情演出又分两种情况，一种是演出团体为单位或某团体组织一整场演出；另一种是演出单位的演员参加该单位和团体自己组织的演出，为其演出增光添彩。本行业、本系统、本单位的文艺骨干以丰富业余文化生活，展现本行业、本系统精神风貌，展现企业文化、社区文化等所组织并参与的演出，演出不仅没有报酬，甚至还要倒贴或者牺牲大量业余时间，对这些演出我们统称为“友情演出”。（如图 6.1）

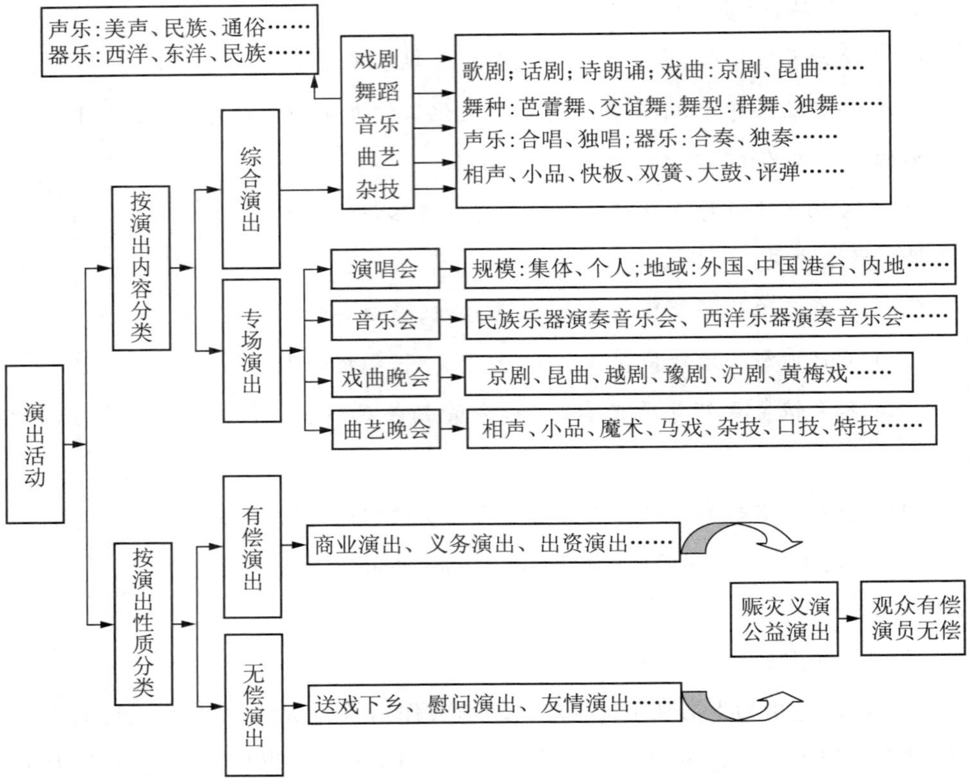

图 6.1　文艺演出的类型

第三节　演出活动策划

演出策划就是对演出活动的总体谋划与构想,成功的演出需要精心、周密、新颖的统筹与计划。演出统筹与计划完成后便形成演出可行性方案或者总体框架方案,接着便是按照演出方案进行紧锣密鼓的筹备。演出策划(谋划、筹划、计划)包括演出组织机构的成立,演出主题的确立,演出内容与形式的策划,演出宣传与推广的筹划,演职人员的邀请与排练,演出时间、地点的确定,演出舞台、场景、道具、服装、灯光、音响、氛围等一切物质条件的准备,演出节目的编排与演出流程实际操作等内容。

一、成立演出活动组织机构

演出的组织机构根据演出规模设立演出组委会或演出领导小组，对演出总体负责、总体计划，把握整个演出的原则和主题。具体执行工作由演出组委会办公室或演出领导小组办公室负责，有些演出或活动需要申办，前期工作由演出活动申办领导小组和办公室完成，申办成功后组织机构身份及时转换为演出组委会或演出领导小组以及负责具体工作的办公室，这是目前国内活动组织机构的普遍做法（国外通常会设立活动秘书处，秘书处设秘书长或执行官，机构简练、高效）。健全、完善、得力的组织机构是演出成功的组织保证。特别是大型综合文艺演出，一般都应设组委会，并在组委会下设若干个职能机构，分工合作，协同作战，使整个演出活动有组织、有计划、有步骤地进行。

演出的组织机构因演出需要而设，是一个临时性非常设机构。机构成立多由与演出密切相关的单位，如上级主管部门，主办、协办、承办、赞助单位，专业团体等单位临时抽调领导、骨干人员组成，在演出期间完成演出的各项任务。如果派出机构领导或骨干人员发生变化应当及时进行替换补充，以免影响整个演出工作。

演出组织机构的设立，一般遵循以下原则。

（1）为加强对演出各项工作的全面领导，提高演出的社会知名度，使演出所涉及的单位和个人团结协作、密切配合，演出组委会或领导小组的主任或组长应由主要领导担任，可以是上级主管部门领导，也可以是主办单位领导。如需要还可设立名誉主任，聘请更上级领导或社会知名人士担任，例如邀请演出组委会主任的上级领导或著名艺术家担任。副主任由与演出相关的单位负责人担任，委员由组委会主任、副主任、职能部门负责人及著名演艺界人士组成。演出组委会或领导小组分管副主任可以兼任办公室主任，参与组委会的决策并且是组委会决策意见的具体执行者、协调者，是演出的直接主要责任人，需要具备组织能力强、业务水平高、协调能力强、精明能干等基本素质。各职能部门负责人需由具有负责本部门工作经验、具有协作精神和开拓精神的人士担任。

按照职责分工，西湖博览会开幕式演出属于文体工作部，而杭州市委宣传部副部长汪小玫又是文体工作部主任，因此，作为杭州西湖博览会开幕式演出责任部门的文体工作部，实际上又成为演出组委会，职能机构还可以进一步细化。就像组委会办公室一样,每个职能部门都有自己的项目班子。这是政府主导型活动组织机构的独特之处(如图 6.2)。

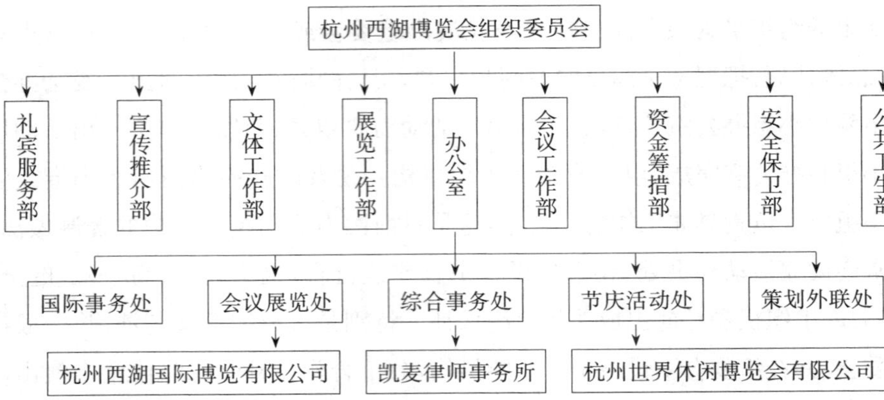

图 6.2 杭州西湖博览会组织机构图

(2) 组织机构成立之后,应由组委会主任召集会议,明确工作职责、目标任务,研究演出方案。在筹备过程中经常听取有关准备情况的汇报,检查督促各项工作的落实情况,并提出指导性、建设性的具体意见。

(3) 组委会日常工作由演出组委会办公室或演出领导小组办公室负责协调,一般可以通过办公会议、联席会议、协调会议、专题会议等形式进行,各职能部门之间要加强协作,密切配合。

二、确定演出活动的名称和主题

演出名称要合乎规范,符合演出名称构成的基本要素,方便观众记忆、传播。在演出名称确立之前可以提出多种方案,然后在若干个备选方案中选出最佳名称。演出主题要求鲜明突出,使之成为统帅演出内容与形式的灵魂。成功的演出都是演出主题与演出内容和形式的完美结合,如"奥林匹克魂"演出主题的基本诉求如下。

(1)"奥林匹克魂"晚会是国际奥林匹克大家庭的一次盛大聚会,主要体现在奥林匹克运动精神的感召下,全人类团结、和谐与共同发展的美好心愿。

(2) 奥林匹克运动的主要特点之一在于体育和艺术的完美结合,而奥林匹克会歌与主题歌正是这种结合的结晶。它以音乐的形式传达出永恒的奥林匹克精神的灵魂，它是人类文化的宝贵遗产。

以大型音乐晚会形式将历届奥林匹克主题歌集中展示在人们面前，这在国际奥林匹克运动史上是第一次，是中国人民对国际奥林匹克运动的特殊贡献，也是中央电视台在建台35周年之际献给中国人民及国际奥林匹克大家庭的一份厚礼。

(3) 晚会主题在于弘扬永恒的奥林匹克精神，使晚会能够建立在一个可为国际社会广泛接受的高起点上。这样可以避免由于过分强调争当奥运会主办国所导致的逆反心理。不论国际奥委会投票结果如何，这一天都将是国际奥林匹克大家庭的盛大节日。“奥林匹克魂”演出的真正意义在于，它标志着奥林匹克精神的火炬将被人类传送到21世纪，全人类都将为争取到举办机会的国家感到由衷的骄傲。

(4) 本次“奥林匹克魂”演出晚会在9月23日国际奥林匹克委员会投票前的关键时刻举行，是中国向成功申办奥运会最后冲刺战略部署中的重要组成部分。

(5) 奥林匹克主题音乐的重要特点在于他们都是以大型乐队为基础的广场音乐，这些主题歌大部分可以被看做是高雅音乐作品的精品。组织这样一场晚会，可以充分展示以中国中央乐团为骨干的我国高雅艺术事业的雄厚力量，并会对推进我国严肃音乐事业的发展起到积极的作用。

三、演出活动的内容与形式策划

演出内容主要指节目是高雅艺术还是通俗歌曲？是歌舞晚会还是相声小品？是戏曲汇演还是联欢活动？演出内容策划主要体现在对节目内容的选择和编排上。演出形式主要指演出的方式和风格，是室内演出还是露天演出？是夜晚演出还是白天演出？是借助声光电技术还是平常演出？演出形式多种多样，表现的效果千差万别，例如是否利用灯光演出效果是完全不一样的。

1. 演出节目内容的选择

在选择演出节目内容时应体现以下原则：①紧紧围绕演出主题选择节目；②节目质量要高，精益求精；③各类节目按比例搭配；④形式与风格内容相统一；⑤在时间、场地、设备条件允许的范围内编排节目。

(1) 综合性演出的节目内容选择

应考虑到节目内容要适应不同年龄、不同层次观众的需要，使各种类型的节目在演出中均占一定比例。各类节目如歌舞、相声、小品、戏曲等，可以在演出中平均分配,也可以根据需要重点突出某一类节目。同一类型的节目在演出中应以表现内容、风格形式加以区别,避免雷同和单调。另外,选择节目内容时,还应考虑到各类节目风格形式的特点,内容安排起伏跌宕,观看演出高潮迭起,场内气氛严肃、凝重与轻松、活泼相结合。

(2) 专场演出节目内容的选择

戏剧、小品专场演出应以其所反映的生活内容、社会现象为参照选择节目,针砭时弊,内容健康,发人深省,但不能以取笑、挖苦残疾人和社会弱势人群为乐。戏曲专场演出,如果是综合剧种专场演出应重点考虑各个剧种在演出中的比例;如果是单一剧种专场演出应着重考虑不同风格和流派。音乐会的节目选择,从形式上要考虑合奏、重奏、独奏的比例,从曲目上要考虑曲目的大小和长短,名曲与新曲结合,古典与现代结合。

2. 节目内容的编排

节目内容的编排应根据节目类型、风格特点、节目预期效果按一定顺序编排,一般应体现以下原则。

(1) 开头

演出的第一个节目,安排先声夺人,要求精彩、新颖、热烈,使演出一开始便能抓住观众,造成理想的剧场效果。如中央电视台春节联欢晚会每一年晚会的开头都很新颖、热烈、欢快,或以著名演员率领庞大阵容出场达到演出现场欢乐气氛开头,或以其浓郁民族特色的大型歌舞、群舞开头,形成欢快祥和、蓬勃向上的热烈场面,从而使观众感受到举国同庆、全家欢乐的喜庆节日气氛。有的演出则根据场景、道具、设备和节目连贯要求,把大节目如大合唱、大合奏、大场面的舞蹈编排放在第一个节目,气贯全场,掌声雷鸣!有的演出特意编排第一个节目用以明确体现演出主题。

(2) 结尾

演出最后"压轴"节目需将演出推向高潮,给观众留下强烈的深刻的印象。一般应选择场面宏大、质量高、效果好、著名演员表演的节目,压轴节目的后面通常安排全体演员或演职人员上场谢幕。有时也将压轴节目同演员谢幕合二为一,形成新颖别致的结尾。

(3) 连贯

演出节目必须连贯安排,防止冷场、卡壳。任何演出中的节目内容相对而言都有质量高低、风格相异的区别。因此,在编排节目内容顺序时应按质量高低、风格不同将节目交替安排，从而使演出避免单调、高潮迭起。

（4）交叉

同一类型的节目应交叉安排，不能鱼贯而出。如一场演出可能出现3—5个相声或小品，这样就不能把这一类节目安排在一起演出，而应同其他类型的节目如歌舞、戏曲等交叉表演，使演出不断变幻，错落有致。

3. 演出形式与风格

演出的表现形式和风格多种多样，在演出时，节目内容常常借助舞台灯光、音响、布景效果等辅助形式加以表现，升华和拓展演出效果。如舞蹈或伴舞服装华丽，常借助释放干冰烘托歌舞气氛，使演员在表演时如在云雾之中轻歌曼舞。在小品或朗诵中配上适当的音乐，可以升华节目的主题，起到摄人心魄的艺术效果。灯光能够制造出各种舞台效果，根据节目内容需要，可以选择各种灯光效果。

4. 灯光、场景、布景效果

蓝光可以衬托场景氛围的阴森、恐怖和神秘；自然光可以制造出旭日东升、春光明媚，也可以制造出日照中天、烈日炎炎，还可以制造出夕阳西下、黄昏暮色；橘红可以烘托出祥和、喜庆、温暖的气氛。吹泡机吹出的泡泡可以表现如幻的童话世界，雪花可以营造出冰天雪地的感觉，等等。演出策划要根据节目内容需要进行细致合理的灯光、场景设计。布景指在舞台天幕上绘制成投影而成的画面，布景的运用可以使观众有身临其境的真实感，现代激光、背投、动画、三维技术已经十分发达，通过加大投入，完全可以应用到演出效果中去。舞台效果的运用可以模仿各种自然界的现象，如摇动大张三合板可以模仿闷闷的声音；摇动薄铁板可以模仿惊雷的声音；拨动风车可以模仿刮风的效果；扬洒纸屑可以营造大雪纷飞，等等。

四、演职人员的邀请与节目排练

演职人员的邀请与节目排练由演出组织机构中的节目部具体负责。演员包括在舞台上表演节目的主角和配角、伴奏、伴唱、伴舞、主持人等人员。职员包括导演、副导演、导演助理、舞台监督、灯光师、音响师、效果、舞美、剧务等人员。

1. 邀请演职人员

（1）根据节目内容需要邀请演员

在确定节目内容之后，便可邀请演出节目的演员。有的节目已经演出过，可邀请节目的原班人马参加演出;有的节目尚未排演过,可邀请合适的演员进行排练,准备演出。演出组织者在邀请演员时,一定要以礼相待,并讲明演出的主题,尊重演员本人的意愿。邀请集体演出单位,应事先与集体演出单位负责人联系,出具组委会邀请函,并需要具体落实参加演出的要求和条件。

(2) 根据邀请演员情况决定节目内容

在不违背演出主题的前提下,演出可以根据演员邀请情况决定节目内容。在实际操作中邀请演员可能与设想方案有较大差距,特别是著名演员,演出任务较多,需要与演员具体商量把参加各种演出的档期错开。要两人以上的表演节目,还要考虑到演员是否均能参加演出。总之,要根据演出或演出单位的实际情况确定节目内容。

(3) 邀请演出职员

首先是导演和导演团队的邀请,导演是整场演出的领导者、指挥者,一般在演出组委会成立之后,就要立即确定演出的导演团队。

其次,确定演出的主持人。主持人是整场演出的灵魂人物,导演在幕后,主持人在台前,讲究互相配合、达成默契。演出主持人的确定可以根据演出内容、风格形式的特点,选择不同风格的主持人。如交响音乐会应选择口齿清楚、声音洪亮圆润、仪态端庄大方者担任主持人。联欢晚会应选择经验丰富、头脑灵活、应变能力强、诙谐幽默风格的担任节目主持人。

一般演出的节目主持人为一男一女,根据实际需要主持人也可以是两人以上,或由一人主持节目,节目主持人在服饰的选择上一定要与演出内容、风格形式协调相称,否则就显得滑稽可笑。两人以上(包括两人)男女主持人的服饰的式样、颜色也要互相协调,不能反差太大。

最后,邀请舞美、灯光、音响、舞台监督与剧务人员。

舞美负责舞台的装潢、设计。如演出会徽的设计创作、布置的设计制作、道具的设计制作、布景的设计制作、舞台整体效果的设计与装饰等。

音响是现代演出必要的辅助表现形式之一,演出音响人员负责音响设备的安装、调试。如根据演出需要确定音响功率,主辅音响箱、反馈音响的摆放,话筒的准备,所需线路的连接等。演出时音响师需根据演出内容的需要,调节音量大小,控制各路输出,适时放送各种所需音响效果等。音响师应与导演在演出前共同设计每个演出节目的音响需要。

灯光，也是现代演出必要的辅助表现形式之一。灯光人员负责演出灯光的安装与调试。如面光灯、地排灯等各类各色灯光位置的安装摆放，调光台与灯光的线路连接等。灯光师也须在演出前按照演出要求与导演共同设计每个演出节目的灯光需要。

舞台监督是演出职员中必要的角色，主要负责“叫场”，按照节目顺序提醒演员上、下场，督促剧务人员按时摆放演出所用道具。舞台监督在演出中须与导演保持密切联系，如果导演需要临时调整节目顺序，舞台监督则是具体执行者。舞台监督须对整场演出做到心中有数，并对每个节目的内容、形式了如指掌。这样才能使演出连贯、有序。

剧务，主要负责演出过程中的各种劳务性工作，如运送并在演出时摆放道具、调整话筒、升降幕布、制作效果，配合灯光、音响、舞美工作等。剧务在演出中工作较为繁重，需要由多人完成剧务工作，并分工合作，密切配合。在摆放道具时，为了尽量缩短节目间隔时间，剧务人员需要在舞台监督的具体指导下，迅速准确地摆放好下一个节目所需道具。

2. 演出节目的排练

演出节目的内容确定之后，导演即按演出总体设想和要求开始组织演员排练节目。

(1) 单个节目的排练

在演出准备期间，导演需要对每个节目提出具体意见和要求，并根据演出构想对节目进行排练。现成的节目可以不经排练直接照搬，也可以根据本场演出需要对原有现成节目进行必要的改编加工；新排节目则需由导演组织创作人员、演员、职员对节目进行具体排练。

(2) 按节目类型分组排练

导演安排同一类型的节目集中排练。如演出中有 4 个小品节目，或 3 段相声，把几个小品或相声节目安排在一起训练，分别指导，可以使同一类型节目在演出中表现出此类型节目的不同侧面和风格。因时间、场地等客观条件需要可以把不同类型的节目安排在一组进行排练。如将对场地要求较严格的舞蹈、话剧片断、戏曲等安排在一组训练。

(3) 彩排

彩排是演出前的预演，演出组织者在个别排练和分组排练的基础上，把演出的所有节目集中进行整体排练。主要是让演员熟悉场地,感受实地效果,使灯光、音响效果、剧务等与节目相合拍,发现问题及时调整。彩排可以根据实际需要进行一次或多次彩排。彩排不仅排练演员及节目,也是对职员的排练,是对整个演出准备工作的检查。彩排时,演职人员需按正式演出要求把节目按预定顺序预演一遍,即使个别大牌明星不能参加彩排,也要争取让其助理尽可能亲临彩排现场,以便正式演出时协助把握出场次序和演出气氛及节奏。彩排由导演负责统一指挥,组织机构成员应观看彩排,发现问题并提出修改意见。彩排时根据要求可以重复排练个别节目,也可以只排练个别节目的开头和结尾。彩排可以根据实际情况对演出预案进行调整或改动。彩排之后便将演出整体框架模式固定下来,正式演出则按彩排后的框架模式顺序进行,因此彩排是演出准备的必要环节。

五、演出活动的广告宣传策划

演出无论是组织观众还是公开售票,无论是内部演出还是社会公演,都需要有必要的宣传广告,用以吸引观众、扩大影响。

1. 制订详细周密的演出宣传计划

演出宣传计划内容主要包括宣传主题、广告定位、宣传内容、广告进度安排、宣传媒体选择、媒体合作计划、项目招商(赞助)安排等。

2. 按宣传计划设计宣传途径和形式

(1) 广告宣传

面向社会的演出一般都在报纸、广播电台、电视台、户外、网络等各种媒体进行广告宣传。广告宣传应包括以下内容:演出名称、演出宗旨、演出主题;演出主办、协办、承办单位;演出节目内容、主要演员介绍;演出时间、地点、场次安排;售票地点、票价;联系人、联系电话等。

(2) 海报宣传

是指用张贴海报的方式宣传演出,招徕观众。商业性演出的海报多张贴在演出场地门前的广告牌上,内部演出海报多张贴在单位内部的公告栏上。海报内容与登报宣传内容大体相同。

(3) 演出现场氛围

是指在演出现场内的显要位置,张贴标语、口号、宣传品,悬挂宣传物品等。

(4) 运用宣传品、纪念品宣传演出

宣传品一般指为演出而准备的宣传印刷品,如主要演员肖像、节目单等。

印刷演员肖像可以使观众在演出前观赏演员风采,调动观众观看演出的积极性。

一般较为正式的演出都需印制节目单。节目单有三个作用:①使观众明确演出主题;②使观众了解节目顺序和出场演员;③作为观众观看演出的纪念。

节目单内容包括如下要素:封面设计,演出宗旨,演出节目顺序,出场演员,主办、协办、承办、赞助单位,演出时间、地点,职员表等。

节目单的设计应体现以下原则:

① 封面设计简洁、明快、新颖,体现演出主题;

② 内容准确、全面;

③ 印刷制作力求精美。

演出还可以设计、印刷一些纪念品,馈赠观看演出的领导、来宾、演职人员、工作人员及观众。常见的纪念品如徽章、手提袋、领带卡、文化衫等。演出还可以提供饮用水、荧光棒、小气球、节目单,露天演出还要提供望远镜、雨披等。

六、演出的物质条件准备

(1) 演职人员在演出排练及演出期间的食宿行安全;

(2) 特邀嘉宾、贵宾的食宿行安排;

(3) 演出经费的筹集;

(4) 演出所用灯光、音响、道具的调剂、制作准备。

七、演出的实际操作

当演出的一切准备工作完成后,即按演出时间在演出地点进行正式演出。

在演出过程中,导演是演出的总指挥,演职人员必须服从导演的调动和指挥。

演出前,所有演职人员必须全部到位,并做好各项准备工作。导演应在演出即将开始前检查各项准备工作,如演员到位情况,灯光、音响,道具准备情况,舞台监督、剧务等人员的到位情况,主持人准备情况等。当各项准备工作就绪之后,并到达演出开始时间,导演即可下令演出开始,以主持人初次登场亮相为标志。有的演出开始时不是主持人先登场,而是以序幕的形式拉开演出序幕。

演出开始后演职人员应团结协作,密切配合,按预先定好的演出顺序有条不紊地进行。如演出中出现意外情况,如演员或道具未准备好,灯光或音响出现意外故障等情况时,需要主持人灵活机智地稳定观众情绪,以免出现尴尬的场面。

演出结束后,在安排演员谢幕时,可事先安排向演员献花,邀请领导或贵宾上台接见演员并同演员合影留念。

在演出中一般应严格执行预先定好的演出程序,但以下特殊情况也可以对预定程序进行适当变更。

(1) 已到达演出开始时间、但观众到达数量不及一半,或主要领导或贵宾尚未到达,可适当推迟演出开始时间;

(2) 演员有特殊情况提出先演或后演,或演员因故未到,可对预定节目顺序进行微调或取消该节目;

(3) 如出现停电、失火等无法抗拒性突发情况时,可立即中断演出,同时做好观众疏散和抢救工作。

第四节　演出活动组织

一场演出从筹划到实施直至演出的结束,是一个完整的组织过程,中间环节较多,并有一定的规律性,就演出的整体框架结构而言,大致包括演出名称、演出主题、演出时间、演出地点、演出宣传口号、演出主办单位、演出协办单位、演出承办单位、演出赞助单位、演出组委会成员、演出节目安排、演出阵容组织、演出形式、观众构成、演出性质、演出经费预算及经费来源、演出电视转播等环节。

一、演出活动名称确定

每一场演出都有其名称,并以各种形式在演出中得到体现。演出名称一般高度概括演出宗旨和演出内容。有的演出名称直接体现演出内容和演出宗旨。如“苏丹民族民间歌舞晚会”“希望工程全国百场巡回义演”“2009 年香港‘8·8’台风关爱行动募款晚会”等。有的演出名称间接体现演出宗旨和演出内容，如“奥林匹克魂”“难忘今宵”“同一首歌”等。演出名称多数由演出主办者确定，以高度概括、短小精悍为原则，切忌名称太长，一是观众难记，二是不易在演出中具体体现。

演出名称是演出活动的“眼睛”，一般来讲由基本部分、限定部分、补充部分等三部分内容组成。基本部分表明演出活动的性质和特性，限定部分表明演出活动的规模、范围，补充部分表明演出活动的时间、地点。如 2009 年香港“8・8”台风关爱行动募款晚会的基本部分、限定部分、补充部分内容如图 6.3 所示。

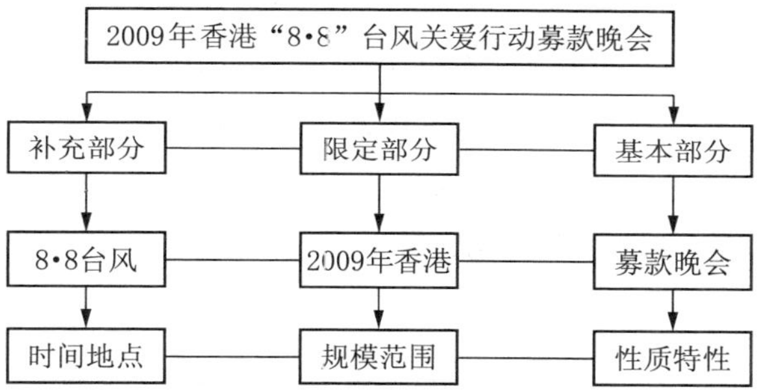

图 6.3　文艺演出名称的组成

二、演出活动主题确定

主题是演出活动的灵魂，是演出项目的核心和关键。演出主题体现演出目的和意图。如为纪念中国电影 100 周年，2005 年 5 月 29 日，中央电视台“同一首歌”栏目在长春电影制片厂世纪城举行的演出，就是一场以电影为主题的演出，庆祝中国电影百年华诞。任何演出都有其主观目的和意图，演出的宗旨和主题都应该是积极健康的，以弘扬社会主义新风尚为主旋律，有利于社会的繁荣与稳定、改革与发展，而不能与国家安全和社会稳定唱反调。

演出主题的确定，应该反映社会新气象、揭示时代主旋律、弘扬时代新精神、丰富人民新生活。特别是与活动相配套的演出，在强调大众化、通俗化的同时，要注意不能庸俗、低俗，甚至恶俗，坚决贯彻中央关于反对“三俗”的精神。文艺演出要符合绝大多数人的审美观、价值观和道德情操，演出内容要以丰富人民群众业余文化生活为目的，为社会主义精神文明建设作出新贡献。

以行业系统职工为主的演出主题诉求，要反映行业系统的工作性质和特点，体现行业系统职工的精神风貌,促进本行业系统进一步繁荣发展;以学校学生为主的演出主题诉求,要反映校园文化、展现学生风采,促进学生身心健康;以部队官兵为主的演出主题诉求,要有利于激发官兵的爱国热情,增强组织纪律观念,树立无私奉献精神,树立保家卫国的责任感和使命感;以机关企事业单位小范围的演出主题诉求,气氛则可以适当宽松一些,一般以增进友谊,加深了解,加强团结,活跃气氛,培养集体主义、团队精神为主,必要时可以与单位年终奖励、游戏活动、现场抽奖结合起来;外事活动的演出主题诉求,则应从展现民族精神、民族文化、民族尊严、国家形象、社会风貌、友好交流、促进和平等理念寻找灵感。

2008 年杭州西湖博览会(2010 年正式更名为"杭州西湖国际博览会")开幕式演出文艺晚会,以"普天同庆十七大、全民共享新西湖"为主题,盛大演出首次在西湖水面上举行,如诗如梦如幻的恢弘场景在人间天堂得到了真实再现,充分体现了"东方休闲之都,生活品质之城"的无穷魅力。

案例 6.2:中国杭州西湖博览会开幕式文艺晚会

第九届中国杭州西湖博览会(以下简称"西博会")开幕式"人间天堂"文艺晚会于 2008 年 10 月 27 日晚在中山公园复旦光华牌坊前的西湖湖面上隆重举行,来自海内外的宾客和近万名观众汇聚西子湖畔观看了这台以"荷花为台、湖水为幕"的精彩演出。晚会是杭州打造"东方休闲之都,生活品质之城"的艺术盛宴,是体现杭州"精致和谐、大气开放"人文精神的精彩演出。整台晚会绚丽夺目,多姿多彩,给人留下了深刻印象。

一、主题突出,特色鲜明

晚会紧紧围绕"普天同庆十七大、全民共享新西湖"的主题,以创新的理念把晚会办成了一台欢庆党的十七大胜利召开,具有时代特征、民族特点、杭州特色的大型文艺晚会,把观众带入了如梦如幻、如痴如醉的艺术境界。现场通过 LED 电视彩幕,多角度、多视点、全景式进行"三评西湖十景"的最终发布。通过浙江卫视、杭州电视台综合频道的直播,全国观众与杭州人民共同见证了这一历史性的时刻。

二、回归西湖,明珠璀璨

西湖是杭州人心目中的明珠,是 660 万杭州人民的骄傲。在杭州白堤之上,中山公园的西湖水域内,西博会文艺晚会的序幕徐徐拉开。这是西博会开幕式文艺晚会从1929年首届西湖博览会后再次回归到西湖核心景区，也是本次开幕式文艺晚会最大的亮点。晚会由一个主舞台和两个分会场组成，5000平方米的巨大舞台上盛开着一朵直径为35米的巨型荷花，演员们在荷叶间翩翩起舞，分会场设在断桥与锦带桥、锦带桥与平湖秋月之间。西湖的三潭印月、阮公墩、断桥、苏堤等，全部成了这台晚会的梦幻背景，“接天莲叶无穷碧，映日荷花别样红”的场景就是本届西博会文艺晚会华丽舞台的生动写照。

三、创新出彩，意境优美

本次开幕式文艺晚会舞美让人眼前一亮、叹为观止。当舞台七彩灯光亮起、绚丽焰火冲向天空，梦幻般的意境和湖光山色融为一体。荷花舞台摇曳生姿，同不远处真正的田田莲叶遥相呼应；舞台的大“花瓣”上，错落点缀着9个大小各异的圆形彩屏，犹如晶莹剔透的水珠滴落在荷花之上。晚会采取环湖亮灯、播放新十景影像资料、引用印象西湖最佳片段等手段，将美丽的西湖夜景与晚会精彩节目结合起来，展示最美的自然风光和艺术效果。同时，邀请了国内一流的音响设计师、特效师和灯光师，音响效果的震撼，特效的组合变幻以及灯光的运用，为晚会增光添彩。

资料来源：杭州市政府门户网站 http://www.hzxcw.gov.cn。

三、演出活动时间安排

演出时间是指演出的时间点、时间段，是时间范围的概念，而不仅仅是指什么时间演出开始。广义上的演出时间包括演出活动的筹备、开始、介绍、后续时间，在会展活动策划中统称为时间进度计划（可以利用“甘特图”来表示），尤其是演出时间要求准确到“秒”，演出音响、灯光、动画、特效、场景等要求电脑合成、自动控制。

演出时间进度计划要根据演出准备情况、演出场地日程安排等进行具体准确设定，一般应有年、月、日、时、分、秒的时间进度安排。演出时间进度计划一旦确定，一般情况下不能更改，尤其是演出开始到结束的时间不能改变，防止演出冷场、爆场，以免给观众带来不必要的麻烦和损失。演出预告一经新闻报道、广告宣传或者售票活动开始，并明确演出内容、时间的，就不能更改——除非是不可抗力因素的影响，但也必须及时向观众说明原因，争取观众的谅解和支持，并做好退票补偿处理。

在确定演出时间尤其是重大演出时间时，还要把彩排时间计算在内。彩排是正式演出前的必要演习，是对演出前各项准备工作的全面检查，因而彩排时间的确定也很重要。而且为了有时间解决彩排中出现的问题,最好使彩排时间与正式演出时间有一定的间隔。对于巡回演出应确定总体准备时间,前面的演出要求确定到日,后面的演出可先确定到年、月。

演出时间具有很强的时效性,如"奥林匹克魂"演出,旨在弘扬奥运精神,为申办奥运会增加胜出机会,因而必须在国际奥委会投票日期前举行,否则就失去意义和所要达到的效果。重大活动的开幕式演出一般都在开幕前一天举行,如果在重大活动开幕以后进行,效果就会大打折扣。这就是大家普遍觉得闭幕式晚会没有开幕式晚会更吸引观众的原因所在,因为经过一段时间后大家的审美观也开始视觉疲劳了。

同样道理,各种节日的庆祝或纪念演出时间必须在节日之前或节日当天进行,过期则会失去庆祝或纪念节日特有的气氛,从而失去了庆祝或纪念的意义,甚至会有些不伦不类。如纪念"五四运动""一二·九运动"的演出是在5月4日、12月9日之前或在当天。中央电视台举办的中秋联欢晚会、春节联欢晚会都安排在中秋之夜、除夕之夜,都是严格遵循了演出时效性的原则和规律。

四、演出活动地点安排

演出场地的确定是根据演出规模、演出节目类型、演出预算安排,演出物质条件和设施情况以及演出的预期效果等因素进行比较后确定的。一般可设在影剧院、音乐厅、宾馆饭店、茶苑酒楼、体育馆、体育场、大会堂、露天广场等地举行。演出场地选择还要考虑音响、灯光、场景、道具、舞美效果,无论在什么地方演出,都需要演出专业音响,一般来说会议音响是不能用来演出的。夜晚演出还需要进行舞台灯光和照明设计,利用舞台灯光效果更加能够表现演出艺术和手法。舞台搭建、演出道具、观众看台一定要考虑安全,尤其是对承重量要留有足够余地。

2010年3月13日下午,著名导演陈凯歌携主演葛优、张丰毅、王学圻、范冰冰、黄晓明等赴山西省阳泉市盂县藏山举办电影《赵氏孤儿》启动大典。群星荟萃,星光熠熠,启动活动引来众多群众围观,不少人冲过"安全线"踏上为媒体专门搭建的采访平台,致使媒体平台因超重而坍塌,现场扬起了大片灰尘。本次事故造成10多名记者受伤,尽管事故发生后,活动主办方主持人仍然高声宣布"大会继续",但事故发生使著名导演陈凯歌执导的《赵氏孤儿》启动大典声誉大受影响,陈凯歌、陈红夫妇为此多次向媒体和公众道歉，活动结束后陈凯歌、陈红夫妇还在第一时间赶赴医院看望伤者，并向受伤记者表示深深歉意。演出场地选择有必要从该事件中吸取教训。

五、演出活动宣传口号

宣传口号响亮、好记，生动、直观，直截了当地反映演出主题（故又称“主题口号”），具有很强的鼓动效果，可以强化观众视听，印象深刻，使演出主题深入人心，拓展演出活动的社会效益。一般来说，活动的主题口号可以直接作为演出的宣传口号，如 2008 年北京奥运会主题口号是“同一个世界，同一个梦想”（One World，One Dream），当然也是 2008 年北京奥运会开幕式的宣传口号。开幕式当晚盛大的演出活动，尤其是著名歌星刘欢、莎拉·布莱曼合唱的《我和你》主题曲，更将开幕式文艺晚会推向了高潮！但是，在多数情况下活动主题还不能直接用来做宣传口号，尤其是活动主题设定不够简洁、明了的情况下，更需要通过发挥我们的聪明才智，开发策划出更加具有震撼力、吸引力的宣传口号。

背景资料：“同一个世界　同一个梦想”(One World, One Dream)

“同一个世界，同一个梦想”，集中体现了奥林匹克精神的实质和普遍价值观——团结、友谊、进步、和谐、参与和梦想，表达了全世界人民在奥林匹克精神的感召下，追求人类美好未来的共同愿望。尽管人类肤色不同、语言不同、种族不同，但我们共同分享奥林匹克的魅力与欢乐，共同追求人类和平与发展的理想，我们同属一个世界，我们拥有同样的希望和梦想。

“同一个世界，同一个梦想”，深刻反映了北京奥运会的核心理念，体现了作为“绿色奥运、科技奥运、人文奥运”三大理念的核心和灵魂的人文奥运所蕴含的和谐的价值观。建设和谐社会、实现和谐发展是我们的梦想和追求。“天人合一”、“和为贵”是中国人民自古以来对人与自然、人与人、人与社会和谐关系的理想与追求。和平进步、和谐发展、和睦相处、合作共赢、和美生活是全世界的共同理想。

“同一个世界，同一个梦想”，文简意深，既是中国的，也是世界的。口号表达了北京人民和中国人民与世界各国人民共有美好家园、同享文明成果、携手共创未来的崇高理想;表达了一个拥有5000年文明,正在大步走向现代化的伟大民族致力于和平发展、社会和谐、人民幸福的坚定信念;表达了13亿中国人民为建立一个和平而更美好的世界作出贡献的心声。

中文口号"同一个世界,同一个梦想"中将英文口号"One"用"同一"表达,使"全人类同属一个世界,全人类共同追求美好梦想"的主题表现得更加突出。英文口号"One World, One Dream"句法结构具有鲜明特色。两个"One"形成优美的排比,"World"和"Dream"前后呼应,整句口号简洁、响亮,寓意深远,东西方文化融合的空间让我们驰骋美丽的想象,语言简明,意味深长,最简单的往往是最好的,让我们铭记,让我们永远不忘!

六、演出活动举办单位

主办单位是演出的主要发起者、领导者和组织者。多数由具有广泛影响和良好信誉的政府机关如文化部、文化局等,文艺团体,新闻机构如电台、电视台、报社、杂志社等,群众团体或企业作为主办者。主办单位一般应具有较强的社会号召力,并具有较为雄厚的人力、物力和财力条件,为演出的成功举办提供可靠而有效的保证。主办单位可以是独家主办,也可以是多家联合主办,以壮大声势,扩大影响。

协办单位是协助主办单位完成演出的单位。协办单位一般应在人、财、物方面给主办单位以部分支持或承担部分演出任务,并能借助演出提高单位的社会知名度。演出可以是一家协办,也可以是多家协办。

承办单位是指承接、承担或承包主办单位的演出任务,对演出进行具体筹划和组织实施的单位。承办单位应具备比较充分的演出承办条件,并接受主办单位和演出组委会的领导、指导和监督,向主办单位和组委会负责,演出可以是独家承办,也可以是多家承办。如大型音乐会"奥林匹克魂"就是由中央电视台主办,美芝灵电视发展公司、前景演出公司承办。

赞助单位是指以实物、资金、义卖、义工等形式资助演出的单位。赞助单位多为经济实体型,有较为雄厚的资金基础,赞助的目的是为了获取更大的回报。赞助回报的方式主要有冠名赞助、合作单位、指定产品、指定代理等,根据不同的赞助金额给予不同的回报政策。赞助单位也可以作为协办单位或支持单位名义出现。

赞助者一般以资助的方式赞助演出,一方面表明赞助者对演出的关心与支持,追求社会效益；另一方面以资助为条件，要求演出为其产品或商品做广告，或请单位负责人或产品在演出中与观众见面，从而提高单位或产品的知名度，追求经济效益。赞助单位有时也参与演出的组织筹划，具有一定的决策权。演出可以是独家赞助，也可以是多家赞助。中央电视台春节联欢晚会的成功之处就是吸引了大量的企业赞助商参与赞助，而中央电视台给赞助商最大的回报就是现场广告（包括植入广告）和春节联欢晚会的贵宾入场券。

在演出中，主办单位是必不可少的角色，而协办单位、承办单位、赞助单位的有无可根据演出的实际需要而定。演出如不出现承办单位，则演出的具体筹划和组织实施可由主办单位筹建项目班子具体落实。

七、演出活动组织机构

组委会是专门为演出而设立的组织领导机构，规模盛大的演出一般成立组委会，演出组委会成员单位多数是与演出活动紧密相关的单位或部门，组委会委员则由成员单位的主要负责人组成。规模较小的演出可以设立演出领导小组或不设。组委会的主要职责是：负责直接领导、指导或监督演出的全过程，负责演出总体计划的编制，确定演出活动的宗旨、主题和原则。如大型音乐会“奥林匹克魂”演出组委会由中央电视台、中国奥林匹克委员会、奥申委、文化部、外交部、广电总局、国家体委和中国音协等单位组成。

演出组委会是演出的指挥机构和决策者，是演出组织的核心，组委会的正确领导、各部门的密切配合和勤奋工作是演出取得成功的前提和保证。组委会下设办公室，作为演出活动的协调和执行机构，负责演出的具体工作。根据演出策划工作需要，组委会下还可以设立公关部、会务部、节目部、安全部等机构，配合办公室完成演出筹办任务。相关部门职责如下。

1. 办公室职责

①在组委会的领导下，全面负责演出活动的实施；②统筹、协调组委会各部门工作；③负责与演出有关的一切法律事务；④负责演出的一切财务工作；⑤负责演出有关文件的起草、文书档案的管理；⑥及时向组委会汇报演出各项工作进程。

2. 公关部职责

①负责演出视觉形象（VI）的设计；②负责演出总体宣传计划的制订和实施；

③负责演出全部宣传品纪念品的设计制作;④负责全部赞助条例、赞助者权益的计划和实施;⑤负责演出现场的环境氛围设计;⑥负责演出新闻报道和媒体记者的邀请;⑦负责演出节目单的设计和制作。

3. 会务部职责

①负责演出总体计划安排,落实演出所需场所;②负责演出坐席、资料发放等全部后勤工作;③负责重要嘉宾的邀请和有关领导、演职人员和其他人员的接待工作。

4. 节目部职责

①提出演出的总体构想;②负责演职人员人选的确定和联系;③负责节目的排练及演出;④负责节目的舞美、灯光、音响设计及实施;⑤负责电视转播的具体安排。

5. 安全部职责

①负责演出活动期间(包括彩排)的安全事务;②负责观众入场、退场的正常次序;③提出应急计划防止意外事件发生。

八、演出节目内容编排

节目内容是演出的核心部分,是演出主题的直接体现。节目内容质量的高低直接影响到演出水平和演出效果。节目内容需要组织者依据演出主题和演出风格、特点、演出场地条件进行认真、严格地选择,并按一定次序编排后依次演出。另外,节目内容容量的大小决定演出时限的长短。演出时限应根据观众看演出时间的承受能力,不宜过长也不宜过短,过短会使观众感到不尽兴,过长则会使观众产生疲劳,从而影响演出效果。节目内容的长短一般以两个小时左右为宜。

九、演出阵容的安排与组织

演出阵容是节目内容的表演者的集合,包括演出团体、专业演员、业余演员和主持人等共同组成。大型的综合性演出,演员阵容强大完整,演出团体多为国家或世界水平的演出团体,演员也多为演艺界的明星大腕,所演节目也多是拿手或保留节目。中小型演出演员相对较弱,甚至可以是业余文艺团体或业余演员为主组成,但中间可以穿插一些著名演员的助兴节目，保证演出高潮迭起，取得很好的演出效果。专场演出阵容与综合演出阵容组织思路基本类似。

主持人（又称“司仪”）既是演出阵容的重要组成部分，同时也是演出阵容的核心人物——导演一般是在幕后的，演出节目和演员台前的衔接和组合主要靠主持人。主持人的主要任务是向观众报告演出开始、按顺序演出、演出结束，通过主持词或即兴发挥，介绍主要来宾、演出内容和演员，在演出中间串接演出节目，以调动、调整观众的现场情绪。主持人可以说是演出场内的灵魂。水平高、有经验的主持人可以使演出轻松活跃、气氛热烈，而且可以灵活机动地掩饰演出中偶尔出现的冷场和疏漏。

十、演出形式和风格确定

成功的演出不仅取决于节目精彩程度，还取决于形式新颖、风格独特。如大型舞蹈史诗《东方红》就是主持人以诗朗诵的形式连缀历史画面，使演出具有史诗般的风格。

再如大型音乐会“奥林匹克魂”，其演出形式和风格就是以“交响史诗的风格”演出，特点是：

(1) 以演唱、演奏历届奥运会主题歌曲为主的大型音乐会；

(2) 每个国家的主题歌曲演奏前有该主题歌曲的背景情况介绍；

(3) 演奏前用中文和主办国语言朗诵该主题歌歌词；

(4) 晚会以重奏奥林匹克运动会永久会歌作为结束，全体观众起立，手拉手，共同创造出全人类和平、团结、奋进的气氛，把晚会推向高潮。

由此可见，这场“奥林匹克魂”的演出在创意设计、调动观众、体现宗旨等方面的精心策划，达到了形式新颖、风格独特的要求。

十一、演出观众组织与构成

观看演出的观众一般由特殊观众和普通观众构成。特殊观众主要指各级领导、重要来宾和劳模、英雄等特殊人物。普通观众又可以分为自由观众和团体观众等。

邀请特殊观众，即邀请领导、重要来宾和劳模等观看演出的意义如下。

第一，引起领导和社会各界的高度重视，得到领导和社会各界的大力支持；

第二，扩大演出的影响，强化演出效果，渲染演出气氛，制造强烈的新闻效果。演出需邀请哪一级领导和哪一类特殊人群，应根据演出的主题、规模、级别而定。大型综合演出如“5・12 汶川大地震赈灾义演”在北京的演出，可以邀请国家领导人、国家各部委领导、北京市党政领导和救灾英雄、灾民代表等参加。行业或地方规模演出，可以邀请本部门、本行业领导、地方领导和先进人物以及弱势群体等观看演出，以扩大演出活动的社会影响。

来宾主要指贵宾和嘉宾。贵宾多指外国官员和重要领导人，如正在我国访问的外国国家元首或大臣及使馆官员、国外知名人士等。嘉宾多指国内各行各业知名学者，艺术家，民主人士，为演出提供赞助的单位负责人或代表，主办、协办单位等友好协作单位代表等。领导和来宾观看演出多以送发请柬的方式邀请，以示尊重。

普通观众的构成分为自由购票和组织团体观众两种情况。一般来说，大型商业性演出多以售票方式组织观众。售票有预订团体票和预售散票两种情况。行业或单位团体的内部演出多以组织固定观众和赠票的形式出现。组织固定观众是通过行政管理单位组织人员观看演出，具有一定的强制性，观众人数、现场次序较易得到保障。赠票是向单位和个人赠送演出票，观众数量不易得到充分保证，持赠票者亦未必全是所赠之人。赠票要从严控制，还要预防倒票事件的发生。商业演出一般没有赠票，一般也不进行电视直播、转播，必要时还会禁止现场摄像录像，以防止知识产权侵权事件发生。

总之，观众是演出的重要组成部分，观众数量的多少、素质的高低，是决定演出效果的重要因素。

十二、演出性质及经费预算

演出的性质主要是指演出是营利性的还是非营利性的。无论是营利性的还是非营利性的演出，都会发生费用，所不同的是营利性演出会有演出收入填补，演出结果可能出现亏本、保本和营利三种情况；非营利性演出并不是不营利，主要是指不是以营利为目的，但是在财务预算的时候经费投入方面更要预算到位，同时也要考虑演出投入的弥补途径，例如是申请政府拨款还是通过企业赞助？是通过部门摊派还是进行商业运作？事先都要周密计划。运作得好，非营利性的演出照样可以赚钱。

任何演出无论其规模大小，都需要有一定的经费投入，演出组织者必须将演出过程中各个环节的可能性经费开支作出预算，并取得可靠性经费来源后组织演出，以保证演出顺利进行。公益性演出的经费来源一般有三种：政府拨款、社会集资或企业赞助、广告招商补偿。商业性演出主要靠门票收入、冠名收入、广告收入等。

案例点评

1. 先导案例：杭州《宋城千古情》演出

《宋城千古情》演出，是杭州旅游特别是杭州夜游的最佳黄金档节目，每年接待观众超过200万人次以上，演出阵容与观众人数远远超过《印象西湖》演出。宋城大剧院是中国目前舞台机械设施、固定灯光音响设备最齐全的室内剧院。这里有国内剧院绝无仅有的全彩激光秀，国内罕见的美国灯浪摇头电脑灯，上千只PAR灯组成魔幻灯阵，顶级烟雾机制造强烈梦幻效果。长达百米环形转画幕让你在画中畅游，移动式贵宾席、激光时光隧道、藏人雷峰塔、水漫金山寺，舞台场景出神入化，演出效果精彩纷呈。案例表明，一台优秀的演出节目必须经过千锤百炼，不断完善和升华，就像法国红磨坊、美国百老汇一样成为艺术圣殿的经典之作！因此，宋城人自豪地宣称《宋城千古情》为“世界三大名秀”之一（法国红磨坊的“艳”秀、美国拉斯维加斯的“O”秀、中国宋城千古情的“舞”秀）！

2. 案例6.1：舟山市2009年送戏下乡活动

这类活动主要是根据建设社会主义精神文明的需要，结合社会主义新农村建设和丰富农村居民业余文化生活而开展的专项文体活动。各地的情况千差万别，“送戏下乡”不能千篇一律，但是“送戏下乡”必须由党政部门牵头（如宣传部、文明办），文艺演出团体担纲，演职人员作为主力，把“送戏下乡”作为建设社会主义新农村和丰富农民精神文化生活的大事来抓，同时党政部门也要给予一定的经费保障。根据该案例做法，我们还可以组织“送戏去工厂”、“送戏到部队”、“送戏进社区”等。

3. 案例6.2：中国杭州西湖博览会开幕式文艺晚会

从2000年杭州西湖博览会恢复举办以来（首届杭州西湖博览会于1929年在西

湖白堤和北山路一带举办),每年都会举行以“人间天堂”为主题的开幕式演出,为杭州市民和参加西湖博览会的中外游客奉献一台文化大餐。杭州西湖博览会开幕式演出过去一般选择在黄龙体育中心举行,但是可以容纳60000人的黄龙体育中心,观众看演员演出就像雾里看花,总觉得不够真切。因此,2008年杭州西湖博览会开幕式文艺晚会选在孤山中山公园复旦光华牌坊前的西湖湖面上举行,演出晚会以“荷花为台、湖水为幕”,绚丽多姿的场景和氛围布置真正演化出了“人间天堂”如诗如梦如幻般的美景——以天地为布景,以山水为舞台,美女们在西湖水面上轻歌曼舞,上百万观众目睹了这一演出盛况,这是一场真正意义上的实景演出——从此案例我们可以看到演出场地选择的重要性(当然还要考虑到天气变化所带来的不利影响)。杭州西湖博览会开幕式演出场地每年都有创新,2010年杭州西湖国际博览会开幕式演出选在钱江新城市民中心钱塘江岸的城市阳台上,并且首次与杭州国际烟花大会结合起来,同样取得了巨大成功。

思考练习

一、名词解释

1. 演出
2. 商业演出
3. 演出组委会

二、填空题

1. 演出活动要满足广大观众精神生活的需要,关键在于________和________。
2. 综合演出的节目一般包括________、________、________、________、________等多种艺术表现形式。
3. 配套演出活动策划,重点是________与________之间的组织、衔接、协调问题,________目的是要把休闲活动的________和________营造出来。
4. 演出时间要求准确到________。
5. 赞助商是以________和________资助等方式赞助演出。

三、选择题(单选题)

1. 根据演出的宗旨和主题,通过(   )按时间比例和内容交叉组合,最终合成为综合演出。

A. “浓缩”和“精悍”　　B. “吸收”和“精华”

C. “浓缩”和“精华”　　D. “浓缩”和“精妙”

2. 赞助单位是指以(　　)等形式资助演出单位。

A. 实物、资金、义卖、人力　　B. 实物、资金、义卖、义工

C. 实物、资金、人力、义工　　D. 实物、人力、义卖、义工

3. 演出组委会不是演出的(　　)。

A. 指挥机构　　B. 决策者

C. 领袖　　D. 灵魂

4. 以下是演出节目部工作职责(　　)。

① 提出演出的总体构想;

② 负责演职人员人选的确定和联系;

③ 负责节目的排练及演出;

④ 负责节目的舞美、灯光、音响设计及实施;

⑤ 负责电视转播的具体安排。

A. ①②③　　B. ①③④　　C. ②③④　　D. ①②③④⑤

5. 以下是演出会务部工作职责(　　)。

① 负责演出总体计划安排,落实演出所需场所;

② 负责演出坐席、资料发放等全部后勤工作;

③ 负责演出现场的环境氛围设计;

④ 负责重要嘉宾的邀请和有关领导、演职人员和其他人员的接待工作。

A. ①②③　　B. ②③④　　C. ①②④　　D. ①③④

四、判断题

1. 音乐包括声乐和器乐。(　　)

2. 剧务主要负责演出过程中的各种组织性工作。(　　)

3. 演出都有必要进行宣传广告,用以吸引观众、扩大影响。(　　)

4. 义务演出就是无偿演出。(　　)

5. 演出协办单位、承办单位、赞助单位必不可少。(　　)

五、简答题

1. 简述演出的实际操作。

2. 简述演出节目内容的编排原则。

六、案例分析

根据案例6.1杭州西湖博览会开幕式文艺晚会案例，网上搜索历届杭州西湖博览会开幕式盛况(推荐网址：www.xh-expo.com)，比较分析其开幕式演出主题、内容、形式、地点等方面的创新点(提示：列表说明)。

实训项目

××年×月×日×时，×地体育馆将举行S.H.E专场演唱会，请你作为组委会公关部负责广告宣传的员工，参照优秀演出招贴画格式，设计一份S.H.E演唱会宣传画。

第七章

运动休闲活动

学习要点

了解和掌握休闲教育与国民素质的关系，野外生存与拓展训练的含义，野外生存的基本技巧，定向运动的起源、含义、原理、规则、技术、形式、技巧，极限运动的含义、分类、比赛项目，野外伤病的防治，毒蛇咬伤的防治等。

基本概念

野外生存、拓展训练、休闲教育、国民素质、国际定向组织、极限运动

先导案例：杭州乐园极限挑战节主题活动策划

"超级大摆锤，酷炫超距离，冲关我最棒"是杭州乐园推出的"极限挑战节"的主题活动，项目惊险、刺激，吸引了各地游客踊跃参与，杭州西湖明珠频道每晚《阿六头说新闻》节目都有跟踪报道。把拓展活动、极限运动与游戏活动、娱乐活动结合起来，是目前游乐园和景区活动策划的主要手法。

杭州乐园极限挑战节的主要活动项目有以下三种。

1. 超级大摆锤

全球最大的超级大摆锤强势登场，超级大摆锤可以在60米高空翱翔，超越110°疯狂摇摆，享受360°空间旋转，突破人体极限5G重力加速度，堪称全球最刺激

的大型游乐项目!

超级大摆锤可同时容纳54人(国内目前最大的只能容纳45人),摆锤整体摆动,连带锤体旋转360°,最高摆起角度110°。坐上这个全球最大的超级大摆锤,让您回忆起小时候荡秋千的快感,但瞬间立刻天旋地转,在最大110°摆幅下,带您飞上60多米高空,最高点可以体验到强烈的失重感觉,在最低点最高时速可达120公里,体验到5G的重力加速度,令人目眩神离、惊心动魄。

5G就是5个身体重力的加速度,1G重力加速度就是身体重量的1倍。如果运动起来,在速度不变的情况下,普通人最多可以承受5个重力加速度,一般情况下,普通人承受3G重力加速度就会难受。过山车俯冲而下时,会在很短的时间里承受5G重力加速度,这时会产生头晕目眩、天旋地转的感觉。运动生理学表明,如果身体处于垂直状态,并且在4—5G重力加速度环境下持续5—10秒,那么就会引起管状视觉模糊甚至失去知觉,这是对人体生理极限的极大考验!

2. 酷炫超距离

历史上最大规模、最大场面的竞技闯关游戏——“酷炫超距离”隆重登场。“火球”开闸而下,离炸药越来越近,危机瞬间,千钧一发之际,谁能成功解救美女人质,成为最后英雄呢?“酷炫超距离,冲关我最棒”杭州乐园极限挑战节正式开赛! 面对挑战,许多年轻游客跃跃欲试……

3. 极限大体验

配合“超级大摆锤,酷炫超距离,冲关我最棒”,杭州乐园还有动感街舞秀、极限大风车、搭乘海盗船、穿越过山车、挑战自由落体、畅想激流勇进、惊险蹦极跳等活动项目。这些项目使每名游客都能做一个勇敢的探险者,挑战极限,超越自我,于疯狂刺激中处变不惊。

第一节 拓展运动策划

一、野外生存

1. 野外生存的含义

所谓“野外生存”,是指人(一般指军事人员)在失去外界支援的情况下在荒郊野外、孤岛丛林地带等十分恶劣的自然环境下和极度困难的条件下,求生存、谋发展。最早的野外生存源于60多年前的第二次世界大战时期，多指深入敌后的特种部队如侦察兵、空降兵、海军陆战队，以及在战斗中与部队失去联系的战士和失事飞机的空勤人员，在孤立无援的敌后或生疏的荒野、孤岛、丛林地带，需要通过自身的努力生存下来，并脱离困境。

现代意义上的野外生存当然没有真实战争的严酷环境，但作为一种锻炼毅力和体力的拓展活动，成为现代运动休闲的一个重要发展方向，被机关、学校、企事业单位广泛运用于"模拟"实战场景。与战争条件下的严酷环境相比，现代野外生存主要是作为一种锻炼意志、培养毅力、增强体力、提升品格的训练方式，野外生存惊险刺激、富有挑战性，深受社会大众欢迎。

案例7.1：野外生存和拓展训练方案实例

日期	时间	地点	项目	说明	
×月×日	08:00	驻地	集合	出发	野外生存与拓展训练的目的和内容
	08:40	到达		准备	
	09:00	训练营地	项目1	破冰	通过互动手段和集体工作初步建立各团队的组织和文化。1.组成一个团队；2.主培训师简要介绍本次活动；3.队长：在自我介绍及队训创作的过程中，具备一定领导能力的队员会表现出来，为大家选队长提供了参考依据；4.全队完成队名、队歌、队训、队徽的创作；5.各组展示。活动安全说明，宣布活动纪律和注意事项
	09:30	丛林地带	项目2	真人CS	一种模仿军队作战的游戏，参加者都穿上各款军服，手持玩具BB枪，配备各款野战装备，穿梭丛林之间，展现各种队形阵势、个人技巧，全部投入扮演一个士兵或将领的角色。1.领导在实现团队目标中的重要性；2.策划、组织、协调是实现目标的重要手段；3.有效的沟通是实现团队目标的必要条件；4.对"方法"的重新认识；必要时的沉默——沉默理论
	11:30	农家	桌餐		做一天山里人，干一天农家活，吃一天农家饭

(续表)

日　期	时间	地点	项目	说明	野外生存与拓展训练的目的和内容
×月×日	12:30	沟壑溪边	项目 3	自助烧烤	此时您所拥有的是酣畅无比的快乐时光,还有让您垂涎欲滴的美味,年轻的人们点亮激情,用笑脸结下友谊。享受烧烤的过程,烤鱼、烤羊肉串、烤火腿肠、烤玉米、烤青菜、烤地瓜……在自己亲自动手的过程之后,香喷喷的食物终于可以入口了……
				垂钓摘菜	临湖垂钓、竹楼棋牌,不仅可以欣赏让人心旷神怡的美景,更有现场采摘和垂钓给烧烤带来的新鲜和健康
	15:30	训练营地	项目 4	总结	1.活动结束后由主训组织全体大总结;2.每队选出优秀代表与所有队员分享本队活动心得;3.公司负责人对一天活动进行总结
	16:00	营地	集合	返回	浴火重生,意志坚强,激发斗志

案例 7.1 引自乡镇党委书记生存拓展训练方案(由专业拓展训练公司负责拟定),主要活动包括真人 CS(Counter-Strike 的简称,最早来自于“9·11”恐怖袭击后电脑上广为流行的一款反恐游戏)、自助烧烤、垂钓采摘等。除了真人 CS 模仿实战游戏外,自助烧烤、垂钓采摘其实就是休闲娱乐,这也是一般野外生存和拓展训练的重要内容。

2. 野外生存训练的意义

① 激发参加者的责任感、自信心、独立能力、领导才能、团队合作精神以及面对困难和挑战时的应变能力。

② 突破自我极限,打破旧的思维模式,树立敢于迎接挑战的信心与决心,磨炼意志,树立全局观意识。

③ 从容应对压力与挑战,在面对问题时,能够更充分地发挥其领导才能,展现个人魅力。

④ 强化换位思考、主动补位的意识,使个人、部门间以及团队内部的沟通协作更为顺畅。

⑤ 提高时间与任务管理技巧以及分析解决问题的能力。

⑥ 增加团队人员的有效沟通,形成积极协调的组织氛围;树立互相配合、互相支持的团队精神和意识。

二、拓展训练

1. 拓展训练的含义

“拓展训练”英文叫“Outward Bound”，原意是指一艘小船在暴风雨来临之前，离开平静的港湾驶向大海，去迎接更大的挑战。拓展训练最初是针对海员的，是一种水上生存训练，所以用“离港的船”命名，意指一艘船离开平静的港湾，驶向充满未知和挑战的大海。现代意义上的“拓展训练”，泛指一切面对未知事物、迎接挑战的训练活动。野外生存与拓展训练是“一体两面”，野外生存就是拓展训练，拓展训练就是野外生存。但是就训练的方式和内容上看还是有差别的：野外生存注重个人能力，拓展训练更关注团队合作；野外生存重视“生存”，拓展训练更注重“发展”；野外生存方式相对比较单一，拓展训练方式则可无限扩大。所以，野外生存与拓展训练结合起来，可以收到更加显著的训练效果。

2. 拓展训练的起源

拓展训练的起源一直可以追溯到这种训练的哲学依据的产生，拓展训练的哲学依据是由德国教育家昆塔(Kurt)创立的。昆塔是一位长住英国的德国人，他年轻的时候得了一场大病，经过长期坚持不懈的努力，终于战胜了病魔，就是在这长期的抗争时期，他不断地在思考一些教育哲学方面的问题。在自己长期磨练具备战胜病魔的能力之后，他在想怎样使别的病人也具备同样的意志和能力，怎样使正常健康的人也具备同样的能力，怎样在正规的教育体系之外加强一下个人意志方面的训练。于是，昆塔把他的思考总结成两个方面的核心内容：

① Your disability is your opportunity.(你的挫折就是你的机会)

② There is more in you than you think. Each of us has more courage, more strength and more compassion than we would ever have fathomed.(你有很多意想不到的能力。我们中的每一个人身上都有自己所不曾看透的：更多的勇气、更多的力量和更多的同情)

昆塔认为培养学生面对挫折的能力与培养学生的智力同样重要。

昆塔生活在第二次世界大战期间的英国，当时很多英国商船出海时受到德国军舰的袭击，很多人葬身大海，不过每次都有少数人生还。通过对生还者的调查发现，这些生还的人并不是人们想象中的那些年轻力壮的人，而是在困境中最能与人合作、有坚韧的毅力、能够坚持到底的人,是那些求生欲望和求生能力特别强的人。人在遇到危机时决定你生存的不是你的身体状况,而是你的心理状况。这个重大的发现和昆塔的哲学理论完全吻合。于是,专门训练海员的水上生存训练——"阿伯德威海上训练"学校就诞生了。训练专家们模拟一些海难场景,设计了很多训练项目,让学员身临其境去体验,然后获取更多战胜困难的经验,增强求生能力。这种训练收到了很好的效果,并得到广泛的推广。

拓展训练源于第二次世界大战时期,战后国家百孔千疮,人们意志颓废,"阿伯德威海上训练"学校便又针对这一状况,从生存技能训练转向团队合作、重建个体心理调节,这就衍生了现代的体验式培训,受训人员范围也扩大到了学生、商界人士。我们国家从 20 世纪 90 年中期引入这种模式,随后各种拓展训练营地蓬勃发展,拓展训练取得了巨大成功。

拓展训练以山水自然为背景,让学员在大自然中全身心放松,通过学员的亲身体验、团队集体学习、团队成员之间的相互激励与启发以及培训师的引导和点评,去体验和感悟生活和工作中的一些真谛,然后将这些体验和感悟带到工作和生活中,去创造更大的价值。

三、野外生存与拓展训练的特点

1. 综合训练

拓展训练的所有项目都以体能活动为引导,引发出认知活动、情感活动、意志活动和交往活动,有明确的操作过程,要求学员全身心投入。

2. 挑战极限

拓展训练的项目都具有一定的难度,表现在心理考验上,需要学员向自己的能力极限挑战,跨越"极限",挑战自我。

3. 团队合作

拓展训练实行分组活动,强调集体合作。力图使每一名学员竭尽全力为集体争取荣誉,同时从集体中吸取巨大的力量和信心,在集体中显示个性,努力发挥个人的潜能。

4. 快乐体验

在克服困难、顺利完成课程要求以后,学员能够体会到发自内心的胜利感和自豪感,获得人生难得的成功乐趣和快乐体验。

5. 感悟教育

教员只是在课前把课程的内容、目的、要求以及必要的安全注意事项向学员讲清楚，活动中一般不进行讲述，也不参与讨论，充分尊重学员的主体地位和主观能动性。即使在课后的总结中，教员也只是点到为止，主要让学员自己来讲，达到感悟教育的目的。

6. 能力提升

通过拓展训练，认识自身潜能，增强自信心，改善自身形象；克服心理惰性，磨练战胜困难的毅力；启发想象力与创造力，提高解决问题的能力；认识群体的作用，增进对集体的参与意识与责任心；改善人际关系，学会关心，更为融洽地与群体合作；学习关注、欣赏和爱护大自然。

四、拓展活动的分类

1. 根据练习环境分类

根据练习环境的不同，我们可以将拓展项目分为室内、场地和野外拓展训练项目。

(1) 室内拓展项目

室内拓展项目是在室内开展的拓展项目，是拓展训练学校为了适应市场的需求，将部分拓展项目移入到室内进行，并融入了企业内训的一些内容，从而出现了一类不同于场地和野外拓展项目的新形式，在这里我们称之为室内拓展项目。现在开设的室内拓展项目由三类组成：一是本身在室内开展的项目；二是将部分户外的拓展项目改变规则移入到室内开展；三是融入了部分具有体验式培训性质的企业内训项目。

(2) 场地拓展项目

场地拓展训练是依赖一定的专业拓展场地，场地由高空训练组合架和一些地面设施组成。可以做的拓展项目主要包括"团队破冰""信任背摔""电网""高空断桥""高空单杠""天梯""团队桥""海难逃生"等。现在专业场地的设施越来越完善，可以作的项目越来越多，有些已经可以承担部分水上项目，因此，我们对拓展项目一级分类的基础上，对场地项目进行再次分类，将场地拓展项目分为空中项目、地面项目和水上项目。

① 场地空中拓展项目

空中拓展项目主要是依托高空训练组合架操作的项目,主要是通过空中这种特殊的环境,对人的心理素质进行强化训练。同时让所有成员通过保护自己、协助伙伴的确保安全动作来加深自己的社会责任意识和群我关系。场地空中项目主要包括“高空断桥”“高空单杠”“高空 V 字桥”“天梯”“团队桥”“缅甸桥”“攀岩”等。

② 场地地面拓展项目

地面拓展项目包括依赖地面设施的项目和不需要专门设施的项目。需要地面设施的项目是在地面上建一些小型的设施,主要有“信任背摔”“电网”“孤岛求生”“海难逃生”等;不需要地面设施的项目对场地的要求很小,只要有一块相对比较宽阔的空地和简单的道具就可以,主要有“解手链”“数字传递”“生日线”“交通阻塞”“齐眉棍”“女皇圈”“穿越 A4 纸”“风火轮”“蛟龙出海”“巧解绳结”等。因为这类项目不受场地的限制,而且操作简单,趣味性较强,因此,非常受拓展培训师的喜爱,常在制定拓展训练方案时作为调节性的项目出现。

③ 场地水上拓展项目

场地内的水上拓展项目主要依赖在场地内建的水上设施所做的项目。在炎热的夏天,能在水上嬉戏一番,是非常惬意的一件事情,成为众多参训学员的首选项目。但因为水域是建在场地内部,因此一般水域面积较小,能做的拓展项目也不多,主要有“同舟共济”“轮胎滚滚”“龙舟赛”“猛龙过江”“水上相依”“无舟求渡”以及游泳等。

项目简介:

a. 扎筏泅渡

项目介绍:波光粼粼的水面,几根竹竿、几个塑料桶就可以承载我们一起远航,这就是集体动手创造出的劳动成果,同心协力,坚定目标驶向成功的彼岸,这样有意义的锻炼一定会带给你无尽的乐趣……

扎筏泅渡的户外运动,是在波光粼粼的水面,参训团队利用竹竿、绳索和若干轮胎,扎成一个漂流筏,全队人员搭乘它,众人齐划桨,最快、最安全到达目的地者获胜。执行这个特殊任务的过程中,队员在挥舞双臂的过程中,升华了团队合作的精神,还锻炼了坚持到底的决心和毅力,盛夏之时,有这样一举几得的活动,何乐而不为呢?

目标：参与扎筏泅渡项目不仅建立良好的合作意识，认识到个人能力的不足，感受集体和个人利益的关系，体验团队合作的重要意义，学会合理运用资源，学会沟通的意义、掌握沟通的技巧，达到心理素质的提高和升华。

b. 水上相依

项目介绍：两人一组，从钢缆相距较近的一端（起点）走到钢缆相距较远的另一端（中点），再共同返回到起点（有时间有体力时可往返）。

目标：了解互助的意义，懂得阶段性目标对于最终目标的重要性，学会鼓励，不断战胜自我，培养坚韧的信念。

c. 猛龙过江

项目介绍：利用可用资源，在50分钟内，迅速完成任务并把全体队员安全转移到河对岸，并高呼队训及合影。

目标：了解PDCA的重要性，时间管理的重要性，谈判的管理和控制的重要性，执行力的重要性，学会合作与双赢，资源的合理利用，沟通与聆听。

(3) 野外拓展项目

野外拓展项目是以户外运动项目为基础，在广袤的野外开展的拓展项目。主要有登山、攀岩、速降、露营等。野外拓展项目又分为三类，即野外空中拓展项目、野外地面拓展项目和野外水上拓展项目。

① 野外空中拓展项目

以伞翼滑翔为典型的野外空中拓展运动是近几年在我国兴起的一项运动，从事这项运动就是对自我的一种挑战，将其纳入拓展训练项目，对于丰富拓展训练内容，提高拓展训练效果，是非常有意义的，只是鉴于该项目的经费成本高，目前还不能广泛开展。

② 野外陆地拓展项目

野外陆地拓展项目指在野外陆地上开展的各种拓展项目，包括登山、攀岩、速降、露营等。野外陆地拓展项目又可以根据海拔的高低分为低海拔拓展项目和高海拔拓展项目两类。高海拔拓展项目是指海拔高度在雪线以上的地带开展的拓展项目；低海拔拓展项目是指在海拔高度雪线以下的地带开展的拓展项目。这种分类的依据主要是在不同的海拔高度对人体的刺激是不同的，高海拔地带由于天气寒冷、空气稀薄等对人的生存能力、意志力等是一个考验。而低海拔地带适合做一些常规的野外拓展训练项目。

③ 野外水上拓展项目

水上拓展项目主要依赖河流、湖泊、海洋等面积比较宽广的水域开展的拓展项目。近几年,各拓展训练学校对水上拓展项目的开发力度比较大,开发的水域也由水面发展到水下,比如深呼吸拓展培训学校刚刚推出的潜水拓展训练,因此,可以根据拓展训练是在水面上开展还是在水下开展,将水上拓展项目分为水面拓展项目和潜水拓展项目。

a. 水面拓展项目

水面拓展项目是在河流、湖泊、海洋等宽广水域的水面上开展的拓展训练项目。特别是在炎热的夏天,因为水和陆地有温差比,人们在水中感觉非常的清凉,所以深受大众的喜爱。如:扎筏泅渡、“抢滩登陆”、漂流、溯溪、攀冰等。

b. 潜水拓展项目

潜水拓展项目是新兴一种项目,是拓展项目向水下的拓展。但以下人群不适合潜水:感冒、神经过敏病、有耳鼻疾病、心脏病、高(低)血压、醉酒后、糖尿病等。

2. 根据体验的形式分类

根据体验的形式,可以将拓展项目分为个人项目和团队项目。在制定拓展训练计划时,个人项目和团队项目排列的顺序,以及两者的比例将影响到培训效果的好坏。

(1) 个人项目

个人项目主要是以个人的形式参加体验,是本着体能消耗最佳,心理挑战最大的原则设计,每项活动对受训者的心理承受力都是一次极大的考验。个人项目主要有“高空断桥”“高空单杠”“缅甸桥”“攀岩”“速降”等。所谓个人项目其实是相对的,是就一定程度而言,因为即使是个人体验,接受体验的人也在受着团队其他成员的支持,这个因素的影响力在某些情况下所起的作用是很大的。

(2) 团队项目

团队项目是以改善受训者的合作意识和受训集体的团队精神为目标,通过复杂而艰巨的活动项目,促进学员之间的相互信任、理解、默契和配合。因为拓展训练主要是以团队的方式来完成任务,所以拓展训练项目大多数都是团队项目,我们常见团队项目有“信任背摔”“众志成城”“电网”“孤岛求生”“盲人方阵”“海难逃生”“天梯”“群锣战鼓”“一页纸”“急速 60 秒”等。

3. 根据拓展训练本身的目标分类

从训练本身的目标来分,拓展训练主要分为体能拓展、心理拓展和教育拓展三大板块。

(1) 体能拓展

可以理解为体能训练，主要目的为了提升体能，促进健康和良好生活习惯的形成，培养团队合作精神，养成积极乐观人生态度和价值观念。

(2) 心理素质

可以理解为“超越心理边界”的训练，它利用户外自然环境，通过有目的、有针对性地设计户外拓展活动，使参与者在解决问题、应对挑战的过程中，达到“磨练意志，陶冶情操，完善人格，熔炼团队”的培训目的。

(3) 教育拓展

把拓展训练作为教育培训课程，内容包括一些户外项目，比如“断桥”、攀岩、背摔等，也有一些室内的游戏，比如“驿站传输”、七巧板之类的小组游戏，主要用于培养团队意识、促进成员交流，目前国内高校 MBA 课程以及公司高管培训甚至党校干部培训都引入了教育拓展。

第二节　定向运动策划

一、定向运动概述

1. 定向运动的起源

定向(orienteering)，原意为徒步横渡旷野的比赛，最早起源于瑞典，那里森林湖泊广布的复杂地势使地图和指南针显得尤为重要。久而久之，一套自娱自乐的游戏规则便约定俗成，这就是定向运动。1895 年，在瑞典挪威联合王国的一处军营里举行了第一次正规的定向比赛。最大型的一次比赛是 1998 年在瑞典举行的，当时有 3.9 万人参加了比赛。现代定向运动的含义已经大大拓展，在学校操场上的定点游戏活动也可称为“定向运动”。无论是旷野徒步比赛还是操场定点游戏，基本原理都是基于“定向”。

2. 定向运动的含义

(1) 定向运动概念

指的是利用一张详细精确的地图(map)和一个指南针(compass)，自己选择行进路线,按顺序到访地图上所指示的各个点标(controls),以最短时间到达所有点标者为胜。定向运动通常设在森林、郊外和城市公园里进行,也可在大学校园里进行。一条标准的定向路线(course)包括一个起点(start)(用三角表示)、一个终点(finish)(用双圆圈表示)和一系列点标(controls)(用单圆圈表示)。这些点标已在地图上用数字标明。所以定向运动又被称为一项利用地图和指南针并挑战智力和体能的运动。

(2) 定向运动意义

定向运动是一项非常健康的智慧型体育项目,是智力与体力并重的运动。它不仅能强健体魄,而且能培养人独立思考、独立解决所遇到困难的能力,以及在体力和智力受到压力下作出迅速反应、果断决定的能力,还有助于在最大范围内培养社会公关能力,建立起强大的社会关系和社交网络,对交友、爱情、事业、家庭、社会责任等都大有好处。定向运动方便组织,方法比较简便,比赛胜负主要取决于个人的识图用图、野外定向和奔跑能力的强弱,因此适于各种年龄段的人参加。据国外有关资料记载,运动员最小的只有 8 岁,而最长者有 80 岁。

(3) 定向运动普及

定向运动简便易行,方便组织,男女老少皆宜。但户外旷野定向运动对年龄、性别、身体条件、反应能力还是有一定要求的。定向运动作为学生活动项目,可以培养学生独立分析解决问题的能力和良好的逻辑思维及识图能力;定向运动作为家庭活动项目,周末一家人郊游可以回归自然,放松身心,自我娱乐,融洽关系,增加乐趣;定向运动作为一项精英人才活动项目,则富于挑战性,勇于尝试从未尝试过的新生事物,并要求全身心地从双腿到大脑以最高时效达到预设目标;定向运动作为一项军事活动项目,还拥有自己的世界锦标赛,每年吸引着来自世界各地的定向运动爱好者;定向运动作为一项自然环境活动项目,它教会你如何在大自然中把握自己,保护自然,遵守郊野公园守则;定向运动还是一项不需任何花费的群众性体育活动,所需的只是一张好的定向地图和一个指南针,服装可穿着定向专业套装,也可只是普通运动服装;定向运动还是一项探险寻宝活动项目,可以给你惊险刺激的人生经历;定向运动更是一项广交朋友的社交性活动项目,不论男女老少、种族背景、文化阶层、社会地位,都可以相互交流,共享人生。

(4) 定向越野比赛

定向越野(cross-country orienteering)是最早的定向运动,也是定向运动最主要的比赛项目之一。定向越野比赛是国际定向运动联合会(International Orienteering Federation，IOF)正式承认的比赛项目之一。

19 世纪末 20 世纪初，欧洲北部斯堪的纳维亚半岛广阔而崎岖不平的土地上覆盖着一望无际的森林，散布着无数的湖泊，城镇、村庄稀疏散落，人们的交通主要是依靠那些隐现在林中湖畔的弯弯曲曲的小路。在这样的地理环境中生活，理所当然地要比别的地方更需要地图和指南针，否则，要想穿越那莽莽林海是十分困难的。正因为如此，那些最经常在斯堪的纳维亚半岛山林中行动的人们——军队，便成了开展定向运动的先驱。他们深知，如果不具备在山林中辨别方向、选择道路和越野行进的能力，就不能完成保卫国家的重任。

1918 年，瑞典一位名叫吉兰特(Killander)的童子军领袖组织了一次叫做"寻宝游戏"的活动，引起参加者的极大兴趣，这便是定向运动的雏形。由于这个活动的组织方法简便，不仅对提高野外判定方向的能力及学习使用地图有好处，还能够培养和锻炼人的勇敢顽强精神，提高人的智力、体力水平。开展定向运动不需要像其他体育项目那样在场地与器材上支付大量经费，娱乐性与实用性兼备，因此日益受到军队的重视，并且很快在民间流传开来。

(5) 国际定向组织

国际定向运动联合会，简称国际定联(IOF)。为使定向运动在全世界得到普及和发展，1961 年 5 月，十几个国家的定向运动积极分子在丹麦首都哥本哈根成立了国际定向运动联合会，确定了定向运动正式比赛项目，并制定了一系列的比赛规则与技术规范。国际定联成立时有成员国 10 个，现有成员国 63 个，国际定联是国际体育联合会总会成员之一，定向运动也是国际承认的奥林匹克体育项目。定向运动作为一项能够使人们的体力、智力得到全面锻炼的新兴体育项目，在北欧国家其爱好者数量已超过了足球爱好者的数量。很多国家将定向运动列入军队或地方院校的"必修课"。

2002 年，中国学生定向运动协会成立；2002 年 10 月，全国首届学生定向运动赛举办；2003 年，参与定向运动的学生人数达全世界第一；2004 年，定向运动被列入全国大学生运动会比赛项目；2005 年，中国首次组队参加世界定向越野锦标赛。

二、定向运动原理

1. 定向运动规则

必须按顺序到访指定路线上的所有点标。在起点处领取IC指卡,在所到点标处打卡,在终点处将IC指卡交回,并记录下时间,领取成绩单。指南针的红色指针应永远与地图上指明北方的红色箭头及红色竖线保持平行。这样就不会迷失方向,永远知道自己身在何处。

2. 定向运动地图

在定向运动中,地图和指南针起着确定运动点、运动方向和运动路线的重要作用。在进行地图与实地对照时,指南针起着桥梁的作用。在定向运动中,读识地图、掌握指南针性能是基础,使用地图和指南针是关键。在定向运动中,确定运动点、运动方向、运动路线时,要把地图、指南针、实地三者有机地结合起来。在定向运动中,地图和指南针的使用,包括标定地图、对照地形、判定地形、确定运动点、确定运动方向、确定运动路线等。定向越野学习如何使用越野图与指南针非常重要。

(1) 点标位置

实际地形(Terrain)中,一个橘黄色和白色相间的点标旗(Control Flag)标志着运动员应该到访的点的位置。

(2) 电子打卡

为了证实这一到访,运动员(Orenteers)必须在到达的每一个点标处使用打卡器(Punches)打卡(Punch),且不同的打卡器打出不同的针孔。在定向运动中,电子打卡系统已被广泛使用,它不仅能证实是否按顺序正确到访,还能记录到访的时间。

(3) 路线判断

点标与点标之间的路线并不指定或固定。相反,运动员应该自己作出选择。这种路线选择(Route Choice)能力以及借助于地图和指南针在森林和公园辨明方向并以最快速度按顺序到达目的地的能力便是定向运动的精髓所在。

(4) 越野地图

尽管在任何一张地图上都可以定向,但为了定向运动本身,还需制作专门的定向图(Orienteering Map)。专门的定向图更加准确详细,使之更容易比较地图上的符号标记与实际地形中的实物(图7.1)。

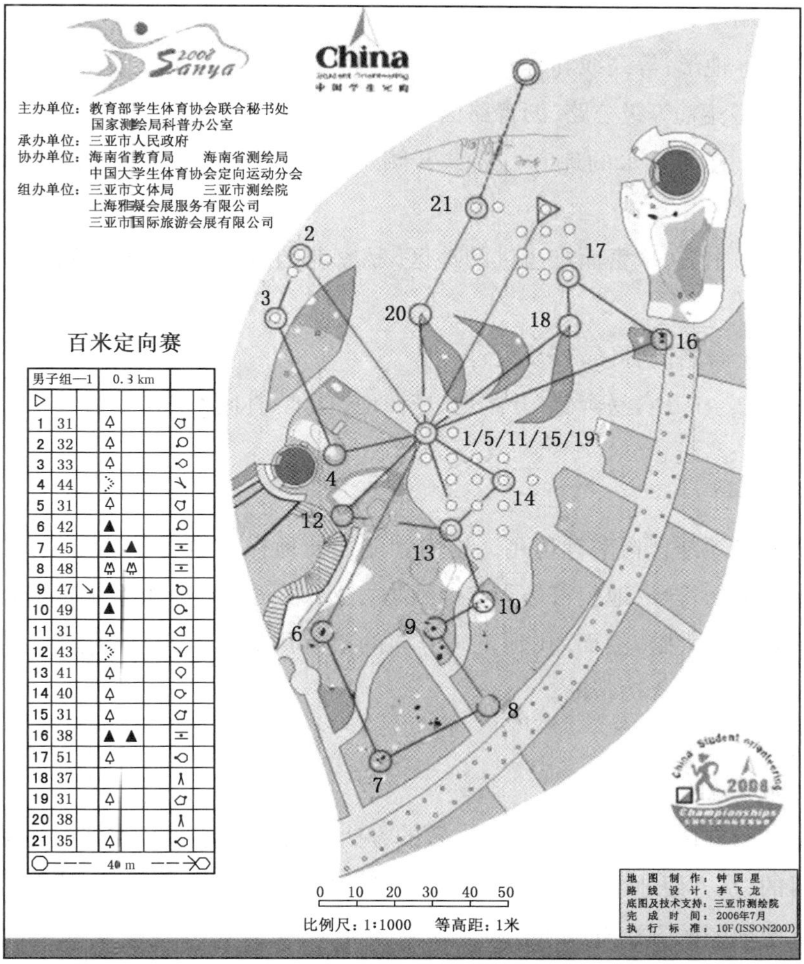

图 7.1　2008 年全国学生定向越野锦标赛(引自中国定向网)

(5) 地图比例

大多数森林定向图的比例尺为 1∶10000(地图上的 1 厘米＝实际地形上的 100 米)；公园定向图为 1∶5000/4000(1 厘米＝50 米/40 米)。共 6 种颜色。

(6) 地形高度

等高线和等高距：地形高度的差距。

(7) 颜色符号

地图上的颜色和符号：

黑色——人造景观和岩石(建筑物、篱笆、塔寺、道路、小路、小径、石头、石块、

石堆、悬崖、峭壁、高压线);

棕色——地形:等高线和符号(等高线、山和高地、峡谷和洼地、山脊和凹地、小丘和坑、高速公路、等级公路、沥青路面、主干道);

蓝色——任何有水的地方(湖泊/开阔水域、沼泽地、井、喷泉、水坑、河流、小溪、小河湖);

绿色——植被,浓密而难通过的地区[私家花园或绿地(禁入),绿色越深越难通过];

白色——普通的林区,容易通过;

黄色——空旷地,易奔跑(开阔地、庄稼地、草地、林间空地);

紫色——路线。

(8) 指南针

越野图必须结合指南针使用。指南针能简便地标定地图和确定实地方位,确保地图上的地物符号、地貌符号与实地地物、地貌之间的对应关系。定向运动最重要的工具是人的大脑,然而,找到正确方向的最有用的仪器则是指南针,它是定向运动可使用的唯一合法帮助。

3. 定向运动技术

(1) 标定地图

使地图的方位与实地方位保持一致的方法称为标定地图。在定向运动中标定地图的目的,是方便地图与实地对照,便于利用地图确定运动点、运动方向和运动路线。标定地图的方法有以下几种。

① 概略标定

若已知实地方位,只要将地图平展,水平转动,使地图上方(即磁北方向或极北方向)与实地磁(极)北方向保持一致,地图即标定。已知实地方位是根据太阳、季风、植物等自然方向现象判定实地方向。若在夜间进行定向运动,在晴朗夜晚,还可利用北斗星判定实地方向。

② 指南针标定

即使指南针磁针的北方向与地图磁北方向(或一般地图的极北方向)保持一致,地图即标定。

③ 利用地物标定

概略标定地图后,使图上的地物符号与实地地物方向一致,地图即已标定。

④ 明显地形点标定

在明显地形点上使用地图时，可首先确定站立点在图上的位置，然后选一图上和现地都有的“远”方明显地形点作为目标点，再将指南针直尺边切于图上站立点和该目标点上，并转动地图，通过照门、准星照准现地目标点，地图即已标定。

(2) 确定站立点

标定地图后，就应立即确定站立点在图上的位置，这是现地使用地图的关键。方法有以下几种。

① 目估法

利用明显地形点，采用大致估计的方法确定站立点在图上的位置。

② 后方交会法

选择离站立点较远的图上和现地都有的两个以上明显地形点，把地物与图上的相应符号连一直线，两直线的交点就是站立点。

③ 截线法

当站立点在线状地物上时，可利用截线法确定站立点在图上的位置。其方法是：在线状地物的侧方选择一个图上和现地都有的明显地形点，进行侧方交会。

④ 确定站立点时应注意的问题

a. 不论采用哪种方法确定站立点，均应对站立点周围地形进行仔细研究，防止位置不准、点位判错、目标用错；

b. 标定地图后，若在使用中移动了地图，须重新标定；

c. 采用交会法时，交会角不小于 30°或不大于 150°。条件允许时最好用第三条方向线进行检查。

(3) 按地图行进

按地图行进就是利用地形图选定行军路线，通过地图与实地对照，以保持沿选定的路线，到达预定地点的行进方法。按方位角行进是利用指南针，按照预先在图上量测的磁方位角保持正确行进方向的方法。

① 出发地：明确方向与道路；

② 计时出发；行进中：边走边对照；

③ 随时确定在图上的位置；随时注意要通过的方位物和地形，做到“人在路上走，心在图中移”；

④ 在特殊地形时：在岔路口、转弯点、居民点或地形有变化时，要及时与实地对

照,保持正确方向;

⑤ 走错路时:要及时返回或迂回原路,判断正确后再前进;

⑥ 路线选择:点与点之间有多个路线选择,直线距离并不一定是最佳选择。

三、定向运动方法

1. 定向运动分类

(1) 按运动工具分类

① 徒步定向

徒步定向越野又可以分为:一般定向越野、五日定向越野、婚礼定向越野、积分定向越野、接力定向越野等。

② 工具定向

借助交通工具定向又可分为:水上定向(乘船定向、独木舟定向等)、陆地定向(滑雪定向、骑马定向、山地自行车定向、摩托车定向等)两大类。

(2) 按性别不同分类

可分为男子组和女子组。

(3) 按年龄不同分类

可分为老年组、青年组和少年组。

(4) 按技术水平不同分类

可分为初级组(体验组和家庭组)、高级组和精英组。

(5) 按参加人数的不同分类

可分为个人单项、个人双项和集体项。

2. 定向运动形式

(1) 徒步定向

徒步定向(cross-country orienteering),俗称定向越野,是各种定向运动比赛中组织方法比较简便、开展最为广泛的一种。由于其比赛的成败全在于个人的识图用图、野外定向和奔跑能力的强弱,因此适于各种年龄、性别的人参加。为增加比赛的乐趣,也可以在判定比赛成绩的方法上有所区别,如:可以个人跑计个人成绩、个人跑计团体成绩或个人跑计个人与团体成绩等。定向越野比赛是国际定联正式承认的比赛项目之一。

(2) 接力定向

接力定向(relay orienteering)是团体之间的定向越野比赛项目之一，其成绩好坏有赖于每个队员个人能力的发挥。在接力比赛中，比赛的路线分成若干段(国际比赛通常为 4 段)，每名选手完成其中的一段，各段参赛选手的成绩相加为该队团体总成绩。为便于观众欣赏各选手之间的激烈竞争，接力定向的场地必须设置一个"中心"站，各段选手的交接(即"换段")均在这里以触手方式进行(不使用接力棒)，因此，接力定向的观赏性较强，被国际定联纳入正式比赛项目。

(3) 百米定向

百米定向(100 metres of orienteering)是定向运动的一个新兴项目，经全国定向冠军赛的检验证明，百米定向具有观赏性强、技术性高、易参与、易组织等特点，能够锻炼运动员的敏捷反应能力和奔跑速度，健身的同时充满了乐趣，还能够学会识图用图，因此百米定向受到定向运动爱好者的广泛推崇。

(4) 滑雪定向

滑雪定向(ski orienteering)也可以按个人、团体或接力比赛等形式进行。它与个人徒步定向越野赛的区别是选手需要使用滑雪装备(非机动的)。供比赛用的滑道则需要使用摩托雪橇来开辟。同一比赛路线上的滑道通常不止一条，以便于选手自行选择。滑雪定向也是国际定联的正式比赛项目之一。滑雪定向在东欧国家十分流行，许多世界高山、越野和速度滑雪选手同时又是滑雪定向的高手。

(5) 夜间定向

夜间定向(night orienteering)是定向运动的一种高难度的比赛形式。由于是在视线不良的夜间进行的，不仅增加了比赛的难度，同时对观众和选手自己也增加了吸引力和刺激性。夜间定向已被列入国际定联的正式比赛项目之一，第一届世界夜间定向锦标赛于 1986 年 10 月 27—28 日在匈牙利举行。

(6) 记分定向

记分定向(score orienteering)通常以个人方式进行。它是在比赛区域内预先设置好许多检查点，并根据地形的难易程度、距离远近、点的位置的相互关系不同而赋予每个检查点以不同分值。选手必须在规定时间内自行寻找若干或全部检查点，积分最高者为优胜。

(7) 专线定向

专线定向(line orienteering)与其他比赛项目的最大区别是在地图上明确地标

出了比赛的路线,运动员必须按这些规定的路线行进,并将途中遇到的检查点位置标绘到图上去。成绩以检查点位置标绘的准确程度和所用时间的长短确定。

(8) 五日定向

五日定向(o-ringen 5-Days)是瑞典独有的一项特别吸引人的比赛项目。比赛共进行五日,比赛路线由若干段组成,每次都单独记录下个人的成绩,最后再算出总成绩。在几十公里或者一百余公里的多条比赛路线中,除设置许多检查点之外,还设有若干营地,供运动员与观众休息或参加丰富多彩的文化娱乐活动。近年来,瑞典的五日定向比赛组织得十分频繁,每次来自世界各地的参赛选手都超过了15000人,大大超过了任何一届奥运会的选手人数。

(9) 其他定向

国际上还流行着一些其他的定向运动形式,有国际定联的正式比赛项目:山地车定向、轮椅定向等。还有校园定向(school orienteering):在学校的操场上或教室、体育馆内为孩子们设计的一种游戏。特里姆定向(trim orienteering):在一定的区域内设置许多永久性的检查点,不规定完成时间,以寻到点数的多少给予纪念品以资鼓励。

四、定向运动组织

1. 定向活动形式

无论哪一种定向运动,其基本活动方法是相似的,即选择活动范围、设置点标、标定分值、制定基本规则和规定活动时限等。下面以夺标定向运动为例,对活动方法做简单的介绍。

(1) 选择活动范围

活动范围是根据参加者的年龄、水平以及活动形式来确定的。初级水平的参加者,活动范围可以适当缩小,场地条件也不宜过于复杂。例如,我们可以选择一条往返距离在5000米左右的场地范围。而对一些熟练者来说往返路线的长度可以达到15000米以上。

地形条件应该有山坡、水流、森林(树林)、沼泽。也就是说要有诸多障碍,这样可以使参加活动者不会对活动地形一目了然,必须借助于对地图的认识和运用指南针才能完成寻找点标的任务。

(2) 点标的设置

点标是在地图上标出的明显标记，告诉参加活动者必须按其精确位置寻找的地方。一般也是根据参加活动者的能力设置5—10个点标，并用数字或英文字母标示在地图上。点标的设置要合理，难度要适合于参加活动者。在点标的地理位置上则要布置一个隐藏的记号、密码或内容，也有使用置放印章、专用打孔器的。

(3) 标定各点标的难度分值

对所设的点标，要具体验证它的寻找难度和路程难度，根据所有的点标难度来排序，以确定每个点标的难度分值、扣分标准和具体的得分结果。

(4) 基本规则

① 活动装备必须事先规定。不得使用任何其他有助于提高成绩的器具。

② 参加活动考找到点标位置后应采取记号的办法，如在卡上打孔、记下密码等。

③ 活动成绩以全部找到点标位置并完成所有的记录、打孔，返回起点的时间为准。如果是以小组为单位的活动，记录成绩则以最后到达组员的时间为准。

④ 无论是否找到所有点标位置，所有参加活动者必须全部返回起点报到，并交回地图。这一点特别重要，这是涉及生命安全的重要措施，必须保证所有人全部返回。

2. 定向活动技巧

(1) 参加活动者必须具备五大基本技能：换算比例尺、认识等高线、判定方向、标定地图、确定站立点。这些基本技能可以帮助参加活动者更好地认识地图上的一切标注，确定自己和各点标之间的关系，了解如何选择最合理的行进路线等。

(2) 熟练使用地图和指南针。参加活动者必须非常熟悉地图上所标示的各种记号。由于参加活动者只能在开始前一两分钟拿到现场的地图，不可能有很多的时间去研究地图上说些什么，因此，对地图上的记号一定要了如指掌，地图上所有符号应该是国际通用的标准符号。指南针或罗盘的使用是用来确定运动方向的，是每个参加者活动中定向的重要工具，要随时留意自己所处位置的方向。

(3) 地图要始终拿在手中，并且要保持地图的方向永远和指南针的方向一致。也就是说，无论人的运动方向如何改变，地图在手中要随时旋转，使地图的南北方向一直和实际方向一样,这样才容易识别自己所处的位置和自己应该运动的方向。

(4) 最好将地图折叠得小一些,以便察看。以自己的左手持图,用左手的拇指点在自己当前所处的位置,并始终随着自己的运动移动拇指,这样的做法使参与活动者清楚地知道自己应该如何运动。

(5) 合适的服装可以保证参与活动者的安全并免受损伤。应该穿着适合山地活动的服装,如牛仔服(裤)、高帮鞋等。

第三节 极限运动策划

一、极限运动概述

极限运动是结合了一些难度较高,且挑战性较大的组合运动项目的统称,如直排轮、滑板、极限单车、攀岩、雪板、空中冲浪、街道疾降、极限越野、极限滑水等都是极限运动项目。它除了追求竞技体育超越自我生理极限"更高、更快、更强"的精神外,更强调参与和勇敢精神,追求在跨越心理障碍时所获得的愉悦感和成就感,同时,它还体现了人类返璞归真、回归自然、保护环境的美好愿望,因此已被世界各国誉为"未来体育运动"。

进入新世纪,年轻人开始喜欢极限运动。极限运动惊险、刺激、富有挑战性,潜水、登山、滑翔、滑板、滑水、攀岩等都属于21世纪年轻人的最爱。极限运动在挑战自我的过程中,能得到身体上的锻炼和心理上的满足感,这是极限运动吸引人的地方。

1. 极限运动的含义

极限运动(extreme sports)是指人类在与自然的融合过程中,借助现代高科技手段,最大限度地发挥自我身心潜能,向自身挑战的娱乐性体育运动项目,极限运动是人类目前为止最刺激的休闲运动。

极限运动最主要的内容就是所谓的B3(skate-board、blade、bicycle),即滑板、直排轮和极限单车,这也是极限运动锦标赛的主要比赛项目。这三种极限运动都有其相近之处，而动作内容主要分为空中动作及边缘平衡动作，如弧形的板面腾越、跳跃、转体、空翻、手翻、翻板、转板等；而平衡动作有鞋身卡位（直排轮鞋）、铁杆或墙面边缘的滑动平衡、点平衡等；都是以脚下的轮鞋、滑板或脚踏车，以及器材本身的边缘如鞋缘、轮鞋底座中央、鞋身、板身、板头板尾、轮架、踏板、炮管、轮子本身等作为滑动平衡的用具。

在极限运动中，所有的动作都是选手自由选定，也可以自行创造新动作，而腾越可以不单只是腾越，可以以任何方式衔接另外一个动作，使难度增加，也让动作更华丽、具有可看性。

2. 极限运动的兴起

极限运动是近几十年刚刚诞生、迅速发展的运动休闲项目，由于极限运动有其“融入自然（自然、环境、生态、健康）、挑战自我（积极、勇敢、愉悦、刺激）”的“天人合一”的特性，使得极限运动风靡欧美各国，一些极限运动爱好者对极限运动的痴迷程度简直可以用“疯狂、着魔”来形容。以滑水和滑板为例，仅在美国，滑水爱好者就有 110 万人之多，职业滑水队、表演队星罗棋布，已经成为许多城市重要的都市文化和节事旅游“大餐”；而滑板运动的发烧友更是多达 450 万人之众。由于滑板运动太过惊险、刺激，在 20 世纪 60 年代，滑板运动曾受到有关国家政府的严令禁止，一度沦为“地下项目”，一直到 80 年代中期，滑板项目才重见天日，使这项“都市魔幻”运动卷土重来，其声势之大、影响之广，以至于成为许多精明厂商眼中的“印钞机”。滑板天皇巨星托尼·霍克（Tony Hawker）和安迪·麦克唐纳（Andy Mcdonald）在许多年轻人眼中无疑是和乔丹（篮球）、皮特·桑普拉斯（网球）一样的超级偶像。

极限运动能够风靡全球、长盛不衰，极限运动爱好者对惊险、刺激的极限运动乐此不疲，钟爱有加，社会学家通过调查、研究从客观的角度进行了解答：现代人的生活节奏越来越快，工作压力越来越大，生活空间越来越小。现实的环境使人的感觉域限也不断提高。从 70 年代的交谊舞，80 年代的迪斯科，到 90 年代的保龄球、桑拿浴，都已经不能满足人们日益增长的感觉需求。一方面，人们更加需要寻求刺激、发泄压力、释放能量，另一方面，对于一般性的刺激、享受，人们习以为常、不足为奇。这时，人们便开始追求更为强烈的刺激，从而获得更快乐的感觉和体验。而极限运动的兴起，正好满足了人类的这一需求。与传统体育项目（包括奥运会项目）相比，极限运动更富有超越身心极限的自我挑战性、观赏刺激性、趣味娱乐性、高科技渗透性、商业运作性。

3. 极限运动的分类

极限运动按照季节分为夏季、冬季两大类,运动领域涉及从高山到海洋等多维空间。按照运动空间分为水上极限、陆上极限、空中极限三大类。

(1) 按季节分类

① 夏季极限运动

主要比赛和表演项目有:难度攀岩、速度攀岩、空中滑板、高山滑翔、滑水、激流皮划艇、摩托艇、冲浪、水上摩托、蹦极跳、滑板、轮滑、小轮车、U形台跳跃赛和街区障碍赛等。

② 冬季极限运动

主要比赛和表演项目有:滑雪、滑冰、极地旅行、野外探险、人兽共居等,有些项目已经被列入冬季奥运会比赛项目。

(2) 按运动空间分类

① 水上极限

包括滑水、激流皮划艇、探险漂流、摩托艇、水上摩托等。杭州双溪漂流每年接待游客达200多万人次。

② 陆上极限

主要是指轮滑、滑板、小轮车,根据比赛场地又分为街区障碍赛和U形台竞技赛等。

③ 空中极限

主要是蹦极、攀岩与登山。许多攀岩社团(如北京大学的飞鹰社、中国地质大学的攀岩队)在社会上也小有名气。

4. 中国极限运动

回归自然、融入自然、挑战自我的极限运动,在欧美各国及各发展中国家,悄然成为都市青年最流行、最持久的时尚运动,参加极限运动会已成为广大都市青年梦寐以求的愿望。极限运动的兴起,使人们逐步离开传统的体育场馆,走向荒野,纵情于山水之间,向大自然寻求人类生存的本质意义。置身户外,以冒险形式所展现的极限运动成了人们超越自我、挑战极限的空间:水上摩托和冲浪运动,让您充分体验在蓝天碧水间风驰电掣、搏击海浪的潇洒;激流皮划艇和漂流让您在万水奔腾中历经一泻千里、惊涛骇浪的激越;蹦极跳、攀岩运动又使您感受到了“腾跃向上、扶摇直下”的惊险；在自然这个博大精深、美丽而凶险的演练场里，我们抛弃了现代文明带来的舒适与慵懒，拥有了与自然共存的能力，充分体会到一种回归人的本性与初衷、检验人的智慧与力量的乐趣。有什么比求生更能体现人与自然界中的万物生灵所共有的本能呢？

极限运动是一种极度危险又极具挑战性的体育运动，世界上不是每一位运动员都愿意尝试。尤其是每种极限运动都具有高难度，弄不好就有生命危险。尽管如此，极限运动依然魅力难挡。在不断涌现超级极限运动员的同时，新的极限运动也应运而生。

从20世纪90年代中期开始，中国极限运动得到了蓬勃发展，街舞、滑板、蹦极、车技、攀岩等极限运动成为富有冒险精神的人尤其是年轻人的最爱。1999年，由中国极限运动协会首次举办“CHINA X-GAME”(简称“CX”)。如今，它已成为中国极限运动的权威赛事，更是极限运动专业人才以及广大极限运动爱好者的嘉年华盛会。

二、极限运动赛事

1. 极限运动比赛

以极限运动滑板、直排轮和极限单车即B3项目为例，极限运动的比赛可分为公园赛(PARK)与U形板赛(VERT)两种。PARK是在有一定大小范围的场地内，设有跳跃台或设有其他各式各样形状的设备让选手来做表演竞技的场地；而U形板是以U形的半管式设备让选手来表演竞技。

2. 极限运动场地

国际极限运动把场地标准规范设定为三级，即把运动场地分为符合国际竞技标准、可举办国际比赛的A级；标准型、可举办一般性比赛的B级；设施简易、适合初学者使用的C级。

3. 极限运动规则

极限运动比赛和一般球类比赛相比，极限运动比赛的时间较短，一般而言，选手都只有两回合各60秒的表演时间。

极限运动评分上的分配大致如下(详细内容请参照国际极限运动竞赛规则)：

(1) 极限单车、滑板、直排轮公园赛

空中动作40分，卡、点、磨动作40分，个人风格10分，路线10分。

(2) 极限单车地板赛

技巧60分,稳定度20分,个人风格10分,路线10分。

(3) 极限单车、滑板、直排轮半管赛

空中动作50分,卡、点、磨动作30分,个人风格10分,路线10分。

正式比赛中设5位裁判,分数取5位裁判分数去最高分与最低分后3位裁判的平均分,两回合中取最高一回合,若有相同分数情况发生,则以3个裁判分数中扣除其中最低分数后平均分数来计算名次。

三、极限运动项目

1. 轮滑

脚蹬四轮特制鞋在坚实平坦的地面上滑行的运动,包括速度轮滑、花样轮滑和轮滑球以及单排轮滑和双排轮滑。轮滑运动能锻炼身体、增强体质、消除疲劳、调节精神。1863年由美国人詹姆士·普利普顿发明,后迅速传入欧洲和世界各地,在欧美国家开展较普遍,已发展为竞赛项目。在轮滑场上举行的轮滑项目即是花样轮滑。轮滑则分为公路赛和场地赛两种。

2. 车技

自行车越野(bicycle motocross, BMX)是20世纪70年代中后期在美国兴起的一种自行车越野运动。到了80年代中期,大多数年轻人深受滑板运动的影响,觉得只在泥地里比赛太过单一了,于是开始把BMX拿到平地、滑板的场地里玩,而且玩的花式比滑板更多,跳得更高。它的名字也变成了BMX FREESTYLE(自由式BMX自行车)。

3. 滑水

前身是滑板滑水,滑水板是20世纪初由一位叫拉尔森·萨缪尔森的美国人在滑雪板的基础上试制出来的,并成功地进行了水上滑行表演,此后,美国一公司设计了一种新型滑水板,使滑水板更趋合理。第二代滑板诞生于1962年,由橡木多层板压制而成的板面、轮滑转向桥和塑料轮子组成。

4. 蹦极

"蹦极"一词源于英文"bung"或者"bungee",蹦极又称为高空弹跳。相传在澳洲北部的一个小岛上,当地的原住居民在男子成年之时便用竹子搭起20米高的跳塔，并将树藤绑在男子的脚上，如果男子能够勇敢地从跳塔的顶端跳下，就完成了他的成年之礼，随即便可受到众人的礼赞而成为真正的男人。这就是蹦极最早的缘起。

“蹦极”要求跳跃者站在约40米以上高度的桥梁、塔顶、高楼、吊车甚至热气球上，把一端固定的一根长长的橡皮条绑在踝关节处，然后两臂伸开，双腿并拢，头朝下跳下去。绑在跳跃者踝部的橡皮条很长，足以使跳跃者在空中享受几秒钟的“自由落体”。当人体落到离地面一定距离时，橡皮绳被拉开、绷紧，阻止人体继续下落，当到达最低点时，橡皮绳再次弹起，人被拉起，随后又落下，这样反复多次直到橡皮绳的弹性消失为止，这就是蹦极的全过程。

1979年4月1日，英国牛津大学冒险俱乐部成员从当地245英尺高的克里夫顿桥上利用一根弹性绳索飞身跳下，拉开了现代蹦极运动的帷幕。蹦极一经产生便风靡整个欧美及大洋洲，到了20世纪90年代，个人弹跳次数超过1000次的史冠伦先生又将高空弹跳带入亚洲。蹦极走入中国是90年代后期的事情了，短短几年中，北京、上海、深圳、广州、杭州、武汉、天津、大连、沈阳等地纷纷建起了蹦极跳台。

5. 攀岩

攀岩是从登山运动中派生出来的竞技运动项目。20世纪50年代起源于前苏联，是军队中作为一项军事训练项目而存在的，1974年被列入世界比赛项目。

攀岩的正式名称叫“徒手攀登岩壁”，英文为“free climbing”。攀岩运动的来源有两个说法：一种说攀岩运动源自一个美丽的爱情故事：在欧洲阿尔卑斯山区悬崖峭壁的绝顶上，生长着一种珍奇的高山玫瑰，相传只要拥有这种玫瑰，就能获得美满的爱情，于是，勇敢的小伙子便争相攀岩，摘取花朵献给心爱的人。另一种说法是攀岩运动起源于20世纪50年代初的欧洲，70年代成为国际性比赛项目，从80年代开始，由于自然岩壁离我们越来越远，人们开始在城市里开发出了人工岩壁，用于休闲运动及专业训练和比赛。从1989年开始，国际上每年都要举办一届“世界攀岩锦标赛”。

攀岩运动是一项深受人们欢迎的运动项目，它集健身、娱乐和竞技于一体。它要求运动员身体素质全面，具备勇敢、顽强和坚韧不拔的精神，能够在各种不同的高度及角度的岩壁上轻松舒展，准确地完成腾挪、转身、跳跃、引体等惊险动作，给人们以优美、惊险的享受，故攀岩又被称为“岩壁上的芭蕾”。

6. 滑板

滑板是冲浪运动在陆地上的延伸。冲浪运动受地理和气候的限制，而滑板则有更大的自由度。20 世纪 50 年代中后期，美国南加州海滩社区的居民们发明了世界上第一块滑板，将一块 50 厘米×10 厘米×50 厘米的木板固定在轮滑的轮子上。第二代滑板诞生于 1962 年，由橡木多层板压制而成的板面、轮滑转向桥和塑料轮子组成。1973 年，一个叫弗兰克的滑板爱好者首次将聚氨酯轮子安在他的滑板上并取得了意想不到的效果。这种柔韧的轮子不仅耐磨，而且可以使滑板安全稳当地急转弯，这就是第三代滑板。

7. 冲浪

冲浪的玩法区分正如同装备一样，其竞速及曲道两者讲求的是速度及过弯的技巧，不同的是前者是直线竞速，大多在极强的冲浪风况下进行，目前世界上的直线疾速为 94 千米/小时，而一般的选手平常的速度大概只有 40—50 千米/小时。

冲浪在花式及浪区的玩法则完全不同，花式玩法一般都是在碎浪区或平水区做较大的动作，如空翻、跳跃、花式转帆及空中转向等，此种玩法难度及危险性都较高，须有一定的训练程度才可参与，而且最好是有专人指导。

8. 帆板

帆板运动是最新潮而又最古老、最原始的运动之一。人类从大自然中发现了驾驭风力的规律，于是就有了扬帆远航的征程，有了乘风破浪的气概。帆板尖头平尾、长约 2.8—3.9 米、宽约 60 厘米，通过两手操纵一面插在板中央的 4 米高的三角帆，以风为动力，在水面上滑行。由于帆板体积小、重量轻和流线型的结构，阻力很小，最高速度可达每小时 60 千米左右。帆板运动把帆船、滑水和冲浪运动的特点结合在一起，既能增强臂力、腰背力量及腿部力量，又能发展灵敏性和身体平衡能力，并且能培养人们勇敢顽强、坚忍不拔的精神，是一项深受喜欢冒险、追求刺激的年轻人喜爱的水上运动。

9. 溯溪

溯溪是一种新兴的户外运动项目，原是流行在欧洲阿尔卑斯山脉一带的登山方式，后演变为相对独立的户外运动。20 世纪六七十年代在日本盛行，70 年代后传入我国。

所谓溯溪，是由峡谷溪流的下游向上游，克服地形上的各处障碍，溯水之源而溯溪登山之巅的一项探险活动。在溯溪过程中，溯行者须借助一定的装备，具备一定的技术，去克服诸如急流险滩、深潭飞瀑等许多艰难险阻，充满了挑战性。也正是由于地形复杂，不同地方须采用不同的装备和方式行进，因而使得这项活动富于变化而魅力无穷。

溯溪活动需要同伴之间的密切配合，利用一种团队精神去完成艰难的攀登，对于溯行者是一种考验，同时又得到一种信任和满足、一种克服困难后的自信与成就感。

10. 跑酷

跑酷(parkour)把整个城市当做一个大训练场，一切围墙、屋顶都成为可以攀爬、穿越的对象，特别是废弃的房屋。跑酷诞生于 20 世纪 80 年代的法国，“parkour”一词来自法文的“parcourir”，直译就是“到处跑”，含义就是“超越障碍训练场”的意思。

跑酷是一项街头疾走极限运动，有点自由跑的意思，它们的区别在于自由跑讲求表演与耐力的观赏性，而跑酷则更强调速度与灵敏的实用性，例如配合猿猴一样的灵活攀越。跑酷不仅是门运动的艺术，也是一种生活方式，跑跳攀爬中的自由灵魂在运动中无限伸展。

11. 滑雪

滑雪(ski)是一个挪威词，意思是雪鞋。滑雪运动起源并发展于斯堪的纳维亚半岛地区。滑雪是运动员把滑雪板装在靴底在雪地上进行速度、跳跃和滑降的竞赛运动。滑雪板用木材、金属材料和塑料混合制成。滑雪竞赛主要有两种：北欧滑雪和高山滑雪。高山滑雪由滑降、小回转和大回转(障碍滑雪)组成。北欧滑雪(比赛)包括个人越野滑雪赛、男子接力赛和女子接力赛。此外还有跳台滑雪赛，以及北欧混合项目比赛，包括越野赛和跳台赛。斯堪的纳维亚半岛附近的国家在北欧滑雪项目上占优势，阿尔卑斯山脉附近的国家在高山滑雪项目上占优势。

12. 滑草

一般流行于南方地区，是滑雪的一种替代项目。滑草是一项新兴的环保运动，指的是利用滑鞋、滑橇在专门种植的草坪上进行的一项休闲健身运动。自 20 世纪 60 年代在欧洲兴起后，滑草渐渐发展成为一种新兴的独立运动，在世界上许多国家和地区十分流行，具有健身、刺激、安全等特点。滑草时，清风扑面，绿浪奔涌，令人心旷神怡。高标准的滑草场，滑草道长 60 米，宽 10 米，护栏及草底部均铺有海绵软垫。

第四节 野外生存技巧与伤病防治

一、野外生存技巧

1. 水——生命之源

水是维持人类生命最基本的物质,人们可以不吃饭,但是不能没有水。如果一个人不给任何食物,只提供饮水,最长能活 59 天;相反,不提供水,只提供干粮,一般只能存活 5 天,可见水在生命中的重要意义!在地震、矿难等灾难中见证的生命奇迹,无不与水和水源有关。所以。野外生存的技巧主要是寻找水源,收集雨水、露水等。通常雨水可以直接饮用,下雨时收集雨水最简单,可用雨布、塑料布大量收集雨水,也可用空罐头盒、杯子、钢盔等容器收接雨水。寻找水源的方法有以下几种。

(1) 水源的首选地是山谷底部地区,高山地区寻水应沿着岩石裂缝去找,干涸河床沙石地带往往会挖到泉眼。

(2) 在海岸边,应在最高水线以上挖坑,很可能有一层厚约 5 厘米的沉滤水浮在密度较大的海水层上。

(3) 饮用凹地积水处的水时,必须做到先消毒、沉淀后煮沸饮用。

(4) 收集雨水:在地上挖个洞,铺上一层塑料布,四周用黏土围住,可以有效地收集雨水。

(5) 凝结水:在一段树叶浓密的嫩枝上套一只塑料袋,叶面蒸腾作用会产生凝结水。

(6) 跟踪动物、鸟类、昆虫或人类踪迹可以找到水源。

(7) 植物中取水:竹类等中空植物的节间常存有水,藤本植物往往有可饮用的汁液,棕榈类、仙人掌类植物的果实和茎干都含有丰富的水分。

(8) 日光蒸馏器。在干旱沙漠地区利用下述方法能较好地收集到水:在相对潮湿的地面挖一大约宽 90 厘米、深 45 厘米的坑,坑底部中央放一集水器,坑面悬一条拉成弧形的塑料膜。光能升高坑内潮湿土壤和空气的温度,蒸发产生水汽,水汽与塑料膜接触遇冷凝结成水珠，下滑至器皿中。

当没有可靠的饮用水又无检验设备时，可以根据水的色、味、温度、水迹，概略鉴别水质的好坏。纯净的水在水层浅时无色透明，深时呈浅蓝色。可以用玻璃杯或白瓷杯盛水观察。通常水越清水质越好，水越浑则说明杂质越多。一般清洁的水是无味的，而被污染的水则时常带有一些异味。地面水的水温，因气温变化而变化，浅层地下水受气温影响较小，深层地下水水温低而恒定。如果所取样的水不符合这些规律，则水质一般都有问题。此外还可以用一张白纸，将水滴在上面晾干后观察水迹。清洁的水无斑迹，如有斑迹则说明水中有杂质，水质差。

在野外最好不要饮用从杂草中流出的水，而以从断崖或岩石中流出的清水为佳。饮用河流或湖泊中的水时，可在离水边 1—2 米的沙地上挖个小坑，坑里渗出的水比直接从河湖中提取的水更洁净。

在野外，可以用饮水消毒片、漂白粉精片以及明矾等药品净化水。在专家指导下，还可用一些含有黏液质野生植物净化水。切记：不论多么口渴，都不要饮用不洁净的水，万不得已时，也要把水煮开后再喝。

2. 火——生命之光

火是区别人类与动物的重要标志。在燧人氏“钻木取火”之前，我们人类跟其他动物一样都是“生食”动物——并不是说生食就不好，新鲜食物永远是最好最安全的，一些沿海居民至今还保留着生吃海鲜的传统，尤其是日本人酷爱生吃海产品。在英国人库克船长“发现”澳洲大陆之前，当地的土著人就一直生活在这座古老大陆的海边，最有力的见证就是在澳洲东部布里斯班“Couran Cove Island ”岛上的土著人遗址，这个地方原来是澳洲土著人最早生活栖息的地方，那里紧邻海洋，有连绵湿地、原始森林，土著人遗址的重要标志就是远古时代土著人生吃海鲜留下的巨大贝壳山。

“火”的“发现”无疑是人类从蛮荒走向文明的重要标志，当然最早的火可能是“天火”、“雷火”，但人类从“天火”、“雷火”的火烧现场吃到了更加香甜可口的动物躯体、植物果实等食物，于是人类开始“刀耕火种”或者“钻木取火”，以便让自己“吃”得更好、更可口。所以，燧人氏被尊称为华夏文明的“火神”，还与“伏羲”、“神农”并列为中华民族炎黄子孙的“三皇”。

现代“火”成为人类生活必不可少的生命要素。如果没有“火”，相信绝大多数人都将无法生存。因此，野外生存技巧的一项重要内容就是学会如何在野外生火并且让“火”经久不息。“火”除了将食物煮熟外还有很多其他用途：

(1) 火苗释放热量产生暖意,会节省体内热量散失；

(2) 火可以烘干衣服；

(3) 火熏过的肉食可以较长时间保鲜；

(4) 火可以吓跑危险的野兽；

(5) 火可以作为救援信号；

(6) 火的烟雾可以驱走害虫,还可以煅烧金属打制工具……

野外生火的一般方法：

(1) 要寻找到易燃的引火物：如枯草、干树叶、桦树皮、松针、松脂、细树枝、纸、棉花等。

(2) 捡拾干柴：干柴要选择干燥、未腐朽的树干或枝条。要尽可能选择松树、栎树、柞树、桦树、槐树、山樱桃、山杏之类的硬木,燃烧时间长,火势大,木炭多。

(3) 不要捡拾贴近地面的木柴,贴近地面的木柴湿度大,不易燃烧,且烟多熏人。

(4) 清理出一块避风、平坦、远离枯草和干柴的空地,将引火物放置中间,上面轻轻放上细松枝、细干柴等,再架起较大较长的木柴,然后点燃引火物。

(5) 火堆的设置要因地制宜,可设计成锥形、星形、“并”字形、并排形、屋顶形、牧场形等。也可利用石块支起干柴或在岩石壁下面,把干柴斜靠在岩壁上,在下面放置引火物后点燃即可。

一般情况下,在避风处挖一个直径 1 米左右、深约 30 厘米的坑。如果地面坚硬无法挖坑也可找些石块垒成一个圆圈,圆圈的大小根据火堆的大小而定。然后将引火物放在圆圈中间,上面架些干柴后,点燃引火物引燃干柴即成篝火。如果引火物将要燃尽时干柴还未燃起,则应从干柴的缝隙中继续添入引火物,直到把干柴燃烧起来为止,而不要重新架柴点火。最后,点篝火最好选在近水处,或在篝火旁预备些泥土、沙石、青苔等用于及时灭火。

3. 帐篷、睡袋使用

帐篷、睡袋本身并不发热,但能有效保持温度,减少温度流失。在野外帮你睡得更暖和的方法有以下几种。

(1) 避风防潮

在野外,一个挡风的帐篷能提供一个温暖的睡眠环境。在选择营地时,不要选择谷底,那里是冷空气的聚集地,也要尽量避开承受强风的山脊或山凹。一张好的防潮垫能有效地将睡袋与冰冷潮湿的地面分开，充气式效果更佳，在雪地上还需用两张普通防潮垫。

（2）保持干爽

睡袋吸收的水分并非主要来自外界，而是人体，即使在极寒冷的情况下，人体在睡眠时仍会排出起码一小杯的水分。保温棉在受潮后会失去弹性，保温能力下降。如睡袋连续使用多天，最好能在太阳下晾晒。经常清洗睡袋可使保温棉保持弹性。

（3）多穿衣服

一些较松软的衣物可兼做加厚睡衣用。将人与睡袋之间的空隙填充满，也可使睡袋的保暖性加强。

（4）睡前热身

人体就是睡袋的热量来源，如临睡前先做一小段热身运动或喝一杯热饮，会将体温略为提高并有助于缩短睡袋变暖的时间。

4. 野外辨别方位

（1）阳光测定法

太阳从东方出，西方落，这是最基本的辨识方向的方法。

还可用木棒成影法来测量，在太阳足以成影的时候，在平地上竖一根直棍（1米以上），在木棍影子的顶端放一块石头（或做其他标记），木棍的影子会随着太阳的移动而移动。30—60分钟后，再次在木棍的影子顶端放另一块石头。然后在两块石头之间画一条直线，在这条线的中间画一条与之垂直相交的直线。然后左脚踩在第一标记点上，右脚踩在第二标记点上。若身处北半球，这时站立者的正面即是正北方，背面为正南方，右手是东方，左手为西方。若身处南半球，则朝向相反。

（2）阴面测定法

在阴天迷了路，可以靠树木或石头上的苔藓的生长状态来测定方位。在北半球以树木而言，树叶生长茂盛的一方即是南方，树叶生长稀落的一方即是北方；若切开树木，年轮幅度较宽的一方且湿长着苔藓的一方即是北方，年轮幅度较窄的一方且表面比较光滑的一方即是南方。此外，农村的房屋门窗和庙宇的正门通常朝南开，建筑物、土堆、田埂、高地的积雪通常是南面融化得快，北面融化得慢。大岩石、土堆、大树南面草木茂密，北面则易生青苔。

(3) 星座测定法

在北半球通常以北极星为目标。夜晚利用北极星辨认方向的关键在于在茫茫星海中,准确地找到北极星。首先找寻杓状的北斗七星,以杓体上的两颗星的间隔延长5倍,就能在此直线上找到北极星。一般特别地称呼此两颗杓体上的星为要点星球。如看不到北斗七星时,就找寻相反方向的仙后星座,仙后星座由5颗星形成,它们看起来像英文字母的M或W倾向一方的形状。从仙后星座中的一颗星画直线,在几乎和北斗七星到北极星的同样距离处就可找到北极星。北极星所在的方向就是正北方。(如图7.2)

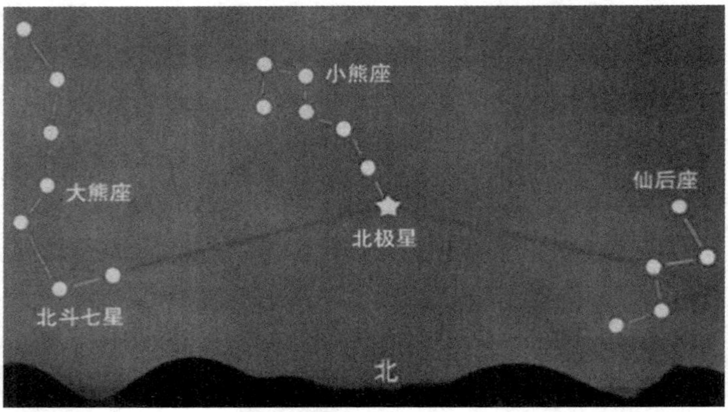

图7.2 星座测定法

(4) 时钟测定法

只要有太阳就可使用手表探知方位。将火柴棒竖立在地面,接着把手表水平放在地面,将短针指向太阳,并使火柴棒的影子和短针重叠起来,若身处北半球,表面十二点的方向和短针所指刻度的中间是南方,相反的一边是北方,南北球则相反。若身上没有火柴,也可改用小树枝,尽量使影子更准确。若从事挑战性的生存活动,记住戴上手表,这时普通表比数字表就更有价值。因为普通表上的时针分针,在必要时会成为求生存的重要工具。

在野外迷失方向时,切勿惊慌失措,而是要立即停下来,冷静地回忆一下所走过的道路,想办法按一切可能利用的标志重新确定方向,然后再寻找道路。最可靠的方法是"迷途知返",退回原出发地。

在山地迷失方向后,应先登高远望,判断应该朝什么方向走。通常应朝地势低的方向走，这样容易碰到水源，顺河而下最为保险，这一点在森林中尤为重要。因为道路、居民点常常是滨水临河而筑的。

如果遇到岔路口，道路多而令人无所适从时，首先要明确要去的方向，然后选择正确的道路。若几条道路的方向大致相同，无法判定，则应先走中间那条路，这样可以左右逢源，即便走错了路，也不会偏差太远。

5. 复杂地形行进

(1) 山地

在山地行进，为避免迷失方向，节省体力，提高行进速度，应力求有道路不穿林翻山，有大路不走小路，如没有道路，可选择在纵向的山梁、山脊、山腰、河流小溪边缘，以及树高林稀、空隙大、草丛低疏的地形上行进。要力求走梁不走沟，走纵不走横。行进时，能大步走就不小步走。这样几十公里下来，可以少迈许多步。疲劳时，应用放松的慢步来休息，而不停下来。

(2) 攀岩

攀登岩石时，应对岩石进行细致观察，慎重地识别岩石的质量和风化程度，确定攀登的方向和路线。攀登岩石的基本方法是“三点固定”法，即两手一脚或两脚一手固定后再移动剩余的一手或一脚，使身体重心上移。手脚要很好地配合，避免两点同时移动，一定要稳、轻、快，根据自己的情况选择最合适的距离和最稳固的支点，不要跨大步和抓、蹬过远的点。

攀登 30°以下的山坡可沿直线上升。攀登时，身体稍向前倾，全脚掌着地，两膝弯曲，两脚呈外“八字形”，迈步不要过大过快。坡度大于 30°时，一般采取“之”字形攀登路线。攀登时，腿微曲，上体前倾，内侧脚尖向前，全脚掌着地，外侧脚尖稍向外撇。在行进中不小心滑倒时，应立即面向山坡，张开两臂伸直两腿，脚尖跷起，使身体尽量上移，以减低滑行的速度。这样，就可设法在滑行中寻找攀引和支撑物。千万不要面朝外坐，因为那样不但会滑得更快，而且在较陡的斜坡上还容易翻滚。

(3) 渡河

河流是山区和平原地区经常遇到的障碍。遇到河流不要草率入水，要仔细观察之后再确定渡河的地点和方法。山区河流通常水流湍急，水温低，河床坎坷不平。涉渡时，为了保持身体平衡，应当用一根棍子支撑在水的上游方向，或者手执重达 15—20 公斤的石头。集体涉渡时，可三人或四人一排，彼此环抱肩部，身体最强壮的位于上游方向。

6. 捕食求生方法

(1) 猎捕野生动物

一般不要危害野生动物,为了生存万不得已猎捕野生动物时,首先要知道野生动物的栖息地,掌握野生动物的生活规律,然后再采取围捕、套猎、捕兽卡以及射杀等方法进行猎捕。

可食用的昆虫有蜗牛、蚯蚓、蚂蚁、知了、蟑螂、蟋蟀、蝴蝶、蝗虫、蚱蜢、蜘蛛、螳螂等。人们对吃昆虫虽然不习惯,甚至感到厌恶,但在万不得已的情况下,为维持生命、保持战斗力,继而完成任务,不妨一试。但是要煮熟或烤透,以免昆虫体内的寄生虫进入人体,导致中毒或得病。

部分昆虫的吃法:

蝗虫:浸酱油烤着吃,煮或炒也可以;

螳螂:去翅后烤或炒,煮也可以;

蜻蜓:干炸后可食;

蝉:生吃或干炸,幼虫也可食;

蜈蚣:干炸,但味道不佳;

天牛:幼虫可生食或烤;

蚂蚁:炒食,味道好;

蜘蛛:除去脚烤食;

白蚁:可生食或炒食;

松毛虫:烤食。

(2) 采集野生植物

可食野生植物包括可食的野果、野菜、藻类、地衣、蘑菇等。对可食野生植物的识别是野外生存的主要内容。我国地域广大,适合各种植物生长,其中能食用的就有2000种左右。我国常见的可食野果有:山葡萄、野草莓、沙棘、火把果、桃金娘、胡颓子、乌饭树、余甘子等,特别是野栗子、椰子、木瓜更容易识别,是应急求生的上好食物。常见的野菜有苦菜、蒲公英、鱼腥草、马齿苋、刺儿草、荠菜、野苋菜、扫帚菜、菱、莲、芦苇、青苔等。野菜可生食、炒食、煮食或通过煮浸食用。当无法鉴别野生植物是否有毒时,通常可将采集到的植物割开一个小口,放进一小撮盐(或用银针插入植物汁液中),然后仔细观察植物(或银针)是否改变原来的颜色,通常变色的不能食用。

二、野外伤病防治

1. 常备急救箱

在野外，没有人能够预料会发生什么事情。一个急救箱可以延长你的生命，务必随身携带。急救箱应存放以下各项物品，以备急救所用。

(1) 绷带

不同的阔度及质料的绷带，以处理不同面积及种类的损伤。纱布滚动条绷带适用于处理一般伤口，主要作固定敷料之用。弹性滚动条绷带具有弹性，除应用于处理伤口外，更可应用于处理一般拉伤、扭伤、静脉曲张等伤症，以固定伤肢及减少肿胀。三角绷带可以全幅使用，或折叠成阔窄不同的绷带，常做手挂使用，承托上肢。

(2) 敷料

由数层纱布制成，质地柔韧。主要用做覆盖伤口及吸收分泌物；流血及分泌物较多的伤口，可加厚覆盖。

(3) 敷料包

敷料包由棉垫和滚动条绷带组成。用棉垫(即敷料)覆盖伤口，然后用附带的滚动条绷带加以固定。

(4) 消毒药水

介绍几种常用消毒药水的用途：

① 龙胆紫(紫药水)：加快伤口结痂，加快伤口愈合。

② 红汞(红药水)：保护伤口并具有抗菌的作用。

③ 酒精和碘酒：用于非黏膜伤口的表面消毒。不可用于破损伤口的消毒。

④ 双氧水：用于受污染的黏膜或破损伤口的基本消毒。

(5) 洁净的棉花球

用于清洁伤口，使用时蘸透消毒药水。

(6) 消毒胶布

通常用来处理面积较小的伤口。贴上胶布前，必须确保伤口周围的皮肤干爽清洁，否则不能贴得牢固。

(7) 普通胶布

用来固定敷料、滚动条绷带或三角绷带。

(8) 常用药

如康泰克、感冒通、黄连素、牛黄解毒片、藿香正气丸、氟哌酸等。

(9) 蛇药

真空抽毒器、上海蛇药、季德胜蛇药等。

(10) 其他

眼药水、万花油、创可贴、清凉油、风油精、驱蚊水、食盐、水果刀、饮用水、干粮等。

2. 常见伤病防治

(1) 昆虫叮咬

在野外为了防止昆虫的叮咬,人们应穿长袖衣和长裤,扎紧袖口、领口,皮肤暴露部位涂搽防蚊药。不要在潮湿的树阴和草地上坐卧。宿营时,烧点艾叶、青蒿、柏树叶、野菊花等驱赶昆虫。被昆虫叮咬后,可用氨水、肥皂水、盐水、小苏打水、氧化锌软膏涂抹患处,止痒消毒。

(2) 蚂蟥叮咬

蚂蟥是危害很大的虫类,遇到蚂蟥叮咬时,不要硬拔,可用手拍或用肥皂液、盐水、烟油、酒精滴在其前吸盘处,或用燃烧着的香烟烫,让其自行脱落,然后压迫伤口止血,并用碘酒涂搽伤口以防感染。复杂地形行进中,应经常查看有无蚂蟥爬到脚上。在鞋面上涂些肥皂、防蚊油,可以防止蚂蟥上爬。涂一次的有效时间约为4—8小时。此外,将大蒜汁涂抹于鞋袜和裤脚,也能起到驱避蚂蟥的作用。

(3) 昏厥

野外昏厥多是由于摔伤、疲劳、饥饿、脱水等原因造成,主要表现为脸色突然苍白,脉搏微弱而缓慢,失去知觉。遇到这种情况,不必惊慌,一般过一会儿便会苏醒。醒来后,应喝些热水,并注意休息。

(4) 中毒

其症状是恶心、呕吐、腹泻、胃疼、心跳趋缓等。遇到这种情况,首先要洗胃,快速喝大量的水,用指触咽部引起呕吐,然后吃蓖麻油等泻药清肠,再吃活性炭等解毒药及其他镇静药,多喝水,以加速排泄。为保证心脏正常跳动,应喝些糖水、浓茶,暖暖脚,并立即送医院救治。

(5) 中暑

其症状是突然头晕、恶心、昏迷、无汗或湿冷、瞳孔放大、发高烧。发病前，常感口渴头晕，浑身无力，眼前阵阵发黑。此时，应立即在阴凉通风处平躺，解开衣裤带，使全身放松，再服十滴水、藿香正气丸、仁丹等药。发烧时，可用凉水浇头，或冷敷散热。如昏迷不醒，可掐人中穴、合谷穴使其苏醒。

(6) 冻伤

如发现皮肤有发红、发白、发凉、发硬等现象，应用手或干燥的绒布磨擦伤处，促进血液循环，减轻冻伤，轻度冻伤用辣椒泡酒涂擦便可见效。如发现身体冻僵的情况，不要立即将伤者抬进温暖的室内，应先摩擦肢体，做人工呼吸，待伤者恢复知觉后，再到较温暖的地方抢救。

(7) 蜇伤

被蝎子、蜈蚣、黄蜂等毒虫蜇伤，伤口红肿、疼痒，并伴有恶心、呕吐、头晕等症状。要先挤出毒液，然后用肥皂水、氨水、烟油、醋等涂擦伤口，或用马齿苋捣碎，汁冲服，渣外敷。也可用蜗牛洗净后捣碎涂在伤口上。此外，蒜汁对蜈蚣咬伤也有疗效。

3. 毒蛇咬伤防治

(1) 预防蛇咬

徒步穿越时，要注意自己的脚下。蛇每周进食一次，每当进食之后，以及蜕皮时，它们行动和缓，容易被踩踏。在伐取灌木采摘水果前，要小心观察，一些蛇类经常栖息于树木之上。不要挑逗或提起蛇类，或将它们逼入困境，野外生存要保护自然生态，尽可能不要打死蛇类，一些蛇类在走投无路或在保卫自己的巢穴时会有很强的攻击性。在翻转石块、圆木以及挖坑掘洞时最好使用工具，不要徒手。如果可能，穿厚实一点的鞋子，因为很多毒蛇的毒牙很小。在移动或收拾地席、帐篷时，要尽量小心查看，蛇类很可能就在底下小憩。如果与毒蛇不期而遇，请务必保持镇定，不要突然移动，不要向它发起主动战争，许多情况下，蛇也只想着逃命。

蛇类本身是对人类极其有益的一种动物，我们应该尽量保护野外的每一种生物，但如果真的万不得已，要用一根长木棍，最好有弹性，快速劈蛇的后脑，最好一招成功，因为受伤的蛇对人来说更加危险。

(2) 辨别蛇伤

野外无毒蛇占多数，被无毒蛇咬伤的人，因为精神过度紧张，也可能因惊恐而出现伤口剧痛、红肿甚至昏倒的现象，这是心理暗示的结果。毒蛇咬人时不一定放出毒液或把足够量的毒液注入人体，被毒蛇咬伤的人只有小部分中毒症状比较严重，个别人有生命危险(如表7.1)。

表7.1 毒蛇的种类与蛇伤辨别

	体表特征	分布与习性	咬伤症状
竹叶青	通身绿色为主	分布我国南部长江流域，受惊时逃跑	看到两个较小的针尖样牙痕，被咬伤后数分钟伤口即见红肿，伤口灼痛难忍，附近可见血性水泡，较重者患肢上端可见瘀斑。伤者有头痛、头晕、眼花、嗜睡、恶心、呕吐、胸痛、腹胀、食欲不振等反应
眼镜蛇	通身黑色为主，头竖起，扁颈	分布我国长江以南，性情凶猛，能长时间对峙，喷射毒液，但不主动袭击人	咬伤后即感疼痛且渐加重，范围迅速扩大。局部常见两个牙痕，伤口流血不多，而且很快变黑，周围皮肤呈现红肿。伤口中心有麻木感，并向近心端蔓延。局部常有水泡及组织坏死并难愈合。咬伤后约2—6小时感到困倦、胸部闷胀、心悸、恶心、呕吐、全身不适、畏寒、发热
眼镜王蛇	通身黑褐色为主，头竖起，扁颈	分布我国南方。性情凶猛，为毒蛇中体型最大的。会主动袭击人，紧咬不放	能看到较大而深的两个牙痕，牙痕间距常大于1.8厘米。首先局部感到剧痛，并逐渐发生红肿等急性炎症，中毒发展迅速，局部症状尚未充分表现以前就会出现全身中毒症状。被咬伤后半小时内即觉头晕头痛、四肢乏力、困倦思睡，继而流涎、呕吐，出现言语障碍
烙铁头蛇	通身褐色为主，其间杂以黄绿或铁锈色斑	分布我国南方。头呈三角形，短尾，有“蛇中熊猫”之称	有两个牙痕，并有渗血。其局部症状与竹叶青蛇伤相似，但比竹叶青蛇伤重。全身症状与竹叶青蛇咬伤基本相似，但更为严重一些
银环蛇	背面黑色，白横纹	分布长江以南，受惊时逃跑，但离它太近时会张口咬人	一般情况下，被咬伤部位30分钟内可见两个较小的如针尖样大小的牙痕，极少有出血。伤口不痛或微痛，有麻木感，并向近心端逐渐蔓延。伤口局部不红不肿，易贻误诊治。全身症状一般在伤后1—4小时才出现。有头晕眼花、头痛、胸闷气促、恶心、腹痛、咽喉不适、全身肌肉疼痛、四肢乏力、舌头不灵活、张口困难。如延误处理，多数人病势会迅速恶化
金环蛇	背面黑色，黄横纹	同银环蛇	咬伤局部症状与银环蛇伤相似。但金环蛇咬伤的伤口可出现局限性轻微红肿，呈“荔枝皮”样，但病情发展较银环蛇咬伤稍慢

（续表）

	体表特征	分布与习性	咬　伤　症　状
蝮蛇	通身棕褐色为主，头大，呈三角形	分布全国各地甚至生活于海拔4000米的雪山上。受惊时多逃跑，不主动袭击	咬伤后症状发病凶，全身出血，伤口剧痛、组织坏死。咬伤症状：有两个深而清晰的牙痕，伤口有刺痛及麻木感，周围肿胀明显。局部压痛，活动则加剧，肿痛于2—4天为甚。伤口出血不多，但常见有黄色黏液渗出，局部能看到瘀斑及水、血泡。全身症状多出现在伤后1—6小时，眼睑下垂、视力模糊、复视是蝮蛇伤早期中毒的特征之一
蝰蛇	通身棕褐色为主，头呈略长的三角形	分布我国福建、广东、广西，国外见于印度、巴基斯坦、缅甸、泰国等地，受惊时，能长时间对峙	有两个大的牙痕。伤口肿痛，出血，皮下出血形成瘀斑。部分患者伤口有血、水泡，常发生局部组织坏死和溃烂甚至累及骨质。被咬伤后发病急、症状严重、来势凶，初始阶段使血液大量快速凝固，大量消耗血液中凝血因子，之后，血液失凝
五步蛇	通身棕褐色为主，头大，呈三角形，鼻子上翘	分布在浙江、福建、台湾、湖南、湖北、江西、广东、广西，凶狠，主动袭击人	牙痕较大、深，间距宽。常伴有出血。伤口剧烈灼痛和局部胀，伤口红肿胀而向外蔓延，可扩展至躯干部。伤口附近有较大的水、血泡形成，而且有较大较深的局部组织溃烂与坏死。较快出现且来势凶猛。常见全身不适、畏寒、发热、心悸、胸闷、气促、视力模糊

4. 毒蛇咬伤治疗

（1）分清蛇毒

先分清是有毒蛇还是无毒蛇的咬伤。毒蛇咬伤通常见一个、两个或三个比较大而深的牙痕，而无毒蛇咬伤常见四排细小的牙痕。但在多数情况下伤口可能模糊不清，在分不清是有毒蛇还是无毒蛇咬伤的情况下，应按毒蛇咬伤处理。

（2）冷静应对

如受伤者单独在野外时，不要惊慌，切忌奔跑和剧烈运动，应使伤口部位尽可能放低，并保持局部的相对固定，以减慢蛇毒的吸收。同时尽快去就近的医院治疗。

（3）环形结扎

被蛇咬的早期，用绳子、布带、鞋带、稻草等，在伤口靠近心脏上端5—10厘米处做环形结扎，不要太紧也不要太松。结扎要迅速，在咬伤后2—5分钟内完成，此后每隔15分钟放松1—2分钟,以免肢体因血液循环受阻而坏死。到邻近的医院注射抗毒血清后,可去掉结扎。

(4) 冲洗伤口

最好用双氧水或0.1%高锰酸钾冲洗伤口,破坏毒汁。亦可用肥皂水、冷开水、盐水或清洁生水代替。切记:千万不要在伤口处涂酒精。

(5) 排毒处理

经过冲洗处理后,用消毒过的小刀划破两个牙痕间的皮肤,同时在伤口附近的皮肤上,用小刀挑破米粒大小数处,这样可使毒液外流。不断挤压伤口20分钟。

但被蝰蛇、五步蛇咬伤,一般不要做刀刺排毒,因为它们含有出血毒,会造成出血不止。

用口吮吸毒液时,必须保证没有口腔黏膜溃疡、龋齿等口腔疾病,最好隔几层纱布或及时用清水漱口清洗。用嘴吸毒并不是好方法,吸吮的人也可能因此中毒。

(6) 人工呼吸

被银环蛇、金环蛇咬伤后昏迷的重病人可采取人工呼吸维持。

(7) 血清治疗

抗蛇毒血清应用越早,疗效越好。但遗憾的是因为保存困难,只有极少数医院储备有抗毒血清。所以伤者被送往医院后,救护者还应打听最近的抗毒血清储备地。

5. 常见蛇药

野外被蛇咬后,最快捷的方法莫过于服用解蛇毒药片,并将解蛇毒药片捣碎涂抹在伤口周围。各地药品供应站有不同的蛇伤药,可参照说明书使用(野外活动时应带上蛇伤药)。

几种常见蛇药:

(1) 季德胜蛇药(片剂),用于治疗毒蛇、毒虫咬伤,有解毒、止痛、消肿的功效。

(2) 上海蛇药,用以治疗蝮蛇、竹叶青等毒蛇咬伤,亦可治疗眼镜蛇、银环蛇、五步蛇等咬伤。具有解蛇毒以及消炎、强心、利尿、止血、抗溶血等作用。

(3) 治蛇伤草药:鱼腥草,又称蕺菜、臭菜等,味辛性凉,有清热解毒、消肿作用。内服10—60克,外用适量。治蛇伤时:外用鲜草捣烂敷于伤口周围,或煎汤熏洗患处;内服单味或配其他中草药煎服,如配野菊花、马齿苋、蒲公英、大蓟根各60克水煎服,可治疗蝮蛇、竹叶青、烙铁头等毒蛇咬伤。

案例点评

先导案例:杭州乐园极限挑战节主题活动策划

杭州乐园把拓展活动、极限运动与游戏活动、娱乐活动有机地结合起来,并且把该活动搬上了浙江卫视黄金档节目,取得了可观的人气效果,电视收视率很高。杭州乐园策划组织的这些活动多是对传统极限运动项目的改良与创新,目的是要让活动项目更富有观赏性和娱乐性,吸引广大游客参与挑战,体验惊险,“玩”得开心,“乐”得精彩!充分体现极限运动“挑战自己、超越自我”的本质属性。杭州乐园极限挑战赛中的娱乐性、参与性极限活动策划获得了巨大成功,很值得我们策划娱乐活动时效仿。

思考练习

一、名词解释

1. 野外生存
2. 国民素质
3. 极限运动
4. 拓展训练
5. 时钟测定法

二、填空题

1. 休闲教育本质上属于________教育。
2. 素质教育是以提高人的________为宗旨的教育,强调________和________的培养。
3. ________、________是促进人在成为人的过程中获得________和全面的发展,使整个人生充实、________,而且富有意义。
4. 定向运动能培养人________、独立解决所遇到困难的能力,以及在体力和智力受到压力下作出迅速反应、________的能力。
5. 使地图的方位与实地方位保持一致的方法称为________地图。
6. 野外生存重视________,拓展训练更注重________。

7. 你的挫折就是你的机会,英语表述为__________。

8. ________是生命之源,________则是区别人类从蛮荒走向文明的重要标志。

三、选择题

1. CS是(　　)的简称,最早来自于“9·11”恐怖袭击后电脑上广为流行的一款反恐游戏。

A. Counter-satellite　　B. Counter-Strike

C. Count-satellite　　D. Count-Strike

2. 拓展训练的哲学依据是由德国教育家(　　)创立的。

A. Kurt　　B. Hattie　　C. Hyacinth　　D. Harold

3. 下列不是拓展训练特点的是(　　)。

A. 综合训练　　B. 挑战自我　　C. 团队合作　　D. 快乐体验

4. (　　)是定向运动可使用的唯一合法帮助。

A. 定位仪　　B. CPS　　C. GPS　　D. 指南针

5. 下列哪项不是定向运动中辨别方位法(　　)。

A. 星座测定法　　B. 时钟测定法

C. 阳面测定法　　D. 阴面测定法

6. 徒步穿越旷野的比赛叫(　　)。

A. 野外生存　　B. 拓展训练　　C. 定向运动　　D. 极限运动

7. 野外探险、人兽共居等属于(　　)极限运动项目。

A. 夏季　　B. 冬季　　C. 水上　　D. 陆上

8. 脚蹬四轮特制鞋在坚实平坦的地面上滑行的运动叫(　　)。

A. 滑冰　　B. 滑雪　　C. 滑草　　D. 轮滑

四、判断题

1. 综合素质好,野外生存能力强。(　　)

2. 改革开放以来,引导国民素质提高的素质教育应运而生。(　　)

3. 野外生存是指人在荒郊野外、孤岛丛林地带求生存、谋发展。(　　)

4. 拓展训练泛指一切面对未知事务、迎接挑战的休闲活动。(　　)

5. 定向运动方便组织,只要符合一定的体能要求,男女老少都可以参加。(　　)

6. 野外生存就是拓展训练,拓展训练就是野外生存。(　　)

7. 极限运动难度较高,被誉为“现代体育运动”。(　　)

8. 极限运动锦标赛主要比赛项目是滑板、直排轮和极限单车。(　　)

五、简答题

1. 简述极限运动的含义。

2. 简述定向越野的含义。

六、案例分析

根据先导案例,联系某旅游景区、游乐园等休闲场所的实际,从娱乐性、趣味性、刺激性角度,对某旅游景区、游乐园等休闲场所休闲娱乐活动项目提出改进意见。

实训项目

结合所学野外生存与拓展训练知识,编写一份《全省大学生定向越野比赛方案》。

第八章

娱乐休闲活动(趣味运动会)

学习要点

通过本章学习,掌握趣味活动的含义、意义、流程、形式,趣味运动会的组织,趣味运动会的方案,趣味运动会项目,趣味运动会实务等。

基本概念

趣味活动、趣味运动会、水上趣味运动会、陆上趣味运动会、联谊趣味运动会、背夫人比赛、自行车慢行、“十人九足”、“袋鼠妈妈”、拔河比赛

先导案例:大学生趣味运动会策划方案

为丰富校园文化生活,促进同学之间的友谊,增进相互了解,培养集体主义和团队进取精神,提高大家的学习兴趣和热情,决定举行大学生趣味运动会。

一、比赛时间:×月×日下午 12:30—17:30。

二、比赛地点:学校田径场、学校篮球场。

三、参赛对象:大三 4 个班,大四 2 个联队,研一 5 个班,研二 2 个联队,研三 1 个联队,博士 1 个联队,共 15 个团体。

四、比赛项目:按比赛次序排列。定点投篮、啦啦队(本科 4 个班)、跳大绳、毽球、迎面接力、“三人四足”、“袋鼠跳”、双人跳绳、拔河。其中,三人四足为个人项

目，可以不按班级组队。

五、参赛办法：

1. 以班级为单位，采取积分制，总积分居多的班级获胜，前六名将获得丰厚的奖金。一等奖1名：500元；二等奖2名：各300元；三等奖3名：各100元。

2. 积分方法：前八名将获得积分。获得迎面接力和拔河前八名积分分别为120、105、90、75、60、45、30、15，其他5个班级集体项目前八名的积分分别为80、70、60、50、40、30、20、10。

3. "三人四足"：设为个人项目，不计入班级总成绩，取前三名给予奖励。第一名80元，第二名60元，第三名40元。

4. 啦啦队表演：设为表演项目。啦啦队评一个优胜奖，奖金50元。

六、比赛规则：

1. 12×60米迎面接力：共6男6女，每组男女出场顺序自行安排，交接时必须将接力棒交给下一个队员，分别记录各组成绩，按成绩排名。

2. 拔河：每队共7男7女，博士生第一轮轮空直接进入下一轮，其他14个班级当场抽签，分为7组，只进行一局比赛，决出前七名与博士生进入第二轮，抽签分为4组，只进行一局，决出前四名及五至八名两大组，每大组采取淘汰制决出排名。

3. 跳大绳：共4男4女，各班另出2人执绳，限时两分钟，记录成功跳过的人次，多者获胜(每人每次都要轮到)。

4. 双人跳绳：每班3组，男女搭配参赛，一人执绳，不限男女，限时一分半钟。3组成绩累加算入班级总成绩，再计算排名。

5. 定点投篮：共3男3女，男女搭配分为三对参赛，每人限时一分钟，女生投篮时男生捡球，男生投篮时女生捡球，交接时间不停表，按照进球总数排名，计入班级总成绩。女生投篮进球数双倍计分。

6. "三人四足"：按实际人数分大组，每组5—6队，按跑完50米的时间长短排名。两侧的选手不得将中间的选手拉离地面，如有，按弃权论。

7. 毽球：每班级3男3女，按每人在一分钟内踢毽子的次数计算，最后将小组几个人成绩累计相加。

8. 6×30米"袋鼠跳"：每班级3男3女，提袋过腰，以接力形式跳完30米，分别记录各组成绩，按成绩排名。

9. 啦啦队：××级本科生组织，每队时间不超过5分钟，形式自主，鼓励创新，体现本科生院的风采和大学生的飞扬青春。

七、报名时间:各班级全部参加,参加三人四足的选手名单请于11月1日前报××社团竞技部。各班推荐裁判一名,裁判不参加比赛项目。

八、特别说明:各班赛前训练器材自备,比赛当天用水及其他后勤事宜各班自行解决(如有疑问,可联系本社团竞技部,Tel:×××××××)。

××大学××社团

资料来源:根据 http://www.gerenjianli.com《趣味运动会策划书》整理。

第一节 娱乐休闲活动(趣味运动会)概述

一、娱乐休闲活动的含义

1. 娱乐休闲

娱乐是指娱乐身心活动的统称。在现代英语中,带有"娱乐"含义的词汇大致有 recreation、entertainment、enjoyment、amusement,其中 recreation 侧重于消遣,entertainment 侧重于宴请、招待。enjoyment 侧重于快乐,而 amusement 侧重于逗乐。娱乐休闲一般是指 recreation and leisure。娱乐是人的本性,自古就有,随着时代的发展,现代娱乐休闲的含义越来越广泛,凡是能让人感到轻松有趣、快乐的一切现象都可以统称为娱乐休闲。

2. 娱乐休闲活动

娱乐休闲活动就是主要以娱乐作为一种主要的休闲活动,与英文对应的词语主要是 recreation and leisure activities。娱乐休闲与运动休闲的区别,娱乐休闲主要表现为娱乐身心方面,重在内在精神世界的丰富;运动休闲则主要表现强健体魄方面,重在对外在物质世界的体验。

3. 娱乐休闲场所

娱乐休闲场所是指娱乐活动提供的经营场所和业务范围,以及娱乐场所为顾客进行娱乐休闲活动提供的饮食及其他各种服务的总和,我们泛指娱乐业。按娱乐休闲服务内容区分,娱乐业可分为康体娱乐业(体育馆,游泳馆,健身房,保龄球场,高尔夫球场等),文化娱乐业(电影院,录像厅,剧院,音乐厅,博物馆,图书馆,书吧,书店等),休闲娱乐业(酒吧,茶吧,歌舞厅,夜总会,娱乐城,网吧,主题公园等)三大类。

4. 娱乐休闲活动的表现

娱乐休闲活动名目繁多,花样翻新,令人眼花缭乱,举不胜举。主要娱乐休闲形式:

(1) 艺术型:如音乐、舞蹈、曲艺、美术、摄影、插花、刺绣、编织、纸扎、雕塑、根艺等。

(2) 运动型:如下棋、打牌、登山、玩球、游泳、溜冰、冲浪、滑翔、围猎、航模、潜水、航天等。

(3) 观赏型:如看展览、看表演、看影视、赏山水、赏花鸟鱼虫、赏工艺设计、观奇物异景等。

(4) 鉴赏型:如藏字画、存古玩、采标本、集邮品、收钱币、藏图书等。

(5) 竞技型:如摔跤、拳击、赛车、飞镖、竞马、比武、赛球等。

(6) 健美型:如体型运动、器械锻炼、康乐舞、迪斯科、跑步、体操、桑那、按摩等。

(7) 益智型:如竞猜、竞技、游戏、游艺、科技娱乐、即兴诗对、网上冲浪、算术魔术等。

(8) 消遣型:如泡酒吧、坐茶馆、逛公园、听评书、垂钓、野炊、斗鸡、飞鸽、电动玩具等。

(9) 刺激型:如博彩、探险、蹦极、斗牛、攀岩、空中飞车、水上飞艇等。

(10) 交际型:如交谊舞、联欢会、网上聊天、结伴出游、家庭舞会、休闲沙龙等。

(11) 新潮型:如 QQ 聊天、微信转发、滴滴打车、手指旅游、网上购物、支付宝等。

(12) 综合型:利用传统方法与现代科技手段,开展综合性娱乐休闲活动,如家庭影院、文艺赏析、网络游戏、旅游攻略、购物秒杀等。

本教材所说的娱乐休闲活动主要是指趣味性娱乐休闲活动。

二、娱乐休闲活动的目的

娱乐休闲活动主要是以娱乐性、趣味性的活动为主,趣味运动会以娱乐性为主、以竞技性为辅。与传统的体育比赛不同,趣味运动属于一种兴趣、爱好运动,参加的意愿主要是志趣相投而不是技能高低,真正体现了体育比赛“友谊第一,比赛第二”的宗旨。组织一些趣味运动会可以进一步丰富本单位的业余文化生活,提高企业文化的影响力,增强团队合作与战斗精神。通过开展灵活多样的趣味运动比赛,可以激发广大员工参加文体活动的兴趣,增强组织归属感和集体荣誉感。趣味运动的组织比赛要充分利用节假日和业余时间进行,制定必要的程序和规范,按照事先拟定好的比赛办法和比赛规则进行,一些老少咸宜、相对宽松的参与性项目,如吹气球、踩气球、背气球等,也可以临时制定游戏规则,在公开、公正、公平的原则下进行,以期收到好的效果。

三、趣味性娱乐休闲活动

1. 趣味活动

趣味性运动(以下简称“趣味运动”),是指集趣味、竞技、娱乐、健身于一体的群众性参与性活动。趣味运动本质上属于运动休闲,只是趣味运动因为有趣,能给人以更多的身心愉悦感觉,所以我们把它归入娱乐休闲活动。趣味运动是将传统体育运动的竞技比赛和能引起人们兴趣的趣味活动融合形成的一项新兴运动,它是介于体育运动及趣味游戏之间的一项趣味竞技相结合的运动休闲项目,融合了体育、文化、趣味、智力、游戏等元素,具有很强的参与性、娱乐性、观赏性。

趣味运动主要表现为轻松愉快、方便组织,是现代人们缓解压力、调节身心、增进合作、提高效率的重要运动休闲方式。趣味运动可以单独组织,也可以结合拓展运动配套进行。趣味运动是休闲运动,有利于提高参与者的组织归属感,增强集体主义和团队合作精神,提升企业的竞争力。

2. 趣味运动会

趣味运动会是趣味运动的集合,也是目前机构、企事业单位趣味运动组织的一种主要形式。娱乐休闲就是把大家感兴趣的一系列趣味运动,根据一定的参赛办法和比赛规则,通过举办运动会的形式把大家组织起来,在特定时间、地点、场合,按照一定的比赛流程进行的竞技性运动。由于趣味运动会具有很强的参与性、娱乐性,所以也可以把“趣味运动会”称为“休闲运动会”。

四、趣味运动会的意义

趣味运动会适合人类所有群体，历史悠久，文化灿烂。游戏是人类的天性，集各种游戏项目为一体的趣味运动会，自然受到机关企事业单位和社会团体的欢迎。举办趣味运动会的意义如下。

(1) 让企业文化更加深入人心，丰富企业文化的内涵。

(2) 运动会的形式新颖，富有吸引力、参与性与趣味性，操作难度不高，区别于传统的运动会方式，让参加者乐于接受。

(3) 达成团队融合的目的——调整团队成员常规心态，增强凝聚力，注入创业激情；活动效果具有震撼力、感染力，并能触动心灵，通过参与的感悟激发其做正面积极的心态调整。

(4) 活动期间提供交流空间，有助于增进公司领导与员工之间的关系，并增进个体与群体之间的凝聚力。

(5) 参与人数不受限制，能同时组织上万人的趣味运动会。

(6) 相对于其他团体活动来说，趣味运动会成本更低，能为企业节约较大的费用支出，而效果尤其社会效果比其他文体活动更好。

趣味运动非常适合各企事业单位开展的员工文体活动，比拓展训练更具凝聚力，能更好地把企业文化渗透到每个员工，提高员工对企业的认同感。趣味运动更适合各企业用于开展品牌、产品推广等会员及客户活动，它的竞技性、趣味性及观赏性避免了一般商业活动的冷场，容易使整个活动形成兴奋、热烈、互动的气氛，企业能更巧妙地达到商业目的。

案例 8.1：戏水狂欢节　冲关我最棒

清凉的水上游戏，耳目一新的关卡设计，千奇百怪的参与选手，充满激情的现场播报，每晚沙滩倾情演出，还将现场评选出海盗之王。

活动时间：×月×日

活动主题：戏水狂欢节　冲关我最棒

活动地点：杭州乐园

活动安排:畅玩双环过山车、超级海盗船、UFO、自由落体、激流勇进、极速大风车、勇敢者转盘等 20 余项超级游乐项目,体验长三角最大水公园里造浪池、沙滩、假山、树木咖啡吧的浪漫和乐趣。

冲关我最棒:大型水上闯关类项目,别具一格的赛道设置,无与伦比的场景搭建,"滑道撞冰山、摇摆鱼骨排、摆锤跑步机、抱抱大圆木、无敌冲浪板、飞锁梅花桩、海啸大坡道",刺激性、挑战性、参与性、趣味性、娱乐性、观赏性的完美结合。

活动费用:150 元/人(含车费、门票、旅游意外险)。不含:进水公园的健康检查费和冲关我最棒的保险(比赛时间主要以选手数量和过关率为标准,灵活调配)。

一、参赛团队人员要求

参赛团队 50 人成团,参赛人员需年满 18 周岁(现场出示身份证或有效证件),身体健康(现场进行身体排查)。

二、赛前预约和比赛流程

1. 各团队需提前 3 天进行预约,报市场部做好来团预约统计、分组安排和基本团队人流控制,各相关部门做好准备。

2. 所有参赛选手到指定报名登记地点,进行参赛选手编号与健康检查。

3. 为保障游客安全,此次活动将会为每位参赛选手到指定地点购买意外保险,并签订相关协议,防止不必要的纠纷。

4. 做好以上三项赛前流程的所有参赛选手到规定区域内候场准备参加比赛。

以上四项赛前流程必须在正式比赛前 10 分钟内完成。

三、比赛赛道

滑道撞冰山、摇摆鱼骨排、摆锤跑步机、抱抱大圆木、无敌冲浪板、飞锁梅花桩、海啸大坡道。

四、比赛项目

团队冲关 PK 大挑战由单人赛和双人反超赛组成。

1. 单人赛:由每组团队轮流派 1 名选手上场过关。在 90 秒时间内顺利通过赛道者为过关,每过关 1 人,计积分 1 分。选手一旦落水,即宣告闯关结束。

2. 双人反超赛:由每组团队轮流派 2 名选手同时上场合作过关。在 90 秒时间内顺利通过赛道者为过关,每过关一对,计积分 3 分。双人赛讲究双人配合,如一人落水,即宣告闯关结束。

所有比赛结束后现场统计各团队积分,积分最多团队为冠军。

备注：若双方团队皆无人过关，累计积分皆为零分，则设置加时赛，由每组团队各派一名选手参加，以过关赛道最多者为PK大赢家。加时赛闯关成功者不再奖励个人闯关大奖。

五、奖品设置

1. PK大赢家团体纪念奖：团队每位成员获赠杭州乐园限量版摇扇或笔筒一个。

2. 个人闯关大奖：U盘钥匙扣(8G)一个或迷你音箱一组。

3. 双人闯关大奖：MP3一个或数码相机一个。

×××旅行社　×年×月×日

第二节　娱乐休闲活动(趣味运动会)分类

一、趣味运动会的形式

趣味运动会形式多样，几乎所有的单位团体都会组织各种趣味运动，不过许多趣味运动并不叫"趣味运动会"，而是叫"联欢会"、"联谊会"等。企业组织体育、健身比赛，尤其是结合年终评比和表彰，都会组织一些趣味类聚会进行纪念，例如周年庆典或年底表彰大会暨趣味运动会。趣味运动会项目不外乎一些传统项目：赛跑、拔河、投篮、套圈，等等。随着趣味运动的不断创新，趣味运动会项目也在不断增加调整。现代趣味运动结合高科技手段，例如真人CS野战用上了激光枪，给参与者带来了全新的体验。

1. 水上趣味运动会

水上趣味运动会一般安排在7、8、9月份进行，以水为主题或者载体，组织员工体验水文化，参与水狂欢，充分享受水的清凉和惬意。

水上趣味运动会项目包括送子过河、风雨同舟、水底寻宝、精卫填海、水上娶亲、水上排球比赛、水上大营救、速度比赛、游泳比赛等，集趣味性与娱乐性于一体。许多趣味运动并没有特别的规则，只要以注意安全、共同遵守为前提，大部分趣味运动都可以临时制订游戏方法和游戏规则，只要大家"玩"得开心，"玩"得公平就可以了。

例如水中寻宝活动,个人赛项目,设计在水底放置若干个“宝贝”(可用水果代替)、水上漂着一些“宝贝”(可用矿泉水瓶代替),参赛选手潜入水中或在水面上捞取“宝贝”(物品),限时 2 分钟,根据所捞“宝贝”物品多少计算个人成绩,以分数最高者胜利。

又如水上大营救活动,团体赛项目,一般 5 个人为一组,其中 1 个人作为落水者,其余 4 位前去营救,营救上来后由教练现场教大家怎么进行岸上急救,使他们学会了如何进行人工呼吸等基本急救知识。最后看哪一组救援最快、最好为获胜。

再如水上排球比赛,对抗赛项目,每组 5 人,分 2 组对垒进行,在岸上分别设有 2 个临时球门,分别向对方的球门进行攻击,最终以进球数多的为胜。

杭州宋城景区的“泼水节”、杭州乐园的“戏水狂欢节”,都是基于水上趣味运动的理念进行策划的。杭州乐园“戏水狂欢节”活动的主题是:戏水狂欢节,冲关我最棒。可以单位组织,也可自愿参加,还可以委托旅行社代理组团参加,趣味活动有惊无险,取得了极大的成功。杭州乐园“戏水狂欢节”是根据杭州乐园人造海浪池和绝对安全的游乐设施而专门策划的景区活动,该活动也得到了浙江卫视的大力支持,成为浙江卫视的黄金强档节目。

2. 陆上趣味运动会

大部分趣味运动会都是在陆地上进行的,陆上趣味运动会方便组织、安全可靠、场地容易安排。以下是某企业某年度趣味运动会的比赛项目,根据需要组织方也可以增加或减少比赛项目。但考虑到运动量和比赛时间,一般来说趣味运动项目为 10 项左右,时间以半天左右为宜。与水上趣味运动会项目一样,陆上趣味运动会比赛规则也可以事先或临时制定。

① 定点投篮(男子、女子组)

参赛者一分钟投篮。男子组投篮地点在罚球线,女子组投篮地点在罚球线前 1 米处。踩线投中不算。按投中个数录取名次。若投中个数相同,名次并列。取前八名,并计入单位团体总分。若不足 8 人参加,递减一名录取名次。

② 足球射门(男子、女子组)

参赛者每人 10 个球,起点至球门距离:男子 6 米,女子 5 米。按将球踢进球门个数的多少录取名次。若射中个数相同,名次并列。取前八名,并计入单位团体总分。若不足 8 人参加,递减一名录取名次。

③ 两人三足(男、女混合)

参赛者找好伙伴,2 人为一对(必须是一男一女),男女双方的一只脚绑在一起。比赛开始了,2 人从起点向终点走去或跑去,最后哪一对所用的时间最少,哪一对就是获胜队。距离为 30 米。根据参赛者所用时间多少取前八名,并计入单位团体总分。若不足 8 对参加,递减一对录取名次。

④ 背部夹球跑(男、女混合)

将排球放于两人背部之间,2 人为一对(必须是一男一女),两人用背部夹住排球共同行进 30 米。比赛开始了,2 人从起点向终点走去或跑去,最后哪一对所用的时间最少,哪一对就是获胜队。在行进过程中,排球不能落地,排球落地将被取消比赛资格。根据参赛者所用时间多少取前八名,并计入单位团体总分。若不足 8 对参加,递减一对录取名次。

⑤ 踢毽子(个人)

根据参赛者在 1 分钟内踢起毽子的多少取名次。取前八名,若踢的个数相同,名次并列。并计入单位团体总分。若不足 8 人参加,递减一名录取名次。

⑥ 跳绳(个人)

根据参赛者在 1 分钟内跳绳数量多少取名次。取前八名,若跳绳的个数相同,名次并列。并计入单位团体总分。若不足 8 人参加,递减一名录取名次。

⑦ 呼啦圈(个人、限女子)

根据参赛者在 1 分钟内转呼啦圈的数量多少录取名次(部位不限)。取前八名,若转的个数相司,名次并列。并计入单位团体总分。若不足 8 人参加,递减一名录取名次。

⑧ 众人一条心(团体)

参赛者以 8 人(4 男 4 女)为一队,要求 8 人肩搭肩,从起点起跑,不可出现摔倒和放手的现象(出现以上现象者取消比赛资格),手始终在另一个队员的肩上。哪一队所用的时间最少,哪一队就是获胜队。距离为 30 米。根据参赛者所用时间多少取前八名,如时间相同,名次并列。并计入单位团体总分。若不足 8 队参加,递减一队录取名次。

⑨ 50 米迎面接力(团体)

每队必须按要求组织好本队的参赛人员,共 12 人:30 岁以下男女各 2 人,30—40 岁男女各 2 人,40—50 岁男女各 1 人,50 岁以上男女各 1 人。起点和终点各站 6

人(各队自定跑的顺序)。比赛开始,1 人跑到终点时将手中接力棒交给下一名队员,最先跑完的队伍获胜。根据参赛者所用时间的多少取前八名,如时间相同,名次并列。并计入单位团体总分。若不足 8 队参加,递减一队录取名次。

⑩ 套圈(个人)

在参赛者前面距离 2 米处放 5 排奖品。每人 5 个圈(直径 12 厘米),套时不能踩线,套中都有奖。现场发奖(如图 8.1)。

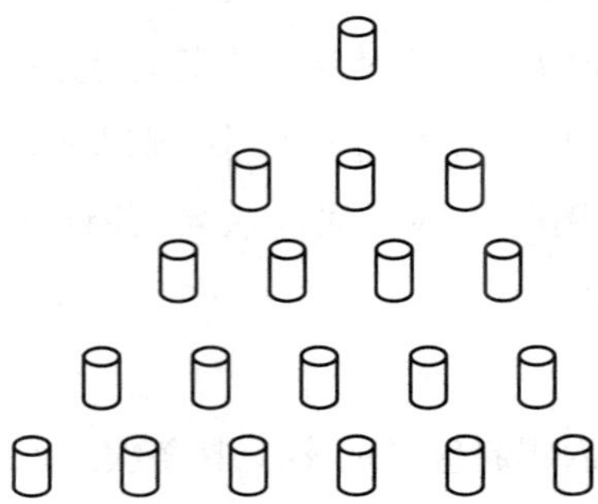

图 8.1 趣味套圈

⑪ 羽毛球发球(个人)

参赛者站在发球线后,每人共发 5 个球。将球发到奖品区,即获得该奖品,现场发奖(如图 8.2,♀ 为发球人)。

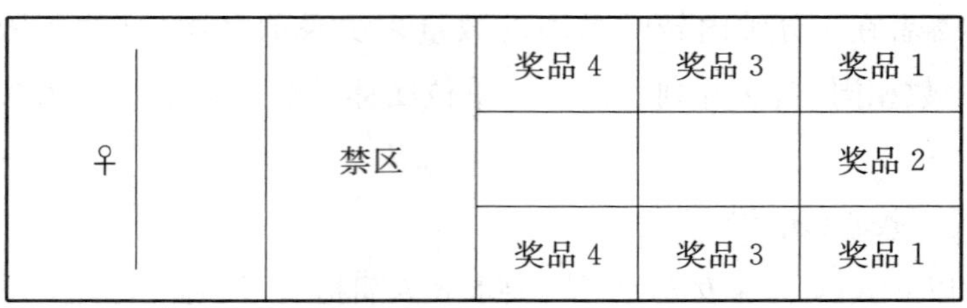

图 8.2 趣味羽毛球运动

3. 联谊趣味运动会

现代社会商业竞争越来越激烈,企业要想在竞争中获胜,仅靠提高内部的生产效益已经远远不够,需要更贴近客户。于是,各种各样的联谊性质的趣味运动会便产生了。联谊会的形式很多,联谊单位可以开展单项运动比赛(例如篮球赛),也可以开展综合运动比赛(例如趣味运动会),当然也可以通过联欢晚会的形式进行(如中间穿插“吹气球”、“踩气球”等各种游戏节目)。无论采用哪种形式,联谊活动都可以帮助企业与客户之间的外部沟通，都像内部沟通一样和谐、通畅，联谊活动的目的主要是为了增进友谊，促进了解，让商业往来更加紧密，让客户如供应商、经销商、代理商也像内部员工一样为了一个共同的商业目标共同努力，充分认同贵企业的价值观和文化。

此外，按照趣味运动会所诉求的理念，还可以策划邻里趣味运动会、亲子趣味运动会、寻宝趣味运动会、游艺趣味运动会、相亲趣味运动会等。推而广之，还有学生趣味运动会、职工趣味运动会、社区趣味运动会、农村趣味运动会等。

第三节　娱乐休闲活动(趣味运动会)策划

一、趣味运动会策划

一般文体活动都要经历筹备策划阶段、前期准备阶段、正式进行阶段、结尾总结阶段，趣味运动会也不例外。趣味运动会策划工作主要集中在筹备策划阶段、前期准备阶段。各个阶段的工作任务如下。

1. 筹备策划阶段

(1) 确定趣味运动的形式、内容与主题，保证活动形式的生动；

(2) 要量力而行，不搞花架子；

(3) 注重民主决策，多听取员工们的意见。

2. 前期准备阶段

(1) 注重宣传发动，发送通知、张贴海报、广播宣传；

(2) 利用企业中的专门部门，动员企业员工积极参与，充分准备；

(3) 发送请柬，郑重邀请有关领导和相关部门人员参加；

(4) 发放入场券，精心布置活动场所，注重突出气氛；

(5) 认真组织和精心准备活动的内容，编制活动程序或节目单。

3. 正式进行阶段

(1) 趣味运动的进行要有节奏感，跌宕起伏，酝酿好高潮；

(2) 时间安排不宜过长；

(3) 较隆重的活动事先要印好内容说明书,发放给与会者;

(4) 安排好主持人,写好主持词、串联词;

(5) 聘请社会专业团体参与演出的,应做好招待及接送工作;

(6) 考虑是否安排领导讲话、活动中向获奖者献花等细节。

4. 结尾总结阶段

(1) 要保证以高潮结尾,注意活动的安全和场地的清理;

(2) 注意活动经验的总结,找出不足,以利于以后更好地开展类似活动。

二、趣味运动会的方案

1. 指导思想

在活动方案中,首先要明确为什么要举办趣味运动会?趣味运动会要达到什么目的?具有什么意义和作用?指导思想和目的意义一般在活动方案开头进行阐明。

一般来说,指导思想和目的意义,主要是通过趣味运动培养团队意识、竞争意识;提高写作能力、交流能力和创造能力,丰富业余生活,激发学习兴趣和工作热情,大力张扬个性,鼓励实现自我,促进全面健康发展。让趣味运动会成为张扬个性的平台和构建和谐关系的乐园。

2. 活动主题

这是趣味运动会活动方案的核心和灵魂。主题策划的方法要结合活动的实际,经过深入的调查研究和自下而上的充分讨论决定,而且每一届趣味运动会的主题不能简单重复,而应当有所侧重。例如一个大范围的、全社会参与的大型趣味运动会,主题可以设定为全民健身、共同参与;一个小范围的或者单位内部员工参与的小型趣味运动会,主题可以设定为团结协作、共同进退;两个单位联合组织的联谊性质的趣味运动会,主题可以设定为增进友谊、促进交流;社区组织的亲子趣味运动会,主题则可以设定为亲亲家园、和谐社区。

3. 组织领导

趣味运动会是一项群众性运动,光靠一两个人或某个部门是不够的,有必要建立趣味运动会组委会或领导小组类似的机构,由主要领导担任组委会主任或领导小组组长,组委会或领导小组下设办公室(秘书处或项目班子),负责具体工作落实。经验表明，强有力的组织领导和项目团队是群众性活动顺利举行的重要保证。

4. 活动时间

与会展活动时间类似，趣味运动会的活动时间并不是时间“点”的概念，而是时间“段”的概念，包括什么时间报名、什么时间截止、什么时间开始、什么时间结束等，尤其计时比赛项目更不能马虎。重要的时间进度计划(例如开幕式)要求准确到分、秒。

5. 参加人员

趣味运动会比赛，比的是兴趣，是爱好，一般来说参加的人数越多越好，事实上很多单位都要求全体参加(关键是各级领导要带头)，“人人参与，皆大欢喜”。但是如果报名人数过多，也可以设定一定的“门槛”或者经过初赛阶段进行选拔。奖品人人有份，都有机会得到奖金，这是吸引大家踊跃参与的良好手段。杭州某高校曾组织全校师生去西湖苏堤踏青——活动形式简单(一般来说踏青应该去郊外，如野餐聚会)，但是活动主办方为参与者准备了纪念品(礼盒装竹纤维毛巾两条)，并发放节日补贴(100元/人)，结果吸引了全校教职员工的踊跃参加，浩浩荡荡的踏青人流一时间成为西湖苏堤的一道景观。

6. 比赛项目

比赛项目是趣味运动会活动方案的主要内容，比如有哪些团体项目？有哪些个人项目？有哪些对抗项目？是否还有其他活动配套？例如与年终表彰、新年晚会、春游秋游、拓展训练等活动结合起来。同时要考虑趣味运动的可行性，包括比赛道具、比赛奖品的准备，比赛人员的集训，比赛场地的布置，比赛裁判人员等都要落到实处。比赛道具最好能够自行制作、方便采购、简单易行，比赛规则一目了然、容易掌握，所有比赛项目都要方便正常人、健康人参加，有难度的趣味运动、极限运动，可以鼓励参与者通过体能、技能训练后参加，或者在本届趣味运动会上作为表演项目，下届趣味运动会上再作为正式比赛项目。

7. 参赛方法

事先告知比赛项目和报名须知等，例如活动方案中要列出报名条件如性别要求、年龄要求、健康要求、人数要求、报名时间、截止时间、比赛时间等。参赛方法是主办方编写《参赛须知》或《参赛指南》的重要组成部分。

8. 比赛方法

告诉大家比赛准备、比赛方法、比赛规则、注意事项等方面的内容，比赛方法要尽可能详尽,描述每一项趣味运动。考虑到时间、场地、人数、经费等方面的局限,趣味运动会比赛的项目不宜过多,一般以10项左右为宜,既有团体比赛项目,又有个人比赛项目;既可以事先组织准备,又可以现场临时随机组合。一些团体比赛项目也可以结合个人比赛计算个人成绩,以节省活动组织成本,例如袋鼠跳接力可以分组对抗,也可以个人单挑。

比赛规则客观、公正、透明、严密,对参赛者一视同仁,裁判执法严明,经得起检验。注意:没有规则或者规则不严密,那么游戏就不是游戏而是"儿戏",以后就没有人来"玩"了。

比赛方法举例:火车跑。

比赛准备:30米空地一块。

比赛方法:每队5人(女生2人),各队站在起跑线做好准备。各小组后一人依次用手扶住前一人的肩部,排成纵队,在起跑线后做好准备,当各队都准备好后,发令开始。各组跑步前进,要团结合作好,左右脚齐步向前跑进,以最后一人双脚过线为比赛结束,以先完成的队为胜者。

比赛规则:①中途双手(单手)不得离开前面同学的肩膀,必须成纵队跑进,如手离开或不成纵队跑进,除要改正动作外还要处3秒罚停方可继续前进;②中途队伍散开的,除要重新连接好外还要处3秒罚停方可继续前进。

9. 奖励办法

包括录取名次和奖励办法,必须根据活动预算和经费情况合理设定。经费预算本着"节约、高效"和"精神奖励为主、物质奖励为辅"的原则,在活动方案中通过附件的格式单列出来,供领导审批采购到位后使用,从"等米下锅"到"看米下锅",量入为出,以收定支。预算项目要尽可能地详细,具体包括道具制作费用、场地布置费用、奖品购置费用、后勤保障费用、奖金发放费用等。费用预算中一般要预留10%左右的不可预见费用。

录取名次一般为各单项比赛取前六名,按6、5、4、3、2、1计分,不足6名减1名录取。团体名次取前三名,按各队在所有项目所得名次累积分排列,如总分相等,则以第一名多者列前,以此类推。奖励办法可以是实物也可以是奖金,一些趣味运动如果与奖金挂钩更能吸引大家的参与热情,例如"背夫人比赛"与所背的"夫人"体重挂钩,体重越重奖金越高,更能考验"背"夫人者的意志力、忍耐力。

10. 注意事项

任何活动"安全"都是第一位的,应事先考虑安全防范等方面的应急方案,提出防范措施,并把安全防范措施落实到责任人。现场要有保安人员或志愿者,帮助维护良好秩序,医务人员要在现场看护,发生意外时应及时救治。

第四节 娱乐休闲活动(趣味运动会)组织

一、趣味运动会的组织

1. 拟订计划

计划就是方案,有的可以用活动方案或策划书的形式,要求尽可能详尽,必要时可附上附件。

(1) 举办趣味运动会的目的和意义;

(2) 确定趣味运动会的理念和主题;

(3) 比赛日程及活动项目设置;

(4) 参加人员范围及组队形式;

(5) 组织领导机构;

(6) 制定竞赛规程、规则、录取名次和奖励办法;

(7) 确定裁判人员。

2. 组织工作

(1) 组织领导机构可由行政领导挂帅,组织各项竞赛的裁判负责人参加;

(2) 组织裁判队伍,学习本次竞赛的规程和所用规则,统一裁判尺度;

(3) 采用文字通知或召开各部门负责人会议的形式,发动企业员工参与竞赛活动,强调参与为主,淡化胜负意识。

3. 场地布置

(1) 整体气氛要热烈,服饰和道具均采取变形手法,让人产生忍俊不禁的喜剧效果;

(2) 领奖台为三个高度的方体道具,最高的尺度以一步能跨上去为宜,第二、三名的领奖台高度依次递减。根据不同高度,写上“1”、“2”、“3”的字样;

(3) 运动会成绩公布的大牌一般放置在主席台一边的高处,尽可能让所有观众

看到;

(4) 运动场跑道四周可布置一圈色彩缤纷的广告,既可美化场地,又可调节气氛。

4. 竞赛实施

在严密组织的基础上,严格按照计划实施竞赛活动。在竞赛过程中,最重要的是适时进行调控,使竞赛始终按计划进行,处于良性状态。同时,还应注意协调好有关企业或个人与竞赛组织机构的关系,齐心协力搞好竞赛。

5. 会后总结

竞赛结束以后,及时总结经验及教训。整理好与竞赛有关的文件(如竞赛记录、成绩报告单等),在全面总结的基础上,写出文字材料,以备交流、分析,有价值的还要存档。

二、趣味运动会的管理

趣味运动会的组织和管理也是一项繁重的工作,随着计算机技术的普及,现代的运动会管理也逐渐系统化。陈春庆等(2004)设计了田径及趣味运动会管理系统。主要按照运动会的自身规律通过“赛前、赛中和赛后”这三部分来实现运动会的竞赛部分的总体管理。

1. 赛前阶段

按照组织单位的目的,进行趣味运动会的策划,将运动会的系列文件生成规章制度后,下发报名表的组织从“生成竞赛规程”、“打印报名表”到“生成秩序册”被称为“赛前阶段”,赛前阶段主要包括:设置竞赛规程、组织报名、文字数据录入、竞赛日程编排、比赛秩序册打印等。

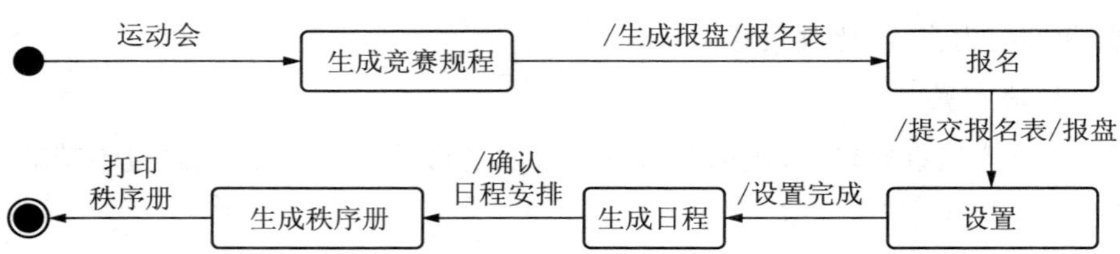

图 8.3　赛前管理流程

本阶段较为重要的工作就是竞赛日程的编排,其流程如图 8.4:

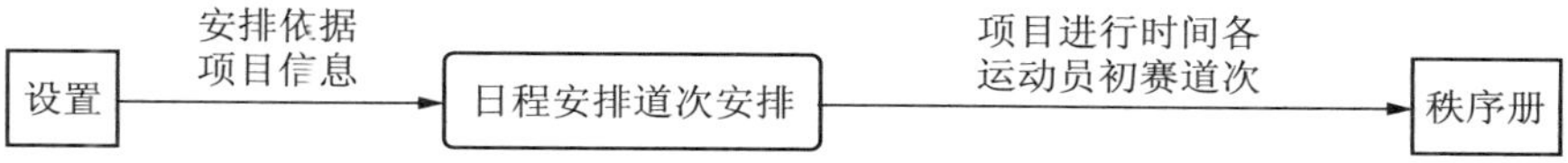

图 8.4 竞赛日程编排流程

打印秩序册主要包括以下几项：封面、索引、竞赛规程、工作人员、单位分组、人数统计竞赛日程、竞赛分组、运动会纪录等。

2. 赛中阶段

将秩序册打印完成为赛前阶段的结束，然后将进入"赛中阶段"。该阶段主要包括比赛进行中运动成绩采集、录入以及生成下一赛次，以及打印各种运动会所需表格，表格有两种格式——空表（由裁判自己填写）或带名字的表（往表中添入各运动员的姓名或单位的信息）。其流程如图 8.5：

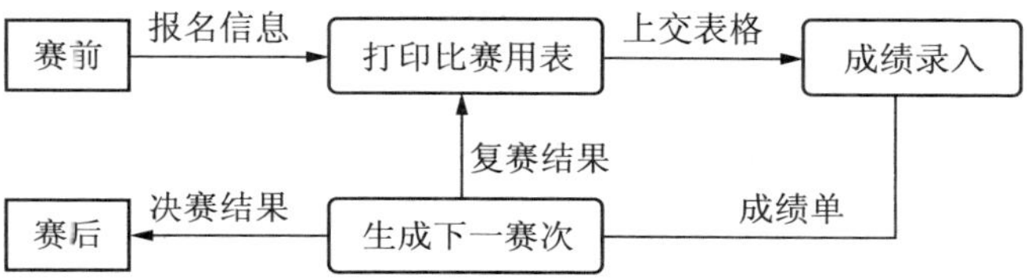

图 8.5 赛中管理流程

3. 赛后阶段

运动会全部比赛项目的比赛成绩输入完后，然后进入称为"赛后"阶段。在这一阶段中，用户可以查看本届运动会各参赛运动员或单位的成绩，奖牌情况，并根据总分情况发奖。它包括：成绩统计、总分统计、奖牌统计、破纪录统计等各不同组合的统计也可包含破纪录的统计。如条件允许，也可进行犯规的统计等。所有的统计都应当支持打印。

三、趣味运动会项目举例

1. 经典趣味运动项目

（1）背夫人比赛

缘起：该项目起源于古代芬兰，那时，当地男人如果要娶媳妇，先要以这种方式比过其他男人，证明他可以带着妻子闯过难关。也有说这项比赛源于北欧一个古老的传说,据说当时曾有一名强盗,他经常带着自己的同伙从敌对的村庄里抢别人的老婆,“背媳妇赛跑”就此应运而生。还有一种说法是:从 19 世纪末开始,芬兰一些小镇的男人从邻村偷妇女当老婆的习俗已经非常普遍,后沿袭至今。无论是哪种说法,这项运动总能够让大家笑得合不拢嘴,遂成为世界各国趣味运动会的经典保留项目。

规则:参赛对象为年满 18 岁的男女自由组合,比赛时男选手可选择任何方式将女士背负在肩上,比赛距离为 50 米折返,所用时间最少者为优胜。

名次:取前六名颁奖,分别奖励所背负女士体重(kg)的 15、12、10、8、6 和 4 倍现金。

(2) 捉泥鳅比赛

缘起:周围的人抓不住东西的时候经常会说“像抓泥鳅一样”,捉泥鳅比赛的难度可想而知。泥鳅滑溜溜的,那种明明紧紧抓住却又把握不住的感觉,只有亲自体验过捉泥鳅的人才会明白。虽然场面非常有趣,但如果没有耐心,是很难出成绩的。它属于趣味运动会中最温和的项目,性格火暴的人更需要耐心考验。

规则:以家庭为单位参加,父亲在网池中捉泥鳅,妈妈和孩子负责将泥鳅运送到指定地点。比赛时间为 2 分钟,单位时间里捉泥鳅多者为胜方。

名次:取前三名颁奖,分别奖励现金或颁发获奖证书。

(3) 滚铁环比赛

缘起:生活在现代城市中的人可能连铁环是什么都不知道,但是在过去许多中小城镇和农村经常会有小孩子熟练地在玩滚铁环。现在看到大家把一个个铁环滚得歪歪扭扭,没有人能忍住不笑。由于滚铁环一般是小孩子的游戏,因此也被称为趣味运动会中最怀旧的童趣项目。

规则:运动员使用组委会提供的铁环进行比赛,比赛距离为 200 米,比赛途中运动员不得停顿,不得手持铁环跑,如果出现铁环脱轨,运动员需要停下来,重新再跑。

名次:取前三名颁奖,分别奖励现金或颁发获奖证书。

(4) 自行车慢行

缘起:在中国,自行车是重要的交通工具,大家都在急匆匆地赶路,忽然让大家慢行还真有点难度!有“自行车王国”之称的中国,自行车到处都是,是最方便组织的趣味运动。自行车慢行还可以分为水泥地慢行、木头慢行、轨道慢行等。

规则:比赛距离为 50 米,比赛途中身体任何部位接触地面为失败,以最长时间抵达终点者获胜。

名次:取前三名颁奖,分别奖励现金或颁发获奖证书。

(5) 袋鼠跳

缘起:袋鼠是澳洲特有的动物,袋鼠蹦跳的动作十分有趣,哪怕是短跑高手,一旦进入袋子中,那也是英雄没有用武之地了!

规则:运动员进入袋子中,双脚跳跃前进,比赛距离为 50 米,用时最少者为优胜者。

名次:取前三名颁奖,分别奖励现金或颁发获奖证书。

(6) 袋鼠妈妈

缘起:这是一项亲子趣味运动,培养家庭观念、亲情观念,让孩子体会"袋鼠妈妈"和"袋鼠爸爸"的可爱和不易。

规则:家庭项目,妈妈手持篮筐,爸爸背驮孩子,孩子距离妈妈 5 米的位置,将乒乓球投入妈妈的篮筐中,投中最多的家庭为优胜。

名次:取前三名颁奖,分别奖励现金或颁发获奖证书。

(7) 情侣水上拔河

缘起:主要表现家庭和睦、夫妻合力的重要性,对打造当前和谐社会、和谐社区、和谐家庭有重要的意义。

规则:夫妻或情侣均可参与,男女情侣抽签分组对决,产生最后的大力士组合。

名次:取前三名颁奖,分别奖励现金或颁发获奖证书。

2. 常见趣味运动项目

(1) 齐心协力(拔河)

① 比赛形式:每队 10 人,5 男 5 女。第三、四名队伍加赛一场决出第三名的队伍。

② 比赛规则:抽签进行单轮淘汰赛,从始至终都由开始报名的 10 个人参加,中途不得随意换人。

(2) 袋鼠对跳

① 比赛形式:每队 10 人,5 男 5 女,以计时方式进行比赛,每组队员以接力方式进行,每位队员必须在前一位队员完成所有路程后才可起跳。比赛以计时成绩决定胜负。

② 比赛规则:比赛直线距离为 20 米,来回一次是全程。参赛者用大布袋套住下半身,双手提着袋口向前跳。跳到终点后脱下袋子交由队友接力,用时最短的队伍胜出。

(3) 十人九足

① 比赛形式:每队 10 人,5 男 5 女交叉排成一横排,相邻的人把腿系在一起形成九足(最边上两两人各一条腿则可辅助行走),一起跑向终点。

② 比赛规则:抽签决定比赛次序,比赛全程距离 30 米,用时最短的队伍胜出。

(4) 过杆比赛

① 比赛形式:每队 5 人,3 男 2 女。

② 比赛规则:每组队员必须弯腰后仰从杆下走过去。若没有碰掉杆子,工作人员把杆子挪下一级(10 厘米)再开始。若有队员碰掉杆子即淘汰出局。每队按顺序进行比赛。最低过杆纪录的队伍获胜。

(5) 同舟共济

① 比赛形式:以个人自愿组合参加,3 人一组,两组进行比赛,速度快的赢得奖品。

② 比赛规则:3 人的双脚分别穿在同一个"鞋子"上,然后手扶前面同学一起往前走。10 米直线距离,来回一次为全程。如果途中被绊倒就重新穿好"鞋子"继续比赛。

(6) 运气球

① 比赛形式:以个人形式参加,2 人一组,两组进行比赛。

② 比赛规则:每对参赛者都要首先抽签,抽到哪个部位,就用哪个部位来顶气球。10 米直线距离,来回一次为全程。违规者要回到起点重新开始。

(7) 前赴后继

① 比赛形式:每队 2 男 2 女组成两组分别在跑道两端,利用两块麻袋向前,途中选手的双脚只能放在麻袋上。

② 比赛规则:计时比赛,任何一只脚踩地则必须返回起点重新开始,两块麻袋全部过线才算完成。

(8) 单腿跳跃

① 比赛形式:每队 3 男 2 女面朝跑道组成一个纵队,每名队员单脚站立,另一只腿向后抬起并由后一位队员用手抓住,比赛开始后 5 名队员一同跳跃向前。

② 比赛规则:计时比赛,途中如任何一名队员双脚落地或手脚分离,则必须返

回起点重新开始，待最后一名队员脚过终点线才算完成。

（9）双人夹球

① 比赛形式：每队 4 人。由 2 男 2 女组成两对，每位队员分别用一只手拿一只筷子相互配合，将乒乓球从一个篮子中夹到另一个篮子中，以 1 分钟内所夹运乒乓球的个数排定名次。

② 比赛规则：4 组选手同时开始，夹球多者胜出。

（10）踩气球比赛

① 比赛形式：在一个 5 平方米的区域内用脚踩破他人脚上捆绑的气球，听裁判发出哨音开始比赛，直到时间结束。

② 比赛规则：一个人每只脚捆绑 3 个气球，每个人不允许出圈，只能用脚，否则视为违规，取消继续比赛的资格。单位时间剩下气球多的队胜。

3. 小型趣味运动会

（1）“迷你”铁人三项

道具：秒表。

参赛限制：每队参赛 6 人。

比赛规则：

① 参赛者须先跑至跑道尽头（共 50 米）；

② 然后做俯卧撑 10 个；

③ 完成后，沿原路返回，在出发点跳绳 50 下；

④ 在整个过程中，用时最少者为胜者。

（2）跳大绳

道具：绳子、秒表。

参赛限制：每队参赛 8 人。

比赛规则：

① 可单人流水跳，也可数人同时跳；

② 其中有人被绊倒，则退出；6 人跳，2 人拉绳，可有 1 人退出。

③ 以（余 5 人）坚持最久者为优胜者。

（3）拔河比赛

道具：绳子。

参赛限制：每队参赛 15 人（10 男 5 女），每个队还可选 5 个替补队员，男女不限,但场上必须是10男5女。比赛的两队更换替补属自愿,当对手更换队员时,若觉得自己队不需要更换也可以不换。

比赛规则:

① 每队须以完整人数参赛,若人数不够,视同弃权;

② 淘汰赛,最后总决赛,所有的队分为两组,拔一局,此局胜出的队进入下一局,将第一局胜出的队又分为两组,拔第二局,如此至决出三个队获胜。

(4) 拍球障碍跑

道具:篮球、秒表。

参赛限制:每队参赛8人(5男3女)。

比赛规则:

① 人在起点线后站立,听到发令,拍球向前,以S形绕过途中障碍到达终点后将球交给对面队友;

② 循环反复,时间最短者为胜者。

③ A:必须站立线后;B:不可越过障碍直线向前;C:如球中途脱离跑道,则要原地返回后继续比赛。

(5) 两人三足

道具:绳子。

参赛限制:每队参赛4人(2男2女),现场报名,队员自己组队,可提前报名,也可只要所组的队符合组队要求即可开赛。参赛者并排站在起跑线后,用绳子将二人的内侧腿捆好。

比赛规则:

比赛开始,二人向前跑出,到达终点后再返回,将绳子交给本队的下一组人员,下一组人员接到绳子后以最快的速度绑好二人的腿,然后跑向终点,以第二组人员到达终点最快的队为胜者。

(6) 罚球大赛

道具:篮球。

参赛限制:每队报名人数为4人(2男2女),可提前报名,也可现场报名,队员自己组队,只要所组的队符合组队要求即可开赛。

比赛规则:

投篮时脚不得踩罚球线,否则进球作废,取罚球圈内罚球线以外为投篮区域,每轮投 5 次，两轮共计 10 次，进球多者胜。

(7) 双人原地跳绳接力比赛

道具：跳绳。

参赛限制：每队 8 名队员（4 男 4 女），男女搭配组成 4 对。

比赛规则：

每对选手面对面站立，一人摇绳时带另一人同时跳绳，每对选手累计跳绳 20 个，然后将绳交给下组队友，以 4 对选手跳完的时间决定名次。

(8) 跳绳、踢毽子接力比赛

道具：跳绳、鸡毛毽子。

参赛限制：每队 4 名队员（2 男 2 女）。

比赛规则：

每名队员在跑步途中分别在绳、毽所在地原地跳绳累计 20 个、踢毽累计 10 个，折返后在跑步途中再分别在毽、绳所在地原地踢毽累计 10 个、跳绳 20 个，跑回起点选手击掌交接。以 4 名选手完成的时间决定名次。

(9) 双人跳绳跑接力比赛

道具：跳绳。

参赛限制：每队 8 名队员（4 男 4 女）。

比赛规则：

两人一组搭配组成 4 对选手，跑道两端各 2 对选手，比赛时两名队员分别用左右手摇绳并跳绳，一同向前，必须一摇一跳，26 米后将跳绳交下一对选手（途中如在前半程跳绳失败，则必须返回起点重新开始，如在后半程跳绳失败，则必须返回中线重新开始）。以 4 对选手完成的时间决定名次。

案例 8.2：趣味运动会实务

以下为《××市趣味运动会活动方案》，可以作为我们策划各类趣味运动会活动方案组织实施的参照实例。

××市趣味运动会活动方案

一、时间：××年×月×日

二、地点：××××体育场

三、参加对象:全市国有企业、非国有企业负责人与青年员工

四、具体要求:以企业为单位组队,要求各企业统一着装,自带旗帜,旗帜上标记有企业标志。

五、流程安排

1. 市委领导致欢迎词;

2. 团市委书记讲话;

3. 运动员代表宣誓;

4. 裁判员代表宣誓;

5. 领导宣布趣味运动赛开始;

6. 各代表队退场,趣味运动会正式开始。

六、比赛项目

1. 个人赛:花样跳绳、企鹅漫步、自行车慢骑。

2. 集体赛:趣味接力赛。

七、比赛方法

个人赛和集体赛同时进行,9:45 开始进行集体赛。要求各参赛队伍按企业统一着装。

(一) 个人赛

1. 花样跳绳

比赛规则:花样分为正跳、倒跳、正编麻花三种,每种单独记成绩。比赛限时 1 分钟,以规定时间内跳的次数多少记成绩,中途停顿可继续进行。分 16 组同时进行。

时间安排:

8:45—9:00　正跳比赛

9:00—9:15　倒跳比赛

9:15—9:35　正编麻花比赛

道具:跳绳(各参赛人员自带)

裁判:16 人

现场仲裁(兼计时):1 人

2. 企鹅漫步

比赛规则:分 16 组同时进行。参赛者需两腿、两手臂夹 3 个球(气球、排球均

可)，呈企鹅状在跑道上规定起点、终点间行走，球掉下需夹起球，在掉球的位置继续前行。以最快到达终点者为胜者。

时间安排：

8:45—9:40 比赛

道具：

旗帜 20 幅

球 60 个

秒表 2 只

裁判：8 人

现场仲裁：1 人

3. 自行车慢骑

比赛规则：赛程为 30 米，比赛中脚不能落地，犯规者淘汰出局；以到达终点的耗时最长者为胜者。分两块场地同时进行，每组 8 人同时进行。

时间安排：8:45—9:40 比赛

道具：自行车(各参赛人员自带自行车)、秒表 2 只

裁判：8 人(一人负责两道)

现场仲裁：2 人

三个个人项目共需裁判 32 人，现场仲裁 4 人。

(二) 集体赛——趣味接力赛

接力赛总赛程为 400 米，共分 8 个挑战项目，每个项目的比赛距离为 50 米，前一个项目运动员将接力绸带交给下一个项目运动员，下一个项目才能开始。各队以完成比赛的先后顺序计算成绩。

各参赛队伍分成 4 组进行预选赛，每组 8 支队伍，每组取前两名进入决赛，决赛规则同预选赛。

1. 手足情深(弯道)

参赛人员：每队 1 人

比赛规则：参赛运动员一手握一足，然后用单足跳的方式完成 50 米赛段。

道具：发令枪 1 把

发令员：1 人

现场裁判：8 人(全程跟随运动员)

2. 山路弯弯(弯道)

参加人员:每队1人

比赛规则:参赛运动员在行进中要绕赛道中间的障碍物跑10圈,然后继续往前跑,完成50米赛段。

道具:凳子8把

现场裁判(维持秩序):2人

3. 宝贝新娘

参加人员:每队3人(2女1男)

比赛规则:比赛开始两名女选手双手交叉搭成"花轿",一名男选手打扮成女生坐在"花轿"上,完成50米赛段。男选手如果落地,在落地处重新坐上"花轿"前进。

现场裁判(维持秩序):2人

4. 齐心协力

参赛人员:每队2人

比赛规则:两名参赛运动员面对面用身体将一排球夹住,每人双手在背后交握,侧跑完成规定赛段,如果球落地,则要在球离开身体处由裁判重新放球继续赛程。

道具:排球10只

现场裁判(维持秩序):2人

5. 地道英雄(弯道)

参加人员:每队1人

比赛规则:参赛运动员在行进中钻过3个栏架,完成50米赛段。如果栏架翻倒,参赛运动员需扶起栏架并重新钻栏。

道具:跨栏栏架24个

护膝:10对

护肘:10对

现场裁判(维持秩序):2人

6. 乔丹运球(弯道)

参赛人员:每队1人

比赛规则:参赛运动员后退运篮球完成50米赛段。行进途中不得持球跑,也不能双手触球。

道具：篮球 10 只

现场裁判(维持秩序)：2 人

7. 过桥袋鼠

参加人员：每队 1 人

比赛规则：参赛运动员先越过跑道上设置的 2 座独木桥，然后用袋鼠跳跃方式完成后半程。

道具：长凳 2 排各 8 条、麻袋(麻袋上绘制图案)10 个

现场裁判(维持秩序)：2 人

8. 巨人脚步

参赛人员：10 人，其中至少 3 名女运动员(分在两段)

比赛规则：分两段，每段 25 米，每段 5 人，参赛运动员踩在木板上前进，完成 50 米赛段。

道具：特制木板 8 块

现场裁判(维持秩序)：2 人

注：除第 3、8 项比赛外，其他项目至少有一项参赛运动员为女性。共需裁判 23 人。

时间安排：

9:45—10:05　第一组

10:10—10:35　第二组

10:40—11:00　第三组

11:05—11:25　第四组

11:30—12:00　决赛

12:00　颁奖(集体优胜奖与团体优胜奖)

八、记分方法

按各企业集体和个人项目得分之和排列总团体名次。集体和个人项目均取前八名，个人分值为 9/7/6/5/4/3/2/1，跳绳 3 个分项的分值为 4.5/3.5/3/2.5/2/1.5/1/0.5，集体分值以个人三倍计。

九、奖励方法

1. 大会设总团体优胜奖 8 个。按集体和个人成绩总和录取前八名，奖励团体

冠军、亚军、季军、优胜奖杯。

2. 设集体优胜奖 8 个。趣味挑战赛取前八名为集体优胜奖,颁发荣誉证书。

3. 花样跳绳的三个项目、企鹅漫步、自行车慢骑各取男、女前三名,给予证书和奖金。

4. 个人优胜奖颁奖在集体赛开赛前进行,集体优胜奖和团体优胜奖颁奖在集体赛结束后进行。

十、仲裁委员会组成

邀请体育运动专家和有关领导、主要裁判组成,对有争议的比赛成绩和奖励方法进行仲裁。仲裁意见对趣味运动比赛结果具有最终约束力。

十一、本方案未尽事宜由组委会赛前或在赛中及时商定。

十二、本方案实施细则由组委会办公室负责解释。

案例点评

1. 先导案例:大学生趣味运动会策划方案

这是某大学生社团自行策划并组织的趣味运动会方案,方案条理清晰,项目简便可行,非常适合在大学校园操场、球场等场地举行,男生女生都可以参加。通过举办类似的趣味运动会,可以拉近人与人之间的距离,增进相互之间的了解和友谊,对培养集体主义、团队精神很有好处。事实上,只要对该方案稍加改良,增加或减少部分趣味运动项目,结合本单位实际,就可以形成一个新的趣味运动会方案,并组织实施。

2. 案例 8.1:戏水狂欢节　冲关我最棒

这是把"冲关我最棒"极限运动与水上趣味运动相结合的旅游景区游戏娱乐项目,尤其适合具备类似条件的旅游景区和游乐园组织实施,并且可以在整个夏季(7、8、9 月)举行。这类活动与一次性趣味运动会的主要不同是,只要有游客报名参加,就可以长期连续举办,可以成为旅游景区和游乐园最吸引游客参与体验的旅游项目和游戏产品,重在活动组织、流程设计、安全管理、奖项设置等。该案例说明:一个好的趣味性运动(游戏项目)是可以做大做强的。

思考练习

一、名词解释

1. 趣味运动

2. 趣味运动会

3. 背夫人比赛

二、填空题

1. 趣味运动会具有很强的趣味性、娱乐性，被称为________。

2. 趣味运动是介乎于________及________之间的一项大众性竞技项目。

3. 杭州乐园“冲关我最棒”是基于__________的理念进行策划的。

4. 利用趣味运动的________、________及________用于商业推广，可以避免商业活动冷场。

5. ________是人类的天性，趣味运动会是各类________节目的集合。

6. 以________为主题或者为载体组织趣味运动可以充分享受________的清凉和惬意。

7. 杭州乐园__________成为浙江卫视的黄金强档节目。

8. 趣味运动会体育比赛真正体现了________________的宗旨。

三、选择题(多选题)

1. 趣味运动会一般需要经过以下(　　)阶段。

A. 筹备策划　　B. 前期准备　　C. 正式进行　　D. 结尾总结

E. 评估上报

2. 趣味运动会形式多样，按照趣味运动的方式不同，我们可以分为(　　)。

A. 水上趣味运动会　　B. 陆上趣味运动会

C. 空中趣味运动会　　D. 联谊趣味运动会

E. 极限挑战赛

3. (　　)是趣味运动会策划的核心和灵魂。

A. 主题　　B. 内容　　C. 形式　　D. 创新

E. 发展

4. 趣味运动会的比赛规则必须(　　)。

A. 客观　　B. 公正　　C. 透明　　D. 严密
E. 及时

5. “袋鼠妈妈”是一项亲子趣味运动,主要目的是为了培养(　　)。

A. 家庭观念　　B. 竞争意识　　C. 亲情观念　　D. 精英人才
E. 合作精神

四、判断题

1. 趣味运动可以单独组织,也可以结合拓展运动配套进行。(　　)
2. 游戏娱乐是人类的天性。(　　)
3. 趣味运动比赛项目无需事先告知,也不需要准备什么道具。(　　)
4. 趣味运动会经费预算要本着“节约、高效”的原则。(　　)
5. 趣味运动会必须突出物质奖励。(　　)
6. 极限挑战赛就是趣味运动会。(　　)

五、简答题

1. 简述趣味运动会的类型。
2. 简述“水中寻宝”趣味运动。

六、案例分析

根据5.1杭州乐园戏水狂欢节案例,指出其安全防范方面的主要不足,并联系该案例实际,补充完善安全应急预案。

实训项目

按照趣味运动会方案一般格式,编写××大学学生趣味运动会活动方案,并精选部分趣味运动项目,结合本课程教学进度,利用校园运动场馆组织实施。

第九章

节日庆典活动

学习要点

节日庆典(以下简称"节庆")活动的产生和发展、节庆庆典活动的分类、节庆活动策划的含义、节庆活动的组织、节庆活动主题策划、节庆活动内容和形式策划、节庆活动的时机策划、节庆活动的场地策划、节庆活动的氛围布置、节庆活动的人本理念、节庆活动的借势造势等。

基本概念

节庆活动、奠基庆典、节日庆典、迎宾庆典、时机策划、场地策划、公共关系、气氛营造、借冕增誉、名人效应、媒体传播

先导案例:开国大典场地策划

举世瞩目的中华人民共和国开国大典要举行阅兵式,华北军区司令部对阅兵式的场地拟定了两套阅兵方案:第一套方案是在天安门广场举行,受阅部队成检阅式队列立于天安门东西两侧。第二套方案是在西苑机场阅兵。在天安门广场阅兵,优点较多,它地处市中心,领袖、军队和群众水乳交融,场面可以搞得轰轰烈烈。最主要的是阅兵台可以采用天然地形——天安门城楼,而且天安门周围交通四通八达,便于集中分散。但是,在天安门广场阅兵的缺陷也显而易见,当日的交通要

断绝四小时以上。当时的长安街并没有后来这样宽阔,根本不能按照正规阅兵进行分列式。

在西苑机场阅兵可以避开天安门广场的缺陷,那里跑道很宽,没有阻断交通的后顾之忧。并且西苑机场得天独厚的条件还在于它已经有过阅兵经验了。但在此阅兵也有不妥之处,这里没有检阅台,应付临时性的小场面检阅还可以,要举行开国盛典,就必须搭两三个高大坚固的看台,工程大、花钱多不说,场面无论如何赶不上天安门壮观。此外,西苑机场距市区较远,数十万群众来回困难,不易参加,从阅兵部队来说,只有一条跑道可以进退,极不方便。在开国大典的场地选择这个问题上,确实令人煞费苦心,华北军区的阅兵方案在党中央的办公桌上度过了十七天。开国大典的日子一天天接近,周恩来总理权衡再三,终于下定决心,选择了天安门广场。事实也证明了这一方案确实取得了令全国人民满意的效果。

由此我们可以看出节庆活动的场地选择对于节庆的成败至关重要。

资料来源:《人民政协报》,2009 年 9 月 24 日。

第一节　节庆活动概述

节庆活动是人们休闲生活的重要组成部分,如果没有节庆活动,休闲生活势必缺少许多“精彩”,可以说现代生活因各类庆典活动而更加丰富多彩!节庆活动策划也成为我们休闲活动策划的重要内容。“FIFA WORLD CUP”(国际足联“世界杯”比赛),越来越像国际足球迷们的盛大节日,“世界杯”成了世界足球爱好者狂欢的节日庆典活动。

一、节庆活动的含义

节庆,是节日庆典活动的简称,是通过一定仪式举行的庆祝纪念活动。节日和庆典本质上是相同的,主要区别是“节庆”的重点在“庆”,更注重节日氛围的营造;“庆典”的重点则在“典”,更注重“典礼”仪式和程序安排。一些教科书还把节日和事件联系在一起，合并称为“节事活动”，实际上把各种赛事也包括进去了，无论是节庆活动策划，还是节事活动策划，或是庆典仪式策划，其基本原理都是相通的，我们所说的节庆活动策划，主要指节日、庆典活动的仪式、程序安排，因此我们要更多地考虑“典礼”策划，其中“典礼”仪式正是典礼活动策划的核心，“节”更大程度上则是指社会公众共同参与的市民庆祝活动。

庆典活动无处不在，大到国家节日如国庆、春节、元宵，小到婚礼、寿宴、生日等，我们都可以统称为“节庆”，奥运会、世博会、世界杯等标志性事件，对一个国家和地区更像是过节。为庆祝中华人民共和国成立六十周年举行的国庆观礼和阅兵式，热烈而隆重，大大增强了中国人民的自豪感和自信心，提高了中华民族在世界的威望。社会组织、机关团体、厂矿企业乃至家庭、个人举行的节庆活动，如公司年会、商场周年庆、学校校庆、大楼落成、国道开通、大桥通车以及婚丧嫁娶和生日庆典活动等，与我们的日常生活正越来越密切相关。

二、节庆活动的产生

节庆活动的源头可以追溯到原始社会。在原始社会即已产生节庆的萌芽，氏族部落每逢节日集会、作物丰收、婚姻喜庆等常常举行集体舞蹈活动以示庆祝。这便是节庆的原始形态。

节日和庆典的发展经历了自发和自觉的不同阶段。

原始社会的节庆活动，完全是一种自发的形式，人们在收获粮食、猎取禽兽之后，或是婚姻、祭祀时，兴之所至，或载歌载舞以示欢庆，或通过一定的仪式来表示纪念。在原始社会，由于人类认识和把握物质世界水平的低下，人们对于一些自然现象无法解释，便归之于神的力量，产生了神灵崇拜，有些对于神灵的敬祝仪式、活动固定下来，形成较为稳定的节庆活动。随着人类征服改造自然能力的不断强化，人们开始为自己的力量感到骄傲，也为自身的胜利举行庆祝活动，有些也以节庆的形式固定下来，节庆活动的内容不断丰富、形式日益多样，古代的节庆活动逐渐发展成为有一定仪式、程序的庆祝活动，相比于原始的兴致所至的庆祝活动有了长足发展，逐渐形成具有庆祝与纪念的意义并具备一定的仪式、程序的“典礼”活动。

真正自觉意义上的节庆活动是随着人类社会的发展逐渐产生的，人们开始有目的、有秩序地组织节庆活动。节庆活动的范围大大扩展了。随着阶级社会的到来,一些具有政治意义的节庆也相应产生,如帝王登基庆典、战争胜利庆典,等等。我国商周时期的盘庚迁都、武王伐纣均曾举行过盛大的典礼。从春秋时代开始,天子狩猎、祭祀活动、诸侯会盟,乃至平民百姓的弱冠结婚等,都要举行隆重的庆典活动。当工商业、手工业出现后,节庆这种仪式也随之进入到工商业、手工业中,开张、落成典礼成为一种十分普遍的仪式。至今,无论大小公司、商店开业,举行节庆活动仍是必不可少的项目。随着人类社会生活内容的不断丰富,节庆活动的内容和形式也极大地丰富了,人们要对节庆活动进行组织与筹划,以保证其圆满完成并达到预期目的,这便产生了早期的节庆策划。

三、节庆活动的发展

发展到当代社会,节庆活动更成为十分普遍的社会活动。它深入到整个社会的方方面面:各个国家、民族都有自己的节日、纪念日,每当节日到来之际,就会举行不同规模的节庆活动;一个国家的开国大典及国庆大典往往格外隆重,一个国家或社会组织有贵宾到来时,也会举行迎宾庆典;其他如各种开业庆典、揭幕庆典、奠基庆典、厂庆、校庆、店庆、婚庆等,不胜枚举。当代庆典活动对于社会组织的意义已经不仅是单纯的庆祝纪念意义,更重要的是,它可以树立组织形象、扩大组织影响、提高组织声誉,所以成功而出色地举办节庆活动对于当代社会组织来说十分重要,对节庆活动精心策划也显得非常必要了。

四、节庆活动策划的演变

节庆活动策划晚于节庆产生。原始的节庆活动是为了庆祝作物丰收、婚丧嫁娶、节日集会等,形式比较自由。大家边歌边舞以示庆贺,没有人专门为庆典活动筹划安排。但是随着庆典的发展,人们的庆祝方式丰富起来,对节庆进行策划自然地发展起来。节庆活动策划的发展同节庆本身的发展一样,也经历了由自发到自觉的阶段。最初的节庆活动策划完全是出于一种希望节庆活动顺利圆满完成、皆大欢喜的考虑。人们为节庆活动出的主意、想的办法是分散的、不成系统的。节庆策划真正变得自觉,是以出现节庆活动专职筹划机构为标志的,公关公司、创意机构、广告人、策划人的出现，意味着节庆活动策划开始成为一项专门活动，节庆活动策划已经进入系统阶段。

以中国传统的春节为例，唐朝时，从岁前到正月十五，开封府前御街西廊下，有奇术异能、歌舞百戏，还有击丸、蹴鞠、踏索上竿等盛况，可见那时的节庆活动已经相当多。此时的节庆活动早已不局限于集体舞蹈庆祝，而明显地经过人们的精心策划安排，变得十分自觉。到了清朝，更是热闹非常，除夕之夜，处处张灯结彩，鞭炮齐鸣，彻夜不息。

从过去的“年”到现在的春节，形成了很多风俗，这些风俗在很大程度上是节庆策划成果的积累与展示。起初人们举行的春节活动是较为简单的，随着社会的发展，人们越来越不满足于从前单调的庆祝仪式和活动了。于是由官方到民间、从组织到个人，为了把春节活动搞得隆重盛大而积极地投入到节庆策划中去，不断推陈出新，一些成功的策划被大家所赏识，得以流传下来，一些有独创性的策划得以发展，一些富有生活情趣和积极意义的庆祝活动盛行至今，除夕守岁、贴春联、贴年画、放爆竹、舞龙、舞狮、吃年糕、尝年粽等活动得到了发扬和光大。

中国民间节日还有很多，如元宵节、端午节、中秋节、中元节等，以及许多民族传统节日、盛会，各有自己的庆祝仪式、活动。在众多的节庆活动中，我们可以看到节庆活动策划发展的轨迹。

到了近代和现代，国人过“洋节”也开始盛行起来，西方情人节的热烈程度大大高于中国牛郎织女相会的日子。其实，只要经过精心策划，许多中国的传统节日也可以推出既有民族特色又具时代气息的节庆活动，既可以继承和发扬传统文化，陶冶人的情操，丰富现代人的生活，又可以给社会组织、团体带来意想不到的收益。

第二节　节庆活动分类

节庆活动是在固定或不固定的日期内，以特定的主题活动方式，约定俗成、世代相传的一种社会活动。节庆活动发展至当代，可以说是五花八门、异彩纷呈。面对众多的节庆活动令人目不暇接。

一、节日的分类

节日与节日庆典联系十分紧密,没有节日也就没有节日庆典,要了解节庆活动的分类首先要了解节日的分类,但是节日并不等于节庆——只有那些值得庆祝、纪念、祭祀并有相应典礼仪式的传统的、现代的、中国的、外国的节日庆典活动才叫节庆,否则只能叫过节。按照节日在全年不同时段或节气可做如下分类:

1. 法定节假日

星期六、星期日、国际妇女节、清明节、国际劳动节、端午节、国际儿童节、中秋节、国庆节、元旦、春节等,其中国际妇女节、国际儿童节只允许妇女、儿童放假。

2. 特殊纪念日

二七大罢工纪念日、黄花岗起义纪念日(4 月 27 日)、五四运动纪念日、七一建党纪念日、八一建军节纪念日、辛亥革命纪念日(10 月 10 日)、一二九运动纪念日等。

3. 传统节日

元旦、春节、元宵节、龙抬头节、清明节、端午节、中秋节、七夕节、鬼节、芒种节、夏至节、冬至节、祭灶节,还有西方的情人节、母亲节、圣诞节、万圣节、感恩节等。

4. 民族节日

那达慕大会、赛马节、转山节、雪顿节、沐浴节、芦笙节、姊妹节、龙船节、吃丑节、火把节、花王节、斗牛节、姑娘节、花儿会、收获节、那尼节、踩山节、午饭节等。

5. 宗教节日

塔尔寺灯节、肉孜节、古尔邦节、观音圣诞节、玉皇蟠桃会、开斋节、平安夜、圣诞节、妈祖节等。

6. 民俗节日

钱江国际观潮节、岳阳国际龙舟节、扬州溱潼会船节、保定敬老健身节、洛阳牡丹花节、贵州杜鹃花节、大连赏槐会、端午节龙舟赛等。

7. 艺术节日

中国藏文化节、中国艺术节、上海电视节、四川熊猫节、中国戏剧节、中国吴桥杂技节、潍坊风筝节、西安古文化节、三峡艺术节、天津国际少儿文化艺术节、冰雪艺术电影节、曲阜国际孔子文化节、天津中国京剧节等。

8. 文化节日

海南国际椰子节、哈尔滨冰雪节、吉林雾凇冰雪节、北京龙庆峡冰雪节、自贡恐龙节、杭州桂花节、中国丝绸之路节、海南岛欢乐节、湖北三峡文化节等。

9. 经贸节日

海南旅游节、泰山登山节、青岛啤酒节、青岛海洋节、那达慕草原旅游节、绍兴黄酒节、中国豆腐文化节、广州美食节、重庆火锅节、中国广告节、上海茶文化节、大兴西瓜节、景德镇国际陶瓷节、桂林山水旅游节、重庆万盛旅游河流节、嘉峪关国际滑翔节、五台山国际旅游月、上海黄浦旅游节、苏州丝绸旅游节、张家界国际森林节、郑州国际少林武术节、黄山国际旅游节、大连服装节等。

10. 庙会集会

上海城隍庙会、南京夫子庙会、杭州吴山庙会、农村庙会(赶大集)、物资交流会、茶马牛市等。

11. 时令节气

立春、雨水、惊蛰、春分、清明、谷雨、立夏、小满、芒种、夏至、小暑、大暑、立秋、处暑、白露、秋分、寒露、霜降、立冬、小雪、大雪、冬至、小寒、大寒等。

二、庆典的分类

庆典是指节日期间专门策划组织的庆祝典礼仪式,有一定的程式要求,节日期间有庆典仪式的才叫节庆,否则只能叫节日。根据庆典活动目的、内容等的不同,我们可以将丰富多彩的庆典活动分为如下几类。

1. 奠基庆典

奠基庆典是在某社会组织的建筑、工程项目,如车站、码头、桥梁、饭店、酒楼、图书馆、纪念馆等即将开工时举行的一种庆贺性的典礼仪式。奠基庆典通常由专门的公关机构组织策划,由组织的负责人出面主持,邀请政府有关部门的领导、董事会或股东人士、社会各界知名人士以及社会公众来参加,一般邀请来宾中的重要人士挥锹动土为组织的建设或工程项目奠基,借以象征日后根基雄厚、强盛发达。奠基庆典一般要准备奠基石,并将奠基石及奠基工具用红色丝绸缎带包扎起来。在一些规模较大的建筑、工程,如机场、车站、酒店、俱乐部、图书城、工业城等项目动工之前,均宜举行奠基庆典。北京亚运村、东城区少年宫新馆动工前,都举行了奠基庆典。奠基庆典使组织在项目开工之前就为将要兴建的工程扩大社会影响、提高知名度打下基础,通过新闻媒介的报道,可以让公众对项目有一个大致的了解,为日后的成名与成功"奠基"。

2. 通车、通航庆典

此类庆典是在公路、铁路竣工通车或新航线开辟通航时举行的庆祝活动。一般由组织的负责人出面主持,邀请政府领导、社会名流及社区公众参加,有时要举行剪彩仪式。1994 年 5 月,英法海底隧道通车时曾举行通车庆典;中国国际航空公司在开辟新航线时也会举行通航庆典活动。通车和通航庆典具有较强的庆祝和纪念意义。

3. 命名、更名庆典

命名、更名庆典是在组织、团体命名、更名时举行的庆典仪式。

4. 表彰、庆功典礼

当社会组织受到表彰、取得成功,或社会组织为表彰其成员作出的贡献而举行的庆典活动就是表彰、庆功典礼。如美国 IBM 一年一度的为表彰作出突出贡献的企业员工的"金环庆典"就是这类庆典。

5. 落成、开幕、开业、开工、开学、开机庆典

这类庆典是庆典活动中最常见、最普遍的。一般的社会组织在成立之初都会举行这类庆典。此外,组织的工程项目完工、运动会等大型活动开始时,工程上马时,公司、商场、饭店、俱乐部、游乐园等开业开放之日,这类庆典都是必不可少的。在这类庆典活动中,为制造隆重、热烈的气氛,应尽量邀请有关方面的重要人士参加,并提前通知宾客。这类庆典活动往往不需花费过多时间,程序也并不复杂。策划的关键是要尽可能地扩大影响,给人留下深刻的印象。一场成功的庆典往往能为组织开创良好的社会形象和社会影响。

6. 周年志庆典礼

这类庆典活动也十分普遍。比如厂庆、校庆及其他社会组织、团体的成立周年纪念日庆典。周年志庆不仅有利于提高组织的知名度,沟通组织与社会各界的关系,而且可以增加组织内部员工的凝聚力和归属感。周年志庆的庆典活动持续时间要长一些,活动的内容也比较丰富。荣宝斋成立一百周年举办了各种庆祝纪念活动;杭州银泰百货周年庆推出了"满就送"等优惠促销活动,一时间商场内人头攒动,市民快乐休闲疯狂"血拼",银泰大厦的销售业绩也屡创新高。

7. 节日庆典

节日庆典是为了庆祝节日的到来而举行的表示欢乐或纪念的典礼活动。节日庆典是庆典活动中历史最悠久、庆祝活动最丰富、参与者最多的庆典活动。古今中外的各个国家、民族都有自己的各类节日，像中国的春节、元宵节、端午节、中秋节、重阳节，外国的圣诞节、复活节、情人节、母亲节，等等。每当节日来临，各个国家、各族人民都会举行盛大的活动表示庆祝。节日庆典的组织者可以是政府、国家机关，也可以是各社会组织、团体，如公司、企业、商场、酒店等，还可以是民间自发形式。这类庆典通常比较隆重。随着社会的发展，由各类组织举办的节日庆典活动日渐丰富起来，节日庆典的规模和形式都发生了变化。为了使节日庆典在公众中保持新鲜感，在策划节日庆典时应注意既不失节日传统，又不要为过节而过节，而且要大胆创意，勇于推陈出新。

8. 迎宾庆典

迎宾庆典一般是一个国家或一个组织为迎接贵宾而举行的庆祝仪式，庄重又隆重。迎宾庆典有比较固定的仪式，如悬挂旗帜、举行宴会等，均有一定的要求。

9. 结婚庆典

结婚庆典是一种广为世间男女所熟悉的庆典活动。几乎在世界的各个角落，每天都有婚庆活动举行。世界各地的婚庆活动各有特色，异彩纷呈，同时，婚庆还因时代、社会制度等诸因素的制约而呈现不同的形式。只要世界上人类生命得到延续，现在流行的世俗文化没有被彻底抛弃，婚礼进行曲便会一直演奏下去。婚礼策划主要是希望婚礼能够圆满完成，并且为新郎、新娘双方及其家庭、亲友制造惊喜和美好的回忆。婚庆活动应该隆重、典雅，极力营造幸福浪漫的气氛，我们不提倡将婚庆搞得过分铺张浪费。为了避免流俗，不妨追求一些特殊而有纪念意义的形式，以期给将来留下一种特别的回味，给众人留下特别的记忆。在国外有跳伞婚礼、水下婚礼，国内有蝴蝶婚礼、滑轮婚礼等，形式新奇，与众不同。

10. 生日庆典

生日庆典是为个人举行的生日庆祝活动，过去多在家庭范围内，现在渐渐走向朋友圈、组织、团体，而且庆祝活动也变得丰富多彩起来。生日庆典不仅可以给个人留下美好回忆，同时，对一个组织来说，为它的成员举行生日庆祝活动，还可以广结善缘、密切组织与员工的关系。中国民间过生日的习俗是吃长寿面、寿桃点心。西方的习俗是生日主人热情地迎候嘉宾，然后点生日蜡烛，接着来宾向生日主人祝福，并唱"祝你生日快乐"的歌曲，主人致答谢词，并吹熄蜡烛，然后把生日蛋糕切成与出席人数相等的份数，送给每位客人。最后还会安排一些娱乐活动。麦当劳餐厅内设有专门的生日厅，为宾客举行生日庆典活动提供特别服务；肯德基生日聚会尤其适合小朋友、小伙伴们参加。当代人，尤其是年轻人举行生日庆典不妨有所创新，尽情发挥。

11. 其他庆典

由于当代社会生活内容迅猛扩展，人民的物质和精神生活极大丰富，庆典活动也突破了固有的内容和形式，空前活跃起来，产生了一些新兴的庆典活动，如一些专题性的文化节、艺术节、体育节、科技周活动等。像纪念莫扎特逝世 200 周年的全球性文化大典，已不仅仅是一场周年纪念活动，而是一场综合性的文化庆典活动，而大陆与台湾联合祭孔大典则成为连结两岸人民中华情的重要纽带，中华文化的融合成为两岸人民往来的共同平台。

三、节庆的分类

从节庆的基本概念来看，节庆主要是指"节日庆典"，其形式包括各种传统节日以及在新时期创新策划出来的各种节日。广义的节庆是指节事，泛指各类节日庆典和特殊事件，西方学者常常把节日(festival)和特殊事件(special event)合在一起作为一个整体，英文表述为 festivals & special events(简称为 FSE)，中文译为"节日和特殊事件"，简称"节事"。狭义的节庆仅仅是节日期间举行的各类庆典活动(如图 9.1)。

图 9.1 广义的节庆与狭义的节庆

1. 按照节庆活动的形式分类

广义的节庆包括内容十分广泛，西方学者把这些不同类型的节庆统一称为事件(event)。盖茨(Getz)把事先经过策划的事件(planned event)分为9个大类：

(1) 文化庆典

包括节日、狂欢节、宗教事件、大型展演、历史纪念活动等。

(2) 文艺娱乐事件

包括音乐会、其他表演、文艺展览、授奖仪式等。

(3) 商贸及会展活动

包括展览会/展销会、博览会、会议、广告促销、募捐/筹资活动等。

商贸及会展活动又是会展业和会展旅游(meeting incentive convention exhibition，简称 MICE)最重要的组成部分。

(4) 体育赛事

包括职业比赛、业余竞赛等。

(5) 教育科学事件

包括研讨交流会、专题学术会议、学术讨论会、学术大会、技术发布会等。

(6) 旅游休闲娱乐事件

包括旅游节、艺术节、休闲购物街、游戏大赛、趣味运动会等。

(7) 政治/政府事件

包括领导就职典礼、授职/授勋仪式、国庆观礼、群众集会等。

(8) 私人事件

包括生日晚会、婚嫁庆典、周年纪念、家庭团聚、宗教礼拜等。

(9) 社交事件

包括参加招待酒会、舞会、过节、同学聚会、亲友联欢会等。

2. 按照节庆活动的特征分类

我国节庆种类繁多，按节庆性质可分为单一性和综合性节庆；按从节庆主题可分为祭祀节庆、纪念节庆、庆贺节庆、商贸节庆、旅游节庆、农事节庆、民俗节庆；按节庆的时代特征可分为传统节庆和现代节庆等，其中每一类节庆又可以分为许多小类。

(1) 传统节庆

我国几个重大的传统节庆活动：

① 春节

俗称过年,中华民族最隆重的节庆就是一年一度的春节。史载,春节最早源于原始神农时代的"腊祭"。民间称春节为"过年"。春节大致可分为三个阶段:第一阶段是过年准备阶段,从腊月二十三(过小年)到除夕(过大年),主要内容为贴对联、挂年画,张灯结彩、拜菩萨(造物主)、祭祖先等,忙着为迎接春节做准备,俗称"腊月忙年";第二阶段是过年守岁阶段,主要是年三十和正月初一两天,年三十晚上称作除夕,人们有吃团圆饭(北方人包饺子)、坐夜守岁的习惯,正月初一就是新年(春节);第三阶段是从正月初一到十五,主要是迎财神、走亲访友和游憩、娱乐,如扭秧歌、跑旱船、舞狮子,南方农村流行舞龙灯、办元宵灯会、看戏文等,形式多样,热闹非凡。

② 元宵节

正月十五为元宵节,又称上元节、灯节。元宵节有张灯的习俗,其始于东汉,盛于唐代,历朝流行。

③ 清明节

清明节亦称鬼节、冥节、踏青节。传统的清明节以扫墓祭祖与踏青为主要内容。清明扫墓还与"寒食节"有关——"寒食节"亦称禁烟节、冷食节、百五节,在夏历冬至后一百零五日,清明节前一二日,是日初为节时,禁烟火,只吃冷食,并在后世的发展中逐渐增加了祭扫、踏青、秋千、蹴鞠、牵勾、斗鸡等风俗,寒食节前后绵延两千余年,曾被称为民间第一大祭日。寒食节是汉族传统节日中唯一以饮食习俗来命名的节日,后来因为寒食和清明离得很近,所以人们把寒食和清明合在一起只过清明节。

④ 端午节

为每年农历五月初五,又称端阳节、午日节、五月节等,为国家法定节假日之一,并已被列入世界非物质文化遗产名录。端午节起源于中国,最初是中国人民祛病防疫的节日,吴越之地春秋之前有在农历五月初五以龙舟竞渡形式举行部落图腾祭祀的习俗;后因诗人屈原在这一天不满楚王统治投汨罗江自尽,于是便成了汉族纪念屈原的传统节日。部分地区也有纪念伍子胥、曹娥投江等不同说法。端午节有吃粽子,喝雄黄酒,挂菖蒲、蒿草、艾叶,薰苍术、白芷,赛龙舟的习俗。

⑤ 七夕节

又名乞巧节、七巧节,发源于中国,是华人地区以及部分受汉族文化影响的东亚国家的传统节日，农历七月七日夜或七月六日夜妇女在庭院向织女星乞求智巧，故称为“乞巧”。其起源于对大自然的崇拜及妇女穿针乞巧，后被赋予了牛郎织女的美丽传说使其成为象征爱情的节日。2006 年 5 月 20 日，七夕节被中华人民共和国国务院列入第一批国家非物质文化遗产名录，现被认为是“中国情人节”。

⑥ 中秋节

农历八月十五为中秋节，是因为位居秋天的三个月之中而得名。中秋节又称月夕、秋节、仲秋节、八月节、八月会、追月节、玩月节、拜月节、女儿节、团圆节，是流行于中国众多民族与东亚诸国中的传统文化节日。中秋节始于唐朝初年，盛行于宋朝，至明清时，已与元旦齐名而成为中国最主要节日之一。受中华文化的影响，中秋节也是东亚和东南亚一些国家尤其是当地的华人华侨的传统节日。中秋节有吃月饼的习俗，也是中国三大灯节之一。

⑦ 重阳节

又称重九节、晒秋节、踏秋节，汉族传统节日。每年的农历九月初九重阳节一般会包括出游赏秋、登高远眺、观赏菊花、遍插茱萸、吃重阳糕、饮菊花酒等活动，重阳节也是中国传统四大祭祖的节日。

⑧ 冬至节

俗称冬节、长至节、亚岁，是中国农历中一个重要的节气，也是中华民族的一个传统节日，与清明节一样，民间主要是祭祖。

(2) 祭祀活动

祭祀活动是以传统农事祭祀为特征的节庆活动。我国古代祭祀活动种类繁多，民间祭祀活动层出不穷。

① 祀先代帝王

主要是祭祀远古时代的三皇五帝和大禹等。远古时代的三皇是指燧人氏（天皇）、伏羲氏（人皇）、神农氏（地皇），也有说三皇为伏羲、女娲、神农氏；五帝是指少昊、颛顼、帝喾、尧、舜，也有说轩辕黄帝、颛顼、帝喾、帝尧、帝舜。三皇五帝，并不是真正的帝王，指的是原始社会中后期出现的为人类作出卓越贡献的部落首领或部落联盟首领，后人追尊他们为“皇”或“帝”。

古代许多帝皇都曾去泰山“封禅”，“封禅”即祭天帝，是专门属于帝皇的祭祀活动。现代社会民间则有祭大禹陵、黄帝陵等大型祭祀活动，并得到国家相关部门的高度重视。

② 祀先圣先师

祭祀先圣先师是立学之礼，礼经并未实举其人。汉魏以后，逐渐以周公为先圣，孔子为先师，唐代开始确立孔子为先圣，颜回为先师，历代帝王封爵赠谥号，直至用天子之礼乐优加尊崇，祭祀典礼极为隆重，直至现代尊孔祭孔再次兴盛起来。

③ 耤田与享祀先农之礼

礼记天子亲耕于南郊以供粢盛的记载，“耤”或作“籍”就是祭祀农神，祈求丰收的礼仪农神，也称田祖，又称为先啬，汉以后通称先农，认为就是教民耕作的神农氏。受此影响现代民间仍然有祭神农活动。

④ 亲桑与享祀先蚕之礼

天子耤田，皇后就去采桑养蚕，史书有仲春后率外内命妇始蚕于北郊的记载，皇后率领公卿列侯夫人到东郊苑中采桑，并以中牢羊豕祭祀蚕神。民间桑麻产地也有祭蚕神活动。

(3) 农事节庆

我国农耕社会历史悠久，地方物产丰富，各类农事节庆活动十分丰富，主要结合农林土特产品策划组织丰富多彩的农事节庆活动。

① 果蔬类节庆

如枇杷节、杨梅节、葡萄节、荔枝节、石榴节、番茄节、猕猴桃节、竹荪节等。

② 花卉类节庆

如桃花节、梅花节、梨花节、油菜花节、槐树花节、玫瑰花节、牡丹花节、菊花节、山花节等。

③ 水产类节庆

捕鱼节、垂钓节等。

④ 茶叶类节庆

如开采节、茶文化节、茶业博览会等。

⑤ 织物类节庆

丝绸节、服装节、购物节、女工节等。

⑥ 生态类节庆

如萤火虫节、蝌蚪节、丰收节等。

(4) 旅游节庆

旅游节庆活动层出不穷，是现代旅游的主要亮点。

① 自然景观类

如露营文化节、蒙顶山登山节、新桥海涂节等。

② 文化艺术类

如读书节、剪纸艺术节等。

③ 地方物产类

如枇杷节、竹笋节、桑果节、杨梅节、葡萄节、柑橘节、西瓜节等。

④ 民俗风情类

如三月三乌饭节、山歌节、民俗文化节、地方特色美食节、苗族文化艺术节等。

⑤ 科技体育类

如科技文化周、海岛休闲文化节、渔民运动会等。

⑥ 综合类节庆

如中国开渔节、象山海鲜节、休闲购物节、千岛湖秀水节、国际动漫节等。

(5) 商贸节庆

商贸节庆与旅游休闲紧密相关很难区分，两者有相同的地方也有差异性，仅从规模和旅游动机来看，旅游购物是规模小，没有明确动机的；而商贸节庆不但规模大，而且有明确的目的。举办商贸节庆活动场要利用本地优越的条件进行策划和组织：

① 办节形式

如河南洛阳牡丹节、陕西临潼石榴节、海南椰子节、吐鲁番葡萄节、贵州国际名酒节、大连服装节、潍坊风筝节、青岛国际啤酒节等。

② 办会办展形式

如广州进出口商品交易会，华东进出口商品交易会、中国义乌国际小商品博览会以及博鳌论坛、太湖论坛、千岛湖论坛、世界互联网大会、G20 大会等，规模空前，影响很大。

③ 办赛办演形式

如举办国际性、全国性、地方性赛事或大型演出，包括奥运会、亚运会、全运会、世界小姐比赛、国际旅游小姐比赛、新丝路模特大赛、《同一首歌》文艺晚会、大型慈善义演义卖活动等等。

第三节 节庆活动策划

各类节日是客观存在的,是不以人们的意志为转移的,节日庆典则体现了人的主观意志。为了把策划人和组织者的主观能动性渗透到各类节日当中,使得节庆活动更加丰富、更加吸引社会公众参与,这就需要节庆活动策划。

一、节庆活动策划的含义

节庆活动策划是指对节庆活动进行完整的、系统的事先谋划。策划作为一种思维活动,早已被人类社会广泛应用。简单地说,凡是出主意、想办法,都可称之为策划。从这个角度讲,只要是为节庆活动出谋划策就可以叫做节庆策划。策划是找出事物的因果关系,衡量可采取的途径,作为目前决策的依据。即策划是预先决定做什么、何时做、何处做、谁来做、如何做。策划如同一座桥,它连接着我们目前之地与我们未来要到达之处。现代意义上的策划,指的是完整系统地对节庆活动的全过程进行筹划、组织、安排,以达到预期目的,那种零散的、不成系统的策划行为不属于本教材所说的节庆活动策划。

麦当劳餐厅由公关部邀请广告公司负责策划本餐厅的各类节庆活动。餐厅的开业庆典、周年志庆、节日庆典等活动,都经过公关部门和广告公司的精心策划。例如“六一”儿童节来临之际,餐厅会组织由公司赞助的有奖就餐活动,并把活动的高潮设计在“六一”当天,麦当劳还为儿童量身打造“生日派对”,让小客人留下终生难忘的印象。麦当劳餐厅的营销行为,就是节庆策划。所以麦当劳老板有一句名言很值得我们琢磨:“不,我们不是餐饮业,我们是娱乐业。”麦当劳的宗旨就是让来宾过得更加幸福和快乐!

二、节庆活动策划步骤

节庆策划的活动不是杂乱无章地进行的,而是按照一定的步骤、程式来完成的。节庆活动策划的程序，是指节庆活动策划工作进行的先后次序。节庆活动策划的一般程序有以下几个步骤。

1. 节庆活动主题策划

一个节庆活动的类别本身就已经给节庆活动限定了一定的主题意义，每次节庆活动似乎都因此有了名目，这就是举行节庆活动的事由。但这仅仅是形式上的主题，节庆活动策划的第一步，需要在明确活动主题(如周年纪念庆典)的前提下，根据组织的目标和公众的需要进行精心设计，最好有意识地做一些调查，了解组织及公众的兴趣点，这样可以使节庆活动有一条主线贯穿。

在活动主题确定之后，再围绕主题来穿插相关的活动内容和活动形式。节庆活动都具有庆祝纪念意义。古代节庆活动的动机基本上就是为了庆贺与纪念，而如今节庆活动的目的多不仅于此。比如一个公司的开业庆典，不仅要达到庆祝效果，更重要的是借以扩大公司的社会影响，在开业第一天就给公众留下一个良好的印象。所以公司的开业庆典要尽量吸引公众注意，给公众留下至深的印象。

节庆活动对社会组织的作用不可低估。首先，可以利用节庆来渲染组织形象，扩大组织的知名度，例如宣传组织的性质、特点，宣传组织的历史和对社会的贡献，宣传组织的产品和服务等。由于节庆活动的喜庆气氛和主题特点，可以使这种宣传较为间接、隐蔽和巧妙，不易引起公众反感，于不知不觉中影响公众心理。

2. 节庆活动内容和形式策划

在确定了节庆活动的目的及主题之后，需要围绕主题选择、设计节庆活动的内容和形式。节庆活动可供选择的形式很多，例如周年纪念庆典可举行职工大会、周年纪念酒会、表彰颁奖大会、联欢会、文艺汇演、回顾展等。

节庆活动的内容和形式策划，首先要围绕节庆活动的宗旨和主题来安排。例如周年志庆活动如果重在表彰员工，增强组织内部的凝聚力，就适宜召开员工表彰庆功大会；如果期望沟通组织与社会各界的交流，扩大企业在公众中的影响，那么举办回顾展览，向公众开放参观，组织联欢晚会更为合适。总之，节庆活动需要大胆的创意，不应墨守成规。

案例 9.1：闹市区某商场开业庆典

××闹市区的一家中型商场准备开业。开业前，商场的公关部在讨论庆典活动应该如何进行时,大家众说纷纭、献计献策,出了不少点子,归纳起来,大致有三种庆典方案:第一种方案主张开业当天要把气氛营造得十分热烈,大造声势,敲锣打鼓,鸣放鞭炮;第二种方案除了同意开展第一种方案建议举行的活动之外,认为还需要搞一个剪彩仪式,请有关领导同志剪彩,中午宴请有关部门和协作单位的领导,联络感情,为日后的合作做好铺垫;第三种方案则同意举行隆重的开业典礼,但建议典礼不放鞭炮,而是播放喜庆音乐,典礼时的剪彩者不事先确定,而是邀请第一个前来的顾客和当时到场的一位领导同志一起剪彩,然后邀请一部分顾客和领导一起召开座谈会,为商场出谋划策,中午便餐招待,整个活动始终有记者参加,会后迅速整理成文字资料,分送给各位记者和有关部门。三种方案送到商场总经理手中,总经理立刻选中了第三种方案,并指示相关部门组织实施。

第一种方案注意到了庆典活动隆重、喜庆的气氛,注意到了通过热烈的庆祝活动来感染参加者和公众,它的不足之处在于这种方案没有挖掘庆典活动的真正动机和深刻主题,目光过于短浅。此外这种方案形式上过于陈旧,缺少强大的吸引力,公众和新闻媒介都不会过多予以注意。

第二种方案则意识到了节庆活动除了庆祝纪念意义之外,还是商场进行宣传、树立形象、扩大影响、沟通关系的好时机,需要围绕这一主题来选择和设计活动。但是这一方案过于注重走"上层路线",只注意到沟通与上级的关系,而忽视了最重要的对象——社会公众和商场未来的顾客,这说明策划者在确定主题时考虑不周,主题的偏颇不可避免地影响了活动的选择。并且,第二种方案已被众多组织所使用,同样缺少新意。

第三种方案则与众不同,它在主题的确定上全面准确,有长远打算,商场的经营成功既需要疏通各个渠道,也需要广大顾客的信赖与支持。由一个良好的主题出发,第三种方案选择、设计了富有新意的剪彩仪式,请顾客参加的座谈会。这样可以使顾客感到该商场真正本着顾客至上的原则。而请记者参加可以利用新闻媒介来扩大影响。事实也证明了第三种方案是绝妙的方案,该商场的开业庆典活动一时间成为新闻热点,在媒体上广泛报道,也成为人们交口称誉的热门话题,该商场不仅声名大震,而且赢得了公众的普遍好评。

节庆活动的内容和形式多种多样,既可以从民族传统文化中汲取养分,又可以借鉴国外成功节庆的经验。只要节庆活动的策划者能够围绕主题精心设计、大胆创意、不断创新，一定可以推出出色的节庆活动，赢得“大满贯、大满足、大满意”，皆大欢喜。

3. 合理安排节庆活动的程序

在确定了节庆的主题、内容和形式之后，要想使盛大的活动有条不紊、忙而不乱，就要合理安排节庆活动的程序。节庆无论大小，都需要明确进行的先后次序。节庆活动的一般仪式分如下步骤。

(1) 安排专门的主持人宣布节庆活动开始。一般负责这项工作的是组织的负责人，或是邀请知名人士或其他人士充当主持人、司仪。

(2) 介绍重要来宾，由组织负责人讲话，由领导及重要来宾致简短贺词或讲话。

(3) 有些活动需要安排剪彩和开放参观活动及来宾留言和题词等事宜。

(4) 组织一些制造气氛和促进理解的活动，举行盛大的庆祝活动和娱乐活动。

(5) 组织宴会、便餐、座谈会、参观组织设施及馈赠礼品等。

(6) 进行新闻报道，扩大庆典活动的社会传播面及影响面。

(7) 活动结束时，不可虎头蛇尾，做好来宾的送别和其他善后工作。

以上只是节庆活动的一个基本流程，实际的节庆活动越来越复杂多样。节庆活动一般有相对固定的程式，但在具体安排节庆活动程序时不必过于拘泥，可以根据节庆活动的整体方案加以调整，使整个庆典成为一个融会贯通的整体。

4. 拟订邀请来宾名单及各项工作负责人名单

节庆活动的策划应该十分周密。拟订邀请参加节庆活动人员的名单必不可少。一般地，节庆活动应邀请与组织有关的政府领导、行政上级、知名人士、社会公众代表、同行业的代表、组织内部员工及新闻记者等参加。参加节庆活动的人员名单并非一件可有可无的事，这关系到组织的节庆活动能否取得完满的结局。如果一个企业或单位的节庆活动忽略了某一方面的宾客，比如合作伙伴，那么即使庆典本身搞得非常红火热闹、盛大隆重，也难以弥补日后由此带来的损失。

此外，节庆活动的目的是为了让更多的公众认识了解组织，扩大影响，所以在策划时必须抓住公众的心理，引人注意。在节庆活动中邀请知名人士参加能较好地引起公众的兴趣和注意。当然，由于种种原因的限制，节庆活动不可能面面俱到，所以选择邀请来宾也是一门学问，既要照顾到整体，尽可能八面玲珑，又要有轻重缓急和适当取舍。

拟订好邀请出席节庆活动的来宾名单之后，需准备印刷、填写精确无误的请柬,或以其他形式(如新闻媒介、广告宣传)邀请来宾。请柬需提前3天交至嘉宾,以便对方及早作出安排,也便于组织有条不紊地做好准备工作。

节庆活动一般都比较盛大,需要各部门有关人员密切配合,共同完成繁重的任务。所以要提前确定司仪人员,按照有关活动内容将任务落实到人。尤其是后勤工作和组织工作一定要有专人负责,如签到、接待、摄影、录像、音响、现场布置等。

5. 对节庆活动做详细的准备工作

一个节庆活动的成功要照顾到各个环节,任何一点细微的差错都可能引起全局的失败。"一着出错,满盘皆输"的警训应该记取。比如一家商场的开业庆典,其他活动准备得很好,唯独音响出了毛病,事先没有调试,结果导致庆典难以顺利进行,延误了时间,造成了不良影响。20世纪80年代初,浙江金华曾组织元宵节大型舞龙灯活动,可以说是中国现代最早复兴的节庆活动之一,对现代庆典活动的发展具有指标性意义,但由于活动治安保卫工作不周,导致秩序混乱,拥挤不堪,出现了人员伤亡,造成了恶劣影响,从此浙江金华元宵灯会一蹶不振,至今也没有再举办过类似的大型节庆活动,而在世纪交替之初恢复举办的杭州西湖国际博览会,由于保障措施到位,十多年来从未出过疏忽,如今杭州西湖国际博览会越办越大,其中西湖国际烟花主会场从西湖转移到了钱塘江,参观人数超过100万人。

所以在节庆策划过程中切不可忽视细节,环境、场地、照明、音响、后勤、保卫、新闻媒介、来宾接待、签到、剪彩、休息、座谈等都应充分照顾到。对节庆活动现场的音响设备、音像设备、文具、电源等都应提前测试安装,奠基活动要准备好奠基石及工具,剪彩活动要有彩绸带,需要宣传品、标语、灯笼、鞭炮、乐器乐队、礼品等,要提前准备好新闻通稿,需要各界协助的,要提前联系好,诸如此类的细节问题都要准备周密,确保万无一失。

对节庆活动的准备,最好由组织的专门机构开会讨论,广泛听取各方面的意见。必要时可以服务外包,委托专业公司或专门机构进行,例如舞台的搭建,专业的演出搭建公司比一般的搭建公司要强过百倍!但是即使全面委托,主办方也不能有丝毫松懈,责任人和责任部门必须自始至终跟进、监督、检查、落实。

6. 制定应急措施

节庆活动的规模一般都比较盛大,在活动中随时都可能有意想不到的情况发生,所以节庆活动的全部方案应留有余地,以便应付临时事件的发生。比如万一邀请奠基、剪彩的嘉宾生病未到,应该如何应变等问题,要提前有所准备。

7. 进行经济预算和效果预测

当一个节庆活动的基本内容策划完毕，还应进行经济预算，根据经济能力适当增删计划，调整节庆内容。节庆活动无论规模大小，都应避免浪费，应该使人力、财力、物力发挥最佳效果。节庆策划者还应在庆典活动进行之前，进行效果预测，并对既定方案做适当调整。有条件的还应进行一定范围的模拟演练。

三、节庆活动的时机策划

节庆活动的成功需要天时、地利、人和三方面的条件。所谓天时，指的是节庆活动的时机。在一般人看来是日复一日、年复一年的流逝光阴，其实是天天有新意、年年有奇想，是大有文章可做的。世界上每一天都有特殊事件可供纪念，历史上任何事件都有它的一周年、十周年等，从这个角度讲，举办节庆活动的时机是很多的。但也正因为举办节庆活动的时机很多，我们才需要有所选择，在最佳时机推出节庆活动，以期取得最佳效果。

首先，一个组织的节庆活动不宜过于频繁，过于频繁的节庆活动不但消耗大量人力、物力，财力，而且容易引起组织内部员工和社会公众的反感，失去节庆活动的吸引力。即使一个组织频繁推出的每一台节庆活动都富有新意、精彩纷呈，也会因节庆活动的频率过密而失去光彩。应该切记，节庆活动宜少而精，这样才能保证节庆的吸引力。例如有的商场逢年过节举行各种展销、酬宾、特价周及其他各种庆祝活动，结果不但未能吸引顾客，反而引起顾客反感，使商场的各项活动都失去了吸引力。

其次，节庆活动不宜凑热闹。节庆活动是一种既古老又普遍的庆祝活动。如果只把它当做一个走过场的程序，那就失去了意义。当代的节庆活动对于沟通信息、联络感情、营销促销、扩大影响等具有不可小视的作用，所以应该发挥节庆活动的独特魅力，应该热烈隆重又独具特色。当代节庆呼唤高雅情调和文化气氛，那种赶潮凑热闹的庆典活动不宜提倡。在节庆活动过于频繁的时间、地区，不宜举行节庆活动，而应该在社区公众都感到“寂寞”的时候不失时机推出独具特色的节庆活动。

最后，节庆活动要在有意义的时间举办，不应为节庆而节庆。以下一些特殊时刻就是举办节庆活动（尤其是庆典活动）的最佳时机。

(1) 组织开业或创办之机

组织在开业或创办之际举行庆典活动是必不可少的。“良好的开端等于成功的一半。”

(2) 某工程奠基落成之时

组织在工程奠基、落成之时举行节庆,不仅表明组织对工程予以足够的关注和期望,同时也扩大了组织及工程的影响。

(3) 组织的周年纪念日

组织的周年纪念日节庆可以协调组织内部、外部人际关系,是一个对外扩大影响力、对内增强员工归属感和凝聚力的好机会。

(4) 社会活动中的节日

节日庆典是节庆活动中十分普遍的一类。当代社会中由各类组织主办的节日庆典活动越来越多。

(5) 新产品投产或新的服务项目推出之际

如“红牛之夜”文艺晚会、“红石梁”啤酒狂欢节等,都是为了宣传自己的新产品,这类活动尤其适合企业产品推介。

(6) 组织的生产额或营销额达到一个大的规模时

如北京饭店在它的房客达到1亿人次时举行的庆典活动。

(7) 组织更名、合并合资之际

如北京邮电学院更名北京邮电大学时举行的庆典活动。

(8) 组织或个人获得荣誉之时

如美国IBM公司一年一度的“金环”表彰庆典活动。

(9) 生日、婚礼

生日如婴儿满月酒、周岁生日、老人寿宴,家庭婚礼如西式婚礼、中式婚礼,集体婚礼如大红鹰玫瑰婚典、梁祝文化节等。

(10) 社会重要活动举办之际

如抗日战争胜利60周年纪念、诺曼底登陆60周年大规模庆典活动等。

以上我们列举了举办庆典活动的一般时机,还有一些机会是转瞬即逝、需要捕捉的特别时刻,例如“联合国××日”,需要组织特别把握,不可轻易错过。

节庆活动策划有一条很重要的技巧,就是利用名人效应来为节庆活动增光添彩。有时候名人可以提前邀请,有时则要靠机会(要看名人的档期)。这样的机会比较难得，稍纵即逝，这就需要节庆策划人员开动脑筋，抓住时机。

四、节庆活动的场地策划

节庆活动的成功需要天时、地利、人和三方面因素互相配合。地利，就是指节庆活动的场地选择要利于节庆活动的举行。同时，节庆活动的场地策划还包括节庆活动的场地安排和场地布置等。节庆活动的场地安排与节庆活动的效果有很大关系。这就好比一台戏，戏本身再精彩，没有一个适合的舞台，便不能得到充分展现。

节庆活动的场地策划包括以下几个方面。

1. 节庆活动场地的选择

一个组织的节庆活动在什么地方举行，这个问题常常被组织忽视。一般的组织都认为节庆活动理所当然地要在“家门口”举行。这并非没有道理，对于大多数组织的节庆活动，在“家门口”举行便于安排管理，不必过分消耗精力。况且，像奠基典礼、开业典礼等是非在现场举办不可的。但是也有相当多的节庆活动是需要在场地的选择上动一番脑筋的，像节日庆典、迎宾庆典、广场活动、街舞表演等节庆活动，都需要对场地进行认真选择。

在选择场地时，要考虑节庆活动的各项内容是否能在所选场地中顺利进行。比如婚庆活动，在确定了婚庆的具体形式之后，就要考虑在何处举行，是在家中还是到饭店？是在室内还是户外？婚庆中的各项活动分别在何处举行？这些都是不可小视的问题，否则临时抱佛脚，往往使节庆活动纰漏很多，不尽如人意。在选择场地时，除了确定各项活动能否顺利完成之外，还要照顾到公众。很多节庆活动都希望吸引更多的公众参加，那么在选择场地时就要充分考虑到是否有利于公众参加。

先导案例中，开国大典场地在选择天安门还是西苑机场的问题上，就考虑到了是否有利于群众参加的问题。不仅像开国大典这样格外盛大隆重、庄严的节庆活动需要进行场地的选择，其他各种组织举行的规模不等的节庆活动，也都存在着选择场地的问题。例如北京的城郊经常在正月十五元宵节举办花会，花会是在公园中举行还是在主干道上举行？在公园举行，环境比较拥挤，指挥调度存在诸多不便，而且较偏僻，不易吸引更多观众，所以花会一般选在宽阔的主干道上举行，这样可以吸引更多观众,又不至于过于拥挤混乱。

庆典活动的场地选择还应注意到水源、电源、治安、交通及各项设施是否便利齐全,同时还应考虑到是否有利于媒体的报道。例如有些工厂举行的节庆活动,就应该尽量避免在工作地点举行,而应选择易于营造喜庆气氛,给参加者以舒适优雅感受的地点举行。这一点美国IBM公司十分注意,该公司一年一度的“金环”表彰庆典通常选择风景宜人的地方,如百慕大或马霍卡岛等地。

2. 节庆活动场地的安排布置

在选择了适当的场地之后,就需要对场地进行安排布置。场地的安排,主要是指从功能上对场地进行分配;场地的布置,主要是指对场地进行庆典氛围的营造,对场地的装饰。举例来说,一个商场举行开业庆典,选择的场地是商场内部及店门外的空地。场地的安排是指何处招待来宾、何处剪彩、何处举行座谈会等项内容;而场地的布置则是指为营造节庆活动的喜庆气氛,对整个商场内外的形象设计及各种装饰,如贺联的悬挂、花篮的摆放、彩旗的安插、乐队的演奏等。

场地的安排要井井有条,一定要提前安排,早做打算,不要临时安排。庆典的场地布置应注意以下几个问题。

(1) 场地的布置应围绕一定的主题

当代的节庆活动纷繁复杂,各类组织都十分重视节庆活动,有很多组织愿意在节庆的场地、环境布置上花费大量财力、物力和人力。有很多节庆活动确实充满了喜庆气氛,令参加者眼花缭乱。但这未必是成功的策划,没有主题的场地布置会造成人力、财力、物力的浪费。无论是开张庆典、周年志庆,还是节日庆典、婚庆寿宴,都不应只图一时热闹,而应选择一定的主题。围绕主题进行场地布置的方法之一就是设立庆典活动的标志、徽记等,并通过雕塑、旗帜及其他物品反映出来。场地布置过于凌乱会引起公众的厌倦及视觉疲劳,而围绕一定主题对节庆活动场地进行“众星捧月”式的布置往往能收到良好效果。

(2) 节庆活动场地的风格和氛围

一个组织需要有自己的风格、特色,同样,节庆活动场地的布置也应有自己的风格。节庆活动的风格应进行提前设计,或热情大方、或高贵典雅、或清新活泼,或浓重深情,应根据主题及社会取向选定节庆活动的风格。

如一家火锅城的开业庆典,就适宜突出民族风格。以彩旗、大红灯笼、红色装饰物及富有民族特色的摆设进行布置比较适宜。因为火锅本身代表的是民族特色，庆典场地布置“欧化”会给人不伦不类的感觉，容易引起公众反感。相反，若是西式餐厅的开业庆典，就应该大胆借鉴西方布置的经验，以欧陆风格的场地布置为宜。

（3）节庆活动场地布置视觉效果

场地布置应具有整体效果，忌条块分割。人们往往容易受色彩的感染，为突出节庆活动的热闹、喜庆气氛，宜选用暖色调。中国人以红色、黄色表示喜庆、吉祥和幸福的传统由来已久，所以在庆典布置时可以充分利用其视觉效果。此外，为营造浪漫梦幻的气氛，也可利用紫色、粉色、橙色、蓝色等颜色。尤其是较有现代感的庆典，更需要充分利用色彩的搭配来表现风格。

（4）节庆活动场地布置的现代感

随着时代的发展，人们的审美取向发生了很大变化，那些保守的、流俗的场地布置已经不再吸引公众，这就对当代节庆的场地布置提出了新的要求。当代节庆除了在形式上不断推陈出新之外，在场地的布置上也要体现出时代感。

第四节　节庆活动组织

我国庆典活动策划的大发展是在进入20世纪80年代以后，随着商品经济的迅速发展，现代科技和文明的进步，世俗文化、大众心理的不断拓展，庆典活动策划有了巨大的飞跃。庆典这种古老的庆祝方式与新兴的经济文化找到了一个契合点，庆典活动开始为各种社会组织所普遍青睐。在当代社会，很少有一个组织不利用庆典活动来确立其社会地位、社会形象，提高其知名度和美誉度的。进入到现代社会，庆典活动成为社会公共关系的一种重要手段，于是出现了许多专门的公关公司、广告公司、策划公司、品牌推广机构，各大企业、社会团体也纷纷设立公关部、广告部、策划部，庆典活动策划随之蓬勃发展。美国博雅公关公司是迄今世界上最大的公关公司，曾为美国可口可乐、万宝路、博士伦及新马地区、中国香港等地的企业进行成功的策划。该公司策划的“轩尼诗（HENNESSY）”120周年大型庆典活动（1992年）曾引起巨大轰动，十分成功。

一、节庆活动的可持续性

很多人认为节庆就是一个仪式,仪式完毕节庆也就结束了。其实,真正有影响的节庆活动,绝不仅仅是功在当时,它可以给人留下深刻的印象。从节庆策划的角度出发,不应把节庆活动只搞成一场热热闹闹、轰轰烈烈的仪式,而应该从长计议,想办法将节庆活动搞得意味深长、余音袅袅,给人回味无穷、意犹未尽的感觉。这就需要节庆活动策划者精心构思,充分发挥想象力。

节庆活动策划要做长远打算是由举行节庆活动的目的、动机决定的,庆典活动策划者不能以将节庆活动搞得热闹非凡为满足,仅仅营造出喜庆气氛还远远不够,还要实现节庆活动深层次的目的,如宣传和树立组织形象、扩大组织的影响、提高组织的威望等。节庆活动可持续发展的技巧就是设计有延续性、周期性举办的节庆活动,为节庆活动的连续举办埋下伏笔。

二、节庆活动的气氛营造

节庆活动是隆重热烈的庆祝典礼活动,所以营造热烈气氛对于庆典活动来说十分重要。营造热烈隆重的气氛是节庆活动吸引公众、扩大影响的重要方法。如果节庆活动搞得冷冷清清、悄无声息,不但失去节庆活动的意义,还会损害组织的形象,令公众敬而远之,宣传效果更无从谈起。

如何营造热烈隆重的气氛?首先,可以充分利用具有喜庆和热烈气氛的装饰物来增添节庆活动的气氛。例如公司的开业庆典可以运用氢气球、彩带、灯笼、花篮、宣传条幅、鞭炮焰火等来营造节日喜庆的气氛(如果占用道路、广场、街头等公共场合事先还需要得到政府有关部门的审批);其次,可以播放富有喜庆气氛的音乐,请鼓号队等乐队来助威,有条件的还可以请歌唱演员作为特邀嘉宾;再次,参加节庆活动的人员穿戴干净整齐,服务人员及各专职人员应着富有喜庆气氛的节日盛装;最后,可以邀请知名度较高的社会名流、演员、歌手等来增加喜庆气氛。此外,还可以树立节庆活动的标志物、发放小礼品、纪念品,举行增添喜庆气氛的热场活动,如模特走秀、街舞表演、COSPLAY 等,这些都有助于营造现场气氛。

三、节庆活动的人本理念

节庆策划要考虑到参与者的“感情”归属。当代社会生活节奏加快，人们普遍感到人情淡泊，在这种情况下，如果节庆活动能充分照顾到“感情”，以情动人，坚持以人为本，就可以收到更好的效果。

首先要消除节庆活动组织者与参与者之间的距离感，让节庆活动参与者有宾至如归的感觉，还可以“反客为主”，令宾客感到自己就是节庆活动的主人。这样的庆典活动容易博取公众好感。庆典活动还可以搞一些人情味十足的活动，内容安排应生动活泼，尽可能让宾客参与，不要过于死板。

案例 9.2：美国 IBM“金环庆典”

美国 IBM(国际商用机器公司)一年一度的“金环庆典”十分注重人情味。美国 IBM 公司每年都要举行一次规模隆重的庆功会，对那些在一年中作出突出贡献的企业员工进行表彰(这种方式已经被国内许多大企业所采用)，被称做“金环庆典”。在庆典中，IBM 公司的最高层管理人员始终在场，并主持盛大、庄重的颁奖典礼，然后放映由公司自己制作的，表现那些作出了突出贡献的员工的工作情况、家庭生活乃至业余爱好的影片。在被邀请参加庆典活动的人中，不仅有股东代表、工人代表、社会名流，还有那些作出了突出贡献的销售人员的家属和亲友。整个庆典活动，自始至终都被录制成电视或电影，然后拿到 IBM 公司的每一个单位去播映。IBM 公司每年一度的“金环庆典”，一方面是为了表彰有功人员，另一方面也是同企业员工联络感情、增进友情的一种手段。在这一庆典活动中，公司的主管同那些常年忙碌、难得一见的销售人员聚集在一起，彼此无拘无束地谈天说地，在交流中无形地加深了心灵的沟通。尤其是公司主管那些表示关心的语言，常常能使那些在一线工作的销售人员“受宠若惊”。正是在这个过程中，企业员工更增强了对企业的亲密感和责任感。IBM 公司的“金环庆典”之所以声名远扬，就在于它充满人情味的气氛，公司的领导与职工相聚一堂，通过各种充满人情味的活动，消除了距离感，给人暖意融融的感觉。

资料来源：根据曾琳智主编的《新增公共案例教程》(复旦大学出版社 2006 年版)相关内容编写。

让节庆活动富有人情味并不是一件令人绞尽脑汁的事情,只要策划者开动脑筋,调动参与者的积极性,让参与者感受到自己是节庆活动的主人,并且设计一些参与者感情归属、生动活泼的活动,就可以策划出具有浓厚的人情味的节庆活动。

四、节庆活动的借冕增誉

节庆活动的成功秘诀,一是要热烈而隆重,具有节庆活动气氛;二是要通过节庆活动间接地实现各种既定的主题和目标。要成功举办节庆活动,可以利用多种技巧,其中利用名人效应进行宣传、扩大影响是节庆活动策划的重要技巧之一,名人效应已经被广泛地运用到各种公关宣传、营销推广中。

名人效应,指借助名人在公众中的地位和影响制造轰动性影响,借以增强活动项目的号召力和感染力,从而为节庆活动升誉增辉,以实现树立组织形象、扩大组织影响、提高组织知名度和美誉度等目的。

利用名人效应大有文章可做。随着组织公关活动的空前活跃,各社会组织已将名人效应广泛应用到各种广告、宣传、专题活动中,亦广泛应用到节庆活动中。将名人效应运用到节庆活动中,要注意以下几点。

首先,要对名人有所选择。有一定影响力的名人很多,但并不是任何一位名人都可以给节庆活动带来巨大的影响,节庆活动应选择那些对活动最有影响力的名人。

其次,在选择名人时应与节庆活动的主题和内容联系起来。例如一个主要对象群是京剧爱好者的庆典活动,邀请著名京剧演员做节庆活动的嘉宾可以取得良好效果,而对于一个主要对象群是青少年摇滚乐爱好者的节庆活动就不合适;大型工程项目奠基或剪彩活动,适合邀请与项目有关联的上级主要领导剪彩,而邀请文艺界名人反倒会给人不够庄重的感觉。

最后,组织在请名人参加节庆活动时,不应只把名人当摆设,不参与节庆仪式的具体活动,这样往往分散大众精力,而掩盖了节庆活动的意义,应该让名人参与到节庆活动中来,尤其是公益性活动,最好能和公众有较密切的接触,消除距离感。利用名人效应还应照顾大众热点,把握恰当的时机。在同一个节庆活动中不宜邀请过多名人,避免哗众取宠、喧宾夺主。

五、节庆活动的实质内容

节庆活动有时候容易被架空，徒有空洞的形式，过后无论对组织还是对公众都不会留下什么印象，也不会产生更大的影响。所以节庆活动的组织者应该想方设法令节庆活动具体实在，这样才容易感染参加者。节庆活动的终极对象是人，而非活动本身，这是节庆策划者应该注意的问题，节庆活动策划更需要从参与者出发，为参与者“量身定做”。

常有这样的情况，在朋友的婚礼上，人们感到无所适从，被“晒”在一边。这样的婚庆就不够圆满，婚庆的策划者应该充分调动每一位来宾的热情，营造热烈气氛，令每位宾客都感受到婚礼的热情浪漫，参与到婚庆活动中。

六、节庆活动的礼品发放

节庆活动要搞得生动、活泼，富有喜庆气氛，并博取公众好感，有时候制作并赠送一些小礼物给节庆活动的参加者，会收到意想不到的效果。有一句话：“送人玫瑰之手，历久犹有余香。”对节庆活动来说也是如此。节庆活动向参加者赠送的礼物不在贵重，而在其纪念意义，在于它给公众带来的惊喜和欢乐。配合节庆活动的赠品，要与节庆宣传活动相联系，应有纪念标志和组织标志，由此还可以进行更广泛的宣传。节庆活动的赠品应该精巧美观，便于活跃节庆气氛。

麦当劳北京王府井餐厅在开业这天向每位在麦当劳用餐的顾客散发印有麦当劳标志的小旗和冷饮杯，一时间餐厅彩旗纷飞，印有麦当劳标志的纪念品涌动在王府井地区，将庆祝活动的气氛渲染得淋漓尽致，成为王府井地区当时的一大盛景。餐厅的开业庆典因为这些小礼物，既博得了包括儿童在内的广大公众的好感，营造了热烈隆重的气氛，也将庆典盛况传向四面八方，让整个京城都沉浸在麦当劳开业庆典的欢乐氛围中。麦当劳能在京城大受欢迎，不断开设分店，与麦当劳各种节庆活动的成功宣传不无关系。麦当劳不仅在开业庆典活动中赠送礼品，大造声势，平时也会经常举行一些节日庆典及纪念活动，赠送印有麦当劳标志的时装表、文具等，深受儿童欢迎。

组织在举行节庆活动时，量力而行，制作一些带有纪念标志的小礼物馈赠公众,无形之中增加了节庆活动的气氛,扩大了组织影响,也能充分博取大众好感。像深圳亚洲大酒店的奠基庆典中向来宾赠送纪念包、上海三菱电梯公司请“同龄人”共庆生日,并向他们赠送小礼物,均收到了良好的效果。组织赠送的礼物不需十分贵重,应该精巧而有意义,并且赠品应该与组织的经营、销售、宣传等活动联系起来。

七、节庆活动的借势造势

节庆活动的时机很多,但节庆活动不宜搞得过滥,否则会使节庆失去新意,也会使公众失去兴趣,节庆的组织者也会因忙于接连不断的节庆活动而疲惫不堪。节庆活动应该选取最有意义的时机,精心策划。举行节庆的机会有些是比较普遍的,有些却是突发的,需要组织者去寻觅、去捕捉、去把握。机不可失,时不再来,放过绝好的机会,无形中就会造成损失。组织如能捕捉住一些良好的时机举行节庆活动,往往可以给公众留下更完整、更美好的印象。

广州花园酒店就根据中国改革开放以后人们在思想意识、精神观念上的转变以及对于人间真情的渴望,首先将西方的“母亲节”介绍到广州,与广州妇联联合举办“母亲节征文比赛”和“表扬模范母亲活动”,从而给公众留下了花园酒店热心推动精神文明建设、热衷于中西方文化交流事业的良好形象。广州花园酒店十分善于发现和捕捉时机,它选取了大陆第一个“母亲节”这样一个独特的机会举行节庆活动,达到了特定的宣传企业形象的目的,比单纯的周年庆典活动效果更好。

2001 年 11 月,杭州乐园二期建设世界休闲博览园,就借助了当年中国休闲经济国际论坛之际,邀请世界旅游组织、世界休闲组织和国家旅游局、浙江省政府、杭州市政府的领导、中外嘉宾 300 多人参加奠基仪式,一炮打响,取得了巨大成功。

八、节庆活动的媒体传播

报刊、广播、电视等各种新闻媒介越来越深入到当代人的生活当中,与大众的生活息息相关,密不可分。大众通过媒体获取各种信息,了解社会动态。媒体是连接大众与社会政治、经济、科学、文化、娱乐等的重要纽带,几乎成为当代人与社会沟通最重要的工具。

利用媒体对节庆活动进行宣传、介绍以及直接参与节庆活动，可以说是当代节庆活动得天独厚的条件。媒体大大加快了信息的传播节奏，扩展了信息的覆盖面。当代较有影响的节庆活动几乎都离不开媒体的宣传。媒体对于增加节庆活动的气氛，实现节庆活动的“焦点放大”，扩大节庆活动组织者的影响起到了推波助澜的作用。

节庆活动如何利用媒体呢？首先，在节庆活动举办之前，可以通过媒体获取对节庆活动有价值的信息；其次，在节庆活动确定之后，可以通过媒体进行预告；第三，可以通过媒体对节庆活动进行现场报道或实况报道；第四，可以制作一些通过媒体与受众沟通的节庆专题节目，作为节庆活动的组成部分。我们要充分利用多种媒体，发挥各自优势，从不同角度感染受众，扩大影响。在举办节庆活动前应与媒体，如电视台、广播电台、报社、门户网站等进行联系，邀请记者参与到活动中来，应向媒体详细介绍节庆活动的来龙去脉，以便媒体有重点、有计划地进行报道。

九、节庆活动的出奇制胜

策划活动是一种智力竞技。策划者的具体任务是负责活动的创新与安排。节庆活动策划的生命力源于创造，需要策划者运用创造性思维，大胆独创，发挥丰富的想象力。对信息、环境、公众兴趣的敏感，运用综合、灵活的方法策划出富有新意的节庆活动。节庆活动只有通过新鲜招数，抓住公众的好奇心理，才能刺激参与者的兴趣，实现节庆活动的深层意义。要使节庆活动具有新意，出奇制胜，需要组织者积极地参与、投入，做好充分的准备。

十、节庆活动的特色提炼

人们大概会注意到这样一个事实：那些有个性的人、有个性的商品、有特色的活动往往倍受青睐，节庆活动也不例外，那些个性独具、富有特色的节庆活动尤其惹人注目。所以在策划节庆活动时，既要考虑到符合节庆活动的一般规律性，又要注意突出自己的特色。如婚庆活动，随着时代的发展，观念的更新，越来越多的年轻人希望自己的婚礼有更丰富、更深刻、更独特的内涵，婚礼“大吃大喝”、“大操大办”的现象正在减少。有些婚庆服务机构瞄准这一点，不失时机地推出了一系列的特色服务,如“水上婚礼”、“古装婚礼”、“蝴蝶婚礼”等,追求一种浓厚的文化内蕴,既继承发扬传统婚姻文化中积极向上的一面,又充分汲取国外婚姻文化的精华,创造出一种既富时代精神,又有民族特色的崭新形式,吸引着越来越多的年轻人。

案例点评

1. 先导案例:开国大典场地策划

开国大典场地策划关乎新中国成立后的千秋大业。在这之前,党中央曾在北平西苑机场举行过阅兵式,因此,在开国大典场地策划时很容易先入为主,优先考虑西苑机场,这是人的固有思维。但是毛泽东、周恩来等老一辈革命家独具慧眼,最后选择天安门广场作为开国大典阅兵式场地,表现出了毛泽东、周恩来等作为中国“谋略家”的英明和伟大!天安门广场不仅是首都的中心,更标志着人民当家作主,在天安门广场举行开国大典真正表示“中国人民从此站立起来了”(其他任何地方都起不到这样的作用)!新中国成立 60 多年来,天安门广场的国庆典礼永远具有象征性意义,而开国大典更成为全中国、全世界人民心中永恒的纪念。

2. 案例 9.1:××闹市区某商场开业庆典

案例表明开业庆典形式策划的重要性。庆典活动要求不断创新,至少在某一点上要敢于突破,做前人没有做过的事情,例如每一届奥运会开幕式火炬点燃仪式总让人感到眼前一亮!这就是创新很好的佐证。该案例开业庆典三个方案,前两个方案显得比较常规、缺乏新意,只有第三个方案“让第一个顾客与领导一起剪彩”并“组织顾客召开座谈会”具有新意,因此采用第三个方案取得了巨大的轰动性效应。案例说明节日庆典活动主题创新、内容创新、形式创新非常必要。

3. 案例 9.2:美国 IBM“金环庆典”

该案例告诉我们节庆活动策划必须坚持以“和”为贵的人本理念,尤其是企业庆典活动可以与员工奖励、年终表彰、新年联欢、活动抽奖、团队聚餐等结合起来,真正把企业员工当成“主人翁”,让参与者感到自己是节庆活动的主人,并通过参加一系列富有人情味的活动,找到自我发展、自我实现的空间,从而更加朝气蓬勃地投入生产经营。

思考练习

一、名词解释

1. 节日庆典

2. 奠基庆典

3. 名人效应

二、填空题

1. 节庆活动的成功需要________、________、________三方面的条件。

2. 根据节庆活动______、________等的不同，我们可以将丰富多彩的节庆活动分为奠基庆典，通车、通航庆典，表彰、庆功典礼，开幕、开业、开工、开学、开机庆典等。

3. 原始的节庆活动是为了庆祝作物丰收、婚姻喜庆、节日集会等，形式比较________。

4. 节庆策划是以出现专职庆典策划机构为________。

5. 节庆活动策划是按照一定的________、________来完成的。

6. 节庆场地安排主要是指从________上对场地进行分配。

7. 节庆场地的布置主要是对场地进行________的营造，包括对场地________的装饰。

8. 节庆活动是社会组织开展的一项重要的社会________________活动。

三、选择题

1. 某车站、码头即将开工时举行一种庆贺性的典礼仪式为（　　）。

A. 奠基庆典　　B. 通车、通航庆典

C. 庆功庆典　　D. 开幕庆典

2. 节庆活动起源于（　　）。

A. 原始社会　　B. 春秋　　C. 秦朝　　D. 唐朝

3. 国庆期间北京天安门广场国旗飘扬，花团锦簇，游人如织，这类庆典活动为（　　）。

A. 迎宾庆典　　B. 周年庆典　　C. 生日庆典　　D. 节日庆典

4. 诺曼底登陆60周年大规模庆典活动属于（　　）。

A. 迎宾庆典　　B. 周年庆典　　C. 生日庆典　　D. 节日庆典

5. 节庆活动开幕式现场策划主要是（　　）。

A. 主题策划　　B. 形式策划　　C. 场地策划　　D. 氛围策划

6. 节庆活动周期性举办,主要表现了庆典活动的(　　)。

A. 可持续性　　B. 可循环性　　C. 可发展性　　D. 可营利性

7. 节庆活动策划要考虑到参与者的“感情”归属,主要表现了庆典活动的(　　)。

A. 和谐理念　　B. 人本理念　　C. 动感理念　　D. 发展理念

8. 邀请名人为节庆活动形象小姐,策划手法上属于(　　)。

A. 名人效应　　B. 借冕增誉　　C. 借势造势　　D. 媒体传播

四、判断题

1. 节庆策划是指对庆典活动进行完整的、系统的谋划。(　　)

2. 活动开始一般先介绍重要来宾,并由主持人致简短贺词。(　　)

3. 节庆活动一般应邀请新闻记者等参加。(　　)

4. 节庆活动需要天时、地利、人和三方面条件。(　　)

5. 庆典活动就是一个仪式,仪式完毕活动也就随之结束。(　　)

6. 节庆活动策划的程序,是指庆典策划工作的先后次序。(　　)

五、简答题

1. 节庆活动场地布置应注意哪些问题?

2. 节庆活动现场热烈隆重的气氛如何营造?

六、案例分析

根据美国IBM“全环庆典”案例,深入分析该庆典活动成功的主要表现。

实训项目

联系实际,策划一项别具一格、特色鲜明的婚礼庆典或生日庆典方案。

第十章 赛事活动

学习要点

了解和掌握选美选秀赛事活动策划、选美选秀赛事活动特征、选美选秀赛事活动规则、选美选秀赛事活动组织，体育赛事活动策划、体育赛事活动组织，高尔夫赛事活动策划、高尔夫比赛规则，赛事活动营销策划、赛事营销策略组合、赛事营销策略运用、赛事活动赞助的征集等。

基本概念

赛事规则、商业赞助、慈善晚宴、现代奥运会、志愿者服务、高尔夫运动、比杆赛与比洞赛、赛事营销、营销组合、4P 策略、7P 策略、8P 策略、有形展示、过程服务、体验式营销、绿色营销、城市营销

先导案例："眼球经济"——美女赛事大比拼

进入 21 世纪，随着中国综合国力的提升，各类选美赛事和选秀类节目应运而生，大到世界小姐比赛，小到快乐女声选拔，丰富多彩的选美选秀赛事令人目不暇接，形成了当今社会特有的"美女经济"现象。"美女经济"又被称为"眼球经济""注意力经济"，任何选美选秀类赛事都会吸引人们的眼球，选美选秀赛事运作得好，不仅可以为主办方赚得盆满钵满，也会给地方经济带来巨大的商机。笔者曾经亲临

世界小姐比赛现场,对选美选秀类赛事为当地社会经济文化所带来的轰动性影响留下了十分深刻而美好的印象。

1951 年开始的世界小姐(Miss World)大赛,原本是为了宣传英国旅游而创立的,如今已发展成为世界上规模最大和最受关注的选美超级盛典之一,备受舆论和社会各界关注。

世界小姐大赛总部设在英国伦敦,首任主席为世界小姐评选活动的创始人埃里克·莫利(Eric Morley)先生,现任主席是他的夫人朱莉娅·莫利(Julia Morley)。参赛选手来自世界各国和地区,每年总部将大赛主办权授予一个国家或地区。每当大赛举行之日,各国政要、社会名流、商界巨子、艺坛明星纷至沓来,盛况空前,主办国或地区的旅游、经贸、文化交流等各项产业也随之发展。

2000 年,世界小姐已经走过了半个多世纪的历史,当时多达 23 亿之多的电视观众目击了印度选手再次获得世界小姐冠军。在英国,有 800 万人锁定了第 5 频道的 2 小时现场直播。

2001 年,中国(三亚)形象小姐李冰参加第 51 届世界小姐总决赛,她成为参加这项有半个世纪历史赛事的中国大陆第一人。李冰还获得了“亚洲美皇后”的称号,成为本次大赛唯一进入十佳并获殊荣的亚洲选手。

2002 年,中国(三亚)小姐吴英娜获得了世界小姐第五名和“亚洲及大洋洲美皇后”的称号。

2003 年,第 53 届世界小姐大赛在中国的海南省三亚市举办,中国小姐关琦获得季军并问鼎“亚洲及大洋洲美皇后”。

2004 年,第 54 届世界小姐大赛在中国的海南省三亚市举办,秘鲁选手、多米尼加选手和美国选手分别获得了第 54 届世界小姐大赛的前三甲。

2005 年,第 55 届世界小姐大赛在中国的海南省三亚市举办,冰岛小姐、墨西哥小姐、波多黎各小姐分别获得了第 55 届世界小姐大赛的前三甲。

……

除了世界小姐比赛,这些年来国内还相继举行了国际小姐、环球小姐、地球小姐、国际旅游小姐、世界休闲小姐、新丝路模特大赛等著名赛事,还有“超级女声”、“快乐女声”等选秀节目,都取得了巨大的轰动效应。

第一节　选美选秀赛事活动策划

先导案例讲述了选美选秀赛事在中国的盛行，其实在现代中国各种各样的赛事活动不胜枚举，大到如奥运会、亚运会、世界杯比赛，小到如企业趣味运动比赛、大学生演讲比赛、小学生作文比赛等，可以说是每天赛事不断。媒体的传播、网络的普及，更是让各类赛事风起云涌，深入人心。

一、选美选秀赛事活动的启示

2005 年，世界小姐大赛中国赛区比赛走进北京，成为北京地区举办的首次具有国际影响的美丽事件，世界小姐大赛在以女性文化著称的北京怀柔区举办，产生了巨大的轰动效应。2006 世界小姐大赛中国赛区依旧花落怀柔，经初赛、预赛和总决赛之后，选拔出的中国赛区冠军远赴波兰参加该年度的世界小姐大赛。

从世界小姐大赛我们可以看到国际赛事对人民生活的巨大影响。

首先，我们来看一下世界小姐大赛的主题：智慧、美丽、青春、爱心、健康。

主题设定与世界小姐大赛十分吻合。世界小姐虽然是选美活动，但并不是以“美丽”为唯一标准。现代美女首先要有智慧，否则只是一个“花瓶”而已；其次才是美丽，这种“美丽”是建立在“智慧”的基础上的，而且必须是青春的、阳光的、健康的，说到底是一种可爱的美丽；最后是要有爱心、公德心，热心公益事业，愿意投身亲善事业和公益事业。尽管参加世界小姐大赛有可能带来“一夜成名”的机会，但是以上三条也是参加世界小姐大赛的必备条件，尤其是第三条，如果当选的世界小姐过分浅薄、势利、没有公德心，就会立即自毁形象和前程，被社会公众所唾弃。世界小姐大赛主题也是所有“选美”类、“选秀”类、“形象小姐”类赛事所要遵循的基本原则。

其次，我们来看一下世界小姐大赛的宗旨：促进世界和平，树立杰出妇女榜样，帮助饥饿残疾儿童。

通过世界小姐大赛的宗旨，弘扬什么，倡导什么，可以说表达得十分清楚。我们知道,世界小姐大赛作为一项国际赛事,特别是作为一项旅游节事活动,在促进世界和平方面的作用是显而易见的,事实上各国世界小姐都是代表本国参赛的形象大使,对推动各国人民之间的相互了解和信任、维护世界和平、加快文化交流具有十分重要的作用。同时,世界小姐赛事活动大力提倡要做现代知识女性,为妇女们树立榜样,同时要关爱弱势群体,更是体现了妇女解放思想和母性的伟大,无论参加世界小姐比赛,还是观看世界小姐比赛,赛事活动本身对广大妇女和社会公众都是一次深刻的思想教育。这也告诉我们,赛事活动并不是为比赛而比赛,更重要的是要提倡一种积极向上的精神,能够推动社会文明、人类进步。如果仅仅是比个输赢,那么有可能完全陷入功利主义、拜金主义,于是一些暗箱操作等丑恶现象就出来了。

最后,我们看一下世界小姐大赛的目的和意义,同样可以为我们策划相关赛事活动所借鉴。世界小姐大赛的目的和意义如下。

(1) 选拔智慧、美丽、青春、爱心、健康的优秀女性,宣扬新女性的新形象,展现新时代的新风貌;

(2) 打响"美女经济"品牌,提升公众审美意识和品位;

(3) 为冠名企业和主办地创造最好的对外宣传契机,进而大幅度提升冠名企业和主办地的世界知名度和美誉度;

(4) 直接增加主流媒体的收视率,迅速提升冠名企业品牌的社会知名度和美誉度,为冠名企业在海外的发展奠定良好的社会基础;

(5) 有助于弘扬中国传统美德,实现世界文化交流,促进中国慈善事业和举办地的旅游及相关产业的发展。

在世界小姐大赛的目的和意义中,除了为社会公众提供"美"的享受外,最重要的目的是要弘扬传统文化,推动经济发展。因此,商业化运作的思路非常清楚,企业也可以借助世界小姐大赛推广自己的产品,扩大自己的影响。从这个意义上说,各类赛事都是"文化大餐",对丰富休闲生活、提升品质生活影响深远。因此,赛事活动是于人于己、于国于民都有利的大好事情。

对一个城市而言,"选美""选秀"本身不是根本目的,根本目的是通过选美选秀类赛事这一节事旅游活动,进一步传播城市形象,提高城市知名度,促进城市经济的发展。

二、选美选秀类赛事活动的特征

任何赛事活动都要靠策划，国际旅游小姐比赛、世界休闲小姐比赛就是由杭州唐风汉格文化传播公司从无到有、从小到大地策划起来的。而赛事活动成功的关键是要与节事旅游紧密结合起来，让赛事活动成为旅游目的地主要吸引物，尤其是要成为某一特定阶段旅游促销的“亮点”和“卖点”，这方面选美赛事与旅游之间的关系更加紧密。此外体育赛事活动，如奥运会、亚运会、全运会等，还直接促成了体育旅游的兴起。2C09 年山东济南举行了全运会，各地的体育主管部门就带头组织体育旅游，在全国范围内掀起了体育旅游热。可见，赛事活动策划过程必须融入旅游元素，让赛事旅游成为节事旅游的重要载体。

选美选秀赛事策划的主要思路，是通过参赛选手的身体、眼睛、活动来展示美丽的风景和人文景观，策划理念是要体现“让美丽的眼睛看世界、让世界的眼睛看美丽”。

例如杭州在举行“时尚杭州之旅——新丝路模特大赛”时，通过“美丽的眼睛看杭州”，把杭州的美景、美色、美女透过媒体传播给世界，真正的目的是宣传美丽的杭州，推广杭州的休闲生活，让“东方休闲之都、生活品质之城”更加令人向往。活动期间有来自世界各地的 50 位名模走上杭州街头，穿旗袍，逛大街；上画舫，游西湖；登高雷峰塔，极目新西湖；杭州大厦购物，触摸杭州时尚；步行丝绸城、河坊老街，体验杭州市井生活；游胡雪岩故居，感受杭州历史脉搏；在楼外楼、红泥砂锅品尝杭帮菜，在南山路、西湖天地感受新杭州人的夜生活。早上，她们在美丽的湖滨向老太太们学扇子舞，晚上和杭州的年轻人一起在意大利酒吧“蹦迪”。特别是在新落成的湖滨步行街西湖喷泉前，50 名世界名模演绎了现代版的“霓裳羽衣”——新西湖世界名模秀，借助电视直播向观众展示了美景、美色与美女交融的壮观场景。通过美女这一注意力载体，让杭州这座与美丽结缘的城市折射出她的美丽，再加上媒体的传播，一个全新的杭州，一个拥有“美景、美色、美女”的城市，呈现在海内外观众的面前。

又如三亚世界小姐大赛，策划了九大活动，包括：世界小姐中国美丽拉力赛、世界小姐有奖竞猜、与赛事有关的会展活动、世界小姐摄影大赛、“与世界小姐面对面”联谊活动、“百舸争流竞芳菲——世界小姐百艘游艇环岛游”、“美丽飞扬”热气球环保宣传活动、赞助厂商产品推广会、世界小姐巡游踩街活动等。

无论是世界小姐大赛还是新丝路模特大赛，活动都精彩纷呈，重点是在“秀”而不是“赛”，主要目的是旅游推介而不是活动本身，这是美女赛事活动的主要特点。结合美女赛事活动的特征，第一，要根据当地的旅游资源优势设计相关活动；第二，要把静态自然景观展示与动态人文景观表演结合起来，让“美景—美色—美女”互动起来，让美女—媒体—市民互动起来，以产生出其不意的效果，提升美女大赛的亲和力；第三，要适当设计一些“公益性”活动，例如环保行动、爱心活动、慈善活动等，提升大赛的美誉度。2003 年世界小姐西安站比赛，主办方就策划了一场“慈善晚宴”(企业家入场 10000 元/人)，所得收入全部捐献给灾区，取得了很好的效果。

三、选美选秀赛事活动的规则

所谓赛事规则，指的是从竞赛活动中抽象出来的定义和条文。赛事规则的本质是提倡和限制(有所为和有所不为)，赛事规则必须通过裁判员现场执法，按照“客观、公正”的原则严格掌握，并保证赛事活动的“公平”举行，以促进赛事活动健康、有序发展。

选美选秀赛事活动尤其要重视规则的制定，参赛条件和比赛规则做到客观、公正、透明，经得起社会公众的检验，还要经得起时间的考验。参赛规则在赛前就要公布。一个选美选秀赛事主要包括以下十个方面的内容(不同赛事主办方可以根据自身特点和要求具体制定参赛条件，以下内容主要参考国际旅游小姐冠军总决赛比赛规则制定)。

1. 参赛条件

(1) 中国公民；

(2) 拥护中国共产党，拥护社会主义，遵守中华人民共和国宪法、法律法规的中国女性公民及中国籍外国裔女性公民；

(3) 热爱祖国，拥护中国共产党的领导；

(4) 年龄 16—26 岁之间(以身份证为准)，身高不低于 1.60 米；

(5) 具有参赛驻地户口或在参赛驻地生活、工作和学习一年以上；

(6) 身体健康，能适应紧张的排练及比赛；没有接受过医学整容及变性手术记录；

(7) 符合出国政审和办理出国手续的条件；

(8) 能自觉遵守大赛组委会制定的《参赛选手公约》及其他相关规定；

(9) 具备基本的文化艺术素养和基础旅游知识；

(10) 必须有良好的道德品质，且没有任何不良行为记录；

(11) 必须没有与任何经纪或代理机构签订任何经纪或代理合约，对已经与其他经纪或代理机构签约的优秀选手，在本次大赛组委会同意其参赛的前提下，该选手必须向本次大赛组委会作出在参赛期间及未来一年内，不受任何其他合约的限制，并确保能按时参赛；

(12) 必须从未有以下经历：①犯罪；②从事不良职业；③有损大赛形象的其他行为。

2. 参赛规程

所有参赛选手必须遵守以下规则章程，选手所犯的任何错误都会导致被取消参加"××小姐冠军总决赛中国××赛区决赛"的比赛资格。

(1) 参赛选手在参加本次大赛期间不得参与其他类型的比赛活动。

(2) 参赛者必须不受任何其他合约限制或束缚，如参赛选手在参赛前已经签订业务合同，则其在报名时应当披露此类信息，主办单位有权判定其是否符合参赛条件，并建议其与业务合同对方当事人协商，以采取不影响比赛的解决方式(该解决方式是否影响比赛以主办单位的决定为准)。若参赛选手在报名时未披露已签订业务合同此类信息，如主办单位在比赛期间发现此类情形，则有权取消其比赛资格。

(3) 大赛主办单位对参赛者的报名资料及在参赛期间的形象表演和活动拥有制作权及使用权(含平面、影视及影视剧)；主办单位对上述资料及制作作品有完整的著作权，并可为商业或非商业目的保存、使用、发表、发布，而无需征得参赛者的同意或支付任何报酬。上述保存、使用、发布的权利不以参赛期间为限。

(4) 参赛者在参赛期间，不得进行下列行为，如有违反将取消其参赛资格：

① 参加非大赛组委会安排的国内外时装表演(无论营利与否)；

② 拍摄非大赛组委会安排的广告(含平面、影视)；

③ 拍摄非大赛组委会安排的影视剧；

④ 私自接受非大赛组委会安排的媒体记者有关本大赛的采访；

⑤ 在任何媒体刊登、播放非大赛组委会安排的任何形式的图片、音像、文字资料。

(5) 按照大赛组委会通知参赛选手的日期和地点提前12小时抵达比赛地点，并停留至本次大赛结束(以下将该段期间简称为“参赛期间”)；选手确认除非大赛组委会预先书面认可，该选手在此期间的安全与大赛组委会无关。

(6) 参赛选手在参赛期间的全部生活均由大赛组委会统一安排，参赛选手应服从组委会的管理，不得留宿外人或者擅自离开住地，不得从事赌博、酗酒、陪侍以及任何违法行为，否则，组委会有权取消其参赛资格。

(7) 参赛选手在参赛期间应当爱护公物以及比赛现场设备，如因其本人原因导致相关物品损坏的，应当承担全部赔偿责任。

(8) 参赛期间，参赛选手必须参加主办单位组织的专业性公关活动，并承诺将根据主办单位的要求进行义务演出。

(9) 参赛选手应当遵守大赛组委会关于参赛选手登记的有关程序和规定，如实填报自身情况，并出示合法有效的身份证件。如参赛选手提供的信息和证件不真实，则组委会有权取消其参赛资格，并有权要求其承担因此引起的一切法律责任。

(10) 参赛者必须严格遵守大赛组委会的其他各项规章制度。

3. 参赛费用

本次大赛每位进入总决赛的参赛选手需交档案管理费人民币××元整。参赛选手凭加盖组委会公章的统一收费票据参加初赛。

(1) 参赛选手的档案管理费交予大赛组委会概不退还。

(2) 参赛选手经大赛组委会通知参加总决赛，其抵达总决赛地点的交通费用由参赛选手自行承担。

(3) 参赛选手在比赛住地的消费如超出组委会提供的标准(包括但不限于长途电话费、洗衣费、健身费、饮食等费用)，超出部分由参赛选手自行承担。

(4) 除组委会认可的服务并依照其设定的标准所产生的费用之外的一切费用，均由参赛选手自行承担。

4. 报名办法

报名时间：××年×月×日大赛启动报名

报名地点：××小姐大赛组委会办公室(××市××路××号)

报名须知：

(1) 参赛选手认真阅读大赛相关资料；

(2) 请认真如实逐一填写报名表，不得缺项，否则按无效处理；

(3) 请认真阅读《参赛选手须知》和《参赛选手规则章程》等相关材料；

(4) 请提交免冠照片 2 张(2 寸)，5 寸彩色艺术照特写头像、半身像、全身像、侧身像各一张，或直接上传到网络上；

(5) 同时还须提交身份证复印件一份、学历证明复印件一份；

(6) 参赛选手须积极参加赛区主办单位组织的各种相关主题活动；

(7) 符合以上①—⑥条的报名者，经面试合格后，方可参加初赛；

(8) 报名结束后，通过面试选拔的选手凭入围通知书参加复赛。

报名声明：本人确认以上《报名表》中内容属实，本人所填写的资料均确实无误，如大赛组委会查证内容与事实不符，大赛组委会有权取消选手资格，并无异议。

附注：参加选手也可通过登录××小姐冠军总决赛官方网站，填写资料报名。详细填写报名表后，上传 2 寸正面免冠照片 2 张，5 寸彩色艺术照特写头像、半身像、全身像、侧身像各一张。

5. 赛事内容

(1) 每位参赛选手须准备 3—5 分钟的才艺表演节目；

(2) 参赛选手须自备才艺表演所需的服装、道具、音乐及搭档；

(3) 参赛选手需准备 2 份伴奏音乐 CD 并有塑料壳封，以防丢失或损坏；为达到更好的音乐伴奏效果，请不要用盒式磁带；CD 质量须完好无损；

(4) 参赛选手须在 CD 套封外明显处用标签标注下列信息：选手姓名、参赛号码、才艺表演节目内容、歌曲标题及序号、所需时间；

(5) 参赛选手到达指定比赛集合地点后，填写才艺表演节目单，同时将其中 1 份 CD 交给组委会指定工作人员保管；赛事结束后，请向组委会工作人员领回 CD，逾期未领造成丢失或损坏的，参赛选手自己负责；

(6) 请参赛选手自带相关设备，用于自己单独排练；

(7) 才艺比赛属本次大赛中的重要单项赛，在总决赛前一周内举行，评选结果在总决赛颁奖晚会公布并颁奖。

6. 赛事组织

(1) 各地级市(县)分赛区领队带领入围总决赛选手到达指定地点报到：

(2) 各分赛区在选手出发前，需提前填写报到回执单：标明出发时间、航班号、列车车次、客运班次、报到人数、随身行李数量等；

(3) 组委会将统一安排机场及车站接送；

(4) 选手报到时间:××年×月×日;

(5) 选手离开时间:本次大赛总决赛颁奖晚会结束3日内。

7. 参赛物品

(1) 一套能够体现国家或地方民族文化特色的民族服装;

(2) 一条浅色牛仔裤、一条深蓝色牛仔裤;

(3) 一双黑色高跟鞋、一双白色高跟鞋、一双浅色皮鞋;

(4) 准备至少三或五套换洗服装(款式和颜色不限);

(5) 健身裤、化妆品、配饰等物品;

(6) 自备才艺表演服装、道具,及正版伴奏音乐CD或DVD碟;

(7) 形象端庄、凸显个性的生活照、艺术照或其他照片3—5张,所提供的照片将刊登在赛事网站上,供短信投票用;

(8) 一件自己认为有特色、有意义、有纪念或有收藏价值的物品,该物品将被用于慈善拍卖。

8. 选拔程序

本次××小姐大赛分海选、初赛复赛、总决赛三个阶段的比赛,比赛时间、地点、内容由组委会另行通知。

9. 赛事日程

××年×月×日	新闻发布会
××年×月	分赛区新闻发布会
××年×月×日—×月×日	选手报名
××年×月×日—×月×日	海选(××全省)
××年×月×日—×月×日	初赛、复赛
××年×月	选手封闭式训练
××年×月	赞助企业主题活动
××年×月	总决赛晚会

10. 联系方法

务请告知参赛选手,组委会机构的联系人具体信息,方便报名咨询联系。

11. 官方网站

官方网站是组委会与参赛选手联系的重要互动平台,借助互联网的优势,还可以打造永不落幕的美女“秀”。

四、选美选秀赛事活动的组织

选美赛事活动有好的点子和创意还不够，还要想办法把好的点子和创意落到实处。这就是选美选秀赛事活动的组织与实施。

1. 选美选秀赛事活动组织的技巧

（1）政府支持

要协调各方面力量对大赛给予积极的配合，“整合资源、以小博大”，利用“支点”、“杠杆”原理，“四两拨千斤”，花小钱办大事。专业的选美机构与政府宣传部门或旅游推广机构结合是最有效的组织模式。

（2）招商引资

要善于用市场化、商业化运作的手段，解决赛事活动运行资金不足的问题。按照“开放办赛，联合开发，合作经营，资源共享”的原则筹集资金，并为企业做好回报。积极开展合作伙伴、冠名权、指定产品等多种形式的招商引资。

（3）活动组织

要研究细节、完善方案、指挥有方、圆满完成预定计划。

（4）招徕选手

要吸引好的选手参加比赛，选出最优秀的选手，并且得到社会公众认可。没有好的比赛选手就很难说比赛是成功的。

（5）邀请评委

评委要具有号召力和公信度，邀请名人往往有较好的卖点。邀请的评委可以是艺术家、导演、服装设计师、造型师、美容师、著名模特、著名作家、著名主持人等。

（6）传媒机构

选美选秀与传媒特别是电视、网络的结合，是一个大的发展趋势，选美选秀赛事主要是谋求公众注意力，而媒体是“焦点放大”引发注意力的重要载体，选美选秀赛事与媒体的结合是相得益彰的。

“美丽不是梦”，但是“美梦”也可能是陷阱。在选美选秀活动过程中要特别注意以下问题。

第一，注意“审美疲劳”。

选美选秀之所以在中国盛行，是因为国内赛事稀缺，当赛事过于频繁时，它所引发的社会关注度也会大幅度下降,边际效益递减。世界小姐等国际著名赛事频频青睐中国,除了中国的经济繁荣这一因素外,西方观众的关注度下降也是一个关键的因素。事实上,目前国内选美选秀赛事过多、过滥,如何通过创新提高美女赛事质量,树立精品意识,是美女赛事组织者需要考虑的重要问题。

第二,政府选美选秀要慎重。

政府介入选美选秀大赛,无论是出钱主办还是企业主办、政府挂名,都面临着一些风险,如资金风险、政治风险、安全风险等。一旦企业筹集经费不足,引发赞助企业的不满,政府就可能在经济上承受一定损失;一旦在选美选秀中操作不当,就会损害政府(包括部门)及其领导人的声誉,在政治上遭受损失;而一旦安全出问题,则主办单位和政府部门都难辞其咎。

第三,运用媒体“焦点”放大。

要寻找紧密型的传媒合作伙伴,共同推进选美选秀工作的开展。通过媒体“焦点”放大,对赛事活动的传播具有重要的推动作用。在赛事活动实践中要善于把媒体机构作为重要的合作伙伴和利益相关者,通过媒体资源整合,按照“双赢”、“多赢”原则,大力发挥媒体机构的作用。

2. 选美选秀赛事活动组织的重点

重点是做好资源的整合与利用,把这些资源整合成为现实的经济效益。主要途径包括以下两方面。

(1) 与选美选秀赛事相关的旅游资源

① 旅游资源。如旅游景点、旅行社、航空公司、酒店、游乐设施、餐饮、公交、吉祥物、纪念品、印刷品等。

② 传媒资源。如电视、报刊、网络、广播、户外媒体等。

③ 产品资源。如服装、化妆品、洗发用品、护肤用品、瘦身保健用品、电器、珠宝、办公用品、食品、饮用水、房地产、度假酒店、娱乐设施和场所等。

(2) 与选美选秀赛事相关的文化业态

演艺中心、展示中心、文化中心、发布中心、创意中心、博物馆、图书馆、文化馆、演出团体等同步跟进。例如,杭州具有“休闲之都”“爱情之都”“动漫之都”的巨大优势,选美选秀赛事活动与杭州可谓“浑然天成”“珠联璧合”,可以建设集“杭派”服装发布与展示、模特表演、模特培训、服装设计工作室等功能于一体的“时尚之都”,作为时尚文化与悠闲文化的大本营;定期举办时尚发布会和时装表演,发布新一季杭派女装流行元素，倡导时尚，提倡休闲，把美女赛事与文化休闲更加紧密地结合起来，还可以举办诸如“江南才女大赛”、“时尚模特大赛”、“杭派女装服饰设计大赛”等赛事，扩大杭州选美选秀赛事与节事旅游的影响。

3. 选美选秀赛事活动组织的预算

赛事活动要考虑投入和产出，活动财务状况都有亏本、平衡、营利三种情况，活动主办方要在努力追求经济效益的同时争取显著的社会效益。对任何规模的选美选秀赛事而言，只计投入不算产出的做法都是很危险的——除非有人愿意出钱而不需要任何回报。选美选秀赛事如此，其他赛事也是如此，活动总是要投入的，投入是为了更大的产出。赛事的投入与活动的规模成正比，国际赛事的投入可能要上千万元。赛事活动的产出也与活动的规模有关，但是活动的规模越大并不意味着产出也越大，由于国际赛事蕴涵着更大的风险，因此，国际赛事有可能产出更大，亏损也更大，符合“风险越大、产出越大、亏损越大”的一般规律。

下面以国际大型选美选秀赛事——世界小姐大赛为例，说明选美选秀赛事活动的直接投入和产出(相关部门和单位的间接投入和产出除外)。财务收入与支出预算如下。

(1) 支出预算

① 大赛加盟代理费用(俗称“门槛费”)：支付国际赛事机构 300 万—500 万美元(折合人民币近 2000 万—3500 万元)；

② 大赛组织费用(含选手奖金)：包括自下而上的层层选拔费用，预计为人民币 1000 万元；

③ 大赛接待费用和巡游费用：包括花车装饰和选手服装费用，预计为人民币 1000 万元；

④ 大赛宣传、直播费用：包括时段广告、演出费用等，预计为人民币 1000 万元。

以上直接费用总计：约人民币 6000 万元。

上述费用中不包括当地政府为世界小姐大赛配套建设的基础设施费用和大赛专用场馆费用等，例如三亚市政府为举办第 50 届世界小姐比赛，政府部门实际为赛事场馆、公路、堤坝、城市绿化等建设的投入大约花了 2.6 亿元人民币，其中花费 1.2 亿元建成了世界小姐比赛专用场馆——“美丽之冠”。

(2) 收入预算

① 门票提成

通过门票加价提成的办法征收部分办会经费，这种政府主导型办会模式可以借鉴。三亚市的具体做法是:经政府旅游主管部门同意,亚龙湾、天涯海角、南山文化旅游区三个主要景点,在当前门票价格基础上加价 5 元,大赛主办当年的门票加价增量部分上交当地组委会,一年之后门票价格不再返回原价格。三亚市政府为举办第 50 届世界小姐比赛,通过门票加价提成的办法征收办会经费 3000 万元。

② 市场运作

选美选秀赛事活动是打造注意力经济,对当地旅游具有极大的促进作用,属于节事旅游的范畴,可以争取优惠政策支持,成立专业机构实行公司化运营,独立承担民事责任。例如三亚世界小姐大赛"美丽之冠"1.2 亿元的场馆建设费用就是由合资公司——三亚美丽之冠文化会展中心有限公司具体运作,由政府提供优惠土地,场馆产权和使用权归这家合资公司,场馆收益也归这家合资公司。

③ 商业赞助

商业赞助是指赛事活动通过市场化运作,按照公开、透明、有偿原则,经过招标、竞拍、协议等途径,在互惠互利的基础上,由赞助商向赛事活动主办方提供资金、实物、服务、劳务等形式进行资助。赛事活动商业赞助形式包括以下四种。

a. 住宿赞助:世界小姐参赛选手和大赛工作人员住宿全部由当地五星级酒店提供赞助。

b. 交通赞助:为支持世界小姐大赛,可邀请航空公司提供飞机和巴士公司提供大巴等交通工具供参赛选手们巡游。

c. 冠名赞助:一些有实力的集团公司对国际赛事活动提供冠名、指定用品赞助。

d. 媒体赞助:通过媒体跟进、焦点放大、广告投放、开放报道、提供硬软广告版面和时段广告的形式提供赞助。

④ 门票收入

合理制定门票价格体系,作为商业性活动严格控制赠票和工作人员范围,除了重要贵宾和赞助回报需要外一律不予赠票(媒体记者凭记者证入场)。第 50 届世界小姐比赛总决赛普通票价 800 美元,原计划每套 6000 美元起拍的两套金票,由海外的售票点以折合 110 多万元人民币的"天价"代理售出;"世界小姐"组织带来的 10 万颗"金色之心"全部售罄,所筹款项捐给了中国慈善总会。

⑤ 慈善晚宴

选美选秀赛事活动期间,由世界各地的美女选手与当地杰出企业家一起演绎一场慈善盛宴，也是很不错的"点子"。而且世界各地的选手也可以"明码标价"，比如与世界小姐冠军共进晚餐的"入场券"价格当然要比入围世界小姐身价更高！2003年世界小姐西安分站赛慈善晚宴的"入场券"价格是1万元/人。

(3) 盈余预算

任何一项成功的赛事活动，预期目标都可以分为注重经济效益、经济效益与社会效益并重、注重社会效益三种情况，要想成功举办赛事活动，那么至少在某些方面要达到预期目标。举办一项赛事活动，如果既无经济效益又没有社会效益，那显然是失败的。

三亚市政府对世界小姐赛事活动非常重视，但真正的财政支持也只有几百万元，为赛事、公路、堤坝、城市绿化等而投入基础设施建设和专用场馆"美丽之冠"项目，不过是借了世界小姐大赛的东风，推动了三亚城市现代化步伐。我们姑且不说世界小姐大赛带来的经济效益如何，单从举办世界小姐比赛知名度提高为海南、三亚带来的社会效应、"注意力"经济，以及对海南旅游的预期经济效益，国际赛事活动的社会影响和效益还是很显著的，从主办方经济效益来看，国际选美选秀赛事活动本身的收入与支出也基本上可以持平。

第二节　体育赛事活动策划

一、体育赛事活动概述

体育赛事活动历史悠久，早在新石器时代的原始社会就有狩猎比赛，到了奴隶社会、封建社会，各种体育比赛活动日臻完善，例如蒙古人的摔跤比赛、那达慕(抢羊)比赛。当然，奴隶社会主要取悦于奴隶主的奴隶与野兽的血腥决斗过于残忍，古代著名的斯巴达克起义就是因为角斗士们不满互相残杀而反抗奴隶主的一场风起云涌的斗争，尽管斯巴达克起义以失败而告终，但也可以从中了解早期体育赛事活动起源的一面。

1. 古代奥运会的兴起与衰落

① 古代奥运会的兴起

古希腊有四大祭礼竞技赛会，其中以祭祀万神之王宙斯神的奥林匹克运动会规模最大、延续时间最长、名声最高。在古希腊所有的运动会中,没有一个比奥运会更受希腊人的重视,也没有一个运动会的参加者比奥运会更广泛,奥运会在古希腊人心目中是整个希腊民族精神的象征,其延续时间之长、影响之深远,在人类历史上是罕见的。古代奥运会起源于何时,传说不一,但大多数学者认为古代奥运会起源于公元前776年,每4年在夏天召开一次。

② 古代奥运会的作用

实际上,奥运会的起源与古希腊共和国的社会情况有着密切的关系。公元前9世纪到公元前8世纪,希腊共和国氏族社会逐步瓦解,城邦制的奴隶社会逐渐形成,建立了200多个城邦。城邦各自为政,无统一君主,城邦之间战争不断。为了应付战争,各城邦都积极训练士兵。斯巴达城邦儿童从7岁起就由国家抚养,并从事体育、军事训练,过着军事生活。战争需要士兵,士兵需要强壮身体,而体育是培养能征善战士兵的有力手段。战争促进了古希腊共和国体育运动的开展,古奥运会的比赛项目也带有明显的军事烙印。连续不断的战事使人民感到厌恶,普遍渴望能有一个赖以休养生息的和平环境。后来斯巴达王和伊利斯王签订了"神圣休战月"条约。于是,为准备兵源的军事训练和体育竞技逐渐变为和平与友谊的运动会。

③ 古代奥运会的衰落

公元前5世纪,古希腊奴隶社会进入了鼎盛期,但随后不久,内部战争分歧,社会矛盾加剧。公元前5世纪末,伯罗奔尼撒战争的爆发使希腊奴隶制开始走向衰败,也是古代奥运会由兴到衰的转折点。战争使经济萧条,社会风气低下,运动竞技失去了原来的意义,逐渐成为人们追求财富的手段,运动会上出现了营私舞弊、损人利己的不良倾向,奥运会的崇高理想受到扭曲。

公元前2世纪,罗马征服了希腊,闻名于世的古代奥运会走向全面衰落。公元4世纪末,统治了希腊的罗马皇帝狄奥多西一世宣布立基督教为国教,因此把祭祀宙斯神的古代奥运会当做是异教活动,为了维护罗马对希腊的统治,为了巩固基督教的地位,公元394年,狄奥多西一世下令终止古代奥运会。举办了293届、历时1169年的古代奥运会从此消失了。

2. 现代奥运会的兴起与发展

现代奥林匹克运动的兴起,深受古希腊传统体育的影响,许多古代奥运会比赛项目保留至今,深刻体现了体育运动的国际化趋势和人们渴望世界和平的迫切愿望，同时也为现代奥林匹克运动的产生创造了条件。现代奥林匹克运动的兴起顺应了历史发展的潮流，显示了强大的生命力，成为人类社会友谊、团结的象征和维护世界和平的进步事业，为人类社会的文明和发展作出了重大贡献。

① 现代奥运会创始人

法国教育家顾拜旦(Pierre de Coubertin，1863—1937)是公认的现代奥林匹克运动的创始人。通过顾拜旦的努力，现代奥林匹克运动在19世纪末再次登上历史舞台。1892年，顾拜旦正式提出了复兴奥运会的具体构想。顾拜旦阐明：现代奥林匹克运动会应该像古代奥运会那样，以团结、和平和友谊为宗旨，但应该比古代奥运会有所发展和创新，采用的应是以英国竞技运动为主的现代体育内容和形式，还应该向一切国家、一切地区和一切民族开放，并在世界各地轮流举办。顾拜旦的倡议，使现代奥林匹克运动会从一开始就成为带有古典传统色彩，并具有现代思想内涵的国际体育盛会。

② 现代奥运会的举办

1894年6月16日—24日，在顾拜旦的组织和积极推动下，国际体育运动代表大会在巴黎召开。来自美国、英国、俄国、瑞士、西班牙、意大利、比利时、荷兰和希腊等12个国家的49个体育组织的79名与会代表一致同意顾拜旦的主张，决定复兴奥运会。6月23日，大会又通过了成立国际奥委会的决议。

1896年4月6日至15日，第1届现代奥运会终于如期在雅典举行。13个国家的295名运动员参加了田径、游泳、跳水、举重、摔跤、体操、自行车、射击、击剑等项目的比赛。虽然组织尚不很正规，但它却是奥林匹克运动正式诞生的重要标志。

③ 现代奥运会的挫折

20世纪的两次世界大战，使原拟在1916年、1940年、1944年举办的三届奥运会成了空白，人们把这几年称为奥林匹克运动史上最黑暗的年代。它毁掉了奥运会，也扼杀了世界体育的发展。其中第12届奥运会停办与日本侵略中国有关。1937年日本发动了侵华战争，日本奥委会在军方压力下，不得不宣布1940年日本无法举办奥运会。在这种形势下，国际奥委会决定将夏季奥运会会址改在赫尔辛基，会期定在1940年7月20日—8月4日。由于第二次世界大战爆发，1940年1月1日芬兰通知国际奥委会放弃主办权。随后，战火遍及欧洲和世界各地，第12届奥运会也就随之流产了。国际奥委会还曾把第13届奥运会会址选在伦敦，也因为第二次世界大战而未能举行。

④ 现代奥运会的发展

现代奥运会真正兴起是在第二次世界大战之后,1945 年第二次世界大战结束,同年 10 月,英国奥委会向国际奥委会申请在伦敦举行第 14 届奥运会。由于申请主办的仅伦敦一家,英国轻易地获得了主办权。第 14 届奥运会于 1948 年 7 月 29 日至 8 月 14 日在英国伦敦举行,这使伦敦成为继法国巴黎之后第二个两次举办奥运会的城市。这是因第二次世界大战中断了 12 年后举行的首届运动会,是奥林匹克运动的新起点。本届参赛国家和地区达到 59 个,运动员共 4099 人,其中女子运动员 385 人。德国、日本因系第二次世界大战策源地,被剥夺了参赛资格。中国派出了 33 名男运动员参加了篮球、足球、田径、游泳、自行车共 5 个项目的比赛,但未能取得名次。

3. 现代奥运会比赛项目

根据国际奥委会的资料,奥运会比赛项目划分为大项(Sport)、分项(Discipines)和小项(Event)。与 2004 年雅典奥运会一样,2008 年北京奥运会的比赛项目达到 28 项:田径、赛艇、羽毛球、垒球、篮球、足球、拳击、皮划艇、自行车、击剑、体操、举重、手球、曲棍球、柔道、摔跤、水上项目、现代五项、棒球、马术、跆拳道、网球、乒乓球、射击、射箭、铁人三项、帆船帆板和排球。其中,有些项目没有分项,夏季奥运会分项最多的是游泳项目,包括了竞技游泳、花样游泳、水球和跳水 4 个分项,自行车项目分为场地自行车、公路自行车、山地自行车、BMX〔注:BMX 的全称是自行车越野 Bicycle Motocross,因为在英语中的 X(叉)是 Cross 的意思,所以简称为 Bicycle Moto-X,缩写为 BMX〕小轮车 4 个分项;冬季奥运会分项最多的是滑雪项目,分为越野滑雪、高山滑雪、跳台滑雪、北欧两项、自由式滑雪和单板滑雪 6 个分项。田径虽然没有分项,却有 47 个小项,其中男子 24 个小项,女子 23 个小项,是奥运会所有项目中金牌最多的。2008 北京奥运会比赛项目共设 302 个小项。

二、体育赛事活动策划

随着社会的发展进步,体育赛事越来越成为人们关注的热点,在人类生活中的地位也越来越重要。奥运会、世界杯、NBA、CBA 等成为人们日常生活的重要组成部分。大型运动会,如 2008 年北京奥运会、2009 年济南全运会、2010 年南非世界杯等,成为人们最喜欢看的电视节目之一。现代体育赛事活动本身已经超越体育,成为盛大的文化大餐、旅游活动，带动社会经济的繁荣与发展。特别是国际性体育比赛的影响，早已超越体育范畴，它的作用和影响远及国家的政治、经济、文化、国民心理等各个方面，得到了社会各界的广泛重视。例如巴塞罗那在欧洲并不算有名，但1992年第25届奥运会在此举行后，这座西班牙城市立即成为国际旅游热点。1992年西班牙共接待约4000万游客，赚取了大量外汇。因此，盛大的体育盛会与其说是一项体育活动，不如说是节事旅游，促进了国际交流，带来了经济繁荣，维护了世界和平。

体育赛事活动的成功举办，需要组织者在赛前进行周密的规划、系统的策划。体育赛事活动策划最重要的是要在遵循既定流程的基础上进行创新，例如2008年北京奥运会开幕式上，在世界各国运动员入场式规定程序后，我国著名运动员李宁以"飞天"的方式点燃奥运火炬，就取得了巨大的轰动效应。

1. 体育赛事活动开幕式策划

"良好的开端是成功的一半"，体育赛事活动的开幕式极为重要，它可以展示一个民族的精神面貌。但开幕式仪式一般都有严格的规定，有些"老规矩"是不可违背的。下面以奥运会的开幕式为例，介绍一下大型运动会开幕式的一般流程(其他体育赛事活动可以参照执行)。

(1) 开幕式时，被邀请主持开幕式的国家元首或国家首脑抵达会场时，由国际奥委会主席和奥运会组委会主席在运动场的门口迎接，然后由两位主席引导到运动场的荣誉席上就座，并奏开幕式举办国家的国歌。

(2) 运动员队伍入场，队伍前面有一块国名牌和一面国旗。入场的运动员及官员一般不得携带照相机、旗帜、标语等。每一个国家的队伍里，非运动员的人数不得超过4人。

(3) 入场完毕时，奥运会组委会主席在国际奥委会主席的陪同下走到荣誉看台前方的主席台，然后用下面的语言介绍国际奥委会主席。介绍辞也有严格规定：

"我荣幸地介绍国际奥委会主席×××并对他致以热烈的欢迎。"

(4) 然后奥委会主席走上主席台致简短的欢迎辞，时间不得超过3分钟。并以下面几句话作为结束：

"我荣幸地邀请×××(元首或国家首脑)宣告第×届奥林匹克运动会开幕，现代奥运会是由顾拜旦于1896年倡导建立的。"

(5) 被邀请国家元首宣告本届奥运会开幕：

“我宣布(城市名称)奥林匹克运动会开幕!”

(6) 紧接着号声齐鸣,在奥林匹克歌声中,奥林匹克旗帜徐徐升起。

(7) 施放鸽子和点燃火炬之后,各国国旗面向主席台围成半圆形,东道国的一位运动员走到主席台,左手握住国旗的一角,举起右手代表全体运动员宣誓。接着东道国的一名裁判员代表全体裁判和官员宣誓。随后参加开幕式的运动员在东道国国歌声中有序退场。

2. 体育赛事活动创新策划

体育赛事活动大都会严格遵守以上这些规定,但是谁也不甘心一成不变。他们总是千方百计地在诸多条款中寻求突破,既要体现“规定动作”,又要不断发展创新,抓住一个个细节,努力追求完美,以展示本民族、本地区的聪明才智。

比如点火炬这一环节,事实上每次比赛各国都有非凡的创意和出人意料的表现。无论是拳王阿里用颤巍巍的双手点燃 1996 年亚特兰大奥运会火炬,还是李宁飞天动作点燃 2008 年北京奥运会火炬,都给全世界观众留下了极其深刻的印象。

奥运会开幕式点火炬是从 1920 年第 7 届奥运会开始的。那时,正是第一次世界大战后的第一次运动会,此举是为了纪念协约国的阵亡将士。1928 年,国际奥林匹克委员会通过决议,每届奥运会都要在主体育场点燃火炬。

1988 年汉城奥运会的圣火点燃仪式已经够奇特了,而 1992 年巴塞罗那奥运会的点火仪式则更加别出心裁——身着古希腊装束的最后一棒接力赛运动员用“火箭”点燃了奥运会圣火。

之所以这样做,是为了形成一种传统的氛围,组委会从西班牙的射箭运动员中选出一位幸运者。但一旦失败可能发生危险,组委会增大了点火面积,以提高命中率。因为西班牙箭手的水平并不高,在汉城奥运会上的最好成绩是男子个人第 32 名。这一想法当然是独辟蹊径,可一旦脱靶则会落到观众席上并可能发生危险。组委会也曾想过采用激光或直升机等替代方案,但是最后还是选中了这一方案。

事实证明,组委会的担心是多余的。“火箭”准确无误地点燃了 50 米外的“火炬”。“标新立异”不但可以活跃仪式气氛,而且更重要的是借此机会向世界人民展现了本民族的聪明才智。

对于企业来说,如果在组织比赛中出一些异于常规的点子,无疑会使活动增色不少。例如八佰伴超级职业女排与中国女排巡回对抗赛。这次比赛每一场由中国女排先后迎战八佰伴超级明星队和八佰伴金牌队。组织者别具匠心地在两场比赛之间，请歌手戴娆演唱本次活动的主题曲《相随走一程》。这一举措可谓一举三得。第一，很好地调动了场内气氛；第二，给激战后的中国女排以短暂休息机会，以便以更好的精神状态迎接强劲的对手八佰伴金牌队；第三，这首优美的歌曲是由八佰伴国际集团提供，此时此刻的演唱，无疑会使更多的人知道八佰伴这个名字，树立良好的企业形象。现在 NBA、CBA 比赛中间休息都会有“啦啦队”热舞助兴，也是比赛休息期间吸引现场观众和电视观众的创新之举。时下无论大小比赛似乎都不乏这些热场助兴节目，现场娱乐氛围更强，体育比赛更有看头。

3. 体育赛事活动规则制订

比赛规则是赛事活动必须遵守的行为规范，规则只有通过裁判员的正确运用才能奏效，才能保证运动的存在和发展。规则肯定正确的技术，允许合理的接触，否定错误的动作，保证和促进技术、战术的不断发展。规则提倡公正比赛、文明比赛，鼓励积极进取、团结协作、遵守纪律的优良体育道德作风，限制不合理、不道德的行为。

体育赛事多种多样，体育比赛的规则各不相同，我们很难用统一的规则标准进行描述，只能根据不同的体育项目套用不同的比赛规则。相比趣味运动，正式的体育赛事规则一般都是由权威部门制定，是国际上公认的比赛规则，例如奥运会比赛项目的规则都是由国际奥林匹克运动委员会制定，参赛运动员、教练员、裁判员只能参照执行而不能任意变更。趣味运动的比赛规则则相对比较宽松，只要玩得高兴，大家能够共同遵守，比赛规则可以临时约定，“大家想怎么玩就怎么玩”，这是正规体育比赛和趣味运动比赛的不同之处。当然，赛事规则对参赛选手约束力都是一样的，同样要体现“客观、公正”和“公平、透明”原则。

体育赛事活动的规则执行，裁判员是关键。裁判员是规则的执行者、实施者和维护者。裁判员为了公正执法，首先要对规则的本质、作用和目的有透彻地了解。规则之于比赛，如绳墨之于曲直，规矩之于方圆，权衡之于轻重。比赛不能没有规则。规则与运动同时产生，相辅相成，互相促进。对于裁判员来说，规则是裁判员执行工作的依据和尺度。古人说：“巧匠目意中绳，然必先以规矩为度。”离开了规则，裁判员也没有衡量是非曲直的标准了。

三、体育赛事活动的组织

1. 体育比赛活动组织形式

(1) 综合运动会

有条件的大型企事业单位可定期举办运动会,这是若干体育运动项目在同一时间段进行的比赛。一般以田径项目为主,安排在春季或秋季较适宜,在设施较好的运动场地进行。由于运动会参赛项目多,规模较大,组织工作要求较高,因而它能较全面地检查企业中体育运动的开展状况,推动集体性体育运动的广泛开展。

(2) 对抗赛

几个企业联合,按同等条件参加一个或几个运动项目的比赛。如几个分厂、部门或车间联合举行一次篮球对抗赛。这种比赛形式规模小,便于利用节假日或业余时间进行,适合大中型企业组织进行。

(3) 邀请赛

由主办企业邀请其他企业参加的比赛,其组织要求与对抗赛相似。

(4) 单项比赛和单项系列大奖赛

单项比赛是指单独进行的一个项目的比赛,如各种球类的单项比赛。在单项比赛的基础上,多个单项比赛组合成一个大的比赛活动,即称之为单项系列大奖赛。单项比赛参加的企业可以多一些,以便吸引更多的员工参与。

(5) 表演赛

表演赛是指为进行庆祝或纪念活动,或为了扩大体育活动的影响,宣传体育活动的目的、意义而组织的比赛。表演赛一般可单独进行,也可穿插在大型运动会中进行。

(6) 选拔赛

为了选拔一个项目的代表队或优秀运动员而组织的比赛。参赛者和比赛要求均按上一级比赛规程和要求来确定。

(7) 锦标赛和杯赛

这是为某一项目的高水平角逐所组织的比赛。

(8) 巡回赛

这是为推动某一运动项目的普及和提高,在众多地区、企业或行业不间断组织同一运动项目的比赛。

2. 编制体育竞赛活动方案

(1) 体育比赛活动组织

组织体育比赛应制定较详细周密的组织方案,组织方案应包括以下几项内容:

① 运动会(竞赛)的名称和组织开展运动会的目的;

② 运动会的规模和参赛运动员的要求;

③ 运动会的组织机构;

④ 运动会的比赛规则;

⑤ 运动会的教练员、运动员和裁判、领队等工作人员;

⑥ 体育比赛经费预算。

(2) 体育健身活动组织

组织如太极拳、太极剑、健身操、排舞大赛等娱乐型体育健身比赛,是一项经常性的工作。这类活动,不论参加表演的人数多少,在组织时要注意以下几个方面。

① 拟订活动方案,活动方案应包括以下内容:

a. 参加的对象和人数、项目、表演时间、场地、整体效果等方面的要求;

b. 参加者的选定;

c. 服装式样、器材规格、队形和入场、退场的要求确定与准备;

d. 排练的时间与组织;

e. 场地的划定、预演及乐曲选定录制、音响效果的处理;

f. 建立组织指挥体系,确定参赛队伍的领队、现场指挥以及所使用的口令或旗语、手势等。

② 组织与实施

a. 召集参加者,通报活动情况,使参加者对活动目的、任务形成统一认识;

b. 按照整体要求,分行编组,明确参赛规则;

c. 讲清活动要求,提出纪律规定,提高组织效率;

d. 确定每组组长,使其既起到一个组(行)的组织管理作用,又起到表演时的动作示范作用;

e. 考虑到人员分散、年龄和职业不同等特点,可将表演活动的主要环节简要打印成文字材料,交由领队、指挥、组长掌握实施,做到行动一致、步调统一;

f. 筹集赛事活动所需经费;

g. 解决交通工具。

③ 总结与评估

活动结束后,要及时做好总结评估工作,写出总结评估材料,为下次活动或其他企业开展类似活动提供借鉴。

3. 体育赛事活动组织工作

体育赛事活动的组织是一项庞大繁杂的系统工程,尤其是大型体育赛事活动,成千上万的运动员、教练员、工作人员从世界各地或全国各地奔向同一座城市,先不说正式的体育比赛活动如何组织,光是后勤服务保障就是一个大难题,因此如何做好他们的吃、住、行和语言交流等服务工作,成为办好体育比赛的重要课题。

下面还是以奥运会为例,说明后勤服务组织的重要性。

(1) 志愿者服务与组织

每届奥运会都需要各类服务人员数万名,2000 年悉尼奥运会的志愿者人数约为 4.7 万人,2004 年雅典奥运会的志愿者人数约为 6 万人,2008 年北京奥运会的志愿者人数超过 10 万人(包括专业志愿者 5000 人),其中奥运会志愿者 7.5 万人,残奥会志愿者 3 万多人(一说为 4.4 万人),志愿者人数创历届奥运会之最。除赛会志愿者外,北京奥运会还首创城市志愿者和社会志愿者,人数分别达到 40 万人和 100 万人,再加上 20 万名啦啦队志愿者,北京奥运会志愿者总人数达 170 万人之多。

一般来说,大型运动会的主办方除了招募部分专业服务人员外,都会组织大量自愿为奥运会服务的热心人士,这不仅是体育赛事活动本身的工作需要,而且也是一项重要的社会公关活动,可以树立社会公众参与的意识,扩大体育运动的社会认知,扩大体育赛事的社会影响力。在奥运会志愿者中,学生尤其是大学生是一个非常重要的群体。

1984 年洛杉矶奥运会工作人员达 7 万人之多,其中自愿服务人员就有 5 万人左右。这些志愿服务人员从事各种后勤工作,从向导到餐厅服务,从翻译到检票员,年龄从 18 岁到 70 多岁。志愿人员一般不拿工资,每天工作 8 小时,组委会发给他们一套工作服,免费供应一顿工作餐,但志愿者认为“能为举世瞩目的奥运会尽义务是一件开心快乐的事”。凡利用暑假为奥运会服务的学生,组委会发给他们一份工资。这些学生感到,通过参加奥运会,能为开学筹集学费,又可接触世界各地的朋友,学到不少书本上根本学不到的东西,实在是求之不得。洛杉矶奥运会的参加国人员,共讲 51 种不同语言。奥运会组委会翻译部要应付国际奥委会与各国代表团之间频繁的外交活动，加上每天的新闻发布会和各种难以预料的问题，翻译任务很重。尽管组委会拨出 55 万美元，用以雇用职业翻译，但职业翻译每天的报酬高达 300 美元。无奈之下，他们只能在雇用 100 名职业翻译外，再加 40 名自愿服务的业余翻译一起工作。

1988 年汉城奥运会有 79000 多名工作人员，自愿服务人员占 28000 多名，其中不少是大学生。组委会仅付给他们一顿便餐费和少量的乘车费。该届奥运会参加国共使用 52 种不同语言，汉城的 6000 多名翻译中，相当一部分为 20 岁左右的志愿者，其中包括 300 多名外籍韩国人。

充分调动尽量多的志愿者的热情，积极参与体育比赛的组织工作，是非常重要的。这不仅可以挖掘社会各个方面的力量为比赛服务，而且可为筹委会节省大量的资金，更重要的是让更多的人接受体育运动精神的洗礼。

(2) 餐饮服务与组织

俗话讲"众口难调"。体育比赛的参加者来自五大洲约 200 多个国家，民族、宗教信仰、口味千差万别，要全都满足他们的胃口，更是难上加难。1984 年洛杉矶奥运会，主办方特意请来了具有丰富经验的美国阿拉服务公司负责提供饮食，还专门设立了一个由高级营养师和烹调专家组成的委员会，配合该公司开展工作。阿拉服务公司曾承办 1968 年第 19 届奥运会和 1976 年第 21 届奥运会饮食，对多数国家选手的饮食习惯有所了解。但洛杉矶奥运会另有 50 多个国家和地区是未参加过第 21 届奥运会的，所以他们还需要进行一番调查，到美国各地由外国侨民和移民开的各类风味餐馆中考察取经，还有不全的，就求助于美国驻外使馆。尽管如此，美国阿拉服务公司制定食谱工作提前一年便开始了。食谱分三类，其中奥运村餐厅食谱，以西餐格式为主，5 天一个周期，要求午、晚两餐的汤和主菜不重样。另两类食谱系奥运村非进餐时间供应的品种和各运动场馆供应的食品，以面包、甜食和饮料为主。

美国一位权威营养专家曾指出，一餐标准的夏季奥运会伙食，应包括 4 个热主菜、5 种蔬菜、12 种不同的色拉、2 盘汤、10 种各色面包和卷饼，以及可供广泛选择的新鲜水果和乳酪。主食有面包、米饭、面条和土豆。仅面条和土豆便有奶油烤面、鸡丝煨面、乍油焙面、炒面、法德式烤土豆、煎土豆、煨土豆等品种。比赛开始后，早、中、晚三餐，每餐得准备 2 万份饭菜，供应运动员和工作人员，每天还要将 2 万份盒饭送往各比赛场馆。

奥运会前后近 20 天,需猪肉 220 多吨,牛羊肉 220 多吨,鱼 90 多吨,水果 300 多吨,牛奶 1500 多吨,蔬菜 110 多吨,面包 45 吨,还有大量果汁和饮料。为采购这些货源,阿拉服务公司动员了 3000 多名工作人员和上百名采购员,整整奔波了半年时间,仅奶酪就准备了荷兰、丹麦、英国、法国和瑞士的货源 10 多种,其他如饮料有 20 种、面包 25 种、鲜水果 14 种、蔬菜 27 种、各种调味品 44 种等。

案例 10.1:2008 年北京奥运会运动员食谱一览

大多数人都对 204 个国家一万多名运动员在北京奥运会期间吃什么感兴趣,下面就是 8 月 8 日当天奥运村运动员用餐的菜单,在整个奥运会期间,每八天会更换一套菜单。

奥运村内的 2 万平方米运动员餐厅设了 4 组餐台区域,包括地中海餐台,地中海沿岸国家的运动员可以吃到家乡的美食;还有国际餐台和亚洲及中国餐台区域。

8 月 8 日,早餐人数 7000 人,午餐人数 1.6 万人,晚餐由于有开幕式,因此午餐供应会从上午 10 点开始一直持续到晚上 9 点,夜宵 2000 人。

早餐

亚洲餐:白粥、牛柳雪豆、炒油菜、红味噌汤、印度烤鱼、白味噌汤、姜黄鸡肉饭、虾仁炒面、米饭、饺子、蒜蓉苦瓜。

西餐:烧鲈鱼、烤猪柳、烧鸡脯、黑胡椒牛排、培根、热奶、玉米粥、麦片粥、蘑菇鸡蛋饼、炒鸡蛋、蘑菇蛋卷、法式煎面包、烤西红柿、土豆饼、烤土豆。

午餐

亚洲餐:粥、蒜苗羊肉、清炒蔬菜、咖喱胡萝卜、红烧三文鱼、猪肉炒饭、素炒意大利面、炸鸡、水饺、黏米饭、香菇土鸡汤、清炒豆腐木耳、沙嗲牛肉、北京烤鸭。

西餐:黑豆猪排、香草鸡脯、西冷牛排、牛肉烩蔬菜、烤蔬菜串、红薯饼、培根烩蔬菜、土豆泥、煮意大利面配三种沙司、肉酱、白色沙司和番茄沙司、比萨、鸡肉、奶酪,香肠,蔬菜,猪排,苹果沙司,松子芦笋,烤胡萝卜,烤红皮土豆,烩黑豆。

沙拉:牧羊人馅饼、西班牙沙拉、豆和羊奶酪沙拉、意大利开胃品、虾仁和南瓜寿司。

甜点:苹果馅饼、杏仁饼干、巧克力和杏仁曲奇、巧克力蛋糕、香蕉蛋糕、橙子果冻、水果、米饭布丁、音乐蛋糕、黑森林蛋糕。

夜宵

亚洲餐：粥、印度咖喱鱼、米饭、白味噌汤、红味噌汤、蔬菜炖羊肉、豆沙包、水饺、素什锦炒米粉。

西餐：香草鸡脯、西冷牛排、鲷鱼排、培根、炒鸡蛋、法式煎面包、土豆泥、烤奶酪通心粉、意大利饺子、批萨等。

这些还不包括多达十种以上的水果和切片水果、面包餐台、调味料餐厅、烤肉类餐台、奶酪餐台及现场料理部分。

资料来源：http://congly63.blog.163.com，2008 年 8 月 9 日。

(3) 交通服务与组织

体育赛事活动在短期内云集大量人流，交通行路难问题非常突出，尤其是现代社会私人汽车大量进入家庭，交通矛盾更加突出。2008 年北京奥运会期间政府部门除了在全国部分城市进行适当管制外（包括乘坐飞机、火车、轮船等各类交通工具），北京市内交通总体上管理井然有序，几乎没有出什么问题，这在汽车保有量 400 万辆的北京是一件很不容易的事情。

如何破解行路难问题？体育赛事主办方必须未雨绸缪，在体育赛事开赛前几年就要提前考虑这个问题。关键是要做好两个方面的工作：一是合理规划，形成科学的交通网络，这方面主要通过修路建桥来完成；二是科学管理，引进或采用先进的交通管理设备和办法，尽量挖掘原有交通设施的潜力，这方面西方发达国家有许多成功的经验值得我们学习。澳大利亚过马路红绿灯就有行人自控装置，想过马路的行人按一下人行横道一根柱子上的绿色箭头，便可把红灯转换成绿灯，所有车辆都会停下来让行人先过去，而不一定要等到红灯闪到绿灯再过马路，省去了行人等待红绿灯过马路的时间（尤其是晚上没车的时候），这种交通信号灯无疑是科学的也是更人性化的管理方法。

2008 年北京奥运会交通服务在组织方面同样可圈可点。尤其是智能交通网络建设极大地保障了奥运会的正常运行，可供现代化城市组织大型体育比赛活动借鉴。北京奥运会智能交通管理系统包括以下十个方面。

① 现代化交通指挥调度系统

该系统集成了电视监控、交通信号控制、诱导显示、单点定位等多个应用系统的相关数据，通过事先制定的预案进行智能化的指挥调度，对社会交通和奥运交通进行有效组织、精确管理,保证奥运交通和社会交通有序并行、和谐运转。遇有突发事件,指挥人员通过警力定位系统,实时掌握全局路面警力部署,动态调整警力投入;也可以根据需要,调派装备卫星通信、无线传输、图像采集等科技系统的交通指挥通信车赶赴现场,实现快速反应。同时,在指挥调度集成系统可视化的图形界面下,可以按照预案同步实现电视监控、交通控制和交通诱导等多个技术系统联动,一方面利用信号系统对事件周边路口、快速路出入口进行控制,减少附近车辆向事件地点的汇聚,另一方面利用路侧大型可变情报信息板发布诱导信息,提示附近驾驶员绕行,缓解事件点段交通拥堵。

② 交通事件自动检测报警系统

奥运会期间,由安装道路上的上百台交通事件检测器等组成的交通事件检测系统,可在第一时间发现交通事故、路面积水等各种意外事件,自动报警并对事件过程全程录像,在指挥中心实时显现。指挥人员使用警力定位系统迅速显示事件区域的警员、警车分布,指派最近民警在最短时间内到达现场进行处置。意外事件自动报警应用以来,对交通意外事件的处置时间平均减少 3—5 分钟,大大提高了对交通意外事件的快速反应和处置能力,确保了城市主干道的安全与畅通。

③ 交通综合监测系统

遍布全市快速路、主干路网和奥运专用路线的交通综合监测系统的上万个检测线圈、超声波、微波设备,是城市交通管理的神经末梢。它们 24 小时自动准确采集路面交通流量、流速、占有率等运行数据。系统还能对每天上路的几百万车辆进行自动检测,包括违反“单双号”限行规定等多种违法车辆,为保证道路的通畅、创造良好的交通环境提供强有力的技术支撑。

④ 奥运中心区数字高清综合监测系统

在奥运中心区,基于高清数字化技术的综合监测系统实现了对进出中心区车辆的全时空、全方位监测。这个系统的路面监测设备把原来视频监控、流量统计、车辆识别、事件检测、违法检测等五种功能融为一体,一个设备替代多个设备,如此高集成度的应用在我国也是首次。

⑤ 闭环管理数字化交通执法系统

固定安装在路面上的 1100 套电子警察全部联网,对闯红灯、超速等九种路面违法行为进行 24 小时自动监测,并将违法信息上传中心数据库,与 42 个车辆检测场、车管所、执法站高度共享,实现了科学的闭环执法管理。此外,利用移动的巡逻警车车载交通监测设备，在行驶过程中随时随地无线联网中心数据库，对过往车辆进行实时检测、抓拍，自动识别逾期未检、套牌车等涉车交通违法行为，每小时可检测车辆2200辆左右，从识别到系统终端报警不超过1秒。

⑥ 智能化区域交通信号系统

根据北京路网结构和行人、机动车、非机动车混合的交通特点，市交管局在城区建成了交通信号区域控制系统。系统通过埋设在路口的交通流检测器采集到的交通流信息，对路口交通信号进行实时优化，可以实现单点的感应优化控制、干线绿波协调控制和区域优化协调控制。可以在中心随时查看路口信号控制的实时显示界面。近2000台信号机在计算机的自动控制下协调联动，实时检测并根据路网流量变化，在高峰时进行最大通行量控制，在平峰时进行协调控制，在低峰时进行感应自适应控制。通过合理调整车辆通行时间来优化车辆在道路空间的分布，大大提高了路口、路段的放行效率，增强了路网整体管控能力，使路网综合通行能力提高了15%。另外，在奥运中心区内的信号灯控路口，还首次增加了行人过街绿灯倒计时和盲人语音提示功能，最大限度地提供人性化服务，礼让民权，保障行人安全。

⑦ 灵活管控快速路交通控制系统

快速路网也就是常说的环路及其联络线，是道路交通的主动脉，承担了城区一半以上流量，也是奥运专用路线的组成部分。北京市交管局建成了目前世界上最大规模、最智能化的快速路交通控制系统，利用设置在二、三、四环及其联络线主要出入口的信号灯，根据流量变化自动关闭和开启出入口，对进出快速路交通流进行智能控制。在快速路主路流量达到拥堵警示标准时，通过信号灯控制进出主路车流，引导司机从辅路通行。当快速路主路出口由于拥堵造成车流不畅时，出口信号灯控制出口上游辅路车流量，为主路出口提供更为顺畅的通行条件，保证主动脉的畅通；并通过可变信息板及时提示驾驶员选择路线，注意进出口车辆，有效预防出入口交通事故。

⑧ 公交优先交通信号控制系统

优先发展公共交通是缓解城市交通拥堵、改善城市交通环境的根本出路。奥运期间，北京市交管局在已经施划公交车道和奥运专用道的道路上，建设了126个具有公交优先控制的信号灯路口。当公交车辆通过这些路口时，设置在道路上的公交车辆检测器将检测到的公交车辆信息传送给信号控制系统的计算机，计算机根据当前路口的信号放行状态和流量情况,或是缩短另一方向的放行信号时间,或是延长本方向的绿灯放行时间,使公交车辆在路口的延误时间最短,达到优先放行的目的。充分满足大容量、高速度的客运需求,为奥运大家庭成员、观赛人群提供高效、快捷的交通服务。

⑨ 连续诱导大型路侧可变情报信息系统

利用分布在全市主干路、环路的228块大型路侧可变情报信息板,每2分钟一次将本区域个性化的,以红、黄、绿三种颜色分别表示拥堵、缓行和畅通的实时路况信息,提供给道路交通参与者。同时,北京市交通管理部门每天发布奥运交通管制、道路限行、绕行路线等交通服务信息上千条,实现对奥运车辆和社会车辆的全程连续诱导。

⑩ 交通实时路况预测预报系统

系统对交通检测设备采集来的全市路网交通流数据,进行深层次挖掘分析,准确掌握实时的路网运行状态,并通过预测预报数学模型,预测路网流量变化。在该系统的支持下,利用互联网站、手机WAP网站和各种媒体,为广大民众提供最权威、最及时、最准确的个性化交通信息服务。不仅包括实时交通路况信息、交通管制信息,而且提供交通预报和行车路线参考,做到随时随地贴身服务。

4. 体育赛事活动组织注意事项

单位组织的文休闲活动分为文化艺术活动和体育竞技活动,但从功能上都是以娱乐身心为目的。文化艺术活动偏向娱乐、欣赏、精神充实方面,体育竞技活动则偏向体能、竞技、强身健体方面。组织文体休闲活动要着重考虑是侧重文化艺术还是体育竞技,出发点不同,组织形式也不同。体育竞技活动组织侧重在体育竞技方面,则要往优胜劣汰方向考虑,让参与者更好地发挥自己的水平,普通参与者更好地发挥他们的作用(如组织啦啦队),让赛事更加吸引观众。

第三节 高尔夫赛事活动策划

高尔夫是以棒击球入穴的一种球类运动,高尔夫(Golf)来自苏格兰的方言(Gouf),意为“击、打”。高尔夫一般建在水边山丘草丛果岭地带,既要有平坦的沙滩和葱绿的草皮，又要有一定起伏的沟壑溪流。高尔夫运动的特点是静，要求球员有很强的自控能力和思维能力，现代高尔夫运动深受“金领”“白领”们的喜爱。

高尔夫作为一项休闲运动，在休闲时代得到了迅速发展，在日本、韩国和我国港澳台地区，高尔夫运动正从贵族运动向中产阶级过渡。在我国东部沿海发达地区，高尔夫运动也正从社会精英人士向高管白领阶层延伸。下面我们以代表高端休闲活动的高尔夫运动为例，谈谈高尔夫精英赛的规则和组织。

案例 10.2：2010 年雷克萨斯中国高尔夫精英赛

雷克萨斯中国高尔夫精英赛从 2006 年开始举办，2010 年雷克萨斯中国高尔夫精英赛在四川成都举行总决赛。比赛通过雷克萨斯车主自愿报名参加，先在各地参加选拔赛。杭州西湖国际高尔夫乡村俱乐部以及大连、郑州等地的高尔夫会所，都是雷克萨斯车主参赛的场所，获奖选手才有资格参加在四川成都举行的“2010 年雷克萨斯中国高尔夫精英赛”中国总决赛（参加此总决赛的选手必须为雷克萨斯车主）。

雷克萨斯高尔夫精英赛参赛规则：1.比赛采用经中国高尔夫球协会审定的，由苏格兰圣安德鲁斯皇家高尔夫俱乐部及美国高尔夫球协会联合颁布的 2008 年版高尔夫规则以及当地比赛规则；2.参赛球员应提前 10 分钟到达出发台，在指定时间由 18 洞同时开球；3.男子球员在蓝色发球台发球，女子球员在红色发球台发球；4.分组表由俱乐部统一编制，参赛球员不得自行调组；5.总杆奖项设置实行参赛者不重复获奖原则，以总杆成绩较好名次为主；若名次相同则以总杆名次为准；6.赛事如遇平分时，总杆成绩以 18 号洞起，逐洞往前比较，杆数少者名次列前；7.球员在球场内任何地方寻找球的时间不得超过 3 分钟；8.为不影响比赛速度，当怀疑球遗失或出界时必须打暂定球；9.本次比赛不间断进行，球员必须在 4 小时 30 分钟内完成 18 洞的比赛，慢打者取消比赛成绩；10.果岭上只可以使用推杆，果岭上不能打 OK 球，必须推球入洞；11.参赛选手迟到 5 分钟以上者取消参赛资格，不统计其比赛成绩；每位参赛球员一张记分卡，记分方法按实际打出的杆数记；12.同组球员需交换记分并由球手、同组球员、球童共同签名，成绩方可有效。

资料来源：根据四川在线网站相关内容编写，http://www.scol.com.cn，2009 年 5 月 21 日。

以上是雷克萨斯高尔夫精英赛的比赛规则,那么高尔夫比赛到底有哪些规则?这些规则是怎么制定出来的?裁判如何在现场掌握这些规则?说起来是一个非常复杂的问题。下面我们结合高尔夫运动介绍一些基本规则。

国内高尔夫比赛大多使用苏格兰圣安德鲁斯皇家高尔夫球会制定的高尔夫规则、美国高尔夫协会颁布的高尔夫规则及各球会自己制定的适合自己球会现状的本地规则。

一、高尔夫运动要求

(1) 高尔夫球比赛是依照规则从发球区开始经一次击球或连续击球将球打入洞内的体育竞技性运动。

(2) 对球施加影响除按照规则行动以外,球员或球童不得有影响球的位置或运动方向的任何行为。

(3) 违反规则球员不得商议排除任何规则的应用或免除已被判决的处罚。

(4) 当比赛进行时,每位选手皆负有使比赛公平公正之责任,并且基于公平竞争的精神,每一位选手应要求自己成为一位遵守规则的裁判。

(5) 打高尔夫球最基本的原则就是将一颗球自球台连续打击至其进洞为止,若是拿着球移动,或是利用投掷、滚地等方法,都是违反规则的。待球处于静止状态后,才能继续进行比赛。当球被击出后,不论是在何种状态下行进,都应该等到球处于静止状态后才可继续进行比赛,此乃高尔夫不变的法则,绝对不可触摸或挪动球的位置,亦不能为求便于挥杆而改变周边的环境。

二、比杆赛与比洞赛

根据形式上的差异,高尔夫的比赛形式分为比杆赛及比洞赛两种。无论是职业赛或业余赛,比杆赛的形式较为常见。

(1) 比杆赛,就是将每一洞的杆数累计起来,待打完一场(18 洞)后,把全部杆数加起来,以总杆数来评定胜负。

(2) 比洞赛,也是以杆数为基础,不同处在于比洞赛是以每洞之杆数决定该洞之胜负,每场再以累积之胜负洞数来裁定成绩。

(3) 省略进洞之差异：比杆赛规定必须待球被击入球洞后，才可移往下一洞的开球台去开球。而比洞赛是在每一洞就决定胜负，因此只要对方同意就不必坚持球皆需进洞。

(4) 在比杆赛和比洞赛中，选手违反规则所受的处罚也有所不同。一般而言，比杆赛的罚则是罚两杆，而比洞赛的罚则为处罚其该洞输球。

三、打球判断和处理

1. 界外

界外是禁止打球的地区，常以界桩或围篱标示。界外之界限应以界桩（不含支架）或围篱内侧最靠近地面点决定。如在地上以标线标示界外时，界外线垂直向上向下延伸，且线本身即作界外论。

2. 遗失球

遗失球认定：①球员或其同队、或彼队在开始找球后 5 分钟仍找不到球；或是虽已找到，但球员无法辨认是否为其所用之球；②球员按规则已用另一球当做比赛球，而未寻找其原球；③球员自以为可能为原球所在地，或较原球位靠球洞之点击出代替球，因此该代替球即成为比赛球。

原球可能在水障碍以外遗失、出界而用代替之球，称为代替球。

3. 水障碍

水障碍是指任何海、湖、池塘、河川、沟渠、地面排水沟或其他露天水渠（不论其中有无积水），以及其他类似者。①凡在水障碍界限内的陆地或水面，均属于水障碍的部分。水障碍的界限垂直向上延伸，用以标明界限所用的界桩、界标皆算在障碍内。②水障碍（除侧面水障碍外）应以黄色界桩或标线标明界限；侧面水障碍则是以红色界桩或标线界定。③水障碍中的球，指向水障碍方向打出的球，是否在障碍以内或障碍以外遗失，是一项涉及事实的问题。如认为系障碍内遗失者，必须有证据证明球确实落入障碍内；如无确定证据时，则应视为遗失球，按规则处理。④如球落入、触及或遗失在水障碍中（不管球是否位于水中），球员要受一杆的处罚。并依下列方法处理：

a. 尽可能在接近上次击球的原位击打下一杆；

b. 在原球最后通过该水障碍边缘的一点与球间的直线，于水障碍后方抛球，至

于应离水障碍后方多远处抛球并无限制;

c. 球落入、触及或遗失在侧面水障碍中时,可以选择下列特别措施:在障碍外距原球最后通过的水障碍边缘;或距离球洞相等距离的另一边水障碍边缘;在两支球杆长度以内抛球。球应抛下并停留在不得较原球最后通过水障碍的边缘地点更接近球洞处,按规则,所捡起的球不可擦拭。

四、参加比赛应注意事项

(1) 若是与朋友间的比赛迟到,会被列为最不受欢迎的球友;若是正式比赛场合中迟到,轻则受罚,重则丧失比赛资格。

(2) 迟到的罚则可依比赛形式分为两种;比杆赛中对迟到者处罚两杆;比洞赛则判第一洞输球。由此可知,比赛迟到是高尔夫参赛者的一大耻辱,应该极力避免。

第四节　赛事营销与企业赞助策划

节事营销、赛事营销都属于事件营销,往往与节事旅游结合在一起。从本质上讲,赛事活动营销是一项旅游宣传推广活动,即通过赛事活动营销,让更多的人关注赛事、参与赛事,欢迎更多的本地居民和外地旅游者通过赛事活动体验休闲生活。

一、赛事营销的定义

赛事营销(包括节事营销,下同)是由赛事主办方或由主办方委托的商业机构、专业团体采用的一种不同于传统营销及媒体广告的新型营销策略及其组合,主要是通过企业赞助、赛事冠名、指定产品等手段,扩大赛事声誉和提高赞助企业品牌影响的一项“双赢”活动。我们这里所说的赛事营销主要是从主办方角度而言的,是以主办方为主导的赛事营销。

从赛事营销的定义，我们可以看出赛事营销两个层面的基本含义。

一是从主办方的角度出发，赛事营销是赛事组织者，通过灵活运用产品、价格、渠道、促销等“4P”策略，面向参赛者、观众、目标客户开展市场营销活动，包括：向参赛者介绍赛事，吸引观众前来观看比赛或关注有关赛事的媒体报道，吸引赞助商，争取政府部门的支持，欢迎专业服务商为赛事提供优质、高效的社会化服务等。

二是从参与方角度出发，通过参与赛事活动“借势造势”、“借船出海”、“借冕生誉”，即通过参与赛事活动来宣传推广自己的品牌形象，扩大自己的社会影响。尤其是赛事活动的赞助方（包括现金、产品和服务赞助）更需要通过赛事活动来大力宣传本企业的形象，扩大本企业产品的影响，通过赛事活动来推广自己的产品，在社会上进一步树立品牌观念。赞助必须有回报，赞助与回报必须相等，合理的赞助回报政策也是需要主办方认真考虑的。

二、赛事营销的特点

赛事营销仅仅停留在传统的4P策略是不够的，必须结合节事旅游对赛事活动营销理念、营销策略组合等进行不断创新和发展。

现代旅游营销是节事活动营销与旅游目的地营销相结合、城市营销与景区营销相结合、营销活动（活动本身）与活动营销（推广活动）相结合。尤其是节事活动营销与旅游目的地营销结合，把节事活动与旅游吸引力联系起来，把节事活动作为旅游目的地的独特卖点（unique selling point, USP），旅游营销更多地注重产品和服务的整合营销。节事活动、赛事活动可以在短期内迅速积聚人气，扩大影响，促进经济发展，提高城市知名度，是城市的一张名片和一大亮点。

随着社会进步、经济发展、文化繁荣，全国各地的节事活动此起彼伏，旅游产品的竞争已经演变成为旅游节事活动的竞争。杭州西湖国际博览会1/3以上的项目是旅游节事活动（2009年杭州西湖国际博览会节事活动50项，占全部项目的42%），2009年西湖国际烟花大会还被中央电视台新闻联播节目报道，成为西湖国际博览会最吸引眼球的亮点项目。杭州乐园最吸引游客的，也是比基尼风暴、戏水狂欢节、极限挑战赛等节事类项目。由此可以看出开展节事活动营销的重要性。

三、赛事营销的策略

1. 赛事营销策略组合

(1) 4P 策略

包括产品策略(product)、价格策略(price)、渠道策略(place)、促销策略(promotion),简称 4P 策略。4P 策略是最基本的策略。对赛事活动来讲,赛事活动整体可以作为一个产品,赛事活动项目还可以拆分成更小的产品,运用产品策略吸引企业赞助特别重要。同理,也可按照不同的产品制定不同的价格并实施不同的价格策略,例如同样是赛事活动门票,单票与联票的价格策略是不一样的,提前预订和现场购买的价格策略也是不一样的。

(2) 5P 策略

在 4P 策略之前加定位策略,即定位(positioning)、产品(product)、价格(price)、渠道(place)、促销(promotion),简称 5P 策略。节事活动首先要做好定位(包括目标定位、主题定位、市场定位、广告定位、价格定位等),只有定位准确,才能事半功倍。这里所说的"定位",就是运用杠杆原理的"支点",利用这个"支点"才可以撬动整个活动,可见节事定位策略的重要性。节事活动营销,就是要通过研究、设计和实施 5P 策略,达到把节事提供给目标客户交换自己所需(所欲)之物的目的。

(3) 7P 策略

赛事活动营销从根本上讲属于服务营销,也就是说赛事活动"卖"的不是实实在在的产品而是服务,消费者在意的不是物质形态的用品,而是让精神更加快乐的文化现象。如 2010 年 6 月 11 日开幕的南非世界杯足球比赛,球迷不会关心足球是哪儿生产的,而更关心足球比赛是否精彩、好看,从而使得 20 多天的南非世界杯足球比赛成了全世界足球迷们的狂欢盛会。服务营销一般包括 7 种营销策略组合,即在传统的产品策略(product)、价格策略(price)、渠道策略(place)、促销策略(promotion)之外,还要增加"人"(people)、"过程服务"(process)和"有形展示"(physical evidence)3 个要素,从而形成 7P 策略。7P 策略加上定位(positioning)策略,可以扩张为 8P 策略。

(4) 8P 策略

在节事活动营销 7P 策略的基础上,著名节事专家盖茨(Getz)还提出了节事活动营销的 8P 策略，包括产品(product)、渠道(place)、项目(programming)、人(people)、合作(partnership)、促销/沟通(promotion/communication)、包装和分销(packaging & distribution)、价格(Price)。这里的 8P 策略与前面 7P 策略加上定位(positioning)策略所形成的 8P 策略略有不同，但是同样可以作为我们开展节庆活动营销和赛事活动营销的参考。

2. 赛事营销策略运用

(1) 定位

赛事定位主要考虑四个因素：地区定位、规模定位、价格定位、独特性定位。从根本上讲，定位就是如何使你和竞争对手在潜在目标客户的认识中有所区别，这是赛事营销组合中最重要的因素。

(2) 产品

随着社会的不断发展，大多数的赛事都不再只是一个独立的赛事或活动事件，而是一个产品组合，由一系列细分活动构成，主要包括主体(主题)活动、配套(辅助)活动、营销(推广)活动三部分。

赛事活动整体产品概念(total product concept, TPC)包括三个层次的含义：第一层次是核心产品，主要表现为活动体验功能，是活动产品的核心价值，比如参加一场演唱会的核心价值可能是近距离亲近明星的感觉；第二层次是形式产品，通过核心产品的具体转化体现活动产品的附加价值，比如歌迷见面会、演唱会以及现场的气氛、环境等；第三层次是扩展产品，活动服务让观众留下美好观感和口碑效应，是形式产品的延伸价值，它能把营销者的产品与竞争对手的产品区别开来，比如在演唱会前提供明星签名、拍照留念(如图 10.1)。

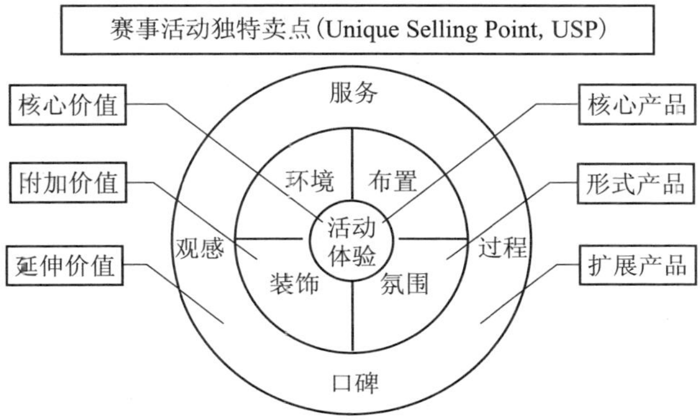

图 10.1　节事活动产品的三个层次

(3) 价格

合适的价格,包括产品价格、服务价格、门票价格、展位价格、广告价格等,是使赛事活动被目标客户接受的重要因素之一。给赛事制定合适的价格,一般要考虑三个因素:赛事的成本、定价目标和市场接受能力。

(4) 地点

许多赛事都是轮流举办的,举办地是否具有旅游吸引力是非常重要的因素。即使是同一项赛事活动,也要按照当地条件和需要,把不同的赛事活动放在不同的地方举行。例如2003年世界小姐中国巡回赛,就选择在北京、西安、桂林、三亚举行,最后总决赛在三亚举行;2004年新丝路模特大赛在杭州举行,但是在杭州西湖、淳安千岛湖、嘉善西塘举行了多场走秀活动;2008年北京奥运会帆船比赛项目则在山东青岛,主要是因为那里有海洋季风独特的气候条件;2009年杭州西湖博览会亚太民间艺术节主会场选在西湖孤山草坪,狂欢踩街活动则安排在杭州中山南路南宋御街等。除了主办方组织的主题活动,还要根据赞助商回报要求安排专场走秀等商业性活动。

(5) 促销

常用的促销手段有四种:广告、人员推广、优惠推销和公共关系,广告、人员推广和优惠推销,都是以面向目标客户为主的,公共关系一般以面向公众为主。广告被认为是直接说服目标客户的最有效的传播工具。人员推广,是指通过人员直接面对目标客户进行推介的促销方式,必须注重推广人员的选拔和培训,为推广人员配备各种宣传单、介绍手册、甚至是视频短片等宣传工具。优惠推销,是指通过短期的优惠手段达到吸引目标客户的方法,包括提供优惠券、赠品、折让、返还现金、附加度假或培训机会等各种方法。公共关系包括与新闻界的关系,是用来推广或保护赛事的形象、品牌以及保证赛事顺利进行的宣传方法。

(6) 人员

是指赛事活动主办方工作人员与参赛人员、赛事观众以及赛事赞助客户、赛事服务提供商的良性互动,坚持服务客户、质量至上、信誉第一的宗旨,与赛事活动相关利益者建立良好关系。

(7) 有形展示

把无形服务有形化,如编写活动指南、会刊、导游图、交通图等,要求信息明确,有吸引力,描述清晰细致,做到无形产品的有形化服务。

（8）过程服务

讲究服务过程、系统服务、贴心服务，例如首问负责制。过程协作顺畅，各个环节衔接到位。赛事活动从开始到结束是一个全过程，参赛选手和工作人员从进入到离去都要做好全过程服务，观看赛事的观众从咨询、订票开始到观看赛事结束离去也要做好全过程服务，必要时还要进行跟踪调查，征询反馈意见。

四、赛事赞助的征集

能否吸引赞助商参与是赛事活动成功举办的前提，有了赞助，主办方才能购买更好的设施，聘用更多的人员并为参赛者提供更好的服务。

1. 整合赛事资源

主办方要整合一切资源，为赞助商提供全方位的优厚回报政策，实行菜单式服务，如冠名权、指定产品等，并应事先核实提供这些资源的可行性，保证所有许诺最后都能实现。例如，承诺给予赞助商路边广告位，就要先查阅当地法规，看是否允许在路边设置广告牌。

2. 发现目标客户

一是通过个人经验和观察找到目标赞助商，然后进行初步了解和接触；二是从当地报刊、行业资源库中查找并遴选目标客户。征集赞助商必须坚持一定的标准，而不是什么企业都可以赞助，越著名的赛事活动，选择赞助商的标准越严格。

例如，2008 年北京奥运会赞助商的五个标准如下：

（1）赞助企业的发展战略要与北京奥运会的举办理念一致；

（2）赞助企业应有良好的社会形象和品牌形象；

（3）企业营销活动中应有从事公益、文化体育事业的经历经验；

（4）企业要有非常好的环保形象；

（5）企业资信状况好，有稳定强大的财政支持。

主办方考察赞助企业的重点内容包括资金实力、生产能力、质量管理、设计能力、环保标准、防伪措施、营销策略、销售渠道、物流管理、售后服务等。2008 年北京奥运会赞助计划是最全面的一揽子计划，包括 2008 年北京奥运会合作伙伴、赞助商、供应商三个层次，每个层次都设定了准入“门槛”——赞助的基准价位。在同一层次中，不同类别的基准价位会有所差异，以体现不同行业之间的差别。在这三个层次中，合作伙伴数量最少，赞助商其次，供应商数量最多。2008年北京奥运会还推出了特许计划，就是选择一些特许企业，由奥组委授权生产或销售带有奥组委标志、吉祥物等奥林匹克知识产权的产品，特许企业应向奥组委交纳一定的特许权费。

夏季奥运会是众多体育赛事中最耀眼的明珠。自奥运会引入商业运作机制以来，主办方一直努力通过多种途径和各种方式来加强人们对奥林匹克的理解和广泛参与。奥运会赞助计划的诞生，培养了一大批忠诚追随与赞助的国际企业，如可口可乐、耐克、三星等。国际奥委会将奥林匹克全球赞助商视为奥林匹克运动的合作伙伴，即明确奥委会与赞助企业的互动与互利的关系。

3. 编写赞助建议

一旦甄别出哪些企业可能成为赞助商，下一步就是与企业进行直接接触，一些有赞助意愿的企业也会主动与赛事主办方联系，无论是主办方直接接触还是潜在企业主动上门，主办方都要提交赞助建议书，阐述赛事营销手段的独特优势，设身处地从赞助企业角度考虑问题，强调赛事能为赞助企业带来实实在在的利益和回报，尽量迎合企业的关注点、兴奋点，实现赛事活动与赞助企业(产品)的互动营销。赞助协议和赞助商回报政策可以作为赞助建议书的附件。

4. 主动跟踪联系

企业很少会主动打电话给赛事主办方，因此，应在寄出建议书后安排好专人与企业跟踪联系(通常寄出赞助建议书后的7—15天是联系的最佳时机)。必要时可以通过一定的社会公关活动或预约上门拜访等形式，尽可能促成企业赞助。

5. 重视过程服务

吸引赞助商最简单的方式，莫过于说服现有赞助商续约。这就要求主办方为赞助商提供良好的过程服务。赞助商是赛事活动最宝贵的资源，赞助商是赛事活动的"财神"和"金主"，是赛事活动重要的利益相关者，主办方丝毫不能马虎应付了事。不仅应在举行赛事时为莅临现场的赞助商提供"贵宾"式接待服务，还要让赞助商参与赛事活动有关决策的制定。赞助商感到与赛事的利益关系越紧密，收益机会越多，他们继续赞助赛事的可能性也就越大。

五、赛事营销的创新

营销观念必须紧紧围绕市场，运用多种营销手段，提升顾客的价值和满意度，实现与消费者的互惠双赢。因此，只有在营销观念上不断创新，才能体现出更加多元化和复合性的营销策略组合，才能更好地做好赛事活动营销策划工作。

1. 赛事营销与体验式营销

美国著名的《哈佛管理评论》杂志认为：体验是一种创造观念经历的活动，体验营销是企业以服务为舞台，以管理为道具，围绕消费者创造出值得回忆的经历活动。赛事营销本身就是体验式营销，提供给消费者的各类赛事活动产品可以最直接地满足其追求体验的欲望，因而使得赛事营销蕴含着体验营销的丰富内涵。赛事活动本身是一种休闲娱乐活动，消费者因主动参与而产生难忘的“快乐”的体验，而且这种体验将成为一种难忘的“经历”，消费者愿为这种“体验”和“经历”付费，因为它是快乐的、宣泄情感的、不可复制和不可转让的。当人们走进赛场观看比赛，精彩的赛事可以给消费者带来一系列真实的感觉、充满激情的乐趣、公平竞争的机会、民族自豪感的升华。

2. 赛事营销与网络营销

无论是网上报名、网上推广还是网上直播，互联网营销已经成为赛事营销最重要的手段。网上营销的方式灵活多样，网上冲浪乐趣无穷，互联网营销打破了主要依赖电视宣传的局限，美国职业篮球联赛（NBA）、美国美式国家橄榄球大联盟（NFL）、美国职业棒球联盟（MIB）、美国全国汽车比赛协会（NASCAR）和国际奥林匹克委员会（IOC）、世界杯足球赛（FIFA）等都通过网络渠道与公众建立了广泛联系，体育爱好者可以通过网络获取信息；“浙江在线”门户网站在杭州西湖国际博览会活动中大展拳脚，杭州 19 楼网站点击率超过 200 万人次。充分认识互联网营销的重要作用，将极大地促进赛事营销活动广泛而有效地开展。

3. 赛事营销与绿色营销

绿色营销是指企业在整个营销过程中充分体现环保意识和社会意识，向消费者提供科学的、无污染的、有利于节约资源使用和符合良好社会道德准则的商品和服务，并采用无污染或少污染的生产和销售方式，引导并满足消费者有利于环境保护及身心健康的需求。赛事活动本身属于“无烟”工业的“绿色”产业，赛事营销本身也是一种具有绿色营销内涵和特征的营销活动。把绿色营销理念引入赛事营销，主要是指主办方在营销活动中，要努力探求社会利益、企业利益、环境利益、公众利益相互协调的最佳结合点，既要实现社会利益、企业利益最大化，也要寻求环境利益、公众利益的最优化，注重自然与人文生态的平衡协调发展。赛事营销要主动关注社会公众对环保、生态的关注点,努力把赛事活动举办成为“节能减排、低碳高效”的群众盛会。赛事活动还是在一种公平公正、团结拼搏的道德规范约束下进行的,它可以给人良好的道德和伦理的熏陶,赛事活动所提倡的伦理道德和价值观念对和谐社会“公序良俗”大环境的形成是任何一种营销形式所无法比拟的。

4. 赛事营销与关系营销

菲利普·科特勒认为:“关系营销是指为了保持长期的优先权和业务经营而与关键顾客(如顾客、供应商、分销商)建立长期的令人满意的关系的活动。”关系营销是以建立和管理关系为基础的营销理论。因此,与其他营销观念不同的是,它更多地强调营销活动的互利性和战略过程的协同性,注重信息沟通的双向性和反馈的及时性。因此,关系营销的目的就是要让各个利益相关方共同构成利益的整体,关系营销的本质就是从赛事活动中的互动性上升到互利性,通过大家关注的“热点”问题同利益相关者建立起长期共赢的、相互依存的、紧密联系的关系,发展消费者与企业及其产品之间的连续性的交往,以提高品牌忠诚度和市场占有率,促进产品持续销售。赛事是一项社会活动,这种活动个人无法进行,单一群体也不能形成规模。因而要成功举办一次赛事活动,特别是大型综合性体育赛事活动,其市场运作过程相当复杂,需要与社会方方面面建立联系,构建广泛的信息通道,建立与多级组织或企业互动互利的关系网络。

5. 赛事营销与城市营销

在全球经济一体化的发展背景下,国家营销、城市营销的影响力越来越大,2008 年北京奥运会既是中国“和平崛起”的象征,也是北京城市营销的成功典范。2010 年上海世博会更是中国上海对外宣传的绝佳机会。奥运会、世博会、亚运会、世界小姐大赛等一系列活动的成功举办,都证明我们可以借助大型赛事和国际盛会来宣传自己,努力提升国家威望和城市知名度,打造“国际都市”的新形象。特别是赛事活动引入商业化运作机制以来,承办大型赛事活动不仅可以产生巨大的社会效益和经济效益,更是一个国家和城市提升整体形象和竞争力、打造“国家品牌”和“城市品牌”的良好契机。随着世界经济一体化和经济全球化的发展,企业在国际市场上的激烈竞争,还需要拥有企业所属国家或城市在国际上的高美誉度和强大影响力。企业参与国际竞争还有赖于国家或城市品牌的支撑,只有依托国家和城市品牌,企业品牌才更具国际影响力和竞争力。我国缺少世界品牌实际上与我国长期以来国家威望和城市营销相对落后有关。

赛事营销是建立在市场营销理论体系基础上的一种崭新的营销模式,是市场营销理论体系的延伸和赛事经济理论体系的创新运用。赛事营销活动本质上是一种集合多方资源的整合营销,在赛事营销过程中体现出服务营销的特色,更重视人、有形展示、过程服务的作用。赛事营销策略是在传统 4P 策略、现代 8P 策略的基础上,按照赛事活动发展的客观规律性,通过观念更新、思维创新,积极探索赛事营销与体验营销、网络营销、绿色营销、关系营销、城市营销之间的内在联系,进一步丰富赛事营销理念和体系,形成赛事主办方、企业赞助商、传播媒体、筹资渠道之间的良性循环,促进我国赛事活动健康、快速、有序发展。

案例点评

1. 先导案例:"眼球经济"——选美赛事大比拼

选美赛事足迹所至,到处都是美景、美色和机遇。世界小姐大赛已成功举办了60 届,在世界上 140 多个国家获得了特许经营,以其独特的魅力吸引着全世界媒体和公众的极大关注。除了世界小姐比赛,国际小姐、环球小姐、地球小姐、国际旅游小姐、世界休闲小姐、新丝路模特等各类赛事都取得了轰动效应,"选秀经济"真正成为"眼球经济"、"注意力经济"。在多元文化盛行的现代社会,各类赛事活动与人们的休闲生活越来越密切,各类选秀赛事活动,正如各类体育赛事活动一样,不仅商业化运作非常成功,经济效益十分显著,而且社会影响越来越大,社会效益也越来越好。选秀赛事作为"文化大餐"的一种独特现实,已经成为现代人们享受休闲时光、体验品质生活的重要组成部分。

2. 案例 10.1:2008 年北京奥运会运动员食谱一览

该案例主要说明大型体育赛事活动食谱搭配的重要性。尽管食谱准备得非常全面,但是仍然难以保证适合每个运动员,运动员食谱也不可能做到事无巨细、面面俱到,但是在条件允许的情况下,我们按照各国民族风俗传统,尊重宗教信仰和饮食方面的诸多禁忌,多采购和准备一些各国运动员喜欢吃的食品。

3. 案例 10.2:2010 年雷克萨斯中国高尔夫精英赛

随着奔驰、宝马、雷克萨斯等高档豪华轿车进入中国富裕家庭,在中国境内随之出现了一批以开世界名车为身份标志的社会精英阶层——奔驰、宝马、奥迪、凯迪拉克、雷克萨斯等名车成为这些人的身份和地位的标志,于是按照中国古语"物以类聚,人以群分”,表明身份认同的车友会纷纷成立,各类豪华车友会最主要的联谊活动就是组织高尔夫精英赛,其中尤以雷克萨斯高尔夫精英赛最为著名——雷克萨斯可能没有奔驰、宝马有名,但雷克萨斯在完善的售后服务和组织高尔夫运动比赛,努力培养自己的忠诚客户和忠实“粉丝”方面所下的功夫绝对要比奔驰、宝马更胜一筹,这也是雷克萨斯在中国取得巨大成功的重要原因之一,也赢得了顾客对于雷克萨斯品牌的尊重和爱护。案例表明,高端休闲运动如高尔夫、网球、赛马、狩猎、远航、飞翔、滑雪、攀岩等一般都是有特定群体的,组织类似赛事活动必须关注这些特定人群的兴趣爱好,并有针对性地做好“定制服务”,策划组织迎合这些特定人群喜好的赛事活动。

思考练习

一、名词解释

1. 4P 策略

2. 赛事营销

3. 人员推广

4. 赛事规则

二、填空题

1. 赛事活动定位需要考虑的四个因素是________、________、________、________。

2. 给赛事制定合适的价格,一般要考虑三个因素________、________、__________。

3. 4P 策略包括________、________、________、________。

4. 促销策略包括________、________、________、________。

5. 赛事活动 7P 策略,除了 4P 策略还有________、________、________。

6. “世界小姐”大赛总部设在________,现任主席是__________。

三、选择题(单选或多选)

1. 赛事营销策略组合一般有(　　)。

A. 4P 策略　　B. 5P 策略　　C. 6P 策略　　D. 7P 策略

2. 高尔夫比杆赛中比赛迟到的一方应罚几杆?(　　)

A. 一杆　　B. 两杆　　C. 三杆　　D. 四杆

3. 赛事活动营销的宣传小册子属于(　　)。

A. 广告　　B. 人员推广　　C. 有形展示　　D. 过程服务

4. 美女赛事又被称为（　　）。

A. 美女经济　　B. 眼球经济　　C. 注意力经济　　D. 美色经济

5. 美女赛事的重点主要在（　　）。

A. “秀”　　B. “赛”　　C. “事”　　D. “庆”

6. 现代奥运会的创始人是（　　）。

A. 赫拉克勒　　B. 佩洛普斯　　C. 斯巴达克　　D. 顾拜旦

7. 赛事规则对参赛选手约束力主要体现为（　　）原则。

A. 公开　　B. 公平　　C. 公正　　D. 公共

8. 一个标准的高尔夫球场一般需要（　　）。

A. 9 个洞　　B. 18 个洞　　C. 36 个洞　　D. 72 个洞

四、判断题

1. 高尔夫比杆赛中对迟到者处罚两杆。（　　）

2. 4P 策略是指定位策略（positioning）、价格策略（price）、渠道策略（place）、促销策略（promotion）。（　　）

3. 赛事定位需要考虑四个因素：地区定位、规模定位、价格定位、独特性定位。（　　）

4. 大多数的赛事主要包括主体（主题）活动、配套（辅助）活动、营销（推广）活动三部分。（　　）

5. 活动产品一般分为三个层次：第一层次是价值产品，第二层次是形式产品，第三层次是扩展产品。（　　）

6. 赛事活动属于“无烟”工业的“绿色”产业。（　　）

7. 有形展示就是要把有形服务无形化。（　　）

8. 世界小姐比赛由朱莉娅·莫莉创立。（　　）

五、简答题

1. 简述赛事营销与市场营销的关系。

2. 简述赛事营销与体验式营销。

六、案例分析

根据本章节“雷克萨斯中国高尔夫精英赛”相关内容进行分析，谈谈针对特定人群如何策划相关的赛事活动。

实训项目

参考美女赛事基本规则,编写一份《××学院校园文化节形象小姐选拔大赛方案》。

附录

思考练习参考答案

第一章　休闲活动总论

一、名词解释

1. 休闲：是指在闲暇时间个体或团体自愿从事各项与谋生无关的非报酬性的自由活动时间的总称。

2. 休闲活动：是指在休闲时间内从事自己感兴趣的有意义的活动。通过参加休闲活动，可以给人带来明显的幸福与快乐感觉(即愉悦感)。

3. 积极性休闲：是有益于人民群众身心健康的活泼多样的非公务性的物质文化活动。主要有娱乐、健身、交际、益智等活动，通过这些活动可以达到培养情趣和美感、陶冶情操、增强体质、沟通思想、让渡情感、彼此增强了解和友谊的目的。

4. 公益活动：公益活动是以志愿者和“义工”形式自愿参加、助人为乐的一种休闲活动，是培养爱心、提升品格、完善自我的重要方式和途径，在欧美发达国家十分普遍和流行。只要有爱心，就可以在公益休闲中得到满足和快乐。

5. 非营利性组织：由政府直接领导、拨款或资助的非营利性休闲设施和企业，享有一定的经营自主权，仅向休闲者收取成本费用或实行免费服务。

二、填空题

1. 积极　健康　进步　快乐和幸福感　快乐行动

2. 现代人　异地性　享乐性　休闲性　旅游休闲

3. 人格修养　审美情趣　陶冶性情　主要载体　积极　向上　文明　健康

4. 养生　养心

5. 娱乐活动　会议和展览　家庭活动

6. 趣味性　随意性　娱乐性

7. 计划　组织　领导　控制

三、选择题

1. D　2. B　3. A　4. A　5. D　6. A　7. A　8. D　9. C　10. B

四、判断题

1. ×　2. ×　3. √　4. √　5. √　6. √　7. ×　8. ×　9. √　10. ×

五、简答题

1. 简述运动休闲与娱乐休闲的联系和区别。

运动休闲与娱乐休闲都是现代人放松身心的休闲活动。

运动休闲是人们为了满足自我完善、自我发展和自我实现的需要，积极主动地追求和享受健身活动乐趣的一种现代体育或者"快活体育"行为方式。运动休闲是相对于传统体育运动而言的，具有自主性、娱乐性、积极性、创造性、新奇性和冒险性等特点。娱乐休闲指在工作之余闲暇时间的各种消遣活动，如看电影、看戏、听音乐、逛公园、下棋、打扑克牌等。凡是可以放松心情，让人感觉轻松愉快的活动，都可以叫娱乐休闲活动。

娱乐休闲与运动休闲的区别，主要是娱乐休闲注重内心感受和精神世界的充实(以修性怡情为主)，运动休闲则重视外部体验和物质世界的感悟(以强身健体为主)，当然，在现实生活中运动休闲与娱乐休闲的界限并不明显。

2. 简述休闲活动对休闲团体方面的作用。

(1) 家人或团体共同的休闲活动，可以缩短家人或团体之间的距离，增进家庭或团体中的亲情与友爱，增加家人或团体成员之间交流的机会。

(2) 休闲活动使人们因接触而相互了解，无形中提高社会意识，促使社会更加和谐、团结、友爱。

(3) 青少年在休闲时间从事正当活动，可以减少犯罪倾向，预防青少年犯罪行为的产生。

(4) 在休闲活动中,可以相互学习到许多生活准则、社会规则、价值判断和行为规范等,能帮助个人社会化,达到寓教于乐的目的。

六、案例分析(略)

第二章　休闲活动策划

一、名词解释

1. 策划:为达到一定的目标,在调查、分析有关材料的基础上,遵循一定的程序,对未来某项工作或事件事先进行系统、全面地构思、谋划,制定和选择合理可行的执行方案,并根据目标要求和环境变化对方案进行修改、调整的一种创造性的社会活动过程。

2. 脑力激荡法:又称“头脑风暴法”,着重互相激发思考,鼓励参加者于指定时间内构想出大量的意念,并从中引发新颖的构思。该法的基本原理是:只专心提出构想而不加以评价;不局限思考的空间,只予欣赏不予否定,鼓励想出越多主意越好。

3. 和谐社会:一是个人自身的和谐;二是人与人之间的和谐;三是社会各系统、各阶层之间的和谐;四是个人、社会与自然之间的和谐;五是整个国家与外部世界的和谐。

二、填空题

1. 预先计划　事先谋划

2. 趣味运动

3. 和谐

4. 最主要　最本质

5. 策划书

6. 军事谋略

7. 德尔菲法

8. 多产业关联　多头管理　多方面影响

三、选择题

1. B　2. A　3. C　4. A　5. D

四、判断题

1. √ 2. √ 3. √ 4. × 5. √

五、简答题

1. 简述策划、规划和计划的联系与区别。

策划、规划和计划既相互联系又有区别。策划、规划和计划都是对未来事情的预先安排或筹划,规划主要解决做什么的问题,策划主要解决怎么做的问题,而计划则主要明确什么时候做什么的问题。策划重创意、规划重选择、计划重内容,策划、规划、计划三者之间,是从宏观、中观、微观不断深化、细化的过程。

2. 简述策划的5W2H1F原则。

预先决定为什么做(Why)——该项工作的目的?

为谁做(For whom)——工作的服务和汇报对象是谁?

做什么(What)——工作是什么?

何时做(When)——工作的时间期限?

何地做(Where)——工作的地点在哪里?

谁来做(Who)——工作的责任者是谁?

如何做(How)——完成工作所使用的方法和程序?

花多少(How much)——完成工作需要花费多少人财物力(包括隐性资源)?

3. 简述休闲活动策划的基本流程。

(1) 准确确定活动名称;

(2) 书面呈报上级领导或主管部门审批;

(3) 组建活动工作班子;

(4) 编制活动总体框架方案;

(5) 制定活动实施方案和细则;

(6) 筹备工作安排;

(7) 经费来源安排;

(8) 监督检查安排

(9) 活动现场协调与管理;

(10) 活动总结与评估。

六、案例分析(略)

第三章　休闲活动管理

一、名词解释

1. 项目组织：是为了完成某项活动而建立的团队组织，一般也称为项目小组、项目班子、项目管理班子、项目经理部等。

2. 进度计划：是表达项目中各分项活动或工作开展的先后顺序，包括开始、持续、结束时间及相互衔接关系的一种时间计划。

3. 甘特图：又称横道图，是应用广泛的进度计划表达方式。甘特图通常在左侧垂直向下依次排列工作任务的各项工作名称，而在右边与之紧邻的时间进度表中则对应各项工作逐项绘制道线，从而使每项工作的起止时间均可由横道线的两端表示。

4. 财务管理：遵循客观经济规律，通过对活动项目资金的筹集、运用和分配的管理，利用货币价值形式对活动项目的经营状况进行综合性的管理。

5. 固定成本：指在一定的产销量（业务量）范围内，其发生总额不随产销量（业务量）的变动而变动，而是保持相对稳定的那些成本费用支出。

6. 变动成本：指在会展项目的既定规模内，随参加者和观众人数或赛事活动次数的变化成正比例变化的那些成本费用支出。

二、填空题

1. 工作队式　矩阵型

2. 领导者　资源分配者　危机管理者

3. 怎样（How）　何时（When）　哪里（Where）

4. 具体位置　面积大小

5. 主办方或承建商

6. 出售　销毁

7. 出口标志　警告标志

8. 财务预测　财务预算　财务控制

9. 3　4

三、选择题（多选题）

1. ABC　2. ABCD　3. ABCDE　4. ABCDE　5. ABCDE　6. ABCD

四、判断题

1. ✓ 2. ✓ 3. × 4. ✓ 5. ✓ 6. × 7. × 8. ✓

五、简答题

1. 简述项目组织结构的类型及各自优缺点。

答:项目组织结构类型有许多,常见的有工作队式、部门控制式、项目型、矩阵型等。其中工作队式项目组织的特征、适用范围和优缺点如下。

(1) 特征:①项目经理在企业内部抽调职能部门的人员组成管理机构;②项目管理班子成员在项目工作过程中,由项目经理领导,原单位领导只负责业务指导,不能干预其工作或调回人员;③项目结束后机构撤消,所有人员仍回原在部门。

(2) 适用范围:适用于大型项目,工期要求紧,要求多工种、多部门密切配合的项目。

(3) 优点:①能发挥各方面专家的特长和作用;②各专业人才集中办公,减少了扯皮和等待时间,办事效率高,解决问题快;③项目经理权力集中,受干扰少,决策及时,指挥灵便;④打乱企业的原有结构。

(4) 缺点:①各类人员来自不同部门,具有不同的专业背景,配合不熟悉;②各类人员在同一时期内所担负的管理工作任务可能有很大差别,很容易产生忙闲不均;③成员离开原单位,需要重新适应环境,也容易产生临时观点。

2. 利用甘特图绘制某一校园庆典活动的进度计划。

答:某学院艺术节活动进度计划(甘特图):

任务编码	任务名称	1月	2月	3月	4月	5月	6月
101	项目策划方案	—					
102	项目申报、审批		—				
103	器材购买			—			
104	活动宣传				—		
105	舞台布置					—	
106	会场布置						—

某学院艺术节活动定于建党×周年(7月1日)上午9时正式开幕。

3. 简述活动餐饮服务方式。

答:(1) 会议在与会者住宿的酒店举行:这种情况下的餐饮问题比较容易解决,

只需要提前和酒店餐饮负责人联系，列出一份详细的会展策划书，其中包括会展的主办机构名称、与会者人数、会展日期等基本信息，由餐饮经理具体安排就餐事宜。

(2) 会议不在与会者住宿的酒店举行：在这种情况下，主办方应该考虑活动举办地点与酒店之间的交通问题，尽量选择最近的一家酒店就餐。

(3) 大型活动配备专门餐厅：在这种情况下，活动主办方一般把客人安排在该餐厅就餐，但同时也可增加自助餐服务、冷餐酒会和鸡尾酒会服务。

六、案例分析(略)

第四章　旅游休闲活动策划

一、名词解释

1. 节事旅游：就是把节日庆典和各类赛事作为旅游资源，通过内容丰富、形式多样的各种参与性、体验性活动，吸引大量本地居民前往休闲和外来旅游者前来旅游。

2. 会展旅游：主要通过会议、展览、节庆活动为媒介发展起来的商务旅游方式，包括游客参加会议、展览、节庆活动以及参加会议、展览、节庆活动后派生出来的旅游观光活动等。

3. 协同效应：实行节事与旅游的互动，以节事拉动当地旅游的发展，以旅游推动当地节事的繁荣。发挥资源整合的优势，产生 $1+1>2$ 的效果。

4. 品牌效应：随着节事活动观众和旅游者的纷纷进入，要全面展示本地的经济、文化和社会风貌，扩大节事活动举办地对外影响力和知名度，提升城市形象和品牌。

二、填空题

1. 节日庆典　赛事活动

2. 参与性　体验性

3. 节事活动　旅游活动

4. 外在　本质

5. 商务/公务

6. 基础要素　游乐要素　康体要素　精神要素

7. 参与体验类　民俗文化类　自然观光类

8. 旅行社　旅游酒店　旅游景区

三、选择题

1. A　2. D　3. A　4. B　5. C

四、判断题

1. ×　2. √　3. √　4. ×　5. √　6. ×

五、简答题

1. 简述杭州西湖博览会的品牌效应

节事旅游的品牌效应，是指随着节事活动观众和旅游者的纷纷进入，全面展示本地的经济、文化和社会风貌，扩大节事活动举办地对外影响力和知名度，提升城市形象和品牌。如杭州通过举办世界休闲博览会，努力打造"东方休闲之都、生活品质之城"的城市品牌，得到了海内外观众的广泛认可，杭州人幸福指数多年来一直名列榜首，说明杭州西湖博览会的品牌效应取得了极大成功。这方面杭州城市旅游目的地营销与杭州西湖博览会宣传推广，对提升杭州城市"东方休闲之都、生活品质之城"品牌提升起到了十分重要的作用。

2. 简述节事旅游活动的内涵

节事旅游是"节事"与"旅游"的综合体，"节事"是旅游活动的外在表现形式，是当地历史文化和民俗特色传承的载体，"旅游"则是节事活动的本质内涵，节事活动是一种旅游资源，是旅游地开发旅游产品的一种形式，节事活动、节庆活动与旅游景区、旅游景点一样，都是我们需要策划、组织、推广的旅游产品，节事旅游活动可以为旅游发展提供更广阔的舞台，旅游目的地可以借助节事、节庆活动展示旅游特色、宣传旅游文化。

3. 简述民俗文化类节事旅游活动

多以展现原生态的民俗文化为主题，活动内容丰富多彩，表现形式多样。配合景区文化特色，组织开展，将民俗文化元素尽量多地融入其中。民俗类文化活动的开展有利于提升和传播历史文化内涵，增强旅游吸引力，树立独特的旅游形象。如"淳安千岛湖秀水节"标志性演出活动，融杂技、舞蹈、表演等多种艺术形式为一体，表演中较好地融入了当地民俗、戏曲文化，是当地民俗文化的现代演绎，起到了为旅游聚集了人气，提升旅游文化内涵的良好作用。

六、案例分析(略)

第五章　文化休闲活动

一、名词解释

1. 文化休闲活动：是指所有以文化、艺术为主要休闲娱乐形式的各种文化活动的总称。无论是机关、企业、学校、医院、部队，都可以组织形式多样的文化活动。

2. 表演赛：是指为进行庆祝或纪念活动，或为了扩大体育活动的影响，宣传体育活动的目的、意义而组织的比赛。表演赛一般可单独进行，也可穿插在大型运动会中进行。

3. 文艺演出活动：是以文艺节目演出为主，适当穿插一些游戏综艺节目的文体活动形式，一般适合机关企事业单位内部员工参加，结合年终表彰大会、庆功会、新年晚会等特殊时刻举行。

4. 综合运动会：包括多项体育运动项目在同一时间段进行比赛，一般以田径项目为主，安排在春季或秋季较适宜，在设施较好的运动场地进行。综合运动会参赛项目多，规模较大，组织工作要求较高，有助于推动集体性体育运动广泛开展。

二、填空题

1. 文化艺术　体育竞技

2. 娱乐身心

3. 娱乐　欣赏　精神　体能　竞技　强身健体

4. 亲和力　凝聚力

5. 群众文化　社会文明　文化多元性　形式多样性

6. 非营利性　商业活动

7. 传统型

8. 锦标赛

三、选择题(单选题)

1. D　2. D　3. D　4. C　5. C　6. B

四、判断题

1. ×　2. √　3. √　4. ×　5. √　6. √　7. ×　8. √

五、简答题

1. 简述企业文化休闲活动的作用。

组织各类文化休闲活动,可以为职工强身健体和思想情感交流架起沟通的桥梁,同时可以激发员工奋发向上,勇于拼搏的斗志,有利于培育团结、和谐、协作精神,符合企业和谐发展的先进文化理念,能体现文化休闲活动对企业文化建设潜移默化的作用。文化休闲活动以团体竞赛为载体,以职工普遍参与为重点,可以营造企业团结奋进的氛围,增强职工的团队拼搏意识,大大提高职工的凝聚力和归属感。职工的综合素质,可以通过丰富多彩的文化休闲活动为载体得到提升和拓展。文化休闲活动的健身优势可以弥补工作人员运动量不足、体能下降的缺憾,从而有利于促进职工强身健体。

2. 简述文化休闲活动策划基本流程。

(1) 商讨并确定主题;

(2) 拟写策划书,商讨并修改(确定活动时间、地点、活动项目等);

(3) 活动经费预算;

(4) 落实经费或确定活动赞助;

(5) 活动的主要参与人员;

(6) 布置场地或舞台;

(7) 彩排预演。

(8) 联系媒体

(9) 宣传推广

(10) 活动开始进行

六、案例分析(略)

第六章　演出活动

一、名词解释

1. 演出:是指演员通过一定的演技,把戏剧、舞蹈、音乐、曲艺、杂技等表演给观众欣赏,演出通常以"晚会"、"联欢会"、"汇演"、"音乐会"等形式出现。

2. 商业演出:简称"商演",是指演出单位以营利为目的的演出,是演出公司和主办方按市场化运作的一种经营性行为,一般通过公开售票、企业赞助、明星代言、广告发布等多种形式赚取演出收入,所得款项由演出主办方、演出场馆方、演出团体和演职人员根据事先达成的协议按比例分配。

3. 演出组委会：是专门为演出而设立的组织领导机构，演出组委会成员多数是与演出活动紧密相关的单位或部门，组委会委员则由成员单位的主要负责人组成。其主要职责是：负责直接领导、指导或监督演出的全过程，负责演出总体计划的编制，确定演出活动的宗旨、主题和原则。

二、填空题

1. 演出策划　组织实施

2. 戏剧　舞蹈　音乐　曲艺　杂技

3. 主体活动　辅助活动；环境　气氛

4. 秒

5. 现金　实物

三、选择题

1. C　2. B　3. C　4. D　5. C

四、判断题

1. √　2. ×　3. √　4. √　5. ×

五、简答题

1. 简述演出的实际操作。

当演出的一切准备工作完成后，即按演出时间在演出地点进行正式演出。在演出过程中，导演是演出的总指挥，演职人员必须服从导演的调动和指挥。演出前，所有演职人员必须全部到位，并做好各项准备工作。导演应在演出即将开始前检查各项准备工作，如演员到位情况，灯光、音响、道具准备情况，舞台监督、剧务等人员的到位情况，主持人准备情况等，当得知各项准备工作就绪，并到演出开始时间，导演即可下令演出开始，以主持人初次登场亮相为标志。演出结束后，在安排演员谢幕时，可事先安排向演员献花，邀请领导或贵宾上台接见演员并同演员合影留念。

2. 简述演出节目内容的编排原则。

(1) 紧紧围绕演出主题选择节目；

(2) 节目质量要高，选择要精；

(3) 各类节目按比例搭配；

(4) 形式与风格内容统一；

(5) 在时间、场地、设备条件允许的范围内编排节目。

六、案例分析(略)

第七章 运动休闲活动

一、名词解释

1. 野外生存:是指人(一般指军事人员)在失去外界支援的情况下在荒郊野外、孤岛丛林地带等十分恶劣的自然环境下和极度困难的条件下求生存、谋发展。

2. 国民素质:泛指一个国家公民的整体素质,国民素质不是个体素质的简单相加,而是体现了一个国家或民族的总体形象和社会风尚。相对于青少年儿童的文化知识、劳动者的职业技能等具体素质,国民素质往往包含一个国家和民族素质的整体状况,或者说一个国家或民族的基本素养,例如文明程度、教育程度、精神状态和气质修养等。

3. 极限运动:是结合了一些难度较高且挑战性较大的组合运动项目的统称。它除了追求竞技体育超越自我生理极限的"更高、更快、更强"的精神外,更强调参与和勇敢精神,追求在跨越心理障碍时获得的愉悦感和成就感,同时,它还体现了人类返璞归真、回归自然、保护环境的美好愿望,因此已被世界各国誉为"未来体育运动"。

4. 拓展训练:英文叫"OUTWARD BOUND"(离港的船),拓展训练最初就是针对海员的,原意指一艘小船在暴风雨来临之前,离开平静的港湾驶向大海,去迎接更大的挑战,是一种水上生存训练,现代意义上的"拓展训练",泛指一切面对未知事物、迎接挑战的训练活动。

5. 时钟测定法:将火柴棒竖立在地面,接着把手表水平放在地面,将火柴棒的影子和短针重叠起来并使短针指向太阳的方向,表面十二点的方向和短针所指刻度的中间是南方,相反的一边是北方。

二、填空题

1. 素质

2. 生命质量　探索精神　创新思维

3. 休闲教育　素质教育　自由　快乐

4. 独立思考　果断抉择

5. 标定

6. 生存　发展

7. Your disability is your opportunity

8. 水、火

三、选择题

1. B　2. A　3. B　4. D　5. C　6. C　7. B　8. D

四、判断题

1. ×　2. √　3. √　4. ×　5. √　6. √　7. ×　8. √

五、简答题

1. 简述极限运动的含义。

极限运动(Extreme Sports)是指人类在与自然的融合过程中，借助现代高科技手段，最大限度地发挥自我身心潜能，向自身挑战的娱乐性体育运动项目。极限运动是人类目前为止最刺激的休闲运动。极限运动按照季节分为夏季极限运动、冬季极限运动两大类；按照运动空间分为水上极限、陆上极限、空中极限三大类。

2. 简述定向越野的含义。

定向越野(又称徒步定向)，是各种定向运动比赛中组织方法比较简便，开展最为广泛的一种。由于其比赛的成败全在于个人的识图用图、野外定向和奔跑能力的强弱，因此适于各种年龄、性别的人参加。据国外有关资料记载，运动员最小的只有8岁，而最长者有80岁，可谓老少皆宜。为增加比赛的乐趣，也可以在判定比赛成绩的方法上有所区别，如：可以个人跑计个人成绩；个人跑计团体成绩或个人跑计个人与团体成绩等。定向越野比赛是国际定向运动联合会(IOF)正式承认的比赛项目之一。

六、案例分析(略)

第八章　娱乐休闲活动(趣味运动会)

一、名词解释

1. 趣味运动：是指集趣味、竞技、娱乐、健身于一体的群众性参与活动。趣味运动轻松愉快、方便组织，是现代人们缓解压力、调节身心、增进合作、提高效率的重要方式。

2. 趣味运动会：把大家感兴趣的一系列趣味运动，根据一定的参赛办法和比赛规则，通过举办运动会的形式把大家组织起来，在特定时间、地点、场合，按照一定的比赛流程进行的竞技性运动。

3. 背夫人比赛：起源于古时候的芬兰，活动极具趣味性，是北欧国家趣味运动会的经典保留项目，参赛对象为年满18岁的男女自由组合，比赛时男选手可选择任何方式将女士背负在肩上，比赛距离为50米折返，所用时间最少者为优胜者。

二、填空题

1. 休闲运动会
2. 体育运动　趣味游戏
3. 水上趣味运动
4. 竞技性　趣味性　观赏性
5. 游戏　娱乐
6. 水　夏季
7. 冲关我最棒
8. 友谊第一　比赛第二

三、选择题(单选或多选题)

1. ABCD　2. ABD　3. AD　4. ABCD　5. AC

四、判断题

1. √　2. √　3. ×　4. √　5. ×　6. ×

五、简答题

1. 简述趣味运动会的类型。

趣味运动会形式多样，按照趣味运动会主题和载体不同，水上趣味运动会一般安排在夏季举行，主要包括送子过河、风雨同舟、水底寻宝、精卫填海、水上娶亲、水上排球比赛、水上大营救、速度比赛、游泳比赛等，集趣味性与娱乐性于一体。陆上趣味运动会方便组织，安全可靠，场地容易安排。考虑到运动量和比赛时间，一般来说趣味运动项目应安排10项左右，时间以半天左右为宜。联谊趣味运动会是随着现代社会商业竞争与合作需要应运而生的，有助于进一步密切厂商与厂商之间、厂商与合作伙伴之间、厂商与客户之间的联谊关系。

2. 简述“水中寻宝”趣味运动。

属于水上趣味运动会项目，一般在7、8、9月举行，比赛场为游泳馆浅水区，救生员全程看护，保证绝对安全。水中寻宝活动一般为个人赛项目，设计在水底放置若干个“宝贝”(可用水果代替)、水上漂着一些“宝贝”(可用矿泉水瓶代替)，参赛选手潜入水中或在水面上捞取“宝贝”(物品)，限时2分钟，根据所捞“宝贝”物品多少计算个人成绩，以分数最高者为胜者。也可以把水中捞到的“宝贝”作为奖品直接奖励给参与者，以增加“水中寻宝”运动的趣味性。

六、案例分析（略）

第九章　节庆活动

一、名词解释

1. 节日庆典：是通过一定仪式举行的庆祝纪念活动，简称“节庆”或“庆典”，“节庆”的重点在“庆”，更注重一种节日的氛围营造；“庆典”的重点在“典”，更注重一种“典礼”仪式、程序安排。

2. 奠基庆典：是在某社会组织的建筑、工程项目即将开工时举行的一种庆贺性的典礼仪式，通常由组织的负责人出面主持，邀请政府有关部门的领导、董事会或股东人士、社会各界知名人士以及合作伙伴、部分群众参加，并由来宾中重要人士为组织的建设项目奠基，象征日后根基雄厚、兴旺发达。

3. 名人效应：借助名人在公众中的地位和影响制造轰动性影响，借以增强活动项目的号召力和感染力，从而为节庆活动增辉，以实现树立组织形象、扩大组织影响、提高组织知名度和美誉度等目的。

二、填空题

1. 天时　地利　人和
2. 目的　内容
3. 自由
4. 标志
5. 步骤　程式
6. 功能
7. 氛围　环境
8. 公共关系

三、选择题

1. A　2. A　3. D　4. B　5. C　6. A　7. B　8. B

四、判断题

1. √　2. ×　3. √　4. √　5. ×　6. √

五、简答题

1. 庆典活动场地布置应注意哪些问题?

一是场地的布置应围绕活动主题展开,围绕主题进行场地布置的有效方法之一就是设立庆典活动的徽标、吉祥物、舞台、背景板等,并通过雕塑、旗帜、鲜花、植物等相关物品反映出来。二是要重视庆典活动场地风格和氛围的营造,庆典活动的风格和氛围应提前设计,根据主题及社会价值取向选定庆典的风格和氛围。三是要注意庆典活动场地布置视觉效果,突出庆典活动现场的整体感觉和热烈、喜庆的气氛。四是庆典活动场地布置要与时俱进,富有现代感、时尚感,要让人有耳目一新、豁然开朗的感觉。

2. 庆典活动现场热烈隆重的气氛如何营造?

首先,可以充分利用具有喜庆和热烈气氛的装饰物来增添庆典活动的气氛。如公司的开业庆典可以运用氢气球、彩带、灯笼、花篮、宣传条幅、鞭炮焰火等来营造节日喜庆的气氛;其次,可以播放具有喜庆气氛的音乐,请鼓号队及乐队助威,有条件的还可以请歌唱演员来作为特邀嘉宾;第三,参加庆典的人员穿戴干净整齐,服务人员及各专职人员应着富有喜庆气氛的节日盛装;最后,可以邀请知名度较高的社会名流、演员、歌手等来增加喜庆气氛。

六、案例分析(略)

第十章　赛事活动

一、名词解释

1. 4P 策略:又称市场营销 4P 策略,包括产品策略(Product)、价格策略(Price)、渠道策略(Place)、促销策略(Promotion),简称 4P 策略。

2. 赛事营销:由赛事主办方或由主办方委托的商业机构、专业团体采用的一种不同于传统营销及媒体广告的新型营销策略及其组合,主要包括通过企业赞助、赛事冠名、指定产品等手段,扩大赛事声誉和提高赞助企业品牌影响的一项"双赢"活动。

3. 人员推广:是指通过人员直接面对目标客户进行推介的促销方式,必须注重推广人员的选拔和培训,为推广人员配备各种宣传单、介绍手册甚至是视频短片等宣传工具。

4. 赛事规则：是从竞赛活动中抽象出来的定义和条文，赛事规则的本质是提倡和限制（有所为和有所不为），赛事规则必须通过裁判员现场执法，按照“客观、公正”的原则严格掌握，并保证赛事活动的“公平、透明”举行，以促进赛事活动健康、有序发展。

二、填空题

1. 地区定位　规模定位　价格定位　独特性定位

2. 赛事的成本　定价目标　市场接受能力

3. 产品策略　价格策略　渠道策略　促销策略

4. 广告宣传　人员推广　优惠推销　公共关系

5. 人员　有形展示　过程服务

6. 英国伦敦　朱莉娅·莫莉

三、选择题

1. ABD　2. B　3. ACD　4. ABC　5. AB　6. D　7. ABC　8. B

四、判断题

1. √　2. ×　3. √　4. √　5. √　6. √　7. ×　8. ×

五、简答题

1. 简述赛事营销与市场营销的关系。

赛事营销是建立在市场营销理论体系基础上的一种崭新的营销模式，是市场营销理论体系的延伸和赛事经济理论体系的创新运用。赛事营销活动在本质上是一种集合多方资源的整合营销，在赛事营销过程中体现出服务营销的特色，更重视人、有形展示、过程服务的作用。赛事营销策略在传统4P策略、现代8P策略的基础上，按照赛事活动发展的基本规律，积极探索赛事营销与体验营销、网络营销、绿色营销、关系营销、城市营销、节事旅游之间的内在联系，进一步丰富赛事营销理念和体系，形成赛事主办方、企业赞助商、传播媒体、筹资渠道之间的良性循环，促进我国赛事活动健康、快速、有序发展。

2. 简述赛事营销与体验式营销。

美国著名的《哈佛管理评论》杂志认为：体验是一种创造观念经历的活动，体验营销是企业以服务为舞台，以管理为道具，围绕消费者创造出值得回忆的经历活动。赛事营销本身就是体验式营销，提供给消费者的各类赛事活动产品，可以最直接地满足其追求体验的欲望，因而使得赛事营销蕴含着体验营销的丰富内涵。赛事活动本身是一种休闲娱乐活动,消费者因主动参与而产生难忘的"快乐"的体验,而且这种体验将成为一种难忘的所谓"经历",消费者愿为这种"体验"和"经历"付费,因为它是快乐的、宣泄情感的、不可复制和不可转让的。

六、案例分析(略)

参考文献

[美]卡拉·亨德森、苏珊著.女性休闲——女性主义的视角[M].云南人民出版社,2000

[美]杰弗瑞·戈比著.21世纪的休闲与休闲服务[M].云南人民出版社,2000

[美]约翰·凯利著.走向自由——休闲社会学新论[M].云南人民出版社,2000

郭鲁芳著.休闲经济学:休闲消费的经济分析[M].浙江大学出版社,2005

唐湘辉著.休闲经济学——经济学视野中的休闲研究[M].中国经济出版社,2009

木若.休闲,就是自由自在的生活[J].休闲,2003(10)

郑胜华、刘嘉龙.世界休闲之都——21世纪杭州城市形象定位[J].旅游学刊,2002(12)

黄巧灵著.幸存者[M].中国建筑出版社,2006

郑胜华,刘嘉龙.城市休闲发展及其评估指标体系研究[J].自然辩证法研究,2006(3)

刘嘉龙.中国茶文化与休闲文化的关系[J].人文旅游,2007(2)

刘嘉龙.关于变假日旅游为休闲旅游的思考[J].特区经济,2007(5)

刘嘉龙、郑胜华.建立评价指标体系　发布城市休闲指数[J].商业研究,2008(2)

郑胜华、刘嘉龙.我国休闲教育的现状与发展构想[J].高等教育研究,2007(2)

刘嘉龙、郑胜华.休闲概论[J/OL].南开大学出版社,2008

江用文.茶艺技师[J/OL].金盾出版社,2009

戴光全主编.节事活动策划与组织管理[M].中国劳动社会保障出版社,2007

刘保孚主编.策划实务全书[M].经济日报出版社,1995
刘峰主编.旅游市场营销[M].中国旅游出版社,2006
[美]乔·戈德布拉特著.国际大型活动管理[M].机械工业出版社,2003
刘德谦.也论休闲与旅游[J].旅游学刊,2006(10)
戴斌.中国旅游业机遇:力推国民休闲计划[N/OL].上海证券报,2008.12.6
马聪玲.中国生态旅游发展的现状问题与建议[M].中国社科院旅游研究中心绿皮书,2008
龚涛.中国改革·30 年[M].求是论坛,2008(2)
潘岳.生态文明是社会文明体系的基础[J/OL].绿色中国,人民网转载,2006.9.16
邬愉波.大人们的“塑料人”行为孩子们普遍觉得不可思议[N].都市快报,2008.3.12
黄巧灵著.休闲时代——人类的伊甸园[M].中国建筑工业出版社,2006
姬振海主编.生态文明论[M].人民出版社,2006
胡锦涛.中国共产党第十六届中央委员会全体会议上的报告[N/OL].新华社,2002.11.8
中国社会科学院语言研究所.现代汉语大词典[M].商务印书馆,1993
杜世勋、曹利军.循环经济系统结构模式与机制分析[J].科学学与科学技术管理,2005(6)
曹双庆编.循环经济概念及其影响[N/OL].中国环境报,2007.4.16
杨重光、梁本凡著.我国城市经济创新透视[M].中国社会科学出版社,2002
傅崇兰、陈光庭等著.我国城市发展问题报告[M].中国社会科学出版社,2003
连玉明主编.我国城市蓝皮书[M].中国时代经济出版社,2003
国家统计局城市社会经济调查总队.城市统计年鉴[M].中国统计出版社,2001
李仲广、卢昌崇著.基础休闲学[M].社会科学文献出版社,2004
丁霞主编.会展策划与管理.高等教育出版社,2006
卢晓主编.节事活动策划与管理[M].上海人民出版社,2006
郑建瑜主编.大型活动策划与管理[M].重庆大学出版社,2007
常桦主编.企业文体活动策划与实施手册[M].中国工人出版社,2008
陈放.策划学[M].中国商业出版社,2000
刘嘉龙著.国民休闲与旅游创新[M].经济科学出版社,2010
张捷雷主编.会展专业实训指导书[M].东南大学出版社,2009

郑胜华.我国发展休闲产业的可行性研究.桂林旅游高等专科学校学报,2001(12)

[美]托马斯·古德尔、杰弗瑞·戈比著.人类思想史中的休闲[M].云南人民出版社,2000

[美]杰弗瑞·戈比著.你生命中的休闲[M].云南人民出版社,2000

胡瑞银.休闲文化的兴起与文化机构服务策略的调整,www.youth.ccnt.com.cn,2004.5.4

王莹.论茶馆茶楼的可持续发展,www.tea.hznet.com.cn

高舜礼.启动"国民休闲计划"恰逢其时.中国经济周刊,2009.3.16

刘嘉龙.关于休闲教育与国民素质的机理分析[J].浙江旅游职业学院学报,2010(3)

戴光全、保继刚.西方事件及事件旅游研究的概念、内容、方法与启发(上)[J].旅游学刊,2003,18(5):26—34.

Getz, D.Event Management & Event Tourism[M]. New York: Cognizant Communication Corporation, 1997.

陈春庆、王力晨等.田径及趣味运动会管理系统设计与开发[J].内蒙古工业大学学报(社会科学版),2004(13)

后记

本教材从休闲活动策划原理和方法入手，对旅游休闲、文化休闲、运动休闲、娱乐休闲以及演出活动、节庆活动、赛事活动策划与组织进行系统阐述，内容涵盖休闲活动项目全貌，是国民休闲时代演绎品质生活的休闲活动策划全书。2016年第三版修订，在前三章理论解析的基础上，从第四章到第十章不同的休闲活动策划与组织实务进行深入的全面架构，使得教材体例上更加完善。教材内容努力做到课堂教学与社会实践相结合，每章均附有学习要点、基本概念、案例点评、思考练习、案例分析、实训项目等，有助于旅游、休闲、运动、艺术、会展相关专业学生系统掌握、重点复习、实务训练，全书最后附有参考答案。

在本教材的编著和第三版修订的过程中，复旦大学夏林根教授和格致出版社王亚丽、周滔给予了悉心指导，浙江大学刘慧梅博士/副教授、浙江工业大学郑胜华博士/教授、浙江旅游职业学院康保苓博士/教授、浙江工业大学之江学院宋国琴副教授参与教材审定；浙江旅游职业学院刘嘉龙副教授负责第一章、第二章、第三章、第四章、第十章内容修订；浙江树人大学胡坚强教授负责第五章、第六章内容修订；浙江旅游职业学院讲师温燕负责第七章、第八章内容修订，杭州科技职业技术学院苏永华副教授负责第九章内容修订，全书由刘嘉龙统筹、统稿完成。在修订过程中杭州西湖国际博览会有限公司、杭州世界休闲博览会有限公司、杭州宋城集团、杭州神州传媒有限公司、杭州唐风汉格文化传播有限公司、杭州江滨一号高尔夫会所等给予了大力支持。

值此教材修订之际，特向一直关心支持本教材写作的各位领导、各位专家、各位老师表示衷心的感谢！

2016 年 7 月 24 日

图书在版编目(CIP)数据

休闲活动策划与管理/刘嘉龙等编著.—3版.—
上海:格致出版社:上海人民出版社,2016.9(2020.8重印)
高等院校旅游学科21世纪规划教材
ISBN 978-7-5432-2653-1

Ⅰ.①休… Ⅱ.①刘… Ⅲ.①闲暇社会学-高等学校-
教材 Ⅳ.①C913.3

中国版本图书馆CIP数据核字(2016)第181186号

责任编辑 裴乾坤
装帧设计 路 静

高等院校旅游学科21世纪规划教材
休闲活动策划与管理(第三版)
刘嘉龙 胡坚强 温 燕 苏永华 编著

出　　版 格致出版社
上海人民出版社
(200001 上海福建中路193号)
发　　行 上海人民出版社发行中心
印　　刷 上海商务联西印刷有限公司
开　　本 787×1092 1/16
印　　张 24
插　　页 1
字　　数 399,000
版　　次 2016年9月第1版
印　　次 2020年8月第4次印刷
ISBN 978-7-5432-2653-1/F·952
定　　价 65.00元